Felix Mitterer: Stücke 1

Felix Mitterer

STÜCKE 1

Kein Platz für Idioten
Stigma
Heim
Besuchszeit
Drachendurst
Die Wilde Frau
Kein schöner Land

Umschlaggestaltung: Heinz Hauser
Bühnenfoto (»Stigma«, Kammerspiele München) von Wilfried Hösl

Die Herausgabe dieser Werksammlung wurde vom Land Tirol, dem Bundesministerium für Unterricht und Kunst und von der Gemeinde Telfs gefördert.

Die Deutsche Bibliothek – CIP-Titelaufnahme

Mitterer, Felix:

Stücke / Felix Mitterer. – Innsbruck : Haymon.
NE: Mitterer, Felix: [Sammlung]

Bd. 1 (1992)
    ISBN 3-85218-107-0

© Haymon-Verlag, Innsbruck 1992
Alle Rechte vorbehalten / Printed in Austria

Aufführungsrechte für alle Stücke beim Österreichischen
Bühnenverlag Kaiser & Co., Am Gestade 5/II, A-1010 Wien

Satz: RSM GmbH, Reutte
Lithos: Gramont (SW), Laserpoint (F), beide Innsbruck
Druck und Bindung: Wiener Verlag, Himberg

INHALT

Vorbemerkung von Felix Mitterer   7

Kein Platz für Idioten   9
Stigma 59
Heim 121
Besuchszeit 165
Drachendurst 211
Die Wilde Frau 257
Kein schöner Land 303

Bildverzeichnis 365

VORBEMERKUNG

Alle Stücke in dieser Gesamtausgabe sind in der Originalfassung abgedruckt, das heißt, in stilisierter Tiroler Umgangssprache, ausgenommen drei, bei denen ich aus bestimmten Gründen die Hochsprache gewählt habe. Dies sind »Die Kinder des Teufels« (spielt im Salzburg des 18. Jahrhunderts, soll aber auf exemplarische Weise einen Hexenprozeß darstellen), »Sibirien« (kann überall auf der Welt spielen) und »Ein Jedermann« (spielt in der Hochfinanz). Ich erwähne dies deshalb, weil es von den meisten meiner Stücke auch weitgehend an die Hochsprache angenäherte Fassungen gibt. Diese schrieb ich, weil auch immer wieder Theater an Aufführungen interessiert sind, deren Ensemblemitglieder aus allen Ecken und Enden des deutschsprachigen Raumes kommen und deshalb die Stücke nicht in einer einigermaßen einheitlichen Umgangssprache spielen können.
Die Art und Weise, wie ich den Dialekt niedergeschrieben habe, war nicht immer gleich, die Unterschiede sind in dieser Ausgabe beibehalten. Hauptsächlich variiert die Sprache je nach dem beschriebenen Milieu (archaisch etwa in »Die Wilde Frau«, heutig in »Besuchszeit«) oder je nach den auftretenden Personen (Herkunft, Beruf, Stand) und wird bei Aufführungen von Schauspielern aus unterschiedlichen Gegenden ohnehin wieder unterschiedlich gesprochen. In zwei Fällen (»Abstellgleis« in »Besuchszeit« und »Kein schöner Land«) gab es bei der späteren hochsprachigen Fassung auch kleine inhaltliche Veränderungen, die ich jetzt bei der endgültigen Publizierung der Gesamtausgabe beibehalten wollte. Hier sind die entsprechenden Passagen in den Dialekt zurückübertragen. In jedem Fall habe ich auf gute Lesbarkeit geachtet, was mir bei Theaterstücken – im Gegensatz zu Dialektgedichten – wichtig scheint.
Jedem der zwölf Stücke habe ich eine Vorbemerkung vorangestellt, die von der jeweiligen Entstehungsgeschichte und meinen Intentionen erzählt. Mein Wunsch war es aber vor allem, zu jedem Stück Szenenfotos von verschiedenen Aufführungen hinzuzufügen. Dies deshalb, weil Literatur fürs Theater erst auf der Bühne ihre Breitenwirkung entfalten kann, und das soll hier zumindest dokumentiert werden. Außerdem geht es mir darum, die Arbeit der Theatermacher zu würdigen, diejenigen zu zeigen, die ein Stück erst wirklich zum Leben erwecken. Auch ist es interessant zu sehen, wie verschieden ein Stück inszeniert werden kann. Die Auswahl der Aufführungsfotos erfolgte (abgesehen von der meist ausführlicher vorgestellten Uraufführung) mehr oder weniger zufällig, manchmal waren auch keine Bilder zu bekommen oder nur nichtssagende. Wichtig war mir, einen großen Querschnitt durch die verschiedenen Theater zu zeigen, die meine Stücke spielen, eingeschlossen Aufführungen von Laienbühnen, denen ich besonders zugetan bin.

Innsbruck, am 1. November 1992   Felix Mitterer

KEIN PLATZ FÜR IDIOTEN

Im Jahre 1974 wurde in einem Tiroler Fremdenverkehrsort eine Mutter mit ihrem behinderten Kind aus einem Gasthaus gewiesen, weil der Wirt befürchtete, sein Geschäftsgang würde durch die Anwesenheit des Kindes leiden. Ich schrieb aus diesem Anlaß ein Hörspiel, das 1975 vom ORF-Studio Tirol produziert (Regie: Franz Hölbing) und 1976 gesendet wurde. Die Sprecher waren fast ausschließlich Mitglieder der Volksbühne Blaas in Innsbruck, ich selbst spielte den behinderten Buben. Vom Darsteller des »Alten« (Albert Peychär) und von Helene Blaas, der Direktorin dieser Volksbühne, kam schließlich der Vorschlag, aus dem Hörspiel ein Theaterstück zu machen. Die Volksbühne Blaas war und ist ein ganzjährig bespieltes, halbprofessionelles Theater mit den besten Volksschauspielern des Landes. (Einige der Darsteller tauchten dann später immer wieder in meinen Filmen auf.) Der Spielplan besteht hauptsächlich aus traditionellen Bauernschwänken, aber zwei- bis dreimal im Jahr wird auch ein anspruchsvolles Stück aufgeführt. Im Zuschauerraum stehen Tische mit Stühlen, während der Vorstellung kann gegessen, getrunken und geraucht werden. Ich erkannte die Chance, daß ich an dieser Bühne vielleicht ein Publikum erreichen könnte, das sonst und an einem anderen Theater viel schwerer oder gar nicht zu erreichen ist. (Weil viele Menschen aus mir ganz verständlichen Gründen sich scheuen, einen der offiziellen Musentempel aufzusuchen. Ich selbst hatte auch lange Zeit das Gefühl, dort nichts verloren zu haben.) Nachdem ich dem Stück einen 1. Akt hinzugefügt hatte, kam es im September 1977 zur Uraufführung, wieder mit mir in der Rolle des Buben. Es wurde ein sogenannter großer Erstlingserfolg. Der Kampf ums Publikum war allerdings manchmal hart, denn es befanden sich immer einige Besucher darunter, die gar nicht genau wußten, was auf dem Spielplan stand, die sich einen der üblichen Schwänke erwarteten und sofort zu lachen begannen, wenn ich zu Beginn des 1. Aktes mit einer Faschingsmaske vor dem Gesicht auf die Bühne kam. Aber das Lachen verstummte jedesmal bald, und keiner verließ unbeeindruckt die Aufführung. Zur gleichen Zeit wurde übrigens im Theater am Landhausplatz »Stallerhof« von Kroetz gespielt, gewiß das größere und auch radikalere Kunstwerk, aber mit der geringeren Wirkung. Dort im Alternativtheater saßen die Studenten, die Intellektuellen, die ohnehin und von vornherein der Meinung des Autors waren. Hier aber, an der Volksbühne, waren die Besucher ganz normale Menschen, mit ganz normalen Vorurteilen. Und manche von Ihnen begannen nachzudenken, nachdem sie die Geschichte des ausgestoßenen Buben gesehen hatten, und das war zumindest ein Beginn. Viele Diskussionen fanden statt, Behinderte kamen, erzählten von sich und wie sie von der Gesellschaft behindert wurden.
Natürlich soll man die Wirkung eines Theaterstückes – der Literatur insgesamt – nicht überschätzen. Es kann diese Wirkung immer nur ein winziger Bestandteil der Bemühungen all jener Menschen sein, die guten Willens sind, die zu einer positiven Veränderung in unserer Gesellschaft beitragen wollen. Und »Kein Platz für Idioten« stellte damals so einen Bestandteil dar. Noch wichtiger war allerdings, daß damals die Behinderten selbst zum ersten Mal aufstanden – im wahrsten Sinn des Wortes – und sich zur Wehr

setzten. Einiges hat sich zum Positiven gewendet inzwischen (die abgeschrägten Gehsteigkanten z. B. gibt es), vieles liegt noch im argen, das Stück hat leider seine Aktualität nicht verloren.

Diese und die folgenden Szenenbilder zeichnete Felix Mitterers Adoptivmutter Juliana Mitterer zur Buchausgabe von »Kein Platz für Idioten«

PERSONEN:

Alter
Junge
Möllinger-Bäuerin
Wirt (Bürgermeister)
Kellnerin
1. Gast
2. Gast
Gendarm
Deutscher Gast
Frau des deutschen Gastes
1. Wärter
2. Wärter

SCHAUPLÄTZE:

Bauernstube der Möllinger
Gasthaus
Zimmer des Alten

1. AKT

Sommer.
Bauernstube. Ein Fernsehapparat mit Videorecorder unter dem Herrgottswinkel, ein Spiegel links neben der Tür, ein Tisch in der Mitte. Fallenlassen eines Blechkübels auf dem Gang draußen, der Kübel rollt hörbar über den Boden, wird wieder aufgestellt. Wenig später öffnet sich langsam die Tür an der Rückwand und der Junge betritt die Stube. Er ist barfuß, trägt eine alte, weite, zu kurze Hose mit Hosenträgern, ein zu großes Hemd und eine abgenützte Clownmaske vor dem Gesicht. Der Junge bewegt sich sehr schwerfällig und verkrampft. Nachdem er die Tür hinter sich geschlossen hat, bleibt er einen Moment stehen und schaut in Richtung Publikum. Dann will er ganz in den Raum hineingehen, sieht aber plötzlich den Spiegel neben der Tür und bleibt stehen. Langsam geht er auf den Spiegel zu, bis er mit der Nase der Maske fast daranstößt. Auf einmal schiebt er die Maske über den Kopf zurück und betrachtet sein Gesicht im Spiegel. (Das Publikum darf sein Gesicht dabei nicht sehen, was leicht zu machen ist, da der Junge ja mit dem Rücken zum Publikum steht und sein Gesicht sich dicht vor dem Spiegel befindet.) Während der Junge sich anschaut, befinden sich seine Hände am Spiegelrahmen. Die Hände rutschen in einer resignierenden Bewegung langsam am Spiegelrahmen hinunter, der Junge zieht schnell wieder die Maske übers Gesicht und wendet sich mit einem leisen Wehlaut vom Spiegel ab. Er geht langsam zur Rampe vor, schaut kurz übers Publikum hinweg, erblickt dann den Fernsehapparat und geht auf ihn zu. Er bleibt vor ihm stehen, beugt sich unschlüssig vor, weicht etwas zurück, streckt plötzlich die Finger nach der Einschalttaste aus, zuckt wieder zurück, klopft nervös die Hände zusammen, schaut zum Fenster, geht schnell hinüber, blickt aus dem Fenster, geht wieder zum Fernsehapparat, fährt zögernd mit der Hand hin, schaltet dann schnell ein, weicht zurück und schaut. Bild und Ton kommen, es läuft ein Spiel- oder Zeichentrickfilm. Der Junge setzt sich auf den Boden und schaut zu, kommentiert die Handlung mit ein paar unartikulierten Lauten, bewegt die Arme dazu. Plötzlich erschrickt er, schaut zum Fenster, steht auf, geht schnell zum Fenster, blickt hinaus, geht wieder zum Fernseher, dreht dann den Ton des Fernsehers ab. Er tritt wieder zurück, kniet sich hin und schaut. Draußen öffnet sich die Haustür, Schritte sind zu hören.

STIMME DES ALTEN: Is wer dahoam?

Der Junge erschrickt furchtbar, läuft zum Fernseher, schaltet ihn aus, sucht in panischer Angst nach einem Versteck, kriecht unter den Tisch. Die Tür öffnet sich, der Alte schaut herein, kommt in den Raum, schließt die Tür, bleibt unschlüssig stehen. Er hat einen Vollbart oder auch nur einen Schnurrbart und trägt abgenutzte, dunkle Kleidung, wie sie auf dem Land getragen wird.

ALTER: Nojo, wart i halt a Pfeifen lang.

Er geht langsam zum Fenster, schaut hinaus, holt Pfeife und Tabaksbeutel hervor, schaut während des Stopfens aus dem Fenster, zündet die Pfeife an, holt eine Taschenuhr heraus, schaut nach der Zeit.

ALTER: Wern alle beim Heuen sein, wahrscheinlich.

Der Junge kauert verängstigt und zusammengekrümmt unter dem Tisch, schaut immer wieder zum Alten. Der Alte geht langsam auf die rechte Seite des Tisches, setzt sich auf den Stuhl, streckt die Beine aus und berührt mit einem Fuß die linke Hand des Jungen, der erschreckt aufschreit und zurückweicht. Der Alte schaut überrascht unter den Tisch und lacht auf.

ALTER: Ja was is denn des? Ja wen hamma denn da, ha? Gibts denn des a?!

Der Junge ist ganz starr vor Angst.

ALTER: A Faschingskasperl unterm Tisch! Ha? Mitten im Sommer! – Was tuast denn da, ha?

Der Junge weicht weiter zurück.

ALTER: Ja, was is denn? Ha? Hast vielleicht Angst vor mir? Ha?

Der Junge reagiert nicht.

ALTER: Vor mir brauchst doch koa Angst ham, Mandl! Kennst mi doch, oder? I bin der Plattl-Hans, woaßt nimmer?

Der Junge wendet sein Gesicht ab.

ALTER: Geh, mir ham uns doch schon öfter gsehn! – Kannst di nimmer erinnern, ha?

Der Junge schaut den Alten an, dieser steht auf, geht ein wenig weg, schaut unter den Tisch.

ALTER: Ah, jetzt komm doch außa da! Bist doch koa Hundl, oder?

Der Junge blickt unter dem Tisch hervor.

ALTER: Aber geh, vor mir brauchst wirklich koa Angst ham, Wastl! *(Zu sich:)* Armer Bua!

Der Alte geht zum Tisch, kniet nieder, der Junge weicht zurück.

ALTER: Geh, komm doch außa da, Mandl! Gschieht dir ja nix!

Der Alte greift nach dem Arm des Jungen, dieser weicht mit einem leisen Aufschrei weiter zurück und wendet seinen Kopf ab.

ALTER: Armer Heiter! I woaß scho, wia s' mit dir umgehn. I woaß scho. Is ja koa Wunder, daß d' a Angst hast. – Aber jetzt komm, geh doch außa da!

Der Junge krümmt sich mit abgewendetem Kopf ganz ins Eck des Tisches, der Alte steht seufzend auf, setzt sich wieder. Er ist ratlos, schaut zum Jungen hinunter.

ALTER: Is dir die Larven nit z'hoaß, bei der Hitz, ha? Du muaßt ja ganz narrisch schwitzen drunter! – Sein s' alle beim Heuen draußen, was? Und du tuast 's Haus bewachen, gell?

Die Haustür öffnet sich, Schritte auf dem Gang, der Junge erschrickt, der Alte horcht, steht auf, geht zur Tür, öffnet sie.

ALTER: Griaß di, Bäuerin!

STIMME DER MÖLLINGER-BÄUERIN: Ah, der Plattl-Hans! Griaß di!

ALTER: I bin grad kommen, woaßt, war aber niemand da. Hab i ma denkt, wart i halt a bißl. Wär ja Mittag.

STIMME DER MÖLLINGER-BÄUERIN: Ja, woaßt, i hab ihnen 's Essen außibracht. Uns pressierts. Mir müassen schaun, daß ma's Heu einadabringen. Wart a bißl, i trag grad 's Gschirr in die Kuchl. Setz di nieder derweil.

ALTER: Is guat. *(Geht wieder zum Tisch, setzt sich, schaut zum Jungen hinunter, schüttelt den Kopf.)* Mein Gott, Bua!

Die Möllinger-Bäuerin kommt herein, der Junge blickt nach ihren Beinen.

MÖLLINGER-BÄUERIN: Ah, ja. *(Sie setzt sich an die Rückseite des Tisches, mit dem Gesicht zum Publikum, wischt sich mit dem Handrücken über die Stirn, nimmt das Kopftuch ab.)* Woaßt, jetzt derpack ma's amal hint und vorn nimmer. Dauernd hats uns dreingregnet, die letzten Wochen! Schön langsam wär uns bald des Heu verfault auf die Schwedenreiter.

ALTER: *(setzt sich näher zum Tisch, als ob er den Jungen schützen wollte)* A grausigs Wetter war des, ja. Aber seit a paar Tag hoazts wieder owa, mei Liaber!

MÖLLINGER-BÄUERIN: Ja. A so a diesige Hitzen is des, a schwere. I trau dem Wetter nit ganz! Werd bald wieder was kommen. Jetzt fehlt uns grad no a Hagel. Nacha is der Troad a hin!

ALTER: Jaja, es stimmt oanfach nimmer mit'n Wetter. Als wenn die Natur an Grant hätt!

MÖLLINGER-BÄUERIN: So is es, ja. Hans, was is nacha? Hilfst uns?

ALTER: Freilich hilf i enk. Deswegen komm i ja her. Der Binder-Ernst hat ma's heut Vormittag ausgrichtet, daß ihr mi brauchts.

MÖLLINGER-BÄUERIN: Guat, Hans. Zwoahundert, wia immer?

ALTER: Ja, guat.

MÖLLINGER-BÄUERIN: Frische Eier gib i dir dann a mit. Und wenn ma a Sau stechen, nacha kriagst a Trumm Fleisch.

ALTER: Is scho recht.

MÖLLINGER-BÄUERIN: So a zwoa Wochen tät ma di scho brauchen.

ALTER: Ja, guat. Versäumen tua i eh nix.

MÖLLINGER-BÄUERIN: Am gscheitesten is, du schlafst bei uns, weil um fünfe fangt der Bauer schon an mit'n Mähen.

ALTER: Guat.

Möllinger-Bäuerin: Machts dir was aus, wenn du glei heut no anfangst?

Alter: Nana, macht ma nix aus. I geh glei außi mit dir.

Möllinger-Bäuerin: Na, du muaßt alloan gehn. I muaß jetzt dableiben. Wegen der Sau, woaßt. Die is heut soweit.

Alter: Aha, gibts an Nachwuchs?

Möllinger-Bäuerin: Ja. Is eh scho über die Zeit. A lästige Warterei.

Der Alte klopft die Pfeife am Aschenbecher aus.

Alter: Guat dann. Wo sein's denn?

Möllinger-Bäuerin: Hinter der Kapellen, woaßt eh.

Der Alte steckt die Pfeife ein.

Alter: Ah so, ja, woaß schon. Wer is'n aller draußen?

Möllinger-Bäuerin: Der Bauer und die Schneiter-Kathl und der Bua von meiner Schwägerin. Die Kathl richtet ja nimmer viel aus, mit ihrm Alter. Aber verlangen tuat sie nix. Außerm Essen. Der Bua is brav. Der kriagt dafür a Radl zum Schulanfang. *(Nachdenklich:)* A braver Bua. Der scho. *(Reißt sich aus den Gedanken.)* Hast überhaupt scho gessen?

Alter: Jaja, hab i.

Möllinger-Bäuerin: Guat. Nimmst dir aus'n Schupfen an Rechen mit und a Gabel.

Alter: Ja, mach i.

Kleine Gesprächspause. Die Möllinger-Bäuerin schaut gedankenverloren vor sich hin. Der Junge unter dem Tisch verharrt bewegungslos. Der Alte will aufstehen.

Alter: Ja, nacha ...

Möllinger-Bäuerin: Woaßt, Hans, mir hams wirklich nit leicht.

Der Alte setzt sich wieder.

Möllinger-Bäuerin: Es is so an Haufen Arbeit! A echte Plag! Manchmal dersteh i's auf d'Nacht nimmer, vor lauter müad. Und dem Bauer gehts gleich. An runden Buckel hat er scho von der Schinderei. Und muaß nebenbei auf'n Bau arbeiten gehn, weils Geld hint und vorn nit langt. An neuen Traktor tät ma längst scho brauchen, aber es geht nit! – Seit a paar Monat leist ma uns aber trotzdem an Luxus. An Videorekorder hamma uns kauft, siehst eh. *(Deutet hin.)* Und der Karl hat ma die ganzen Sissi-Filme kauft, zum Geburtstag. Aber i komm nit dazua. Bis i fertig bin, is es meistens neune und nacha bin i oanfach z'müad. Alles tuat ma weh. Jeden oanzelnen Knochen spür i. – Des is a Leben! – Wenn ma wenigstens Kinder ghabt hätten. I moan, außer dem Nixnutz da.

Der Junge hebt den Kopf, schaut in Richtung Bäuerin.

MÖLLINGER-BÄUERIN: Dann hätt ma wenigstens a Hilf. A Arbeitskraft. Und koan unnützen Fresser. Aber so ... Es is scho a Unglück! So a Mißgeburt hamma müassen in d'Welt setzen!

Der Junge senkt den Kopf, wird verkrampfter.

MÖLLINGER-BÄUERIN: Meiner Lebtag wer i mi schamen!

Der Alte ist unruhig, weil er den Jungen unter dem Tisch weiß.

ALTER: Aber deswegen darf ma des a nit dem Buam vergelten. Des is a nit richtig!

MÖLLINGER-BÄUERIN: *(leise)* I haß ihn! I sag dir's, i haß ihn!

Der Junge beginnt zu zittern, hält sich mit der rechten Hand das Ohr zu, die linke hält er vor den Mund.

MÖLLINGER-BÄUERIN: I woaß, daß es Sünd is, aber i haß ihn trotzdem!

ALTER: So darf ma nit reden, Bäuerin!

MÖLLINGER-BÄUERIN: Und der Bauer haßt mi, weil i den Buam auf d'Welt bracht hab. Des verzeiht er ma nia! Nia!

ALTER: Ah geh, du kannst ja a nix dafür!

MÖLLINGER-BÄUERIN: Trotzdem! Trotzdem verzeiht er ma's nit! – Wia i den Buam haß! Des kannst dir gar nit vorstellen!

Der Junge stößt einen unterdrückten, schluchzenden Schrei aus, die Möllinger-Bäuerin schaut überrascht den Alten an, blickt dann unter den Tisch.

MÖLLINGER-BÄUERIN: Ja, was tuast denn du da? Ha? Schau, daß d'außa kommst! *(Stößt mit dem Fuß nach ihm.)*

MÖLLINGER-BÄUERIN: Aber dalli! No, werds bald?

Sie steht auf, geht um den Tisch herum, der Junge hält schützend die Hände vor den Kopf.

MÖLLINGER-BÄUERIN: Soll i den Pragger holen, ha?

ALTER: Geh, laß'n doch, Bäuerin! Was schimpfst denn so? Siehst nit, was er für a Angst hat?

MÖLLINGER-BÄUERIN: Ah was! Gehst außa jetzt oder nit?! *(Sie greift nach dem Arm des Jungen, zieht ihn heraus.)* Gehst außa?! Außa mit dir!

ALTER: Geh, Bäuerin! Laß'n doch aus!

Der Junge kniet am Boden, hält schützend die Arme vor den Kopf, die Bäuerin schaut haßerfüllt auf ihn hinunter.

MÖLLINGER-BÄUERIN: Der Saubua, der verdammte! *(Schreit ihn an:)* Krüppel, verreckter!

ALTER: Geh, Bäuerin ...

MÖLLINGER-BÄUERIN: Grad umbringen könnt i ihn! – Was hast'n scho wieder de blöde Larven auf, ha?

Der Junge blickt zu ihr hoch, greift mit den Händen nach der Maske, will sie abnehmen, die Bäuerin stößt mit der flachen Hand nach der Maske, so daß der Junge zurückfällt.

MÖLLINGER-BÄUERIN: Laß sie nur oben! Bin eh froh, wenn i dei schiaches Gfrieß nit seh! Schau ma eh liaber die Larven an! Die is schöner wia dei Gsicht! Viel schöner, des kannst ma glauben!

ALTER: Na, so geht des nit, Bäuerin! So geht des wirklich nit! So darf ma a Kind nit behandeln!

MÖLLINGER-BÄUERIN: Kind? Des is doch koa Kind nit! A Strafe Gottes is des, aber koa Kind!

ALTER: Bäuerin!

MÖLLINGER-BÄUERIN: *(ignoriert den Alten)* Was sitzt denn da umanand am Boden, ha? Hast nix Bessers z'tuan? Was hab i dir denn angschafft, ha? Was? Hab i dir nit angschafft, du sollst oben die zwoa Kammern aufwaschen? Ha? Red, wennst gfragt werst!

Der Junge sieht die Bäuerin an, nickt heftig mit dem Kopf, streckt mehrmals die Arme mit geballten Fäusten von sich und zieht sie wieder zurück, dabei gibt er Laute von sich, die wie »jajaja« und »wischwisch« klingen.

MÖLLINGER-BÄUERIN: Was, du hast des scho gmacht?

Der Junge wiederholt das Vorige.

MÖLLINGER-BÄUERIN: Ja, da bin i aber gspannt! Wer i glei nachschaun! Werd halt alles wieder pitschnaß sein!

Der Junge senkt den Kopf.

MÖLLINGER-BÄUERIN: Alles oa Lacken! *(Zum Alten:)* Der is ja zum Bodenaufputzen no z'deppert! *(Blickt auf den Jungen.)* Was tuast denn da herinnen überhaupt, ha? Megst ma des nit verraten?!

Der Junge schaut sie an, hält die Arme schützend vor den Kopf, die Bäuerin blickt zum Fernsehapparat.

MÖLLINGER-BÄUERIN: Hast vielleicht wieder Fernsehn gschaut, ha? Was?

Der Junge schaut zu Boden.

MÖLLINGER-BÄUERIN: Laß di ja nit noamal derwischen, Mandl, i sags dir!

Die Bäuerin tritt näher zum Jungen, dieser hält die Arme wieder hoch.

MÖLLINGER-BÄUERIN: Weil nacha setzts was, des versprich i dir!

ALTER: *(begütigend)* Jetzt is doch koa Fernsehn nit, um die Zeit!

MÖLLINGER-BÄUERIN: Freilich is oans! I hab'n ja schon amal derwischt dabei.

ALTER: Daß er si damit auskennt ...? I könnt koan Fernseher einschalten.

MÖLLINGER-BÄUERIN: Werd er uns schon abgschaut ham. Manchmal hockt er da in der Stuben in an Eck, und mir merkens gar nit. Wia a Katz is er. Hat ja eigentlich eh nix z'suachen, da herin! Der soll si in der Kuchl aufhalten!

ALTER: Ah geh, wieso laßts'n denn nit Fernsehn schaun? I moan, mit enk, wenns eh a schauts, da wärs ja gleich, oder?

MÖLLINGER-BÄUERIN: Na, na, kommt ja gar nit in Frag! Er is so scho narrisch gnuag!

Der Junge schaut sie an.

MÖLLINGER-BÄUERIN: Der begreift ja eh nix, was da drin in dem Kastl vorgeht! Da werd er ja grad no depperter!

ALTER: No, i woaß nit ...

MÖLLINGER-BÄUERIN: Aber, freilich! *(Zum Jungen:)* Was schaust mi denn so an, ha? Was? Bettelst um a Fotzen, oder was? *(Schlägt ihm mit der flachen Hand auf den Hinterkopf.)* Geh, schau daß d' weiterkommst! I kann di nimmer sehn!

Der Junge will aufstehen, stolpert, fällt vor dem Alten hin, dieser steht auf, ergreift die Arme des Jungen, will ihm aufhelfen, der Junge stößt ihn weg, geht ein paar Schritte zurück und blickt den überraschten Alten an. Der Junge steht mit dem Rücken zum Publikum. Die Bäuerin schaut verärgert zu. Nach einer Weile geht der Junge langsam und verkrampft auf den Alten zu, bleibt dicht vor ihm stehen, faßt ihn mit der rechten Hand am linken Arm und mit der linken Hand an der rechten Rockseite, klammert sich krampfartig fest und bricht dann mit einem dumpfen Laut in die Knie.

MÖLLINGER-BÄUERIN: So, jetzt is es wieder amal soweit! *(Sie geht zum Jungen hin.)*

ALTER: Was hat er denn?

Die Möllinger-Bäuerin nimmt dem Jungen die Maske ab, wirft sie auf den Tisch.

MÖLLINGER-BÄUERIN: So an komischen Anfall hat er wieder! *(Sie versucht, die Finger der rechten Hand des Jungen zu lösen, es gelingt ihr nicht.)* Siehst, total steif is er! De Finger bringst nit weg! Da müaßast sie abbrechen! *(Schreit den Jungen an:)* Laß aus! Auslassen sollst! Hörst nit? Auslassen! *(Zum Alten:)* Siehst, nutzt nix! Nutzt überhaupt nix! – Sonst fallt er ja immer auf'n Boden. Aber des is ganz was Komisches! Bei meiner Schwägerin hat er des a scho zwoamal gmacht. Von der is a die Faschingslarven. Und jedsmal bringt sie ihm an Schuglad mit! Von uns kriagt de Krot nia a Schuglad! – *(Sie schlägt dem Jungen auf den Kopf.)* Magst nit auslassen, ha? Du!!

ALTER: Geh, hör doch auf! Des hat ja koan Sinn, des Schlagen!

Die Möllinger-Bäuerin geht hinter dem Tisch auf die linke Seite hinüber.

MÖLLINGER-BÄUERIN: Ah geh, wenn er nit auslaßt, des Sauviech, des! *(Sie bleibt stehen, schaut wütend weg.)*

ALTER: *(hebt den rechten Arm und streicht dem Jungen über den Kopf)* Was is denn? Was is denn, ha, Mandl? Was hast denn? Ha? Armer Bua!

Er streicht ihm fortwährend über den Kopf, plötzlich beginnt der Junge zu zittern, sein Krampf löst sich, er schluchzt laut auf, die Bäuerin blickt her, die Arme des Jungen fallen herunter, weinend – es ist ein befreiendes Weinen – birgt er seinen Kopf am Bein des Alten, der ihn begütigend an sich drückt.

ALTER: Is scho guat! Is scho guat, Mandl! Is ja scho guat! Is scho guat!

2. AKT

Spätherbst.
Wirtshaus. Zwei Türen; die erste in der Mitte der Rückwand, die zweite links hinten, diese als Durchgang immer offen. Drei Tische; der erste an der Rückwand links neben der Eingangstür, der zweite in der hinteren rechten Ecke, der dritte – ein kleinerer – vorne an der rechten Wand in einer Art Nische. Am ersten Tisch links sitzen rauchend und trinkend der 1. Gast, der 2. Gast und ein Gendarm in Zivil. Der 1. Gast sitzt rechts, der 2. Gast auf der Bank an der Rückwand mit dem Gesicht zum Publikum, der Gendarm sitzt links.

1. GAST: *(zum Gendarmen)* Des woaßt aber schon, daß ihr mitverantwortlich seids! Oder?

GENDARM: Was? Was soll denn des hoaßen? Wer is ihr?

1. GAST: Wer des is? Ihr, ihr seids des! Die Gendarmerie!

GENDARM: Spinnst du? Wieso denn?

1. GAST: Weil allgemein bekannt war, enk natürlich a, daß der Viechhandler immer bsoffen mit'n Auto unterwegs gwesen is! Oder is dir des was Neues?

GENDARM: Naja, sicher hammas gwußt! Sicher! Wenns nach mir gangen wär, nacha hätt i ihm scho längst den Führerschein abgnommen! Aber was soll i denn machen? Wenn unser Postenkommandant sein bester Spezi war? Was hätt i denn tuan sollen? Ha? Fertig gmacht hätt er mi, der Kommandant!

1. GAST: A Sauerei is des! A bodenlose Sauerei! Sowas ghört anzoagt!

2. GAST: *(leicht betrunken)* Geh, was regst di denn auf, Lois?! Jetzt is er eh hin, der Viechhandler! Mit sein fetten Mercedes, mit sein fetten! Des Schwein hab i eh nia schmecken können!

1. GAST: Ja, der Viechhandler is hin! *(Trinkt sein Weinglas leer.)* Aber der im andern Auto a! Der nix dafür kann! Und zwoa Schwerverletzte! Is des nix? A Sauerei is des! *(Ruft in Richtung Durchgang:)* Traudl! Traudl!

STIMME DER KELLNERIN: Ja, was is?

1. GAST: Geh, bring ma no a Viertele Roten!

STIMME DER KELLNERIN: A Viertele Roten? Glei!

2. GAST: Und was is mit mein Gulasch, ha? Müaßts erst die Sau abstechen, oder was?

STIMME DER KELLNERIN: Glei! Glei! Werst es woll derwarten! I hab a nur zwoa Händ!

2. GAST: Ah so?

Ein deutsches Touristenehepaar im mittleren Alter kommt durch die Eingangstür herein.

DEUTSCHER GAST: Guten Tag, die Herrn!

Die drei grüßen zurück, die deutschen Gäste hängen ihre Mäntel an die Garderobehaken links neben der Eingangstür und setzen sich an den rechten, hinteren Tisch, der Mann an die rechte Seitenwand, die Frau an die Rückwand. Sie vertiefen sich in die Speisekarte. Die Kellnerin kommt mit Gulasch und Wein beim Durchgang herein.

KELLNERIN: A Viertl Roten, bittschön! *(Stellt dem 1. Gast den Wein hin, und das Gulasch dem 2. Gast.)* Und da hast dei Gulasch.

2. GAST: Zeit werds!

KELLNERIN: Jaja, werst scho nit verhungern! *(Sieht die deutschen Gäste, geht zu ihnen.)* Grüß Gott! Die Herrschaften wünschen?

DEUTSCHER GAST: Wir nehmen zwei Wienerschnitzel. Mit Pommes frites.

KELLNERIN: Ja. Und zum Trinken?

DEUTSCHER GAST: Elfriede?

FRAU DES DEUTSCHEN GASTES: Ein kleines Helles trink ich.

DEUTSCHER GAST: Ja, mir auch, bitte.

KELLNERIN: Zwei Schnitzel-Pommesfrites, zwei Bier. Bitteschön, die Herrschaften!

Sie wendet sich von den Touristen ab, die Eingangstür öffnet sich, der Alte und der Junge kommen herein.

KELLNERIN: Ah, der Plattl-Hans! Griaß di!

ALTER: Griaß Gott beinand!

Die Kellnerin verschwindet im Durchgang. Der Alte und der Junge tragen abgenützte Mäntel, der Junge außerdem eine schwarze Mütze und eine billige Brille, bei der das linke Glas blind ist. Der Junge wird vom Alten an der Hand geführt und bewegt sich weit weniger verkrampft als im ersten Akt.

1. GAST: Griaß di!

GENDARM: Servus, Hans!

Der Alte knöpft den Mantel des Jungen auf.

1. GAST: A wieder amal unterwegs mit dein Schützling, was?

ALTER: Ja – komm, Mandl *(zieht dem Jungen den Mantel aus, nimmt ihm die Mütze vom Kopf)* – a wieder amal unterwegs. Weil Sonntag is. *(Hängt den Mantel auf, zieht den eigenen aus.)*

1. GAST: Sowieso! Laßts enk nur was zuakommen! Man lebt nur oamal!

ALTER: *(hängt seinen Mantel auf)* So is es, ja.

Der 2. Gast schaut den Alten und den Jungen spöttisch an. Auch die deutschen Gäste schauen interessiert, die Frau tuschelt mit dem Mann.

ALTER: So, komm, Mandl! Setz ma uns da umi! *(Der Alte nimmt den Jungen an der Hand, will mit ihm vorgehen.)*

2. GAST: Du, Hans!

ALTER: *(dreht sich um)* Was is, Adi?

2. GAST: Du, sag amal, wia schaust denn du heut aus?

ALTER: Wia soll i denn ausschaun?

2. GAST: Wia du ausschaust? Du kommst ja daher wia a Uhu nach an Waldbrand!

Der Gendarm lacht, die deutschen Gäste schauen neugierig, haben aber nicht verstanden, was der 2. Gast meinte.

ALTER: Komm alleweil gleich daher! Du schaust a nit grad aus wia der Erzengel Gabriel!

Der 1. Gast schmunzelt, der Gendarm lacht.

2. GAST: Aber a so a schiacher Teufel wia du bin i lang no nit!

ALTER: Wart nur, bist du so alt bist wia i! Guat, daß i des nimmer derleb, wia du nacha ausschaust! Komm, Mandl!

Der 1. Gast schmunzelt, der Gendarm lacht. Der Alte geht mit dem Jungen zum Tisch rechts vorne.

GENDARM: Der Hans bleibt dir nix schuldig, was, Adi? Der is nit aufs Maul gfallen!

2. GAST: Der werd aber bald aufs Maul fallen, wenn er no lang so blöd daherredt!

1. GAST: Geh, Adi, hör doch auf!

Die Kellnerin kommt mit dem Bier und dem Besteck für die deutschen Gäste beim Durchgang herein. Der Alte führt den Jungen an die rechte Seite des Tisches, weist ihm den Platz an der Wand zu, der Junge setzt sich.

2. GAST: *(zum Alten schauend)* Von dem alten Deppen laß i mi nit pflanzen!

ALTER: Des will i liaber nit ghört haben, Adi! *(Setzt sich mit dem Gesicht zum Publikum an den Tisch.)*

GENDARM: Aber, Adi! Wer hat denn angfangen mit der blöden Rederei? Du hast ja zerst die Goschen aufgrissen, oder? Wennst selber nix derleidst, dann sei ruhig!

2. GAST: I bin ruhig, wenns mir paßt, Schorsch! Laß dir des gsagt sein!

KELLNERIN: *(hat zugehört, verliert die Geduld)* Tuast scho wieder stenggern, Adi, ha? Wenn dir's Bier scho in Kopf gstiegen is, dann geh hoam! *(Die Kellnerin geht zum Alten.)*

2. GAST: *(ruft herüber)* I geh hoam, wann i will, verstanden?!

KELLNERIN: *(am Tisch des Alten, ruft zurück)* Des wer ma sehn!

ALTER: Aber laß'n doch! Is eh nur a Gspaß! Kennst'n doch, an Adi!

KELLNERIN: Mir geht der Gspaß auf d'Nerven! – Nacha, was kriagts ihr zwoa?

ALTER: Ja – i kriag a Bier und a Schnapsl, und für'n Buam bringst a Paarl Würstl und a Kracherl.

KELLNERIN: Guat, bring i glei. *(Die Kellnerin geht in Richtung Durchgang.)*

ALTER: *(ruft ihr nach)* Und so Schnitten, wennst hast! Waffelschnitten!

KELLNERIN: *(dreht sich um)* Ja, hab i.

GENDARM: Geh, Traudl, bring ma no a Bier!

KELLNERIN: A Bier.

2. GAST: Und mir a!

KELLNERIN: *(schaut den 2. Gast prüfend an)* Aber a Ruah muaß sein, verstanden?!

2. GAST: *(schwadroniert)* Sowieso! Sowieso! A Ruah muaß sein! Da gibts nix! Eine solchene Ruah werd sein, daß es gar nimmer ärger geht!

Die Kellnerin winkt spöttisch lächelnd ab und verschwindet im Durchgang.

2. GAST: Eine Grabesruah werd da sein! *(Der 2. Gast lacht, wird dann unvermittelt grantig.)* Nit amal im Wirtshaus darfst di mehr a bißl ausleben! Was? Da brauch i ja nit ins Wirtshaus gehn, wenn i nacha mei Goschen halten muaß! Nit? Da muaß was los sein! Da muaß es aufgehn! Nit? Ja. I versteh eh an Spaß. Sowieso! Aber nit von dem Rübezahl da enten, von dem verpatzten. Wenn i den scho seh, mit sein depperten Buam, mit dem depperten!

GENDARM: Ah geh, Adi ...

Der Alte hat inzwischen seine Pfeife gestopft, der Junge darf sie ihm anzünden. Dann zieht der Junge ein Blatt Papier aus seiner Rocktasche, der Alte gibt ihm einen kurzen Beistift, den er aus einer Westentasche hervorsucht. Während an den beiden anderen Tischen geredet wird, zeichnet der Junge, zeigt das Blatt immer wieder dem Alten, dieser erklärt, verbessert, lobt den Jungen usw.

2. GAST: Ah was, a so oan wia den Buam da, den sollt ma ja gar nit einalassen, ins Wirtshaus! A so an Deppn, der was alles anspeibt! Des oanemal speibt er alles an, des andremal kriagt er an Anfall und kugelt am Boden umanand! A so oaner dürft von Rechts wegen ja gar nit ins Wirtshaus eina!

1. GAST: Aber geh, gib doch an Frieden! Des is eh nur oamal vorkommen, daß er da an Anfall kriagt hat! Und des mit'n Speiben is a scho mindestens oa Jahr her. Da herin hat schon öfter oaner gspieben! *(Mit Anspielung auf den 2. Gast:)* Aber vor lauter Rausch! Is eh a armer Bua! Kann ja nix dafür!

2. GAST: I sag ja nit, daß er was dafür kann!

1. GAST: Ja, eben nacha ...

2. GAST: Ja, aber mit so oan geht ma nit ins Wirtshaus! Der ghört ja ins Narrenhaus! Der is ja deppert! *(Deutet zum Jungen hinüber:)* Schau dir'n an! Der, der ...

Der 2. Gast verstummt plötzlich, weil beim Durchgang die Kellnerin mit dem Essen für die deutschen Gäste hereinkommt.

KELLNERIN: *(stellt die Teller hin)* Mahlzeit, die Herrschaften! *(Geht wieder in Richtung Durchgang, dreht sich um.)* Kriagts sofort euer Zeug, Hans!

ALTER: Is scho guat! Mir hams nit eilig!

Die Kellnerin geht ab. Die deutschen Gäste beginnen zu essen.

2. GAST: *(redet sofort weiter)* Ja, des is meine Meinung! Der Bua ghört da nit eina! A so an Anblick kann ma ja koan normalen Menschen zuamuten! Und in an Wirtshaus a no! Wo Gäst sein! *(Deutet mit dem Kopf auf den Nebentisch; leiser:)* Habts gmerkt, wia de zwoa Fremden zerst gschaut ham?

GENDARM: Wieso? Was?

2. GAST: Weil er ihnen unhoamlich is, der Bua! Die Frau is ganz kasweis worden, wie s' ihn gsehn hat!

1. GAST: *(lacht)* Geh, geh, was du nit alles siehst!

Die drei unterhalten sich weiter, aber so, daß nur ein Gemurmel zu hören ist.

DEUTSCHER GAST: Schmeckt nicht schlecht, was, Elfriede?

FRAU DES DEUTSCHEN GASTES: Oh ja, sehr gut! Und noch relativ billig, nicht?

DEUTSCHER GAST: Und ob! Das Essen ist fast um die Hälfte billiger und die Pensionspreise auch. Ich hab's dir ja gesagt! Wenn man heutzutage noch einigermaßen billig Urlaub machen will, dann muß man dort hingehen, wo's nur wenig Fremdenverkehr gibt.

FRAU DES DEUTSCHEN GASTES: Naja, du mußt aber auch bedenken, daß jetzt noch Zwischensaison ist. Da sind die Preise überall niedriger.

DEUTSCHER GAST: Das schon. Aber trotzdem nicht so billig wie hier.

Pause. Sie essen.

FRAU DES DEUTSCHEN GASTES: Ein wenig fad ist mir aber schon. Überhaupt nichts los! Kein Tirolerabend, nichts!

DEUTSCHER GAST: Ich brauch keinen Tirolerabend. Ich will meine Ruhe haben, weiter nichts! Und die hab ich hier.

Die Frau schweigt etwas mißmutig. Sie essen. Die Frau blickt zum Jungen hin, stößt ihren Mann an, deutet mit dem Messer zum Jungen.

FRAU DES DEUTSCHEN GASTES: Der junge Bursche da ... Wie der dreinschaut, was?

DEUTSCHER GAST: *(blickt kurz zum Jungen)* Ein Idiot ...

FRAU DES DEUTSCHEN GASTES: Da kriegt man's ja direkt mit der Angst zu tun!

DEUTSCHER GAST: Mach dich nicht lächerlich! Vor dem brauchst du keine Angst zu haben! Scheint der Dorftrottel zu sein. Harmloses Individuum. Ist wahrscheinlich hochgradig debil. Solche Leute soll es ja nicht wenige in den Alpen geben. Hab ich jedenfalls gehört. Durch Inzucht nehme ich an. Oder durch Zeugung im Alkoholrausch.

FRAU DES DEUTSCHEN GASTES: Inzucht? Glaubst du, das gibt es noch?

DEUTSCHER GAST: Naja, ob das heute noch der Fall ist ... Aber früher soll das hier häufig vorgekommen sein. Deshalb die vielen debilen Kinder.

FRAU DES DEUTSCHEN GASTES: Aha. – Der Alte wird wohl sein Großvater sein, was?

DEUTSCHER GAST: Anzunehmen, ja. Schaut auch ziemlich pittoresk aus. Gefällt mir gut. Ein Gesicht hat der, wie aus einem Wurzelstock geschnitzt!

Die Kellnerin bringt zwei Bier zum linken Tisch, geht wieder ab.

FRAU DES DEUTSCHEN GASTES: Ja, genau! Du, übrigens, wir müssen uns sowas kaufen. Drüben im Souvenirladen hab ich solche Schnitzereien gesehen. Ganz niedliche Sachen sind da dabei. Sowas könnten wir zu Hause im Wohnzimmer aufhängen. Würde sich gut machen.

Die Kellnerin kommt mit einem Tablett herein, auf dem sich das vom Alten Bestellte befindet.

DEUTSCHER GAST: Ja, keine schlechte Idee.

KELLNERIN: *(stellt das Gewünschte auf den Tisch des Alten)* So, da habts enker Zeug! Laß dir's schmecken, Wastl!

Der Junge hat Papier und Bleistift weggelegt, schaut die Kellnerin lächelnd an, nickt mit dem Kopf. Die Kellnerin geht ab.

ALTER: So, Mandl! Paß auf, die Würstel sein hoaß!

Der Junge nickt, nimmt ein Würstel, fährt damit im Senf herum, lacht den Alten an.

ALTER: Nit mit'n Senf umananadapatzen! Tua schön essen, Mandl!

Der Alte schenkt dem Jungen Limonade ins Glas, trinkt von seinem Bier, stopft die Pfeife von neuem und entzündet sie.

2. GAST: *(schaut zum Jungen herüber, der schnell ißt)* Jetzt schauts enk des an! Wia er's einipampft, der Giftzwerg! Als ob er scho drei Wochen nix mehr kriagt hätt!

Die deutschen Gäste schauen auch herüber.

1. GAST: Laß'n pampfen! Bist's ihm neidig?

2. GAST: I bin's ihm doch nit neidig! I sag ja nur! Des muaßt dir anschaun! Der frißt ja wia a Viech! A Schand is des!

1. GAST: Ja, laß'n doch, Himmelherrgott! Schau nit hin, wenns di stört!

2. GAST: Es geht ja nit um mi! Verstehst? Es geht ja nit um mi!

1. GAST: Um wen nacha?

2. GAST: *(leise)* Um die Fremden! Um die Fremden! Glaubts ihr, des is a Reklame für uns? Da muaß ma si ja schamen!

GENDARM: Was du für an Schmarrn redst, Adi! Wegen die zwoa Fremden! Des is doch denen Wurscht!

1. GAST: Moan i a!

2. GAST: Na, des is denen nit Wurscht, wenn da so a trensata Heudepp herumsitzt.

1. GAST: Woaßt was, Adi? I wett an Liter Roten mit dir, daß denen des Wurscht is!

2. GAST: Oan Liter? Oan Liter? Guat! Eingschlagen!

Sie geben einander die Hände.

2. GAST: *(zum Gendarm)* Die Gendarmerie is Zeuge!

GENDARM: Ja, ja, is scho guat.

2. GAST: Nacha wer i s' glei fragen, de zwoa!

1. GAST: Tua des!

2. Gast: Und ob i des tua! *(Er steht auf.)*
1. Gast: Da bin i ja gspannt!
Der 2. Gast schaut zu den deutschen Gästen, gibt sich einen Ruck, geht leicht schwankend zu ihnen, stützt sich mit beiden Händen auf den Tisch.
2. Gast: Äh, Entschuldigung die Herrschaften, dürft i die Herrschaften was fragen?
Deutscher Gast: *(etwas unangenehm berührt)* Ja, bitte?
2. Gast: Äh, ja ... Moment, bitte!
Er holt sich vom linken Tisch einen Stuhl, trägt ihn zum Tisch der Deutschen, setzt sich hin.
2. Gast: Ja ... I möcht Ihnen äh, fragen, ob's Ihnen was ausmacht, daß der Bua, der Dings da drüben *(deutet auf den Jungen)*, der Depperte da drüben, ob Ihnen des was ausmacht?
Deutscher Gast: Wie meinen Sie das?
2. Gast: No, i moan, ob er Sie nit stört?
Deutscher Gast: Stört? Nein. Eigentlich nicht.
Frau des Deutschen Gastes: Na, entschuldige, Dieter, gerade appetitlich ist das nicht beim Essen!
Deutscher Gast: Aber du siehst ihn doch gar nicht! Er sitzt ja ums Eck!
Frau des Deutschen Gastes: Trotzdem! Ich weiß, daß er da ist!
Deutscher Gast: Na, jetzt mach aber einen Punkt!
Frau des Deutschen Gastes: Okay, okay, ist ja gut! Von mir aus!
Deutscher Gast: *(zum 2. Gast)* Also, Sie hören, wir haben uns geeinigt! Der Junge stört uns nicht!
2. Gast: Ah, nit?
Deutscher Gast: Nein.
2. Gast: Wirklich nit?
Deutscher Gast: Nein, wirklich nicht!
2. Gast: Ja, dann ... *(steht umständlich auf)*. Nix für unguat, äh, Wiederschaun!
Deutscher Gast: Jaja, schon gut!
Der 2. Gast trägt seinen Stuhl wieder zurück, setzt sich auf seinen Platz, stiert vor sich hin. Der 1. Gast und der Gendarm, die alles beobachtet haben, schauen ihn grinsend an.
Deutscher Gast: *(während der 2. Gast zurückgeht; leise)* Was soll denn das, Elfriede? Der Mann ist doch betrunken! Wenn wir sagen, der Junge

stört uns, dann wirft er ihn hinaus, es kommt zum Krawall und gibt nur Unannehmlichkeiten!

GENDARM: *(grinsend)* Ja, nacha? Was is? Hast nix zum berichten?

2. GAST: Ja, freilich stört er sie! Aber sie traun sich's nit z'sagen.

1. GAST: Geh, geh! Lüagst wieder!

2. GAST: Wenn i dir's sag!

GENDARM: Mach koane Schmäh, mir ham ja zuaghört!

2. GAST: Was hoaßt da Schmäh, des sein koane Schmäh, merk dir des!

1. GAST: *(begütigend)* Reg di nit auf, Adi! Sag ma, es is unentschieden ausgangen! Du zahlst an halben Liter, i zahl an halben Liter! Trinken tuan ma'n gemeinsam! Einverstanden?

2. GAST: Von mir aus! Aber gerecht is des nit!

Der Junge ist mit den Würsteln fertig.

ALTER: No, hats dir gschmeckt?

Der Junge nickt lächelnd.

ALTER: Ja, nacha!

Der Junge nimmt das Glas und trinkt.

ALTER: Laß dir nur Zeit mit'n Kracherl, gell, Mandl! – Soll i dir die Schnitten aufmachen?

Der Junge schüttelt den Kopf, nimmt die Schnitten, sucht den Aufreißfaden, reißt auf.

2. GAST: *(Richtung Durchgang)* Traudl! Bring an Liter Roten! Hast mi verstanden?

STIMME DER KELLNERIN: Ja, hab i!

2. GAST: Nacha is 's guat!

ALTER: Woaßt, Mandl, da darfst dir nix drausmachen, wenn uns die Leut nachschaun.

Der Junge steckt sich Waffelschnitten in den Mund, schaut den Alten an.

ALTER: Sein eh nur die Fremden. Die Einheimischen kennen uns ja. Die denken si nix mehr dabei. Die meisten halt, nit. Aber die Fremdengäst ... Manche schaun uns an wia 's siebte Weltwunder! Dabei samma überhaupt koa Weltwunder, was, Mandl? Aber mach dir nix draus. Sie moanens eh nit bös. Sie schaun halt. Da brauchst dir nix drausmachen. Und mit die Einheimischen wer i scho fertig, wenn s' blöd reden! Da is ma koaner über! So gscheit wia die bin i alleweil no!

Die Kellnerin bringt den Liter Wein zum linken Tisch, geht wieder ab.

ALTER: Da fahr i an jeden übers Maul, kann kommen, wer will! Solang i bei dir bin, brauchst di nit fürchten, Mandl! Und wenns hart auf hart geht, *(blickt zum linken Tisch hinüber)* nacha hau i mit der Faust da no alleweil a paar Zähn ein, wenns sein muaß! Umsonst hats nit ghoaßen, der Plattl-Hans hat Pratzen wia a Türkenkochpfann!

Der Wirt kommt bei der Eingangstür herein.

WIRT: Griaß Gott! Habts alles, was's brauchts?

1. GAST: Ah, der Herr Wirt und Bürgermoaster laßt si a wieder amal anschaun!

Der Wirt sieht den Alten und den Jungen, ignoriert sie aber. Er wendet sich an die deutschen Gäste.

WIRT: Grüß Gott, die Herrschaften! Sind Sie zufrieden? Alles in Ordnung?

DEUTSCHER GAST: Danke, ja, wir sind zufrieden! Könnte nicht besser sein!

WIRT: Fein! Fein! Wünsche noch einen schönen Aufenthalt! *(Wendet sich an den linken Tisch.)* Habts no a Platzl für mi?

2. GAST: Sowieso! *(Rückt auf der Bank zur Seite.)* Setz di her da! I muaß eh was reden mit dir, woaßt!

WIRT: *(setzt sich)* Ah so?

Die Kellnerin kommt beim Durchgang herein, bringt dem Wirt einen Kognak.

KELLNERIN: Dei Kognak, Chef!

WIRT: Dankschön, Traudl!

Die Kellnerin geht ab.

WIRT: Prost, die Herrn! *(Trinkt.)*

GENDARM: Nacha, Bürgermoaster, wia schauts aus?

WIRT: Alles fertig! Gestern hamma die Probefahrt gmacht!

Während des folgenden Gesprächs beginnt der Junge wieder auf das Blatt Papier zu zeichnen, der Alte zeichnet auch etwas usw.

GENDARM: Und? Gehts guat?

WIRT: Piggobello!! Alles einwandfrei! Maximale Förderleistung zwölfhundert Schifahrer in der Stund!

GENDARM: Gewaltig!

WIRT: Nächsten Sonntag is die offzielle Einweihung. Dekan, Bezirkshauptmann, Schützen, Musik, alles da!

2. GAST: Zeit is eh worden, daß ma an ordentlichen Lift kriagt ham! Ohne Lift koane Gäst!

WIRT: Genau! Wenns nach mir gangen wär, dann hätt ma den Lift scho lang! Des könnts ma glauben! Aber ihr wißts es eh, wia's zuagangen is.

2. Gast: Jaja.

Wirt: Zerst hat si der Sonnleitner dagegen gspreizt, daß ma die Lifttrassen über sein Grund baun, dann hat der Krimbacher protestiert, weils durch sein Wald hätt gehn solln! Was der für an Zauber gmacht hat wegen die paar Baam! Ham eh boade großzügige Entschädigungen kriagt!

1. Gast: Naja, so großzügig ...

Wirt: Ja, sicher, zerst hättens mehr kriagt! Sein aber selber schuld! Der Krimbacher tragt dem Vertreter von der Liftgsellschaft a Fotzen an und der Sonnleitner bedroht den Baggerführer sogar mit'n Gwehr! Wo samma denn? Wegen zwoa so Dickköpf, so damische, geht nix weiter! Die leben da oben am Berg, ham koa Ahnung vom Tuten und Blasen und sein um fünfazwanzg Jahr hinten! Die ham total die neue Zeit verschlafen!

Gendarm: Des hams, ja! Wenns nach denen ging, nacha hätt ma heut no Petroleumliacht und koan Traktor und nix!

Wirt: Ja, genau! De sollen si eingraben lassen, da oben!

1. Gast: Wia schauts mit die Schneekanonen aus?

Wirt: Is scho durch! Nächste Wochen gehts los!

2. Gast: Ma, super! Da schiaß ma dann den Schnee außi, daß es nur so tschindert!

Die Kellnerin kommt herein, der deutsche Gast winkt ihr, sie geht hin, kassiert und geht wieder ab. Die deutschen Gäste stehen auf, gehen zur Garderobe, ziehen ihre Mäntel an, verlassen grüßend das Lokal. Der Wirt und die Gäste grüßen zurück. Das geschieht alles, während der Wirt mit den drei Leuten am Tisch redet. Wenn die deutschen Gäste gehen, muß er eben seinen Text unterbrechen, grüßen und dann im Text fortfahren.

Wirt: Ja – und im Frühjahr möcht i mei Lokal umbaun!

Gendarm: Ah, da schau her!

Wirt: Jaja, es is oanfach z'kloan! Im Keller unten wer i a Kegelbahn einbaun! Und a Diskothek!

2. Gast: Ah so?

Wirt: Jaja. Wißts eh, mit bunte Lichter und Negermusik und so.

Gendarm: Für die jungen Leut, nit?

Wirt: Ja. Und heroben wer i dann Heimatabende veranstalten. Mit Schuachplattler und so, wißts eh!

2. Gast: Siehst, des gfallt ma! Du bringst an Schwung in die Sach! Seit du Bürgermoaster bist, gehts mit uns aufwärts!

Wirt: *(lacht)* Ja, i hoff, ihr vergeßts des nit bei der nächsten Wahl!

TIROLER VOLKSBÜHNE
Blaas
WIENERWALD-BREINÖSSL

Spielplan vom 5. September bis 24. Dezember 1977

Vom 15. Sept. bis 3. Okt. 77 täglich
außer Montag, 19. September 1977
Montag, 22. September 1977
Montag, 3. Oktober 1977

Uraufführung
15. 9. 1977

Beginn: 20 Uhr

Kein Platz für Idioten
Volksstück in drei Akten von Felix Mitterer

Evelyn Esterhammer, Resi Fritz, Margit Hartmann, Kurt Blaas, Walter Fleischmann, Fritz Gogl, Karl Holzer, Franz Paul Mattes, Felix Mitterer, Albert Peychär, Josef Pittl
Regie: Josef Kuderna

Vom 4. Okt. bis 23. Okt. 77 täglich
außer Montag, 10. Oktober 1977
Montag, 17. Oktober 1977
Montag, 24. Oktober 1977

Premiere
4. 10. 1977

Beginn: 20 Uhr

Das Musterdirndl
Ländliche Posse in drei Akten von Hermann Demel

Evelyn Esterhammer, Resi Fritz, Monika Köck, Gretl Kölbl, Renate Huber, Kurt Blaas, Walter Fleischmann, Fritz Gogl, Helmut Haidacher, Franz Paul Mattes, Josef Pittl
Regie: Franz Paul Mattes

Vom 25. Okt. bis 14. Nov. 77 täglich
außer Montag, 31. Oktober 1977
Montag, 7. November 1977
Montag, 14. November 1977

Premiere
25. 10. 1977

Beginn: 20 Uhr

Das Loch in der Badekabine
Lustspiel in drei Akten von Max Neal und Anton Hamik

Evelyn Esterhammer, Resi Fritz, Margit Hartmann, Waltraud Lentsch, Uschi Sieberer, Gertrud von Wenzl, Kurt Blaas, Walter Fleischmann, Josef Grießer, Helmut Haidacher, Franz Paul Mattes, Josef Pittl
Regie: Albert Peychär

Vom 15. Nov. bis 5. Dez. 77 täglich
außer Montag, 21. November 1977
Montag, 28. November 1977
Montag, 5. Dezember 1977

Premiere
15. 11. 1977

Beginn: 20 Uhr

Verlobe Dich oft - heirate nie
Schwank in drei Akten von Hans Lellis

Evelyn Esterhammer, Resi Fritz, Uschi Sieberer, Walter Fleischmann, Fritz Gogl, Helmut Haidacher, Albert Peychär
Regie: Helmut Haidacher

Vom 6. Dez. bis 24. Dez. 77 täglich
außer Montag, 12. Dezember 1977
Montag, 19. Dezember 1977
Freitag, 23. Dezember 1977
Samstag, 24. Dezember 1977

Premiere
6. 12. 1977

Beginn: 20 Uhr

Opa will heiraten
Posse in drei Akten von Franz Schaurer

Evelyn Esterhammer, Gretl Kölbl, Gertrud v. Wenzl, Walter Fleischmann, Josef Griesser, Helmut Haidacher, Franz Paul Mattes
Regie: Walter Fleischmann

Vorverkauf im städt. Verkehrsamt
am Burggraben
täglich von 8.00 Uhr - 11.00 Uhr
und 14.00 Uhr - 17.00 Uhr
Samstag von 9.00 Uhr - 11.00 Uhr

Karten an der Abendkassa im Breinössl
täglich ab 18.00 Uhr   Tel. 25 902

Kartenbestellungen tagsüber unter
Tel. 26 001, 43 173

Änderungen des Spielplanes vorbehalten

Uraufführung von "Kein Platz für Idioten" 1977 an der Tiroler Volksbühne Blaas in der Regie von Josef Kuderna: oben Szene aus dem 1. Akt mit Resi Fritz (Möllinger-Bäuerin), Albert Peychär (Alter) und Felix Mitterer (Junge); unten Fritz Gogl, Franz Paul Mattes und Pepi Pittl im 2. Akt

Albert Peychär und Felix Mitterer im 3. Akt.

Thomas Egg (1. Gast), Felix Mitterer (Junge), Paul Mühlhauser (Alter), Traute Furthner (Frau des Touristen) und Robert Blasel (Tourist) in der Aufführung des Theaters Die Tribüne in Wien 1978 (Regie Peter Vilnai)

Theater für Vorarlberg 1991 (Regie Kurt Sternik): Thomas Rauchenwald (Alter), Ottokar Lehrner (Junge) und Margot Skofic (Möllinger-Bäuerin).

Gerd Lohmeyer (Junge), Philipp Arp (Alter) und Enzi Fuchs (Möllinger-Bäuerin) in einer Aufführung der Kammerspiele München/Werkraumtheater in der Regie von Wolfgang Gropper 1981

Rolf Petersen, Uta Stammer und Fritz Hollenbeck im Ohnsorg-Theater Hamburg (1986)

Georg Bauer, Traudl Mayr und Hans Stöckl in einer Aufführung der Volksbühne Ellmau (1987)

"Kein Platz für Idioten" auf Ladinisch: Norbert Mahlknecht (Junge), Ulrike Bacher (Möllinger-Bäuerin) und Rudi Vinatzer (Alter) vom Theaterverein St. Ulrich, 1980

Inigo Gallo (Wirt), Sigfrit Steiner (Alter) und Hanspeter Müller im Schweizer Fernsehen (1980, Schweizerdeutsch von Gerold Späth, Regie Joseph Scheidegger). Unten: die Laienspielgruppe Knittelfeld bei einer Aufführung 1979 (Regie Peter Jacker)

Christian Plunger als Junge am Landestheater Linz (1981, Regie Kurt Ockermüller)

Rechts Charly Rabanser in Neukirchen 1985

Unten links Peter Mitterrutzner und Elmar Albertini an der Volksbühne Bozen 1980. Unten rechts Günther Bauer und Christian Pölzl am Theater im Keller in Graz 1978 (Regie Ingo Wampera)

Walter Camerloher (Wastl) und Willy Höller (Plattl-Hans) in der Regie von Hans Escher im Theater der Jugend Wien, 1992

Hans Kolp (Alter), Klaus Mayrhofer (Gendarm), Toni Kühnel (1.Wärter), Christian Avi (Junge) und Richard Berger (2.Wärter) 15 Jahre nach der Uraufführung an der Tiroler Volksbühne Blaas im Herbst 1992 (Regie Pepi Pittl)

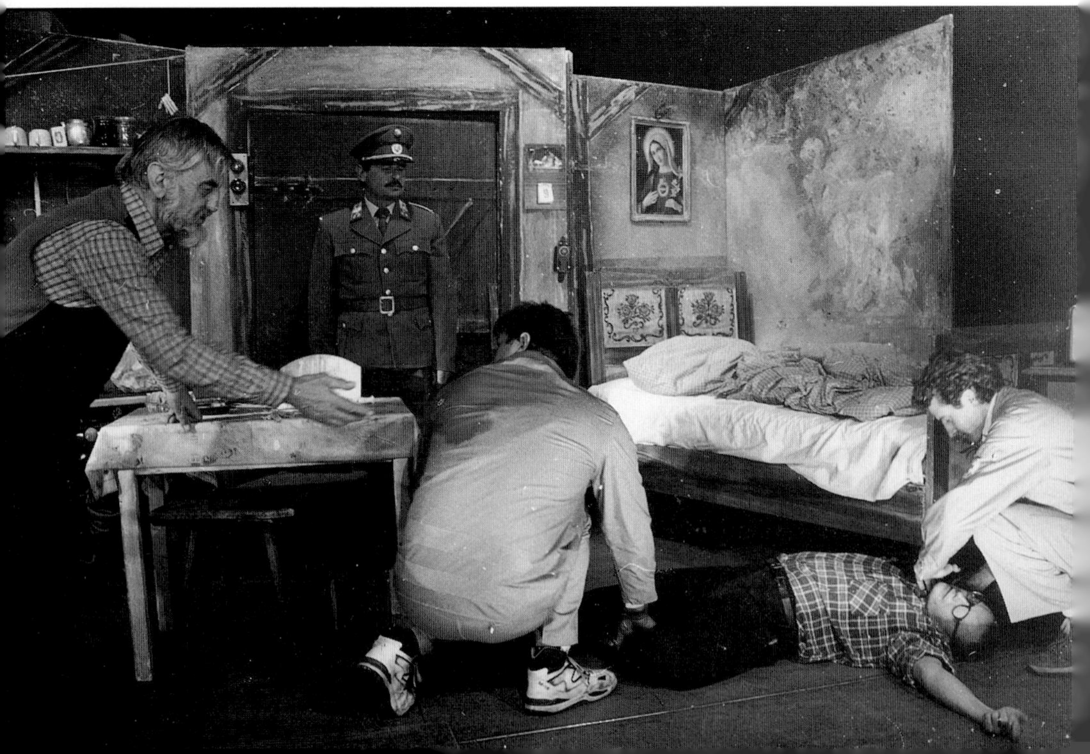

2. Gast: Bestimmt nit! Drauf kannst di verlassen! – Du, aber was i dir sagen wollt, Bürgermoaster, bevor i's vergiß! Findest du des richtig, daß der Plattl-Hans olleweil mit sein Deppen daher kommt?

1. Gast: Jetzt fangt er scho wieder an!

2. Gast: Ja, was macht denn des für an Eindruck auf die Gäst, nit? Boade, der Alte und der Junge, stinken wia die Goaßböck, der Bua trenst auf die Tischdecken und speibt umadum!

1. Gast: Jetzt hörst aber schon auf amal!

Wirt: Na, na, da hat er nit ganz unrecht! Bis jetzt is es ja nit so tragisch gwesen, weil ma wenig Fremde ghabt ham. Und er tuat ja niemanden was, der Bua.

1. Gast: Ja, eben nacha, eben!

Wirt: Ja, aber in Zukunft, da hat der Adi scho recht ... Es macht halt scho koa guats Bild!

2. Gast: Des moan i eben a!

Wirt: Was müassen denn die zwoa überhaupt ins Wirtshaus gehn? Des Würstel kann der Hans dem Buam dahoam a hoaß machen!

Gendarm: Dahoam schmeckts nit so guat!

Wirt: Wenn ma's recht bedenkt, nacha ghörat der Bua sowieso ins Narrenhaus! Wär viel gscheiter!

2. Gast: Genau des, was i immer sag! Wer woaß, ob der nit gemeingefährlich werd mit der Zeit. Nit? Des kann ma nia sagen! Er schaut eh schon so komisch drein! Da laufts oan ja kalt übern Buckl, wenn oan der anschaut!

1. Gast: Ah geh, geh, hast vielleicht Angst vor dem Biabl?

2. Gast: Na, i nit, i nit! Aber ma woaß ja nit. Kann ja, kann ja a Haus anzünden, oder sowas, nit? Des woaß ma nia! Sowas liest ma immer wieder in der Zeitung! Vom Hausanzünden! Und die Fremden fürchten sich a. Die Deutsche, was zerst da war, hat ma's selber gsagt!

1. Gast: Is ja gar nit wahr!

2. Gast: Sowieso!

Wirt: Was? De da ghockt sein, zerst?

2. Gast: Ja, genau de!

Wirt: Ah so? Ja, was hats denn gsagt, die Deutsche?

2. Gast: No, daß a Angst hat! Is ja koa Wunder!

Gendarm: Ah, du übertreibst scho wieder, Adi!

2. Gast: Was übertreib i? Nix übertreib i!

1. Gast: Sowieso übertreibst!

Der Alte steckt seine Pfeife und den Bleistift ein, der Junge gibt das Blatt Papier in seine Rocktasche.

WIRT: Na, na, er hat scho recht! Wia komm denn i dazua, daß i ma von de zwoa die Gäst ausgrausigen laß?

2. GAST: Genau!

Der Alte und der Junge stehen auf, wollen gehen.

WIRT: Ja, des mach ma kurz und schmerzlos! *(Er steht auf.)* Des hamma glei erledigt!

Der Wirt geht zum Alten, sie treffen in der Mitte des Raumes aufeinander.

WIRT: Griaß di, Hans!

ALTER: Ah, der Herr Bürgermoaster! Griaß di!

WIRT: Bleib no a bißl sitzen, i muaß was reden mit dir!

ALTER: Ah so? Ja, bittschön.

Der Wirt holt sich den freien Stuhl.

ALTER: Setz di wieder hin, Mandl, werd nit lang dauern!

Setzen sich wieder, der Wirt nimmt auf dem Stuhl Platz, den er sich geholt hat.

ALTER: Nacha, Bürgermoaster?

WIRT: *(zögernd)* Ja ...

Die Kellnerin schaut herein.

KELLNERIN: Will no oaner was?

WIRT: Ja, Traudl, bring dem Hans a Glasl Roten auf mei Rechnung! Und mir a!

KELLNERIN: Is guat, Chef! *(Geht ab.)*

ALTER: Oha, seit wann bist denn du so großzügig?

WIRT: Ja, mei ... Ja, äh ... Also, Hans, was i dir jetzt sag, des darfst nit persönlich auffassen! I hab nix gegen di!

ALTER: Des is fein. I hab a nix gegen di.

WIRT: Äh, ja ... Wo bleibt denn die mit unsern Wein?

Kellnerin bringt den Wein.

WIRT: Aha, kommt scho!

KELLNERIN: So, bittschön! *(Geht wieder ab.)*

WIRT: Also, Hans, Prost dann, sollst leben! *(Hebt das Glas hoch.)*

ALTER: Prost, du a.

Die beiden trinken, setzen die Gläser wieder ab.

WIRT: Mir kennen uns scho lang, was, Hans?

ALTER: Ja, freilich! I kenn di schon, da hast du no in die Hosen gschissen!

WIRT: *(lacht gezwungen)* Ja, so kann ma a sagen! – Äh, du woaßt, daß i immer was für di übrig ghabt hab, Hans. I hab dir a den Posten als Wegmacher verschafft, wia du dei Hufschmieden hast auflassen müassen. Des stimmt ja, nit?

ALTER: Stimmt, ja.

WIRT: Und i hab dir a a Wohnung zuakommen lassen, wia dir's Häusl abbrennt is. Stimmts?

ALTER: Stimmt. Allerdings war des a ziemlich feuchts Loch, des muaßt a zuageben! Da wollt eh koa anderer eini! Mei Frau hat si dort den Tod gholt! Des muaßt a zuagebn!

WIRT: Was willst denn, du hast dann eh a schöns Zimmerl kriagt, beim Möllinger-Bauern!

ALTER: Ja, weil i die Pflege vom Buam übernommen hab! Und i hilf ihnen a immer wieder bei der Arbeit. Außerdem war des schöne Zimmerl a Machkammer über der Waschkuchl, wo der alte Bauer seine Rechen gschnitzt hat. Des hab i ma erst umbaun müassen und a Liachtleitung legen und so!

WIRT: Jaja, aber ... jedenfalls hast jetzt a Gratiswohnung und an Butter kriagst kostenlos und Eier und was woaß i no alles, und die Renten bleibt dir!

ALTER: I könnt eh kaum leben von der Renten! Du woaßt ja, daß i die Zeit nit beisammen hab. Die paar Jahr als Gemeindewegmacher ham mi a nimmer außergrissen! Mit der Renten könnt i ma nit amal 's Mehl für die Einbrennsuppen kaufen!

WIRT: Ja, eben nacha! Dann sei froh, daß d' es so guat derwischt hast! Was willst'n mehr?

ALTER: I will, daß ihr aufhörts, so zu tuan, als ob ihr ma a Gnad erweisats! Ihr tuats grad so, als kriagat i an Almosen von euch! I hab meiner Lebtag ehrlich gschuftet und grackert! Mehr, als du jemals schuften werst! I hab nia um was bettelt und wer a nia um was bettelt, solang i leb! Liaber brich i ma die Zung! Liaber verhunger i!

WIRT: Jetzt, Hans, schau ...

ALTER: Jaja! Und die Möllinger moanen, sie sein die besten Christenmenschen, weil sie mir den Buam zur Pflege geben ham und i dafür Lebensmittel und Logis kriag! Aber des stimmt ja garnit, Bürgermoaster! Die Möllinger, die wollten nit mir an Gfallen tuan, na, na! Die wollten nur den Buam losham! Verstehst? Weil er ihnen z'lästig war! Weil er ihnen zviel Arbeit gmacht hat!

Die Kellnerin ist hereingekommen, geht zum Wirt.

KELLNERIN: Du, Wirt, i brauch die Kellerschlüssel!

WIRT: Ah so?

KELLNERIN: Ja, der Wein is nämlich aus.

WIRT: *(holt die Schlüssel heraus, gibt sie ihr)* Da hast sie.

Die Kellnerin geht zur Eingangstür.

WIRT: *(ruft ihr nach)* Nehmts aber den richtigen!

KELLNERIN: Jaja, i woaß scho! *(Geht ab.)*

ALTER: Verstehst mi, Bürgermoaster? Der Bua war ja zu nix nutz! Er hat nit amal ordentlich den Stall ausdermistet, geschweige denn Holz derhackt oder was halt so z'tuan is! Und vor allem hat er si gfürchtet! Vorm Traktor hat er si gfürchtet und vor die Küah und vor die Eltern, vor alle Menschen! Er war oanfach zu nix nutz! Und deswegen, Bürgermoaster, hams ihn mir geben, und nit, weil sie so christliche Menschen sein und an alten Mann was Guates tuan wollten! Des möcht i a grad amal gsagt haben!

WIRT: Was erzählst'n des mir? Erzähl des die Möllinger!

ALTER: Des geht di genauso an, als Bürgermoaster! Und no was sag i dir: Des hätt nit sein müassen, daß der Bua so worden is, na, na, des hätt nit sein müassen! Ganz selber sein s' schuld gwesen, die Möllinger, daß es alleweil schlimmer worden is mit ihm, statt besser! Sie ham ihn ja von Kloan auf gschlagen! Jeder hat'n ghaut. Hat er ins Bett brunzt, nacha hat'n zerst die Muatter mit'n nassen Leintuach hergfotzt und dann no der Vater mit'n Leibriemen! Weil sie gmoant ham, des nutzt was, de saublöden Leut! Dabei hat er immer öfter ins Bett brunzt, je mehr sie 'n ghaut ham! Und je mehr sie 'n ghaut ham, desto öfter hat er seine Anfälle kriagt! I woaß es ja, wia's zuagangen is! I hab ja scho früher manchmal ausgholfen bei ihnen! Wenn er umgfallen is, hams ihn liegenlassen, wo er glegen is! Der werd scho wieder aufstehn, ham sie gsagt! Nutzt eh nix! Mir können eh nix machen! Herrgott, ham sie neben ihm gsagt, Herrgott, warum hast du uns denn so strafen müassen, daß du uns so a Unglück schickst! Wär er doch glei tot auf die Welt kommen, wär besser gwesen! Ham sie gsagt! Neben dem Buam!

Der Junge hat den Kopf gesenkt, kämpft mit den Tränen.

ALTER: Und wenn er was sagen wollt, hams ihm 's Maulhalten angschafft, weil er sich so schwer tan hat mit'n Reden! Ja, da hat er nacha überhaupt nix mehr gredet. Alleweil stiller is er worden und alleweil mehr Angst hat er kriagt. Ja, manchmal hat er si den ganzen Tag im Heu oben versteckt und is erst am Abend wieder außakrochen, wenns dunkel worden is! Und koa Mensch hat nach ihm gfragt! Koa Mensch! Koaner hat si kümmert um ihn! Und wenn er amal nimmer auftaucht wär, dann wär ihnen des eh 's Liabste gwesen!

WIRT: Du, Hans ...

ALTER: Jaja! Er hat koa Ahnung ghabt von der Welt. Er hat gmoant, die Welt hört hinterm Berg auf! I hab ihm ja erst alles zoagen müassen, und sagen, wias hoaßt. Ja, er hat nit amal gwußt, was a Haselnuß is, was a Butterblume is, oder a Reh oder a Fuchs. Sie ham ihm ja verboten, daß er außigeht! Und wenn Bsuach kommen is, von auswärts, nacha hams'n in Keller gsperrt, wia a wildes Viech! Weil sie sich so gschamt haben, wegen ihm! Des muaßt dir vorstellen!

WIRT: Aber in d'Schul hamma'n gschickt!

ALTER: Ja, freilich, wia des mit der Schul gwesen is, des woaßt du ganz genau! Mit zehn Jahr hams'n in die erste Klaß gebn! Nach drei Tag hat'n der Lehrer scho wieder hoamgschickt, mit an Zettel für die Eltern, daß der Bua unfähig is, irgendwas zu lernen. Der Bua is oanfach zu dumm, hat er gsagt, der Lehrer! Schwachsinnig is er! Der werd nia a Wort schreiben oder lesen können, dafür legt er sei Hand ins Feuer, der Lehrer! Jetzt wer i amal hingehn zu eahm, zum Lehrer! Dann wer i ihn bei der Hand nehmen, wer mit ihm zum Ofen gehn und sagen: So, Herr Lehrer, jetzt leg dei Hand ins Feuer, wiast es versprochen hast! Der Bua kann jetzt nämlich lesen und schreiben! Und mehr als oa Wort! Ja, fast den halben Reimmichl-Kalender hab i scho glesen mit ihm!

WIRT: Des glaub i nit!

ALTER: Ja, des is doch uns gleich, ob du des glaubst oder nit! *(Schaut den Jungen an:)* Was, Mandl?

Der Junge lächelt.

ALTER: Jetzt hab i den Buam zwoa Jahr bei mir. Nach an dreiviertl Jahr hat er scho des ganze Alphabet auswendig können. Und 's Einmaleins kann er a scho! Der Bua is nämlich gar nit so blöd, wia ihr moants! Und a nit so ungschickt! Jetzt stellt er si scho ganz vernünftig an! *(Schaut den Jungen an.)* Was, Mandl? Den ganzen Sommer hamma ihnen heuer beim Heun gholfen! Und ins Bett macht er a nimmer. Und die Anfälle sein a viel seltener worden! So is des Bürgermoaster!

Kleine Pause. Dem Bürgermeister ist alles sehr lästig und unangenehm.

WIRT: Ja, Hans, jetzt hast ma dei Predigt ghalten, und jetzt muaß i dir was sagen!

ALTER: Ah, richtig, du wolltest mir a was sagen! Bittschön!

WIRT: Also, wia gsagt, i hab nix gegen di und dein Buam! Aber i möcht di doch bitten, daß d' nimmer in mei Lokal kommst mit ihm!

Der Junge schaut den Wirt groß an.

WIRT: Versteh mi richtig ...

ALTER: *(nickt langsam)* I versteh di ganz guat, i bin ja nit schwerhörig.

WIRT: Versteh mi richtig, Hans!

ALTER: I versteh di richtig, i versteh di! Lokalverbot! Wegen befürchteter Fremdenverkehrsschädigung! Hab i di richtig verstanden?

WIRT: Es is mir ja selber z'blöd, Hans! Aber die Gäst! Verstehst? Es kommen jetzt immer mehr Gäst, durch den neuen Lift, nit? Und, und wenn du da mit dem Buam ... Ja, ihr seids ja wirklich koa erfreulicher Anblick! Für die Gäst, moan i!

ALTER: I versteh! Komm, Mandl, gemma! Zahlen tuan ma draußen!

Der Alte und der Junge stehen auf, gehen zur Garderobe.

WIRT: Der Wein geht auf mei Rechnung!

ALTER: I zahl mei Zech scho selber! Soweit langts scho no! Komm, Mandl!

Er nimmt den Mantel des Jungen herunter, hilft ihm hinein. Der Junge schaut verwirrt und dem Weinen nahe den Wirt an.

WIRT: Wiast moanst! Tuat ma leid, Hans! Nix für unguat!

ALTER: Is scho recht, Bürgermoaster! Des is der Fortschritt! Da kann ma nix machen! Dem Fortschritt wolln mir zwoa nit im Weg stehn! Was, Mandl? Wär ja glacht!

Der Alte nimmt seinen Mantel herunter. Der 1. Gast und der Gendarm schauen etwas bedrückt, der 2. Gast grinst. Der Wirt steht auf, geht zum Alten, hält ihm die Hand hin.

WIRT: Ja – alsdann: Pfiat di, Hans! Wennst amal was brauchst ...

ALTER: *(ignoriert die Hand)* I brauch nix. I glaub, i brauch nix mehr. *(Zieht seinen Mantel an.)* I wünsch dir halt alles Guate, gell! Bist a tüchtiger Bürgermoaster! Jaja, sowas wia di braucht unser Dorf! Oan, der 's Gschäft versteht, woaßt!

WIRT: Ja – alsdann, pfiat di! *(Geht schnell beim Durchgang ab.)*

ALTER: So, Mandl, Kappen aufsetzen, gell. Es is kalt draußen! *(Setzt ihm die Mütze auf; zu den Gästen:)* Pfiat enk!

Der Alte öffnet die Tür, geht vor.

1. GAST: Pfiat di, Hans! Servus, Wastl!

Der Junge will dem Alten nachgehen, der 2. Gast faßt ihn am Arm, hält ihn zurück. Der Junge schreit erschreckt auf, will sich losreißen.

2. GAST: Du, Biabl, i moan, du hast a nur an Kopf, damit's dir nit in Hals einiregnet!

ALTER: *(erscheint wieder in der Tür)* Du, laß den Buam aus, sonst fangst oane!

2. GAST: *(läßt los)* Aber, Hans, doch nit so gach! I tua ihm scho nix, dein liaben Biabl!
ALTER: Ja, des möcht i dir a nit raten! Komm, Mandl, gemma!
Gehen ab.
GENDARM: *(ruft dem Alten nach)* Darfst ihm nit bös sein, Hans, der hat ja selber an kloan Dachschaden!
2. GAST: *(wütend)* Du, sag des noamal, nacha hau i dir den Kruag da ins Gfrieß!
1. GAST: Ja, Herrschaftsseiten, gib doch amal a Ruah! Des is ja nimmer zum Aushalten mit dir ...

3. AKT

Anfang Dezember.
Kleines Zimmer. Sehr beengt. Man sieht ihm an, daß es eine Bastelkammer war. Hinten eine Tür, links ein kleines Fenster. Rechts an der Wand ein Stockbett, an der Kopfseite ein altes Nachtkästchen, auf dem sich ein Transistorradio und ein kleiner Adventkranz befinden, von dem zwei Kerzen bereits ein Stück abgebrannt sind. Links von der Eingangstür ein alter Kasten. An der linken Wand ein Herd mit Ofenrohr, dahinter – vom Herd zur Rückwand – ein Abstelltisch und eine selbstgezimmerte Geschirrstellage darüber. Auf einem Hocker an der Wand links vor dem Herd eine Waschschüssel mit einem weißen Wasserkrug darin. An einer Wand ein Abreißkalender; er zeigt den 9. Dezember. In der Mitte des Raumes ein Tisch. Darauf ein Aschenbecher und ein Flötenputzer. Rechts ein Hocker, ein zweiter an der Rückseite des Tisches. Irgendwo steht ein Schokolade-Nikolaus. Der Junge sitzt mit dem Gesicht zum Publikum rechts vor dem Tisch am Boden. Er trägt Hemd, zu kurze Hose mit Hosenträgern und Filzpantoffeln. Der Junge spielt auf einer Blockflöte den ersten Teil von »Hänschenklein«. Er spielt zwar nicht sehr gut, aber doch ziemlich flüssig. Der Junge beendet die Melodie, setzt die Flöte ab, schaut über das Publikum hinweg.

JUNGE: Der Dati is aber lang aus heut! Lang aus! *(Singt:)* Der Dati is aber lang aus heut! *(Fragt mit plötzlichem Ernst:)* Wann kommt er denn? Kommt er nit bald, ha? *(Blickt wieder vor sich hin; beruhigt:)* A woll, kommt ja bald! Woll! Woll! *(Er spielt wieder eine Melodie auf der Flöte, eventuell »Ein Männlein steht im Walde«. Schritte draußen. Der Junge setzt die Flöte ab, lauscht.)* Dati! *(Er steht auf, legt die Flöte auf den Tisch, geht in Richtung Tür.)* Dati!

Er bleibt erwartungsvoll stehen, der Alte kommt mit einem Rucksack am Rücken herein.

JUNGE: Dati! Griaß di, Dati!

ALTER: *(nimmt den Rucksack ab)* Griaß di, Mandl!

Der Junge nimmt ihm den Rucksack ab, stellt ihn auf den Tisch.

ALTER: Schön spielst! *(Zieht den Mantel aus.)* Ja, ma hört di scho von weitem! Schön spielst! *(Hängt seinen Mantel auf, zieht den Rock aus, hängt ihn ebenfalls auf.)*

JUNGE: Schön, ha?

ALTER: Ja, du hast ja a richtige Begabung zum Flötenspielen! Und die Deppen da enten halten di für an Deppen!

JUNGE: Schön spiel i!

ALTER: *(setzt sich auf den hinteren Hocker)* Ja, schön spielst!

Der Junge setzt sich auf den rechten Hocker, der Alte beginnt seine Schuhe auszuziehen.

ALTER: Ja, später amal kauf i dir a Zugin!

JUNGE: Zugin?

ALTER: Ja, a Ziehharmonika! Des kennst no nit, gell?

JUNGE: Kenn i nit! Ziehharmonika?

ALTER: Ja, Ziehharmonika! Woaßt, des is a Instrument. Des woaßt ja, nit? A Musikinstrument. Mit Musikinstrumente macht ma Musik.

JUNGE: Musikinstrumente!

ALTER: Ja, wia unser Musikkapellen. De kennst eh. Dia spielen Blasinstrumente.

JUNGE: Blasinstrumente?

ALTER: Richtig. Zum Beispiel dei Flöten, des is auch a Blasinstrument. Weilst da einiblasen muaßt.

JUNGE: Ah, einiblasen! *(Bläst einen Ton auf der Flöte.)*

ALTER: Ja, genau! Aber bei der Zugin brauchst nit einiblasen, weil da is a Blasbalg drin.

JUNGE: Blasbalg?

ALTER: Ja, a Blasbalg. Aber des is zu kompliziert zum Erklären!

Der Alte steht auf, stellt seine Schuhe weg, schlüpft in die Filzpantoffel. Der Junge nimmt die Flöte auseinander, reinigt sie mit dem Flötenputzer.

ALTER: Des siehst nacha scho, wia des funktioniert. Jetzt tuast amal Flötenspielen lernen, und später dann wer i dir beibringen, wia ma Noten liest. *(Er öffnet den Rucksack, nimmt einige Lebensmittel heraus, trägt sie zum Abstelltisch.)*

JUNGE: Noten?

ALTER: Noten, ja! Woaßt, nach denen spielt ma. Da is die Melodie aufgschrieben. Mit Zeichen und so.

JUNGE: Zeichen! Aufgschrieben!

ALTER: Zeichen, ja. *(Er nimmt Kakao aus dem Rucksack.)* So, aber jetzt mach ma uns an guaten Kakao, gell!

JUNGE: Ah, guat! Kaukau! *(Der Junge steckt die Flöte wieder zusammen.)*

ALTER: Ja, freilich, mir müassen ja dein siebzehnten Geburtstag feiern, nit?

JUNGE: *(strahlend)* Mein Geburtstag!

ALTER: *(tätschelt dem Jungen die Wange)* Ja, freilich! Heut vor siebzehn Jahr bist du auf die Welt kommen!

JUNGE: *(lachend)* Bin i auf die Welt kommen!

ALTER: *(greift in den Rucksack)* Ja. Jetzt schau, was i dir da mitbracht hab! *(Stellt einen Gugelhupf auf den Tisch.)* An Tuschtn! An Guglhupf!

JUNGE: *(nimmt den Guglhupf in die Hände)* An Guglhupf! Guat! *(Läßt den Guglhupf auf den Händen hüpfen.)* Guglhupf-hupf! *(Lacht.)*

ALTER: *(lacht auch, nimmt den Rucksack vom Tisch, hängt ihn an die Wand, geht zum Herd, öffnet die Tür)* Hamma no a Feuer? Woll, hamma no. Die Kohlen halten lang an! *(Er nimmt einen Topf, schüttet Milch hinein, stellt den Topf auf die Herdplatte.)* So.

JUNGE: Entlein!

ALTER: Was sagst?

JUNGE: Entlein! *(Steht auf, geht zum Nachtkästchen, nimmt ein Buch heraus, hält es dem Alten hin.)* Schiaches Entlein!

ALTER: Ah so! Soll i dir vorlesen?

JUNGE: Vorlesen, ja!

ALTER: *(nimmt das Buch)* Guat, lies i dir a Stückl vor, bis die Milch hoaß is.

Der Junge setzt sich erwartungsvoll auf den rechten Hocker, der Alte holt seine Brille aus dem Rock, setzt sich an die Rückseite des Tisches, mit dem Gesicht zum Publikum, setzt die Brille auf, schlägt das Buch auf, sucht die Stelle.

ALTER: Wo hamma denn aufgehört gestern, ha?

Der Junge schaut ins Buch, sucht auch.

ALTER: Ah! Da, moan i! Wia sie ordentlich gehn lernen, die Enten. Wo die oane 's häßliche Entlein beißt.

JUNGE: Ja, beißt!

ALTER: Also, nacha! Wo sein ma? Da. *(Beginnt zu lesen:)* »Laß es in Ruhe!« sagte die Mutter. »Es tut niemandem etwas.« »Ja, aber es ist zu groß und zu ungewöhnlich«, sagte die beißende Ente, »und darum muß es gepufft werden.« »Es sind hübsche Kinder, die Sie da hat«, sagte die alte Ente mit dem Lappen um das Bein, »allesamt schön, bis auf das eine, das ist nicht geglückt; ich wünschte, daß Sie es umarbeiten könnte.« »Das geht nicht, Ihro Gnaden«, sagte die Entenmutter, »es ist nicht hübsch, aber innerlich ist es gut, und es schwimmt so herrlich wie keins von den andern, ja, ich darf sagen, noch etwas besser; ich denke, es wird hübsch heranwachsen oder mit der Zeit etwas kleiner werden; es hat zu lange im Ei gelegen und darum nicht die rechte Gestalt bekommen!« Und sie zupfte es im Nacken und glättete das Gefieder. »Es ist überdies ein Enterich«, sagte sie, »und darum macht es nicht soviel aus. Ich denke, er bekommt gute Kräfte, er schlägt sich schon durch.« »Die anderen Entlein sind niedlich«, sagte die Alte, »tut nun, als ob ihr zu Hause wäret, und findet ihr einen Aalkopf, so könnt ihr ihn mir bringen.«

JUNGE: Aalkopf?

ALTER: Ja, Aalkopf. Des is a Fisch, woaßt, der Aal.

JUNGE: Aal!

ALTER: Ja, Aal hoaßt ma den. *(Liest weiter:)* Und so waren sie wie zu Hause. Aber das arme Entlein, das zuletzt aus dem Ei gekrochen war und so häßlich aussah, wurde von den Enten und von den Hühnern gebissen, gepufft und zum besten gehabt.

JUNGE: Gepufft?

ALTER: Gepufft, ja. *(Stößt mit der Faust gegen den Oberarm des Jungen.)* So. Des hoaßt ma puffen. *(Liest weiter:)* »Es ist zu groß!« sagten alle, und der Truthahn, der mit Sporen zur Welt gekommen war und darum glaubte, daß er Kaiser sei, plusterte sich auf wie ein Fahrzeug mit vollen Segeln ...

JUNGE: Truthahn woaß i!

ALTER: Richtig, ja! Den hab i dir ja zoagt, auf an Bild, gell!

Der Junge nickt.

ALTER: *(liest weiter)* ... wie ein Fahrzeug mit vollen Segeln, ging gerade auf das Entlein los, und dann kollerte er und wurde ganz rot am Kopfe. Das arme Entlein wußte weder, wo es stehen noch gehen sollte; es war so betrübt, weil es so häßlich aussah und vom ganzen Entenhof verspottet wurde. So ging es den ersten Tag, und später wurde es immer schlimmer. Das arme Entlein wurde von allen gejagt, selbst seine Geschwister waren so böse zu ihm und sagten immer: »Wenn die Katze dich nur fangen möchte, du häßliches Stück!«

JUNGE: Häßliches Stück!

ALTER: *(liest weiter)* Und die Mutter sagte: »Wenn du nur weit fort wärst!« *(Der Alte hört auf zu lesen, blickt nachdenklich vor sich hin, schaut den Jungen an.)*

JUNGE: *(traurig)* Fort wärst.

ALTER: Ja.

Die beiden schauen sich ein paar Augenblicke schweigend an. Der Alte gibt sich einen Ruck.

ALTER: Aber i hab dir eh scho gsagt, Mandl, daß aus dem häßlichen Entlein a schöner Schwan werd.

JUNGE: Schöner Schwan!

ALTER: Ja, freilich! *(Klappt das Buch zu, schaut zum Herd.)* So, jetzt mach ma uns aber an Kakao, gell! Später lies i dir dann weiter vor. *(Der Alte steht auf, geht zum Herd, gibt Kakao in die Milch, rührt um.)* So.

JUNGE: *(will aufstehen)* Schalelen ...

ALTER: Nana, bleib nur sitzen, Mandl! Heut werst du bedient!

Holt zwei Schalen von der Stellage, nimmt zwei Löffel und ein Messer aus der Schublade.

JUNGE: Heut wer i bedient!

Der Alte stellt die Schalen und die Zuckerdose auf den Tisch, legt das Buch weg.

ALTER: Ja, heut werst bedient! Weil du des Geburtstagskind bist!

JUNGE: Des Geburtstagskind!

ALTER: Ja, freilich, des bist du!

Der Alte holt den Topf, füllt die Schale des Jungen und seine eigene mit Kakao, trägt den Topf zum Herd zurück.

ALTER: Tua dir nur an Zucker eini, wenn er dir z'wenig siaß is, gell!

Der Junge gibt ein Stück Zucker in die Schale, rührt mit dem Löffel um. Der Alte trinkt, wärmt seine Hände an der Schale.

ALTER: Ah, des tuat guat, der hoaße Kakao! Mei Liaber, heut hats wieder a Kälten draußen!

Der Junge trinkt.

ALTER: Der alte Möllinger, dei Großvatter, der hat bei so an Wetter immer gsagt: Des is a Wetter für meine Knecht, tuan sie nix, derfriern sie recht! *(Lacht.)* Du, des war a Geizkragen, des sag i dir! Damals ham si die Möllinger noch a paar Dienstboten leisten können. Aber ausgnutzt hat er sie, der Alte, wia's nur gangen is! Der hat ihnen nit amal die Magermilch vergönnt! *(Schneidet den Kuchen an.)* Und in der Fruah hams im Stockdunkeln melken müassen, damits koan Strom verbrauchen! *(Gibt dem*

Jungen ein Stück Kuchen.) So, da hast jetzt a Trumm Guglhupf! Laß dir's schmecken, Mandl, Gott segn dir's!

Der Junge ißt.

ALTER: Guat?

JUNGE: *(mit vollem Mund)* Guat schmeckn! Guat! Guglhupf-hupf! *(Lacht.)*

ALTER: Des is fein! – Ah! *(Er steht auf, geht zum Rucksack, nimmt eine Tafel Schokolade heraus, gibt sie dem Jungen.)* Noch was fürs Geburtstagskind! *(Setzt sich.)*

JUNGE: An Schuglad! An so an großen!

ALTER: Tua 'n aber nit aufoamal essen, gell! Des wär z'viel! Behalt dir a bißl auf.

Der Junge legt die Schokolade auf die Seite.

JUNGE: Aufbhalten. Tua i!

Der Junge ißt an seinem Guglhupf weiter, der Alte schaut ihm lächelnd zu, trinkt seinen Kakao, stellt plötzlich die Schale wieder nieder.

ALTER: Jö, da hätt i jetzt bald vergessen drauf! 's Wichtigste hätt i bald vergessen! *(Schaut auf seine Taschenuhr.)* Gottseidank! Mir hams no nit verpaßt! *(Steckt die Taschenuhr wieder ein.)* Woaßt, Mandl, i hab no a große Überraschung für di! *(Steht auf.)*

JUNGE: Überraschung?

Der Alte holt das Radio, stellt es auf den Tisch.

ALTER: Ja, a Überraschung! Jetzt schalt ma den Radio ein *(schaltet ein, setzt sich)*, da kommt jetzt glei 's Wunschkonzert, woaßt! Und da muaßt nacha guat zualosen!

JUNGE: Wunschkonzert?

Man hört Volksmusik aus dem Radio.

ALTER: Ja, Wunschkonzert. Naja, des kennst ja eh! Da hamma eh schon öfter zuaghört. Und heut, heut kommt da was für di, Mandl!

JUNGE: Kommt was für mi?

ALTER: Ja, da kommt was für di! Glei fangts an! *(Schaut in die Schale des Jungen.)* Ah, du hast schon austrunken? Kriagst glei no was, gell! *(Geht zum Herd, holt den Topf, schenkt dem Jungen ein, dann fällt sein Blick auf den Abreißkalender.)* Ah, da schau her, 's Kalenderblattl hamma heut a no nit abgrissen! *(Geht mit dem Topf hin, reißt das Blatt ab.)*

JUNGE: I lesen, ha?

ALTER: *(gibt ihm das Blatt)* Ja, lies amal!

Der Alte geht zum Abstelltisch, stellt den Topf hin, der Junge legt das Blatt auf den Tisch, dreht sich etwas mehr zum Publikum, beginnt zu lesen, der Alte hört ihm stehend zu.

JUNGE: *(liest stockend)* Vorweihnachtszeit. Von drauß vom Walde komm ich her, ich muß euch sagen, es weihnachtet sehr! Allüberall auf den Tannenspitzen sah ich goldne Lichtlein sitzen. Von Theodor Storm.

ALTER: Ja, guat hast glesen! Bravo!

JUNGE: *(schaut auf das Blatt)* Lichtlein sitzen?

ALTER: *(kommt her)* Laß mi schaun.

Der Junge gibt ihm das Blatt.

ALTER: *(liest)* Allüberall auf den Tannenspitzen sah ich goldne Lichtlein sitzen. Ja, stimmt.

Gibt dem Jungen das Blatt zurück, dieser schaut wieder darauf.

JUNGE: Lichtlein sitzen?

ALTER: *(setzt sich)* Steht da, ja!

JUNGE: *(lächelnd)* Lichtlein?

ALTER: Naja, stimmen tuats ja grad nit! Da tuan koane Lichtlein sitzen, auf die Baam! Da müaßat ma ja erst welche anzünden, Liachter, verstehst? Aber des is halt a Dichtung, verstehst? Des is von an Dichter!

JUNGE: Des is von an Dichter!

ALTER: Ja, von an Dichter. Woaßt, des is oaner, der was Büacher schreibt. So wia unser Märchenbuach. An Dichter hoaßt man des. Und der sieht natürlich die Welt ganz anders wia mir! Der sieht Liachteln, wo gar koane sein! Verstehst?

JUNGE: *(schaut den Alten enttäuscht an)* Koane Liachteln?

ALTER: Na, koane Liachteln, des hat er si nur einbildet, der Dichter!

JUNGE: *(leise)* Wär aber schön, Liachteln auf die Baam!

ALTER: Ja, freilich, wär's schön. Aber z'Weihnachten kriagst eh nacha an schönen Baam, mit Kerzen drauf, gell!

In seine letzten Worte hinein hört man die Wunschkonzertmelodie. Sprecher: »Das Wunschkonzert vom Studio Tirol.« Wieder Kennmelodie.

ALTER: Ah, jetzt hats angfangen, Mandl! Jetzt muaßt guat zualosen!

JUNGE: Jetzt los i zua!

ALTER: *(dreht das Radio lauter auf)* Ja, guat losen, gell!

RADIOSPRECHERIN: Liebe Hörerinnen und Hörer, liebe Wunschkonzertfreunde, mit einem herzlichen Tiroler Grüß Gott heiße ich Sie alle in unserer heutigen Grußsendung willkommen. Vor mir liegt schon die dickgefüllte Wunschpostmappe, und ich freue mich, daß ich viele liebe Grüße und gute Wünsche in alle Richtungen weiterleiten darf.

Der Junge hört zu, ißt dabei seinen Kuchen weiter, trinkt Kakao.

ALTER: Aha, hörst es?

RADIOSPRECHERIN: Wir rufen jetzt in Wörgl, Anichstraße zweiundzwanzig, Frau Klara Schipflinger. Liebe Klara, zu deinem neunundachtzigsten Geburtstag wünschen dir das Allerbeste dein Franzl, deine vier Kinder Anton, Georg, Rupert und Renate sowie die neun Enkelkinder und sieben Urenkel. Dann geht es nach Kitzbühel, wo Herr Robert Aufschnaiter gesund und munter seinen vierundneunzigsten Geburtstag feiert. Nur das Sehvermögen hat halt ein wenig nachgelassen. Zu seinem Wiegenfeste wünschen ihm alles Gute und daß er noch lange in ihrer Mitte bleiben möge, seine acht Kinder, seine zwölf Enkel und die zehn Urenkel.

Der Junge hat seinen Kuchen fertiggegessen und die Schale leergetrunken.

ALTER: Hörst es? Ha?

RADIOSPRECHERIN: Unsere nächste Station haben wir in Pfaffenhofen bei Herrn Erwin Rauscher. Lieber Erwin, deine Gattin Gerlinde, deine Tochter Berta mit Gatten und der kleine Lausbub Jakob wünschen dir das Allerbeste zu deinem dreiundsechzigsten Geburtstag. Gönne dir etwas mehr Ruhe, damit dir dein Pfeiferl wieder besser schmeckt. Und wir bringen nun den Kitzbühler Standschützenmarsch.

Musik. Der Junge schaut den Alten an.

ALTER: Aha, also da warst no nit dabei! Ja, tua ma derweil abräumen, nit?

Der Junge nickt, will aufstehen.

ALTER: *(drückt ihn nieder)* Na, bleib du nur sitzen! Des mach schon i! Heut werst bedient, gell!

Der Alte steht auf, räumt ab, der Junge schaut ihm zu. Nach einer Weile fällt ihm plötzlich etwas ein.

JUNGE: Heut hams mi gschimpft!

ALTER: Was sagst?

JUNGE: Gschimpft hams mi!

ALTER: Ja, wer denn? Wann?

JUNGE: Heut vormittag! Gschimpft!

ALTER: Ja, wer denn?

JUNGE: Die da unten! Wollten mi herfotzen! Bin i vunglaffen!

Musik aus.

ALTER: Ja, wer denn, Mandl?

RADIOSPRECHERIN: Mit der nächsten Grußbotschaft gelangen wir ...

ALTER: Ah, es geht wieder weiter! Derzähl mir des nacha, geli! *(Setzt sich.)*

RADIOSPRECHERIN: ... nach Lauterach in das dortige Altersheim zu Frau Amalie Rieser. Liebe Mutter, zu deinem fünfundsiebzigsten Wiegenfeste wünschen dir das Beste deine Kinder Michael und Moidl samt Enkeln sowie auch die Nichten Hanni und Ottilie.

ALTER: Aha, no nit, siehst es!

RADIOSPRECHERIN: Weiter geht es nun nach Reithausen zu Herrn Sebastian Möllinger.

Der Junge schaut verblüfft auf das Radio.

ALTER: Des bist jetzt du! *(Dreht das Radio lauter auf.)*

RADIOSPRECHERIN: Lieber Wastl, das Allerbeste zu deinem siebzehnten Geburtstag und alles, alles Gute für deinen weiteren Lebensweg wünscht dir dein Dati Plattl-Hans. Und wir bringen nun das Lied La Montanara.

Musik.

ALTER: Hörst des? Hörst des? Des is für di!

JUNGE: Für mi! Für mi!

Die beiden lauschen glücklich. Der Junge ist vollkommen entrückt. Lied aus.

ALTER: *(dreht das Radio leiser)* Des war Italienisch, verstehst? A italienisches Lied. Schön, gell?

JUNGE: *(erwacht aus seiner Erstarrung)* Schön! Die ham mein Namen gsagt! Sebastian Möllinger! Des bin i!

ALTER: Ja, des bist du! Woaßt, da hab i nach Innsbruck gschrieben.

JUNGE: Innsbruck?

ALTER: Zum Radio, ja! Damit s' di bringen!

JUNGE: Nach Innsbruck!

ALTER: Ja, nach Innsbruck! Dort werd ja die Sendung gmacht, woaßt! Beim Radio Tirol.

JUNGE: Viel kost, ha?

ALTER: Na, na, nit so viel!

Schritte auf der Treppe draußen.

ALTER: War nit so teuer!

Die beiden lauschen, schauen zur Tür.

ALTER: Ja, wer is denn des? Wer kommt denn da?

Klopfen an der Tür.

ALTER: Ja, herein?

Die Tür öffnet sich, der 1. Gast aus dem 2. Akt kommt herein.

ALTER: Ja, griaß di, Lois! *(Steht auf.)* Was führt denn di zu mir?

1. Gast: *(gibt dem Alten die Hand)* Griaß di, Hans! *(Blickt kurz zum Jungen her.)* Du, i muaß dir dringend was sagen!

Alter: Ah so? Ja, nacha ziach aus dein Anorak, setz di nieder! *(Geht zum Hocker neben dem Herd, stellt die Schüssel auf den Boden.)*

1. Gast: Na, du, i muaß eh glei wieder weg!

Alter: *(stellt den Hocker an die linke Seite des Tisches)* Aber, geh! Für a Schnapsl werst do no Zeit ham, oder?

1. Gast: *(setzt sich widerstrebend)* Ja, guat, a Schnapsl tät nit schaden.

Alter: Na, siehgst es!

Der Alte holt die Schnapsflasche und ein Glas, schenkt ein. Der Junge schaut den 1. Gast fröhlich an, dieser schaut weg. Der Alte schaltet das Radio aus.

Alter: Geh, Mandl, tua 'n Radio weg! *(Setzt sich.)*

Junge: *(steht auf)* Radio weg.

Der Junge nimmt das Radio, trägt es zum Nachtkästchen zurück, stellt es hin. Der 1. Gast trinkt das Glas in einem Zug aus.

Alter: Was is nacha, Lois? Was hast denn so Dringendes?

Der Junge dreht sich um, will wieder zu seinem Hocker gehen.

1. Gast: Naja, dein Buam, dein Buam möchten s' dir wegnehmen!

Der Junge bleibt stehen, schaut den 1. Gast fassungslos an.

Alter: Was? Mein Buam wegnehmen? Wer?

1. Gast: Ja, der Bürgermoaster, der Pfarrer, der Dokta, die Gendarmerie, alle!

Alter: Ja, wieso denn?

Der Junge setzt sich aufs Bett, schaut zum 1. Gast.

1. Gast: Ja, woaßt nit, was heut vormittag passiert is?

Alter: Passiert? Ja, was soll denn passiert sein?

1. Gast: Ja, hat er dir nix erzählt, der Bua?

Alter: Na, hat er nit!

Junge: Hams mi gschimpft!

Alter: Aja, vorher wollt er ma was erzählen! Aber da hamma grad Wunschkonzert glost.

Junge: Wollten s' mi herfotzen!

Alter: Ja, warum denn? Wer denn?

Junge: Hab i nur einigschaut!

Alter: Ja, wo denn, Mandl?

JUNGE: Weil, weil die so komisch ausgschaut hat!

ALTER: Ja, wer denn? Wo denn?

JUNGE: Komisch ausgschaut! Durchs Fenster gsehn! Nacha einigangen, nachschaun!

ALTER: *(ungeduldig)* Geh, Lois, sag du, was los war!

1. GAST: Ja mei, die Dings, die kloane Grabner-Maria hat er abgriffen!

ALTER: Was?

1. GAST: Sie sagen sogar, er wollt sie vergewaltigen!

ALTER: Mei Bua? Vergewaltigen??

1. GAST: Naja, i glaubs ja a nit recht! Jedenfalls hat die Maria heut vormittag gebadet, aufoamal kommt sie zur Muatter in die Kuchl grennt und reart und derzählt, der Wastl hätt sie abgriffen und hätt sein Ding außagholt!

ALTER: Na!!

1. GAST: Ja, und wia die Maria des derzählt, kommt seelenruhig dei Bua bei der Tür eina und fragt, warum 's Dirndl so reart! Da hat die Grabnerin zum Schrein angfangen und wollt dein Buam herfotzen. Er is ihr aber auskommen und davongrennt. Wia der Grabner hoamkommen is und ghört hat, was passiert is, wollt er glei die Hack nehmen und da aufa! Aber die Muatter hat 'n Gottseidank davon abhalten können! Nacha sein s' glei zum Bürgermoaster gangen und zur Gendarmerie!

ALTER: Ja, Herr im Himmel, Mandl! *(Steht auf, geht zu ihm.)* Ja, was hast'n da gmacht?! Wia is dir denn sowas eingfallen, um Gotteswillen?

JUNGE: Weil die so komisch ausgschaut hat zwischen die Füaß! Die, die hat da nix ghabt! Hab i halt nachgschaut, nit! Zerst hats eh nit greart, zerst hats mi eh schaun lassn! Nacha hab i ihr halt zoagt, was i hab, nit! Nacha, nacha is sie vunglaffen! Woaß nit, warum! Hab eh nix gmacht! Nur gschaut, wia des is!

ALTER: Aber des tuat ma doch nit, Mandl! Des tuat ma nit!!

JUNGE: Tuat ma nit?

ALTER: Na, des darf ma nit machen!

JUNGE: Nit machen? Warum nit?

ALTER: Ja, weil, weil des, weil des a Sünd is! *(Wendet sich vom Jungen ab, geht nach vor.)* Des is a Sünd!

JUNGE: Sünd?

Der Alte bleibt vorne auf der linken Seite stehen, wendet sich wieder dem Jungen zu.

ALTER: Ja, a Sünd! Des is verboten!

JUNGE: Was is Sünd?

1. Gast: Der Bua woaß nit, was a Sünd is! Des is guat!

Alter: Schau, Mandl, a Sünd is was, was ma oanfach nit tuan darf! Und wenn ma des tuat, nacha kommt ma in die Höll!

Junge: In die Höll?

Alter: Ja, in die Höll! Und zerst ins Gfängnis!

Junge: Gfängnis?

1. Gast: Der woaß a nit, was a Gfängnis is!

Junge: *(schnell)* Ah, Höll, Höll woaß i! Hab i ghört in dem Schloß, wo der König is, mit die schönen Gwandter!

1. Gast: Was redt er denn jetzt von an König?

Alter: I woaß a nit!

Junge: *(deutet)* Schloß, da unten!

Alter: Ach, Gott! Die Kirchen moant er!

1. Gast: Was?

Alter: Ja freilich! Die Kirchen moant er! Und den Pfarrer! Den moant er mit'n König!

1. Gast: Ja, wia kommt er denn auf sowas? Der Pfarrer a König!

Alter: Ja mei, des werd ihm a bißl durchanandagraten sein! I lies nämlich grad a Märchenbuach mit ihm! *(Geht auf den Jungen zu.)* Ja, woaßt jetzt nacha, was die Höll is, Mandl?

Junge: Ja, Höll woaß i! Feuer in der Höll, ziemlich hoaß, nit zum Aushalten! Sünd, Sünd hat er a gsagt! Hab i aber nit gwußt, was des is! Schaun is a Sünd, Dati, oder wia?

Alter: Ja, Mandl, des is a Sünd, was du gmacht hast!

Junge: Ah so? Hab i nit gwußt! Jetzt woaß i's!

Alter: Ja, jetzt is es z'spät! *(Wendet sich ab, in Richtung Tür.)* Mein Gott is des furchtbar!

Junge: Komm i in d'Höll?

Alter: *(abgewendet)* Nana, Mandl, des glaub i nit! Aber ins Gfängnis kannst kommen! Der Herrgott werd dir dei Unwissenheit scho verzeihen, aber die Menschen, de verzeihen sowas nit!

Junge: Gfängnis?

1. Gast: Na, ins Gfängnis kommt er nit, aber ins Narrenhaus!

Junge: Narrenhaus?

Alter: *(dreht sich um, schaut den 1. Gast an)* Wer sagt des?

1. Gast: Der Bürgermoaster sagt des, alle sagen des! Die Leut verlangen, daß der Bua wegkommt!

Alter: Der Bua wegkommt?

1. Gast: Ja, sie ham Angst, daß er gemeingefährlich werd, der Bua! A Sexualverbrecher!

Alter: Aber geh, des is doch a Blödsinn! Mei Bua a Sexualverbrecher?! De spinnen ja! Mei Schuld is es! Nur mei Schuld!

1. Gast: Wieso denn dei Schuld?

Alter: Ja, weil i ihn hätt aufklären sollen, den Buam! Er hat ja bis heut den Unterschied zwischen Mandl und Weibl nit kennt! No, da war er halt neugierig, wie er des nackerte Dirndl gsehn hat! *(Greift sich an den Kopf.)* Mein Gott, bin i a Depp! Jetzt hab i ma soviel Mühe geben mit dem Buam, aber auf des, auf des hab i nit denkt!

1. Gast: Des is a nit dei Schuld! Des is die Schuld von seine Eltern!

Alter: Aber i hätt a dran denken müassen! I hab'n ja bei mir! *(Schaut den 1. Gast an.)* Ja, du, die wern doch mir den Buam nit wirklich wegnehmen?!

1. Gast: Und ob s' dir den wegnehmen! Des is a beschlossene Sache! Deswegen bin i ja schnell zu dir auffa! I komm grad aus'n Wirtshaus. Dort warn sie alle versammelt! Die Grabner mit der kloanen Maria, die Gendarmen, der Dokta, der Pfarrer, der Bürgermoaster, an Haufen Leut! Ja, und da hams beschlossen, daß sie dein Buam ins Narrenhaus einliefern lassen! Der Dokta hat schon alles telefonisch geregelt! Sie müassen jeden Moment kommen!

Alter: Und holen mein Buam?

1. Gast: Ja.

Alter: Na, des laß i nit zua!

1. Gast: Da kannst a nix dagegen machen! Der Dokta hat gsagt, es is sowieso ungesetzlich, daß a alter, alleinstehender Mann a Kind aufziacht.

Alter: Was?

1. Gast: A Kind ghört in a Familie oder zu oaner Frau, hat er gsagt.

Alter: Aber wenn ihn sei Familie nit will! De ham ihn ja abgschoben zu mir!

1. Gast: Ja, siehst scho!

Alter: Na! Des laß i nit zua, daß s' ihn ins Narrenhaus stecken!

Junge: Was is'n des, Narrenhaus?

Alter: Du, derzähl ihm liaber nix davon!

ALTER: *(geht ganz nahe zum Jungen)* De wollen di von mir wegnehmen, Mandl!

JUNGE: *(schaut zum Alten hoch)* Wegnehmen?

ALTER: Ja, wegnehmen!

JUNGE: Aber, i bleib bei dir!

ALTER: *(weicht dem Blick des Jungen aus)* Ja, freilich, freilich beibst bei mir.

JUNGE: I geh nit weg!

ALTER: Na, na, du bleibst bei mir.

JUNGE: I spiel dir allweil auf der Flöten vor!

ALTER: *(dem Weinen nahe)* Ja, des is fein.

1. GAST: *(steht auf)* Ja, i wer gehn, Hans. Gsagt hab i dir's, nutzen tuats eh nix. *(Geht zur Tür.)* I wollt nur, daß du Bescheid woaßt.

Der Alte geht zu ihm, gibt ihm die Hand.

ALTER: I dank dir, Lois! I wer dir des nia vergessen!

1. GAST: Ah, was denn! Mir wär liaber, i könnt dir irgendwie helfen.

ALTER: Is scho guat, Lois. Pfiat di.

Der Alte wendet sich langsam ab, geht zum Hocker an der linken Seite des Tisches, setzt sich hin, starrt auf den Tisch. Der Junge schaut fassunslos zu ihm.

1. GAST: *(an der Tür)* Pfiat di, Hans. Du, und nimms nit z'schwer! Pfiat di, Wastl!

JUNGE: Pfiat di! Aber i bleib da!

1. GAST: *(öffnet die Tür, dreht sich halb um)* Ja, freilich, freilich bleibst da. *(Geht ab.)*

Der Junge schaut zum Alten, dieser blickt langsam auf, schaut den Jungen an, verbirgt dann sein Gesicht in den Händen. Der Junge beobachtet ihn ratlos, steht dann auf, setzt sich auf seinen Hocker beim Tisch, greift nach den Händen des Alten.

JUNGE: Dati! Dati!

Der Alte nimmt die Hände vom Gesicht, schaut den Jungen verzweifelt an.

ALTER: Was tua i jetzt? Was tua i jetzt, Mandl??

Der Junge weiß nicht, was tun, plötzlich fällt ihm etwas ein. Er nimmt die Flöte.

JUNGE: Jetzt, jetzt spiel i dir was auf der Flöten vor, Dati!

Der Junge spielt »Hänschenklein«, der Alte beginnt zu weinen, der Junge hört auf zu spielen, legt die Flöte hin.

JUNGE: Was is'n, Dati? Was rearst denn? I bleib eh da!

ALTER: Mein Gott, Bua, warum können uns de nit in Ruah lassen? Mir tuan doch niemanden was! Des war doch nit so schlimm, was du gmacht hast!

JUNGE: Bin i bös gwesen, Dati? *(Beugt sich zu Alten hinüber.)* Wennst willst, kannst mi haun!

ALTER: *(nimmt das Gesicht des Jungen in seine Hände)* Na, na, i hau di nit, Mandl! Dumm bist gwesen, aber nit bös. *(Wendet sich ab.)* Und i a! I ghörat ghaut!

JUNGE: Bin halt dumm, sagen s' eh alleweil, die Leut.

ALTER: So hab i des nit gmoant, Mandl.

JUNGE: I tuas eh nimmer, Dati!

ALTER: I woaß, Mandl. Aber des nutzt uns jetzt nix mehr!

JUNGE: Muaß i weg?

ALTER: *(mit erstickter Stimme)* Ja, schaut so aus. *(Weint wieder.)*

JUNGE: *(beginnt auch zu weinen)* Nit! Nit rearn, Dati! Dati, nit rearn! Dati, nit rearn!

Schritte draußen.

JUNGE: Nit rearn, Dati!

Klopfen an der Tür, einen Augenblick Schweigen.

ALTER: Herein!

Die Tür öffnet sich, der Gendarm kommt in Uniform herein, schließt die Tür wieder hinter sich.

GENDARM: Griaß di, Hans!

Der Alte und der Junge sitzen wie erstarrt.

ALTER: Schorsch?

Der Gendarm bleibt bei der Tür stehen, sein Auftrag ist ihm sichtlich unangenehm.

GENDARM: Ja, du darfst ma nit bös sein, Hans! Des was i jetzt mach, des muaß i als Gendarmeriebeamter machen!

ALTER: Ja?

GENDARM: I tuas nit gern! Glaub ma's!

ALTER: Ja?

GENDARM: Ja – i hab da an Einlieferungsbefehl für dein Buam.

ALTER: Was? Einlieferungsbefehl? Wohin?

GENDARM: Nojo, fürs ... in die Nervenheilanstalt. Der Krankenwagen steht scho unten.

Der Junge springt auf, läuft um den Tisch herum, stellt sich neben den Alten, hält sich an dessen Schulter fest.

JUNGE: *(schreit)* I will nit weg!

ALTER: *(nach kurzer Pause)* Du woaßt, was des für mi bedeutet, Schorsch! Der Bua is ma ans Herz gwachsen!

GENDARM: Ja, i woaß, Hans. Aber i kann a nix machen, nit? Befehl is Befehl!

Der Alte steht langsam auf, dreht sich nach dem Gendarmen um.

ALTER: Könnt i nit noamal mit'n Bürgermoaster reden? Und mit'n Grabner? Vielleicht ham sie a Einsicht. Es is ja praktisch eh nix passiert!

GENDARM: Na, des hat koan Zweck! Des kann ma jetzt nimmer rückgängig machen! Alle sein dagegen, daß der Bua dableibt!

ALTER: Alle ...

GENDARM: Ja, alle. Seine Eltern sein a einverstanden, daß er in die Anstalt kommt. Jetzt geh, Hans, gib ma'n! Schau, mach doch koane Gschichten! I bitt di, Hans!

ALTER: *(leise)* Was seids ihr für a Saubagage, für a unmenschliche!

GENDARM: Aber Hans, des is doch nit für immer! Mei, er muaß halt a Zeitl dortbleiben, nacha lassen s' ihn eh wieder aus, wenn s' feststellen, daß er wirklich harmlos is!

ALTER: Im Narrenhaus werd er mir ja erst recht narrisch! Na, na, der Bua bleibt da!

JUNGE: I bleib da! I geh nit weg!

GENDARM: Aber schau, Hans, des nutzt doch nix, i muaß'n mitnehmen! Wenns sein muaß, mit Gwalt!

Der Alte blickt auf, schaut ihn an.

GENDARM: Ja, da unten beim Auto stehn zwoa Wärter! Hans, i bitt di, sei doch gscheit! Du kannst'n ja bsuachen! Du kriagst'n eh wieder zruck, nach an Zeitl!

Der Alte dreht sich langsam zum Jungen um, der seine Hand von der Schulter des Alten nimmt.

ALTER: Mandl, was soll i denn machen? Was soll i machen?

JUNGE: I geh nit weg, Dati! I bleib bei dir!

Der Alte nimmt den Kopf des Jungen in beide Hände, schaut ihm in die Augen.

ALTER: Mandl, i muaß di hergeben! Es nutzt ja nix! Was soll i denn machn? Ja, i kann nit den Schorsch derschlagen! Beim besten Willen nit!

Der Junge umarmt den Alten.

JUNGE: *(schluchzend)* I geh nit weg, Dati! I geh nit weg!

ALTER: Mandl, i bitt di! I bitt di, gib doch nach! I versprich dir's, i hol di bald zruck! Bestimmt!

Der Junge birgt seinen Kopf an der Brust des Alten, klammert sich an ihm fest.

JUNGE: Na, nit weg! Bleiben! Bleiben! Bleiben!

ALTER: *(versucht sich vom Jungen zu befreien)* Also guat, Schorsch, nimm ihn mit! Aber schnell, bevor i mir's anders überleg!

JUNGE: *(weinend)* Na, nit, Dati! Na, nit, Dati! Bittschön, nit! Bittschön, nit! Dati!!

ALTER: Schau, Mandl, des nutzt nix, wennst di an mi klammerst, i muaß di ja hergebn! *(Zum Gendarm:)* Ja Himmelherrgott, Schorsch, so tua doch was!!

JUNGE: Nit! Dati, nit! Dati, nit!

Der Gendarm geht zur Tür, öffnet sie.

GENDARM: *(ruft hinaus)* Ja Herrschaftsseiten, so kommts halt aufa, nit! Helfts ma doch!

Der Alte schiebt den Jungen verzweifelt von sich weg. Schritte draußen, zwei Wärter in weißen Kitteln kommen herein. Der Junge läuft nach links vorne, preßt sich an die Wand, hält die Arme schützend vors Gesicht.

JUNGE: Nit weg! Nit weg! Nit weg!

1. WÄRTER: Kommen S', Herr Gendarm, pack ma'n!

Die beiden Wärter gehen auf den Jungen zu, der Gendarm bleibt unschlüssig stehen. Als die beiden Wärter beim Jungen sind und nach ihm greifen, duckt er sich, bricht zwischen ihnen durch und will auf die rechte Seite laufen. Einer der Wärter erwischt ihn aber beim Arm, auch der zweite greift zu. Der Junge schlägt wild um sich, der Alte schaut verzweifelt zu.

JUNGE: *(schreit)* Na! Na! Na! Nit!

2. WÄRTER: Der schlagt ja aus wia a jungs Roß! Ja, gibts denn sowas!

JUNGE: Na, nit! Nit! Dati! Dati! Hilf ma! Hilf ma! Hilf ma!

Der Gendarm tritt von hinten an den Jungen heran, ergreift seine Beine.

ALTER: Mandl, gib nach! I bitt di, Mandl, gib nach!

JUNGE: Dati! Dati! *(Ein schluchzender, überschnappender Aufschrei, der Junge fällt zu Boden, zittert krampfartig.)*

ALTER: Mandl! Jetzt hat er an Anfall kriagt!

1. WÄRTER: Ah, des geht scho wieder vorbei! Komm, Erwin, pack ma'n!

Die beiden Wärter heben den Jungen auf, tragen ihn hinaus. Der Alte will nachgehen.

GENDARM: Bleib da, Hans! Is besser so!

Der Alte bleibt links von der Tür stehen, der Gendarm geht hinaus, schließt die Tür hinter sich. Der Alte steht eine Weile bewegungslos, sieht dann die Flöte auf dem Tisch.

ALTER: Die Flöten! *(Nimmt die Flöte in die Hand, dreht sich zur Tür.)* Mandl! Dei Flöten hast vergessen! *(Läßt die Flöte sinken, dreht sich wieder um.)* Hört mi nimmer ... Is scho weg ... Hört mi nimmer ...

ENDE

URAUFFÜHRUNG

Tiroler Volksbühne Blaas, Innsbruck
Premiere am 15. September 1977

Regie	Josef Kuderna
Alter	Albert Peychär
Junge	Felix Mitterer
Möllinger Bäuerin	Resi Fritz
Wirt	Franz Paul Mattes
Kellnerin	Margit Hartmann
1. Gast	Josef Pittl
2. Gast	Fritz Gogl
Gendarm	Walter Fleischmann
Deutscher Gast	Kurt Blaas
Frau des deutschen Gastes	Evelyn Esterhammer
1. Wärter	Karl Holzer
2. Wärter	Otto Winter

Buchausgabe: Friedl-Brehm-Verlag, München, ab 1994 Neuauflage im Haymon-Verlag.

VERÄNDERUNGEN

Nach dem Erstlingserfolg »Kein Platz für Idioten« wartete die Theaterwelt naturgemäß gespannt auf das zweite Mitterer-Stück. Ernst Haeussermann von der Josefstadt und Gerald Szyszkowitz vom ORF gaben mir mit einem Auftrag gemeinsam die Chance dazu. Ich schrieb »Veränderungen«, ein Dreipersonenstück über einen alten Gärtner, dessen Tochter und deren Freund, einen Computerspezialisten. Die Uraufführung fand 1980 in der Regie von Zoltan Pataky als Gastspiel des Theaters in der Josefstadt beim Steirischen Herbst in Graz statt. Zu dieser Zeit war ich mit »Kein Platz für Idioten« auf Deutschlandtournee und konnte deshalb nicht anwesend sein. Als ich dann die Aufzeichnung des Stückes im Fernsehen sah, war ich auf die peinlichste Weise berührt davon. Wie Schuppen fiel es mir von den Augen: Was für ein miserables Stück! Der Regisseur hatte sich alle Mühe gegeben, Dorothea Parton und Friedrich Schwardtmann machten ihre Sache gut, und Guido Wieland war grandios. Trotzdem, es war das typische, mißlungene Zweitwerk. Zuerst trug ich mich noch mit dem Gedanken, das Stück zu überarbeiten, dann aber ließ ich es bleiben und erließ eine absolute und immerwährende Aufführungssperre. Dem großen Schauspieler Guido Wieland zu Ehren soll aber hier wenigstens sein Foto abgebildet sein, denn nur ihm war es zu verdanken, daß der Mißerfolg sich in Grenzen hielt.

Guido Wieland in »Veränderungen«

STIGMA

Im August 1981, während der 1. Tiroler Volksschauspiele in Hall, fragten mich die Kollegen Alf Brustellin, Dietmar Schönherr, Ruth Drexel und Hans Brenner, ob ich nicht ein Stück für die nächsten Spiele schreiben wolle. »Stigma« entstand, die Leidensgeschichte einer Dienstmagd, die sich mit Christus vermählt, seine Wundmale empfängt und in der Folge zwischen den Mühlen von Kirche, Wissenschaft und Gesetz zermahlen wird. Der Bürgermeister von Hall fand das Stück eine gotteslästerliche Sauerei und verbot als Veranstalter die Aufführung. Die Kollegen solidarisierten sich aber mit mir, und wir machten uns auf die Suche nach einem neuen Spielort. Nachdem uns aber selbst die Landeshauptstadt Innsbruck abwies, waren wir schon am Aufgeben. Über Vermittlung von Wolfgang Pfaundler kamen wir schließlich nach Telfs, wo uns Bürgermeister Helmut Kopp mit offenen Armen aufnahm und wo wir seitdem unsere Heimstatt haben. Die Vorverurteilung und Skandalisierung des Stückes durch Pornojäger und Fundamentalisten, die Wallfahrten, Demonstrationen und Bombendrohungen führten naturgemäß zu einem großen Besucherandrang, aber auch dazu, daß drei Jahre lang kein Theater »Stigma« nachspielte. Erst Intendant Stögmüller in Linz durchbrach den Bann. Mir selbst ist die stigmatisierte Moid so nah wie der ausgestoßene Bub in »Kein Platz für Idioten«.

Zeichnung von Chryseldis Hofer zur Buchausgabe von »Stigma«

PERSONEN:

Moid, Dirn
Bast, Großknecht
Seppele, Kleinknecht
Ruepp, Sohn der Bauersleute
Bauer
Bäuerin
Pfarrer
Monsignore
Professor der Medizin
Alte Dirn
Schreiber
Polizist
Älterer Knecht
Reicher Bauer
Kleinbauer
Kleinhäuslerin
Wohlbeleibter Stadtherr
Zwei Gendarmen, zwei Träger, Dienstboten, Bauern, Stadtleute

ZEIT: früher

(Als Anhaltspunkt für die Ausstattung diene die Zeit um 1830.)

SCHAUPLATZ: In und vor einem Bauernhof am Lande

1. STATION

Außen/Abend, noch hell.
Ruepp sitzt links beim Dengelstock und dengelt eine Sense. Nach einer Weile kommen auf dem Weg zum Hof von rechts daher: der Großknecht Bast, der einfältige Kleinknecht Seppele und die Dirn Moid. Sie kommen von der Heuarbeit, tragen Rechen und Gabeln sowie zusammengerollte Stricke, wie sie zum Verschnüren der Heuballen gebraucht werden. Moid trägt ihre Zöpfe in Form einer Krone um das Haupt geflochten, der Dornenkrone des Herrn Jesus Christ nicht unähnlich. Sie kommen an einem Wegkreuz vorbei. Bast bekreuzigt sich flüchtig in Vorbeigehen, Seppele bleibt kurz stehen und schlägt das Kreuzzeichen mit großem Eifer, Moid bleibt zurück, kniet sich hin, verschränkt die Finger zum Gebet und betet leise. Ruepp sieht Bast und Seppele kommen, hält nach Moid Ausschau, sieht sie vor dem Kreuz knien.

RUEPP: *(singt)* Und es dengelt der Bauer und es dengelt der Schmied und es dengelt die Stalldirn, lei mei Madel dengelt nit. A richtige Sensen braucht alle Tag Wix, muaßt sie dengeln und wetzen, sinst is sie für nix.

Bast und Seppele sind bei Ruepp angelangt, legen das Werkzeug ab. Bast schaut mißmutig zu Moid zurück. Moid bekreuzigt sich, steht auf, küßt die durchbohrten Füße des gekreuzigten Christus, begibt sich dann auch zu den anderen. Ruepp hat aufgehört zu dengeln, legt den Hammer hin, lehnt die Sense weg.

RUEPP: Habts den ganzen Fleck aufgheut?

Bast setzt sich auf eine Bank, stopft sich eine Pfeife, Seppele hockt sich auf den Boden, sucht einen Splitter in der Fußsohle.

BAST: Ja, hamma.

RUEPP: Morgen is obere Eck dran!

BAST: Is recht.

Moid kommt heran, Ruepp grinst sie an, singt, ohne zu dengeln.

RUEPP: *(singt)* I moan, daß a Jahrl no leicht ummageht, bis mei liabs, kloans Madel des Dengeln versteht.

Moid beachtet Ruepp nicht, legt Rechen und Gabel ab.

RUEPP: *(singt weiter)* Aber kimmt sie aufs Dengeln, nacha mahn ma die Wies und haben wia die Engeln a feins Paradies.

Bast schaut mißmutig auf Ruepp, ärgert sich über dessen Gstanzeln, schaut zu Moid, die so tut, als hörte sie es nicht. Sie hängt einen Strick auf, greift sich plötzlich an den Kopf, beginnt zu schwanken, Bast steht auf, fängt sie auf, setzt sie auf die Bank. Seppele steht auf, schaut besorgt.

BAST: Moid!

MOID: *(abwehrend)* Na! Na! I will nit mit die schwarzen Mander gehn! Na! Na!

Moid schließt die Augen, ballt die Fäuste, verfällt in einen krampfartigen Zustand, wirft den Kopf in den Nacken, die Halsmuskeln treten hervor, sie zittert am ganzen Körper.

BAST: Moid!

Bast schüttelt Moid, gibt ihr dann zwei feste Ohrfeigen, der Krampf löst sich. Moid atmet laut und schwer, wie nach einer heftigen Belastung, schaut verwirrt um sich.

BAST: Gehts wieder?

Moid nickt.

RUEPP: *(befremdet)* Hast du sowas öfter?

Moid schüttelt den Kopf, steht langsam auf.

STIMME DER BÄUERIN: Essen gehn!

Sie gehen alle nach hinten ab, Bast will Moid stützen, sie weist ihn freundlich ab.

2. STATION

Innen/Dämmerung.
Zwei Tische. An den Herrschaftstisch setzen sich der Bauer, die Bäuerin und Ruepp, an den Dienstbotentisch Bast. Moid trägt das Essen an den Herrschaftstisch, es sind Knödel und ein Krug mit Getränk. Seppele trägt eine Pfanne mit Mehlmus und einen Krug mit Getränk an den Dienstbotentisch. Moid und Seppele setzen sich an den Dienstbotentisch.

BAUER: Herr, wir bitten dich, segne diese Speise. Im Namen Gott des Vaters, des Sohnes und des Heiligen Geistes, Amen.

Sie machen alle dabei das Kreuzzeichen. Der Bauer greift zu, auch alle anderen beginnen zu essen, außer Moid.

MOID: *(betet nicht allzulaut)* Herr, wir bitten ums Essen, dei bitters Leiden und Sterben woll ma nit vergessen, das heilige Kreuz is unser Tisch, die heiligen drei Nägel sein unser Fisch, dein heiliger Leib is unser Speis, dein rosenfarbenes Bluat is unser Trank, Himmelvater, wir sagen Lob und Dank für Speis und Trank und für alls, was du uns zuaschickst und für alls, was uns nutz und guat is zu Seel und Leib, Amen.

Während Moid gebetet hat, hat der Bauer zuerst einen mißmutigen Blick hergeworfen, hat dann weitergegessen, auch die Bäuerin, Ruepp und Bast essen, nur Seppele hat innegehalten und ißt erst jetzt. Moid ißt nun auch, aber nur ein paar Löffel.

BAUER: *(nach einer Weile)* Des Tischgebet is eigentlich no immer dem Bauer sei Sach! Oder der Großknecht machts. Aber nia die Dirn! Woaßt du des nit? *(Da Moid nicht antwortet:)* 's nächste Mal kriagst oane übers Maul!
Man ißt schweigend weiter, Moid hört auf, legt den Löffel weg, schaut versunken vor sich hin.
BAUER: Morgen wird des untere Eck gmacht!
RUEPP: I hab gmeint, das obere.
BAUER: Des untere wird gmacht.
BÄUERIN: *(nach einer Weile zum Bauern)* Hast schon ghört? Dem Gafleiner sei Dirn hat was Kloans kriagt.
BAUER: Ahso?
RUEPP: Und wer is der Kindsvater?
BÄUERIN: Oana von die Knecht. *(Nach einer weiteren Weile:)* Der Fack ham s' es zum Fressen geben, des Kind. Damits nit aufkimmt. Die Bäuerin hats aber dergneißt.
BAUER: Da siegt mas wieder!
RUEPP: Und nacha?
BÄUERIN: Sein schon arretiert.
BAUER: Mit die Dienstboten is es a Kreuz!
BÄUERIN: Der Gafleiner laßt fragen, ob wir ihm beim Heuen helfen könnten, wenns amal pressant is. Bis er neue Dienstleut hat.
Moid ist schlecht geworden, sie steht auf, geht hinaus. Man schaut ihr kurz nach, nur Seppele verharrt eine längere Weile nachschauend.
BAUER: Ja, ja, wir stehn ihm schon bei. *(Er legt den Löffel weg, alle tun dasselbe.)* Herr, wir danken dir für diese Speise, die du uns beschert hast. Im Namen Gott des Vaters, des Sohnes und des Heiligen Geistes, Amen.
Sie haben alle das Kreuzzeichen gemacht, stehen nun auf.
BAST: Vergelts Gott, Bauer!
SEPPELE: Vergelts Gott a!

3. STATION

Innen-Außen/Nacht.
Moid kniet mit zum Gebet verschränkten Fingern vor ihrem Bett. Sie trägt ein weißes Nachthemd. Strohsack im Bett, darüber dunkle Wolldecke zum Zudecken, kein Leintuch, auch der strohgefüllte Polster nicht weiß überzogen. Eine Unschlittkerze brennt auf dem Hocker neben dem Bett.

MOID: *(betet)* I leg mi nieder in Christus Kreuz, i leg mi nieder in Christus Fleisch, i leg mi nieder in Christus Angst und Bluat, is für alle Gespenster und böse Geister guat.

Sie macht das Kreuzzeichen, geht zu Bett, bläst die Kerze aus, deckt sich zu, sitzt mehr als sie liegt, mit geöffneten Augen im Bett, gibt sich einer Betrachtung hin. Bast kommt daher mit geschwärztem Gesicht, den Jagdstutzen umgehängt, Rucksack am Rücken. Er schaut Richtung Moid, bleibt stehen, spricht mit dem Rücken zu ihr.

BAST: Moid!

Moid schreckt auf.

MOID: Bast?

BAST: Ja, i bins.

MOID: Was willst denn?

BAST: A Weib will i. Und Bluat von mein Bluat. Und Rauch, der aufsteigt vom eigenen Herd. Nit Knecht sein möcht i, mei Leben lang.

MOID: Dann muaßt a Bauerntochter heiraten. Von an Hof ohne Sohn.

BAST: Di möcht i zum Weib.

MOID: Bast! Woaßt doch, daß Dienstboten nit heiraten dürfen!

BAST: I hab fast 300 Gulden gspart in die letzten zwanzig Jahr. Und seit einem Jahr geh i jede dritte Nacht auf die Jagd. Für an Bock zahlen sie mir im Tal draußen vier Gulden. Wenn fünf Jahr um sein, hab i soviel beisammen, daß i uns a Stückl Grund kauf und a Häusl bau. Dann sein ma Besitzer und dürfen heiraten.

MOID: Wenn fünf Jahr um sein, ham di scho lang die Jager erschossen. Schlags dir aus dem Kopf, Bast.

BAST: Am Ballen von meiner rechten Hand is a Narben, Moid ...

MOID: Ja, i kenn sie.

BAST: Woaßt, woher die stammt?

MOID: Wirst di wohl gschnitten haben.

BAST: Ja, gschnitten hab i mi. Mit an Messer hab i mir den Handballen aufgschnitten und einiglegt hab i eine heilige Hostie unseres himmlischen Herrn. Hörst mi, Moid?

MOID: Ja, i hör di.

BAST: *(schaut seine rechte Hand an)* Jetzt gibts koa Zittern mehr. Jeder Schuß geht ins Leben. Und will mir oaner an den Leib, es nutzt ihm nix. Tausend Kugeln spritzen weg von mir, wia von an Stoan. Unverwundbar bin i. Hörst mit, Moid?

MOID: Ja, i hör di. Mit dem Teufel bist an Bund eingangen.

BAST: Vom Teufel woaß i nix, Moid. Der Herr Jesus Christ is mein Beschützer.

MOID: Dem Teufel bist verfallen, Bast.

BAST: Es is, wias is. Und is es der Teufel, so laß i mir's a nit verdrießen. A Besitzer will i werden. Schlaf jetzt. Moid. Und tram süaß von die Buam und Madeln, die aus uns hervorgehen wern.

Bast geht den Weg entlang davon, Moid legt sich zurück, verbleibt nachdenkend mit offenen Augen. Nach einer Weile kommt von hinten Ruepp daher, bleibt auf demselben Platz stehen wie Bast.

RUEPP: Moid! Moid!

MOID: Ruepp?

RUEPP: Ja, i bins.

MOID: Geh weg, Ruepp. I will di nit.

RUEPP: *(singt gedämpft)* Der Vater hat gsagt, i soll Prügel kliaben, da hab i verstanden, i soll d'Madeln liaben.

MOID: I will di nit, Ruepp.

RUEPP: *(singt)* Geh, Madel, jetzt spreiz di nit so, aus Troad wird a Stroh, aus de Blüamlen a Heu, nur vier Wochen is Mai.

MOID: Es wär a Sünd, Ruepp. Die Liab braucht den Segen Gottes.

RUEPP: *(singt)* Znachst hab i zum Madel ins Kammerl eini wollen, da sagts, i soll'n Schlüssel beim Pfarrer erst holen.

Moid antwortet nicht, schaut vor sich hin.

RUEPP: Moid! Die Liab is a Freud! Da kann doch der Herrgott nix dagegen haben! Die Viecher sein a nit verheirat! Des is decht lei der Neid von die Pfaffen! *(Moid antwortet nicht.)* Bist decht a nit aus Loahm, Moid! Hast decht a an warmen Leib! *(Moid antwortet nicht.)* Grad im Sommer, wenns so hoaß is, und die Heubluamen kemmen überall hin, durch jede Lucken im Gwand, und es beißt und der Schwitz rinnt zsamm ... I halts oft nit aus! Wölgen kannt i mi, am Boden! Moid!

MOID: Unds Kind, des geb ma nacha der Fack zum Fressen.

RUEPP: I gib schon obacht, Moid! I versprich dir's!

MOID: Na, Ruepp. Es is a Sünd. *(Ruepp schweigt resigniert.)* Heiraten tätst mi ja sowieso nia.

RUEPP: I kann doch koa Dirn heiraten! Davor schlagt mi der Vater ab! *(Eine Weile Schweigen.)* I muaß di haben! *(Ruepp geht auf Moid zu.)*

MOID: Stehn bleibst, oder i schreis Haus zsamm!

Ruepp bleibt stehen, seufzt auf, geht dann nach hinten weg. Moid lehnt sich zurück.

MOID: *(leise)* Jesus Christ! Hilf ma!

Nach einer Weile kommt Seppele daher mit einer Schüssel voll Blut, bleibt an derselben Stelle stehen wie zuvor Bast und Ruepp.

SEPPELE: Moid!

MOID: Seppele! Is dir was?

SEPPELE: Na. Möcht nur fragen, ob du an Hunger hast.

MOID: Na, Hunger hab i gwiss koan.

SEPPELE: I hatt aber eppes ganz Guats!

MOID: Was denn, Seppele?

SEPPELE: A frischs Bluat!

MOID: Was? Woher denn?

SEPPELE: Oana Kuah hab i's abzapft, beim Hals. A ganze Schüssel voll.

MOID: Aber Seppele, des derfst do nit tuan! Wenn di der Bauer erwischt!

SEPPELE: Wenn i so an Hunger hab. Die Kost is schmal, und der Großknecht ißt immer so schleunig! Friß i oan Löffel, frißt er derweil fünfe! Jetzt brat i mir des Bluat auf'm Herd und laß es mir schmeckn. Du bist die oanzige, der i was gib!

MOID: I brauch nix, Seppele, i brauch wirklich nix. Vergelts Gott!

SEPPELE: Gern gscheh'n! Hab ma denkt, bist vielleicht a hungrig. *(Seppele geht nach hinten ab, spricht im Weggehen:)* Des brat i mir jetzt auf'm Herd und laß mir's schmecken! Und koaner kriagt was. Die Moid hätt was kriagt. Jetzt iß i's halt selber.

Moid legt sich zurück. Die Versuchung des Fleisches hat sie bei den Worten Ruepps befallen.

MOID: Na! Nit! Nit! Gehts weg! Gehts weg! I mag enk nit! Gehts weg! *(Mit den Händen verscheucht sie die Versucher vor ihrem Gesicht. Sie holt ein kleines Kruzifix unter dem Kopfpolster hervor, klammert sich daran, schaut es an.)* Hilf mir, Jesus Christ! Hilf mir! *(Sie küßt alle fünf Wunden, legt den Leib Christi an ihre Wange.)* Jesus, mein Heiland! Jesus, mein Heiland! Jesus, mein Heiland!

Plötzlich bekommt sie wieder einen Anfall, ihr Leib bäumt sich hoch, sie zittert am ganzen Körper, schlägt sich das Kruzifix auf die Brust, immer wieder, ein Schrei entringt sich schließlich ihrem Munde, sie schleudert das Kruzifix von sich und sinkt wie tot zurück.

4. STATION

Innen-Außen/Nacht.
Moid schlafend im Bett. Ganz langsam erscheint ein weißes Licht auf ihr. Gleichzeitig erscheint ein weißes Licht auf dem Wegkreuz. Als das Licht schon sehr hell ist, erwacht Moid, richtet sich erstaunt auf, blickt in die Quelle des Lichts, hört einen zu ihr sprechen. Nach einer Weile steht sie auf, geht vor, das Licht folgt ihr. Langsam, wie im Traum, geht sie zum Wegkreuz, kniet vor diesem nieder, schaut zu Christus empor.

MOID: Lieber Herr Jesus Christ, i kann di gar nit anschaun! So guat hast es gmeint mit uns, und so schiach zuagricht ham s' di. Und immer no und immer no und jeden Tag wieder schlagen s' di ans Kreuz! Du armer Mann! *(Moid greift unter ihr Nachthemd, zieht ein zusammengefaltetes Leinentuch hervor, das von ihrem Menstrualblut rot gefärbt ist. Sie hält es mit beiden Händen Christus entgegen.)* Schau! I blüat a! Wenns dir recht is und nit zuwider, möcht i dir mein Bluat aufopfern, so wia du dein Bluat für uns vergossen hast. *(Moid erwartet eine Bestätigung von Christus, erhält sie, tritt an das Kreuz, küßt den Fuß Jesu, legt das Tuch über seine Füße, tritt wieder zurück.)* Jetzt bist du meine Liebe, Herr Jesus. Und koan andern solls geben neben deiner. Und alles will i tuan für di.

Moid schaut zu Christus empor, sie hört ihn sprechen, schwebt dann langsam zu ihm hoch, breitet ihre Arme aus, legt ihre Hände an die Hände Jesu, legt ihr Gesicht an sein Gesicht, legt ihre Brust an seine Brust, berührt mit ihren Füßen seine Füße. Das Licht wird nun ganz strahlend hell. Moid stößt einen Schrei zwischen Verzückung und Schmerz aus, klammert sich mit ihren Händen an die Handgelenke Jesu.

5. STATION

Innen/Morgendämmerung.
Moid liegt im Bett, schläft einen tiefen, fiebrigen Schlaf, ist halb abgedeckt. Die Bäuerin kommt zu ihr.

BÄUERIN: Moid! Moid! Was is denn mit dir? Wia oft soll i denn noch schreien, bist endlich aufstehst?

Moid hat die Augen geöffnet, antwortet nicht, die Bäuerin schaut sie an.

BÄUERIN: Bist marod?

MOID: *(leise)* Alles tuat mir weh. Alles tuat mir weh.

Die Bäuerin greift Moid an den Kopf.

BÄUERIN: Hoaß. Bauer! Bauer! *(Der Bauer kommt.)* Die Moid is krank!

BAUER: Was? Jetzt, mitten unter der Mahd!? *(Schaut Moid an.)* Was fahlt ihr denn?

MOID: Soviel weh! Und brennen tua i.

BAUER: Brennen?

MOID: Wia Feuer is in mir, in mein Leib, in Füaß und Händ, der Kopf voller Gluat, die Haar stechen wia Nadeln ins Hirn. Und mei Herz, mei Herz tuat so weh, als wenn a glianigs Eisen drin stecken tät.

BAUER: Jetzt gehst zwoa Stund mahn, dann legst di wieder hin!

Der Bauer geht nach hinten ab.

BÄUERIN: A Fieber hast halt. A inwendige Hitzen. Des kenn i schon. Is mir selber schon so gangen. Dem darf ma nit nachgeben. Komm, i hilf dir auf.

Moid erhebt sich mühsam, die Bäuerin faßt sie mit einer Hand um die Schulter, mit der anderen an einer Hand, Moid zuckt mit der Hand zurück, schaut erstaunt, was ihr denn so weh tue, sie sieht aber nichts. Moid sitzt nun am Bett, die Füße am Boden.

BÄUERIN: Draußen is es no kuahl und frisch, und 's Gras is naß. Des wird dir helfen gegen die Hitzen. Und wenn die Sonn anfangt stechen, dann kommst heim. *(Moid nickt.)* Jetzt gschleun di!

Die Bäuerin geht ab, Moid richtet sich mit Hilfe der Hände langsam auf, sinkt mit einem Wehlaut wieder zurück, schaut die Innenflächen ihrer schmerzenden Hände an. Es ist noch nichts zu sehen, sie spürt aber die Stigmen. Sie fährt mit dem Zeigefinger der rechten Hand über die Innenfläche der linken Hand, ortet den Schmerz in der Mitte, drückt darauf, zuckt vor Schmerz mit der linken Hand zurück.

MOID: *(flüstert)* Was is des? Jesus!

Moid betrachtet noch einmal ihre Hände, schüttelt den Kopf, steht dann auf, greift sich mit einem Schmerzenslaut an die linke Brust. Sie knöpft das Nachthemd auf, greift unter ihre linke Brust, zieht die Hand wieder hervor, schaut sie an, an den Fingern ist Blut.

6. STATION

Außen/Morgendämmerung.
Bast, Seppele und Ruepp kommen von hinten, schnallen den Wetzkumpf mit dem Wetzstein um. Alle drei nehmen ihre Sensen, Bast prüft die Schneide seiner Sense, holt den Wetzstein hervor, wetzt das Sensenblatt.

BAST: Des ist des erste Mal, daß die Moid nit aus die Federn findt.

RUEPP: Werd sie schon so fein dunken! *(Singt:)* Znachst is mir erschienen, im Tram a schöner Bua, der is bei mir blieben, bis spat in der Fruah.

Bast schaut Ruepp mißmutig an.
SEPPELE: Aber Federn hat sie keine im Bett.
RUEPP: *(lachend)* Woher woaßt denn du des, ha?
Seppele denkt angestrengt nach, woher er das weiß, schaut um sich.
BAST: Hast schon recht, Seppele. Federn ham nur die Bauersleut in der Tuchent. Für uns Dienstboten is a stinkerte Roßdecken guat gnuag.
RUEPP: Fragt sich nur, warum sie stinkt!
Bast nimmt Seppele die Sense ab, prüft die Schneide, wetzt sie, er würdigt Ruepp keiner Antwort.
RUEPP: Seppele!
SEPPELE: Ja?
RUEPP: Wia geht jetzt dei Nachtgebet?
Seppele kniet sich hin, faltet die Hände.
SEPPELE: *(betet)* Heiliger Sankt Veit, weck mi zur rechten Zeit, weck mi zur rechten Stund, daß i nit ins Bett brunz. *(Steht wieder auf.)*
RUEPP: *(lachend)* Siegst es, Bast, jetzt woaßt, warum eure Decken so stinken!
Moid kommt daher, man sieht ihr den schlechten Gesundheitszustand an.
BAST: Ja, Moid! Is dir nit guat?
MOID: *(leise)* Geht schon.
Moid nimmt eine Sense sowie einen Rechen und eine Gabel. Bast und Seppele schauen sie besorgt an. Der Bauer kommt, nimmt Kumpf und Sense und einen der zusammengerollten Stricke. Auch Bast und Ruepp nehmen je einen Strick.
BAUER: Also nacha, in Gotts Nam!
Der Bauer geht voraus, es folgen Ruepp, Bast, Seppele, Moid. Als der Bauer beim Wegkreuz angelangt ist, bekreuzigt er sich, sieht das blutige Tuch, hält an, schaut erstaunt, nimmt das Tuch in die Hand.
BAUER: Ja, was is denn des?
Ruepp und Bast sowie Seppele betrachten ebenfalls das Tuch, Moid schaut vom Tuch zu Jesus empor.
RUEPP: A bluatiger Fetzen!
Der Bauer schüttelt verwundert den Kopf, wirft das Tuch weg, geht weiter. Ruepp und Bast folgen ihm, Seppele schaut das Tuch an, hebt es auf, überlegt, legt es dann wieder über die Füße Jesu, bekreuzigt sich auch.
MOID: Herr Jesus Christ, alles, was du willst ...
Moid geht auch weiter, fällt in einem Schwächeanfall auf die Knie, Seppele wendet sich um, hilft ihr hoch, will ihr das Werkzeug abnehmen, Moid

schüttelt lächelnd den Kopf, Seppele nimmt es ihr aber trotzdem weg, fast mit Gewalt, geht schnell davon, Moid hinterher.

7. STATION

Außen/Nacht/Mondlicht.
Die Bäuerin geht mit dem Pfarrer auf den Hof zu, beide mit einer Laterne in der Hand. Sie bekreuzigen sich, wenn sie am Wegkreuz vorbeikommen.

PFARRER: An Händ und Füaß sagst?

BÄUERIN: Ja, Herr Pfarrer, an Händ und Füaß!

PFARRER: Und wia die Wundmale unseres Herrn, sagst?

BÄUERIN: Wia die Wundmale unseres Herrn!

PFARRER: Und sie ißt und trinkt nix mehr, sagst?

BÄUERIN: Na, nix mehr! Alles schmeckt ihr wia Essig und Galle, sagt sie! Sie bettelt nur um den Leib des Herrn, um die Heilige Kommunion!

Der Bauer tritt vor den Hof, setzt sich auf die Bank links, stopft die Pfeife, raucht.

PFARRER: Des is mir alles gar nit recht! Gar nit recht! Des bringt Unruh, i siegs schon, des bringt Unruh!

Die beiden sind beim Bauern angelangt, dieser lüpft den Hut.

BAUER: Gelobt sei Jesus Christ.

PFARRER: In Ewigkeit, Amen. Laßts mi a bißl verschnaufen, bevor i einigeh.

Der Pfarrer setzt sich, die Bäuerin setzt sich zu ihm. Der Pfarrer holt eine flache Schnapsflasche hervor, nimmt einen Schluck. Sie sitzen eine Weile schweigend.

BÄUERIN: *(kopfschüttelnd)* Was des bedeuten soll? Wia des zustand kimmt?

Der Bauer stößt mit dem Zeigefinger der rechten Hand gegen die Innenfläche der linken Hand.

BAUER: So kimmt des zustand! Mit an Messer!

BÄUERIN: Aber die Hitz, die in ihr is! Und daß sie nix ißt, seit oaner Wochen!

Der Pfarrer nimmt noch einen Schluck.

BAUER: I jag sie aus!

BÄUERIN: Nit so gach, Mann, nit so gach!

BAUER: Nach'n Gesetz brauch i an kranken Dienstboten nit länger behalten als sieben Tag.

Der Pfarrer nimmt noch einen Schluck.

PFARRER: Jetzt schau ma halt amal.

Der Pfarrer steckt die Flasche ein, steht auf, auch Bauer und Bäuerin erheben sich, gehen nach hinten ab.

8. STATION

Innen-Außen/Nacht.
Moid in halbsitzender Stellung im Bett, hat Fieber, die Augen geschlossen, die Arme unter der Decke. Über der Stirn ein feuchtes Tuch. Neben ihr auf einem Hocker sitzt Seppele, fächelt ihr mit seinem Hütl frische Luft zu. Die Unschlittkerze steht brennend am Boden. Es kommen herein Bauer, Bäuerin und Pfarrer.

BAUER: *(zu Seppele)* Ja, was tuast denn du in der Kammer von der Dirn? Schau, daß d' weiterkimmst!

MOID: *(die Augen öffnend)* Gelobt sei Jesus Christ.

Moid nimmt das Tuch von ihrer Stirn.

PFARRER: In Ewigkeit, Amen.

Seppele ist aufgestanden, setzt den Hut auf.

PFARRER: Bleib nur, Seppele! *(Zum Bauer:)* Ruaf deine Hausleut. Bei so einer Sach brauchts Zeugen.

Der Pfarrer stellt seine Laterne ab, setzt sich auf den Hocker, schaut Moid an.

BAUER: *(nach hinten)* He! Ruepp! Bast!

Ruepp und Bast kommen herein.

PFARRER: Ihr seids von mir zu Zeugen bestellt. Gebts obacht und merkts euch, was gredt wird. *(Zu Moid:)* So, Moidele, jetzt zeig amal!

Moid zieht ihre Hände unter der Decke hervor, zeigt sie dem Pfarrer, der nimmt sie, schaut sie genau an. Sie hat an der Innenfläche und auch am Handrücken offene Wunden. Der Pfarrer drückt an einer Hand ganz sachte auf die Wunde, Moid zuckt mit einem Seufzer zusammen. Der Pfarrer schaut seinen Finger an, er ist blutig, der Pfarrer wischt das Blut mit einem Taschentuch weg. Nun steht er auf, geht zum Fußende des Bettes, legt die Decke zurück, schaut die Füße an, auch daran die Wundmale. Der Pfarrer deckt die Füße wieder zu.

PFARRER: An der Seiten auch? *(Moid nickt.)* Des kann i halt nit überprüfen ...

Moid greift unter das Hemd unter ihre linke Brust, holt ein zusammengefaltetes Tuch hervor, zeigt es dem Pfarrer, es ist ein Blutfleck daran. Der Pfarrer nimmt das Tuch, schaut es erstaunt an, auch die anderen schauen. Der

Pfarrer berührt mit einem Finger den Blutfleck, wischt sich den Finger am Tuch ab, faltet es sorgfältig zusammen, steckt es ein, setzt sich wieder auf den Hocker.

PFARRER: Jetzt erzähl, Moidele, wia is des kemmen?

MOID: Vor oaner Wochen, mitten in der Nacht, da hat mi a Liacht zum Wegkreuz gführt. Und der Heiland hat angfangt zu reden und hat gsagt: Moid, wenn du mir helfen willst, meine Pein zu lindern, dann steig herauf und leg deine Händ an meine und dei Gsicht an meins und deine Füaß an meine Füaß und deine Brust an meine Brust. Und i bin aufigstiegen und hab des gmacht, und der Heiland hat wieder angfangt zu reden und hat gsagt: Jetzt bin i dir versprochen und du bist mir versprochen auf immer und ewig. Unsere Treu und Liab werd nimmermehr aufhörn, du bist ganz mein und i ganz dein. I bin dir Bräutigam und du mir Braut. Und dann, dann hab i an scharfen Stich gspürt in mein Herzen, und es war eine Seligkeit und ein Weh, i kanns Enk gar nit beschreiben.

Der Pfarrer holt seine Flasche hervor, trinkt einen Schluck, steckt die Flasche wieder weg.

PFARRER: Und des ist die volle Wahrheit, Moidele? Du hast dir nit eppa selber des gmacht?

MOID: Des is die volle Wahrheit, Herr Pfarrer! I schwörs mit Hand und Mund, mit Zopf und Brust und beim Heiligen Jesus Christ!

Der Pfarrer nickt mehrmals.

BAUER: Wers glaubt! Aber, mags sein, wias will, sie muaß aus'm Haus! I brauch a Dirn auf'm Feld und nit a Dirn im Bett!

BÄUERIN: Geh, Mann! A Zeitel könn ma sie wohl behalten. Kost uns ja nix. Wenn sie nix ißt.

PFARRER: Du ißt wirklich und wahrhaftig nix?

Moid schüttelt den Kopf.

BAUER: Im Widum wär Platz gnuag. Wenn der Herr Pfarrer ...

PFARRER: Du bist guat! A jungs Bluat beim Geistlichen! Was gäb denn des für a Gred?!

Sie schweigen wieder für eine Weile.

PFARRER: Und wenn du den Heiland bitten tätst, daß er dir seine Zeichen wieder wegnimmt?

MOID: Der Heiland will, daß i mit ihm leid.

Der Pfarrer nickt, kratzt sich nachdenklich am Kopf.

MOID: Morgen geh i wieder aufs Feld.

BAUER: In dem Zuastand?

Moid: Der Leib des Herrn werd ma die Kraft dazu geben. Wenn i den Herrn Pfarrer jetzt bitten dürft, um die große Gnad ...

Pfarrer: Wia? Ahso, ja! Freilich!

Der Pfarrer holt eine vergoldete Tabatiere hervor, öffnet sie, nimmt eine Hostie, hält sie hoch. Alle knien nieder, Moid faltet die Hände.

Pfarrer: Und Jesus sprach: Mein Fleisch ist wahrhaft eine Speise und mein Blut ist wahrhaft ein Trank.

Moid: Herr, i bin nit würdig, daß du eingehst unter mein Dach, aber sprich nur ein Wort, so wird meine Seele gesund. *(Moid sagt dieses Gebet dreimal.)*

Der Pfarrer legt ihr die Hostie auf die Zunge, sie schluckt sie, ihr Kopf sinkt zurück, sie schließt die Augen, ihr Gesicht zeigt den Ausdruck größten Glücks. Alle erheben sich wieder von den Knien.

Moid: *(flüstert immer leiser)* Mein Heiland. Mein Heiland. Du in mir. Du in mir. Was für a Glück. Was für a Glück. Über alles Geliebter.

Moids Atem ist immer stiller geworden, nun scheint sie nicht mehr zu atmen. Bast geht näher hin, schaut sie an.

Bast: Moid! *(Er rüttelt sie an der Schulter.)* Moid! *(Er legt das Ohr auf ihre Brust, horcht, schaut erschrocken.)* I hör nix! *(Er rüttelt sie.)* Moid! So rühr di doch! *(Zum Pfarrer:)* Sie is tot! Tot!

Pfarrer: Sie is nit tot. Nur weit weg. Ganz weit weg.

Der Pfarrer gibt Moid den Segen, nimmt seine Laterne, geht nach vorne, der Bauer folgt ihm.

Bauer: Ös glaubts also, Herr Pfarrer, des is echt und was Heiligmäßiges?

Pfarrer: I kenns Moidele von kloan auf. Die is nit fähig zu Lug und Trug.

Bauer: Dann wer i sie halt bleiben lassen. Aber arbeiten muaß sie schon. Sonst soll s' in a Kloster gehn.

Der Pfarrer nickt langsam.

Pfarrer: Es sollt halt nix bekannt werden. Sonst is bald der Teufel los da bei euch heroben. 's Volk is neugierig auf sowas.

Bauer: I wers meine Hausleut sagen.

Pfarrer: Guat Nacht, dann!

Bauer: Guat Nacht, gelobt sei Jesus Christ!

Pfarrer: In Ewigkeit, Amen.

Der Pfarrer geht den Weg Richtung Kreuz, der Bauer geht nach hinten ab. Der Pfarrer bleibt am Kreuz stehn, nimmt den Hut ab, bekreuzigt sich, setzt sich auf die Bank neben dem Kreuz, nimmt seine Flasche, trinkt einen Schluck. Während er spricht, nimmt er immer wieder einen kleinen Schluck.

PFARRER: Ach, Herr Jesus! Mit dir soll si oana auskennen. Bräutigam ... Die hat jetzt wenigstens ihren Trost. Mir gehts ja genauso wia den Dienstboten. I muaß a alloan bleiben. Koa Weib, koane Kinder. Aus freiem Willen war des nia, du woaßt es eh. Bin a weichender Erbe von an notigen Bauern, zwoa Weg samma offen gstanden: Bauernknecht oder Gottesknecht. Gottesknecht war mir lieber. Hab mi durchs Gymnasium ghungert, kochte Brennessel hab i gfressen und Erdäpfel jahraus, jahrein. Und gschlafen in an Kellerloch und nebenbei mit 15 Jahr als Maurerbua garbeitet. Am Priesterseminar der letzte Depp, des Lateinische nia richtig derlernt. Nacha als Aushilfsgeistlicher von oan Dreckloch ins andere Dreckloch versetzt ... Jeden Tag Früahmeß bei aller Kälten, die Finger klamm und der Wein im Kelch gfrorn. Und im Bett an Sack mit hoaße Zwetschgenkern, damit i's a bißl warm hab. Ja, ja, freilich: i bin a Respektsperson. Die alten Weiber bussen mir die Hand, und die Bauern bitten mi um den Wettersegen, und zum Essen hab i gnuag und Holz a zum Einkentnen ... Aber sonst ... *(Er steht auf und schaut zu Christus empor.)* Da hockens broat in mein Beichtstuahl und derzählen, wia sie's treiben mit dem andern Geschlecht und i, i mach so *(Kreuzzeichen wie zur Absolution)* und sie sein wieder frei von aller Schuld und können sich wieder aufführn wia die Säu, bis zur nächsten Beicht! Und was is mit mir? Ha? Was bleibt mir? *(Hebt die Flasche hoch.)* Des da! *(Er trinkt einen Schluck, besinnt sich plötzlich, kniet sich hin.)* Oh, Herr, verzeih! Verzeih! I woaß nit, was in mi gfahrn is! Muaß wohl a weng den Teufel im Leib haben! Verzeih, Herr!

Der Pfarrer bekreuzigt sich, steht auf, geht eilig davon.

9. STATION

Außen/Morgendämmerung.
Moid kommt vor, sie trägt jetzt Halbhandschuhe, ist nicht mehr barfuß, sondern in Schuhen. Sie wirkt sehr schön. Sie setzt sich auf die Bank rechts, betrachtet ihre Hände, schaut sich dann um, atmet tief durch, da es ein schöner Morgen ist. Bast kommt von hinten, bleibt stehen, als er sie sieht, betrachtet sie, geht dann zu den Werkzeugen links, hängt sich den Wetzkumpf um, nimmt eine Sense, überprüft die Schneide, schaut zu Moid, die ihn noch nicht bemerkt hat. Bast lehnt die Sense wieder weg, hockt sich auf den Dengelstock, schaut vor sich hin, schaut zu Moid, wieder vor sich hin.

BAST: Aber Land kriagst vom Jesus koans. Und Hof a koan. Und Nachkommen a koane. *(Moid antwortet nicht, sie schaut Bast nur unverwandt an.)* Und i hätt di so gern zum Weib ghabt. Des Liabste warst mir auf der Welt. Aber i gib di nit auf. Merk dir: Das Weib ist des Mannes Acker, heißts von Alters her. Und merk dir no oans: Der Mensch is für den Menschen bestimmt, und nit für an Gott! *(Bast steht auf, nimmt seine Sense und einen der Stricke, geht an Moid vorbei, sie schaut ihm nach.*

Er tut ihr leid. Am Kreuz vorbeigehend, bekreuzigt sich Bast, hält dann inne, schaut zu Christus hoch.) Gib sie mir! I bitt di! Was willst denn du mit ihr?

Da Bast natürlich keine Antwort erhält, schaut er zornig hoch, wendet sich ab und geht davon. Ruepp und Seppele kommen von hinten, Seppele hängt sich den Kumpf an, nimmt eine Sense. Moid steht auf, geht Richtung Werkzeug, Ruepp stellt sich ihr in den Weg.

RUEPP: Du moanst wohl, du bist mir auskommen, ha? Glaubst, i fürcht mi vor dein Herrn Jesus? *(Moid schaut ihn offen an.)* Mein Gott, Madel, sei decht nit so dumm! Glaubst, dein Herr Jesus is der bessere Liabhaber als wia i? Was hast denn davon, ha? Wunden! Bluatige Wunden! Glaubst nit, daß i dir's feiner machen tät? I tät di nit kreuzigen, i tät ganz anders mit dir! So jung und schön, wia du bist! *(Er ist ganz nah bei ihr.)* Umadum frisch, zum Anbeißen! *(Er berührt sie sanft an der Schulter, geht um sie, so daß er hinter ihr zu stehen kommt, greift ihr plötzlich mit der linken Hand zwischen die Beine, mit der rechten an die Brust. Seppele beobachtet es mit großen Augen.)* Nimmt di der Herr Jesus a so? Nimmt der di a so?

MOID: *(sich wehrend)* Nit! Laß aus! Auslassen, sag i!

Seppele zieht ein Taschenmesser heraus, springt hinzu und schneidet mit dem Messer Ruepp in die linke Hand. Dieser läßt mit einem Wehschrei los, faßt sich an die verletzte Hand.

RUEPP: Spinnst du, du damischer Trottel?

Ruepp geht auf Seppele los, dieser hält abwehrend das Messer vor sich. Der Bauer kommt von hinten.

BAUER: Ja, was is denn?

RUEPP: In die Hand hat er mi gschnitten, der Depp!

BAUER: Tua des Messer weg, Seppele!

Seppele macht gehorsam das Messer zu, steckt es ein, der Bauer gibt ihm eine Ohrfeige, daß er beiseite taumelt.

SEPPELE: Er hats Moidele angriffen! *(Zeigt zwischen seine Beine.)* Da, da hat er's angriffen!

BAUER: *(zu Ruepp)* Is des die Wahrheit?

RUEPP: A Gspaß, weiter nix!

Der Bauer nimmt Ruepp mit einer Hand am Haarschopf, zieht seinen Kopf nieder.

BAUER: Du, Bürschel! Wirst du des sein lassen! Wirst du des sein lassen?

RUEPP: War ja nur a Gspaß!

BAUER: So was is koa Gspaß! Wenn i di no amal derwisch, kannst was erleben! *(Der Bauer läßt Ruepp los.)* Und jetzt an die Arbeit!

Der Bauern nimmt Kumpf, Sense und Strick, auch Seppele, Ruepp und Moid tun dies.

BAUER: Wo is der Großknecht?

MOID: Schon voraus.

Sie gehen Richtung Weg. Bauer und Seppele bekreuzigen sich, Ruepp unterläßt dies, Moid schaut lächelnd hoch und bekreuzigt sich auch.

SEPPELE: *(zu Moid)* Gar nix hast wieder gessen.

MOID: I brauch nix, Seppele.

SEPPELE: Des versteh i nit. I hab immer soviel an Hunger. Was soll i denn tuan, daß i nit soviel Hunger hab?

MOID: Brauchst nur beten.

SEPPELE: I bet eh immer. Komm, Heiliger Geist, mit a Schüssel voll Fleisch, mit a Schüssel voll Nocken, laß mi a dazua hocken.

Sie verschwinden.

10. STATION

Innen/Tag.
Moid in sitzender Stellung im Bett, zwei große, weiß bezogene Polster stützen sie. Auch die Bettdecke ist nunmehr mit einer weißen Tuchent überzogen. Moid trägt ihr Nachthemd. Vor ihrem Bett und darum herum knien eine Menge Menschen. Zwei Drittel von ihnen sind Frauen, wiederum zwei Drittel von diesen Mägde. Unter den Männern sind drei Viertel Knechte. Erkenntlich sind die Dienstboten an der ärmlichen Kleidung und wohl auch an den Gesichtern. Unter den Besuchern sind auch zwei Städter, und zwar eine Dame und ein Herr mittleren Alters, erkenntlich an ihrer völlig anderen Kleidung. Sie knien nicht. Der Bauer steht mit mißmutigem Gesicht etwas abseits und denkt auch nicht daran, sich niederzuknien. Direkt am Bett vor Moid kniet der Pfarrer mit einem Rosenkranz und betet den Schmerzensreichen Rosenkranz vor, die Besucher beten nach. Der Pfarrer betet immer jeweils die Station, die Moid gerade erleidet. (»Der für uns gegeißelt worden ist.« »Der für uns mit Dornen gekrönt worden ist.«) Bei der »Kreuzigung« wird nicht gebetet. Die Bäuerin kniet in der Nähe des Pfarrers, Seppele kniet abseits und weint Tränen des Mitleids über das, was Moid erduldet. Ruepp sitzt auf dem Dengelstock ganz vorne links, Bast sitzt auf der Bank ganz vorne rechts. Beide wollen nicht Anteil nehmen an diesem merkwürdigen, ihnen unangenehmen Ereignis. Moid erleidet gerade die Geißelung Christi. Ihre Augen sind geschlossen, die Hände zu Fäusten geballt, wie gefesselt vor ihrem Körper gekreuzt. Die Wundmale bluten noch nicht. Moid

wirft den Oberkörper nach vor, krümmt den Rücken vor Schmerz zusammen, zieht die Schultern hoch, blutige Streifen sind schon am Rücken an ihrem Nachthemd zu sehen, ebenso ist an den Schultern und Oberarmen das Nachthemd von Blut durchtränkt. Moid stößt Schmerzenslaute aus. Nach einer Weile ist die Geißelung beendet, Moid sinkt zurück. Währenddessen wird weitergebetet, nach einer weiteren Weile öffnet Moid die Augen, kommt von ganz weit her, spürt den Schmerz, stöhnt leise auf, schaut sich um, sieht erschreckt die vielen Menschen, schaut zum Pfarrer.

MOID: *(flehend)* Sie sollen gehn! Bittschön, Herr Pfarrer, sie sollen gehn!

Man hört zu beten auf, der Pfarrer erhebt sich.

PFARRER: Moidele! Du woaßt, i wollts nit! I wollt koa Aufsehen! Aber es hat sich halt herumgesprochen. Es werd wohl Gottes Willen sein, daß du dein Licht nit unter den Scheffel stellst.

MOID: *(weinend)* I will koane Gaffer, Herr Pfarrer! I scham mi! I scham mi so!

PFARRER: Aber, Moidele, brauchst di doch nit schamen! Du erleidest die Passion Christi! Du bist eine Auserwählte. Gott hat dich auserwählt, um die Menschen zu erbauen, um ihren Glauben zu stärken! *(Weist um sich.)* Schau, da sind sicher auch Zweifler und Ungläubige. Du bist ausersehen, ihnen den rechten Weg zu weisen! Du bist ausersehen ...

Moid verfällt wieder unvermittelt in die Leidensekstase.

MOID: Oh, Herr Jesus! Nit! Laßts ihn! Nehmts mi! Nehmts mi!

Der Pfarrer kniet sich wieder hin, sieht dabei, daß die zwei Städter stehen.

PFARRER: Niederknien oder außi! Des is koa Jahrmarktszauber! Habts ghört?

Die zwei Städter knien nieder, der Bauer geht nach hinten ab, der Pfarrer betet mit den Leuten weiter. Moid wird in ihrer Leidensvision die Dornenkrone aufgesetzt und mit Stockschlägen in den Kopf getrieben. Sie greift sich mit einem Schmerzensschrei an ihre Haarkrone, fährt mit den Händen wieder zurück, weil sie sich an den Dornen »sticht«, eine Menge Blutes strömt nun über ihr Gesicht herunter. Moid schlägt sich mit ihren gekreuzten Fäusten mehrmals gegen die Stirn.

MOID: *(schluchzend)* Weh! Weh! Weh! Weh!

Seppele ist vollkommen verzweifelt, sein Gebet klingt wie Schreie, er steht auf, will zu ihr, schluchzt, kniet sich wieder hin. Moid läßt die Fäuste sinken, zittert vor Schmerz am ganzen Körper, sinkt zurück, atmet schwer.

SEPPELE: *(aufstehend)* Na! Na! Sowas darf ma nit tuan mit an Menschen! *(Die anderen hören zu beten auf.)* Sowas tuat ma decht nit! *(Seppele geht zu Moid hin, kniet sich vor ihr nieder.)* Moidele, nimmer leiden! Bittschön, nimmer leiden!

Moid öffnet die Augen, lächelt Seppele unter Schmerzen an.

MOID: *(es fällt ihr schwer zu sprechen)* Is bald vorbei, Seppele. Is bald vorbei.

Seppele steht auf, zieht ein Taschentuch hervor, fährt ihr mit dem Tuch ans Gesicht.

SEPPELE: Bluat wegwischen ...

MOID: Nit, Seppele! Nit anrühren! Es tuat so weh!

Seppele weicht zurück, kniet sich wieder hin. Moid fällt unvermittelt wieder in die Ekstase, plötzlich werden ihr die Hände auseinandergerissen, ihre Arme werden in Kreuzigungsform gezerrt, ihr Körper wölbt sich vor, die Beine strecken sich, die Arme scheinen fast aus den Schultergelenken gerissen zu werden, ihre Fäuste öffnen sich, Blut quillt aus den Händen, ihr Mund öffnet sich zu einem lautlosen Schrei.

11. STATION

Außen/Tag.
Mehrere einfache Tische und Bänke aus Brettern stehen herum. Auf dem Weg kommen nach und nach zu zweien oder mehr eine Menge Leute daher. Es können dieselben Leute sein, wie in der 10. Station, neu und noch nicht aufgetreten sind aber eine alte, gebrechliche Dirn sowie ein wohlbeleibter Stadtherr mit aufgetakelter Gattin. Die ersten Leute setzen sich schon auf die Bänke, stehen auch herum etc. Die Bäuerin kommt von hinten.

BÄUERIN: Griaß Gott! Griaß Gott! Hockts enk lei nieder, sie kimmt glei amal außa! Wollts a Bier oder epper a Schlückl Wein? Hollundersaft gabs a, oder an guaten Selberbrennten!

1. BAUER: A Schnapsl!

1. BÄUERIN: Mir bringst so a Saftl!

Die Dienstboten bestellen nichts.

REICHER BAUER: Mir bringst a Halbe Wein!

BÄUERIN: Is recht, kimmt glei! *(Ruft nach hinten:)* Seppele! Seppele!

STIMME SEPPELE: Ja?

BÄUERIN: A Schnapsl, an Hollundersaft und a Halbe Wein!

STIMME SEPPELE: Bring i glei!

BÄUERIN: *(zu Neuankommenden)* Hockts enk lei nieder, sie kimmt glei!

Seppele bringt die Getränke, die Leute winken ihn herbei, nehmen ihr bestelltes Getränk.

BÄUERIN: Wenn i glei kassieren dürft ... A Halbe Wein 6 Kreuzer ...

Bast kommt von hinten, setzt sich zu Dienstboten, begrüßt sie.
REICHER BAUER: Teufel, des is aber grad a nit billig!
BÄUERIN: Ja, mei, die Kosten für'n Transport ...
Der reiche Bauer zahlt seufzend.
REICHER BAUER: Ob sie meinem Weib wohl helfen kann, die Moid?
BÄUERIN: Sicher! Gwiß! Die Moid hat scho viele gheilt, wo koa Hoffnung mehr gwesen is!
Neue Leute kommen, darunter auch der Pfarrer.
BÄUERIN: Hockts enk lei nieder, sie kimmt glei! Ah, der Herr Pfarrer! Gelobt sei Jesus Christ! *(Zum wohlbeleibten Stadtherrn und seiner Gattin:)* Darfs was sein, die Herrschaften?
WOHLBELEIBTER STADTHERR: Eine Halbe Wein!
Der Pfarrer setzt sich, wischt sich mit einem Taschentuch den Schweiß von Stirn und Nacken.
BÄUERIN: Is recht, kimmt sofort, die Herrschaften!
2. BAUER: Zwoa Halbe Bier!
BÄUERIN: Seppele, spring! A Halbe Wein, zwoa Halbe Bier! Der Herr Pfarrer a was?
Der Pfarrer schüttelt den Kopf, klopft an seine Brust, wo die Schnapsflasche verborgen ist, holt sie dann auch hervor und trinkt. Seppele geht nach hinten, die Bäuerin kassiert bei der 1. Bäuerin.
BÄUERIN: So, bittschön, macht 3 Kreuzer! Hast sie gsehn, die Stadtlerin? *(Deutet zur Gattin des wohlbeleibten Herrn.)* An blecketen Hals und a schüttere Blusen, daß ma überall aufs Lebendige einisiegt! Zum Speiben!
Neue Leute kommen.
BÄUERIN: Hockts enk lei nieder, sie kimmt glei! Sie is no in der Ding, in der Ekstase, wias der Herr Pfarrer nennt!
Von hinten kommen der Bauer und Ruepp, der Bauer setzt sich zu Bauern, Ruepp auf den Dengelstock.
BÄUERIN: *(zu ein paar Dienstboten)* So – und ihr, kriegts ihr nix? *(Ein Knecht schüttelt den Kopf. Die Bäuerin zu einer anderen Bäuerin:)* Lauter Dienstboten! Und da soll ma a Gschäft machen! Wenns nach mir gang, dürften die gar nit kommen, aber der Herr Pfarrer ... (Seppele kommt, stolpert, fällt fast um mit den Getränken.) Geh, paß doch auf, patscherter Bua!
Seppele bedient, setzt sich dann auf den Boden. Moid kommt von hinten. Sie trägt ihr Feiertagskleid, wirkt ruhig und majestätisch. Sie hat die Handschuhe nicht an, die Wundmale sind sichtbar. Einige der Dienstboten erheben sich, als Moid kommt, eine Kleinhäuslerin macht einen Kniefall vor Moid, küßt ihr die Hand.

Moid: *(sanft)* Nit, Frau! Steh auf.

Moid hilft der Frau hoch.

Kleinhäuslerin: *(steht auf)* I hab a kranks Biabl dahoam. Bittschön, hilf!

Moid: Warum gehst nit zum Bader?

Kleinhäuslerin: I bin a arme Kloanhäuslerin. I hab koa Geld.

Moid: I wer für dei Kind beten.

Kleinbauer: *(steht auf)* Meine Schafeln wern ma alle hin, nach der Reih. Bittschön hilf!

Moid: Warum gehst nit zum Bader?

Kleinbauer: Bin a kloaner Bauer. I hab koa Geld.

Moid: I wer beten.

Älterer Knecht: *(steht auf)* I hab Gschwür unter die Achseln. Bittschön, hilf!

Moid: Warum gehst nit zum Bader?

Älterer Knecht: I bin a Knecht. I hab koa Geld.

Moid: I wer für di beten.

Reicher Bauer: Mei Weib hats im Unterleib. Bittschön, hilf!

Moid: Warum gehst nit zum Bader?

Reicher Bauer: Des hat nix gholfen.

Moid: I wer für sie beten.

Wohlbeleibter Stadtherr: *(steht auf, gedämpft)* Ich, ich bin etwas hartleibig, Probleme mit dem Stuhl, Sie verstehen ...

Moid: *(mit Blick auf den Bauch)* Vierzehn Tag fasten!

Moid wendet sich von ihm ab, der wohlbeleibte Herr setzt sich etwas verdutzt wieder hin. Eine ganz alte, ausgezehrte Dirn steht langsam auf.

Alte Dirn: I kann nit sterben. Bittschön, hilf!

Moid geht zu ihr, schaut sie mitleidig an.

Moid: Warum willst denn sterben?

Alte Dirn: Dirn bin i gwesen, mein ganzes Leben lang, ausgjagt ham s' mi, wia mei Kraft nachlassen hat, jetzt geh i betteln, schon seit sieben Jahr, von Hof zu Hof um a Stückl Brot und a Lackl Milch, im Stall muaß i schlafen, bei die Facken, Läus hab i und den Grind, in die Füaß hab i's Wasser, sechen tua i fast nix mehr – und trotzdem, 's Leben will nit aus mir, es will nit aus mir, und i hatt so gern a Ruah, endlich a Ruah. Sterben möcht i. Bittschön, hilf.

Moid umarmt die alte Dirn.

RUEPP: Ja häng di decht auf, wenn du unbedingt hin sein willst!

Moid dreht sich zu Ruepp um, ihre Augen blitzen, sie bebt vor Zorn.

MOID: *(ruft zu Ruepp, dann in Richtung der reichen Bauern)* Wehe Euch, Ihr Reichen, Ihr habts Euren Trost empfangen! Wehe Euch, Ihr Vollgefreßnen, Ihr werdets hungern! Wehe Euch, die Ihr jetzt lachts! Ihr werdet rearn, rearn, bis in alle Ewigkeit!

Die reichen Bauern hören dies mit Unmut, zum Teil auch mit Furcht. Die alte Dirn setzt sich. Moid ist verzweifelt über ihre Ohnmacht, wirklich zu helfen. Tränen füllen ihre Augen. Sie fällt auf die Knie, bricht in Schluchzen aus.

MOID: Oh Gott! Oh Gott! Was soll i tuan? Was soll i tuan? Selig ihr Armen, denn euer ist das Himmelreich, hast du gsagt! Das Himmelreich! *(Sie steht auf, schreit weinend und zornig zum Himmel, die Arme erhoben.)* Ich will, daß auf dieser Welt Gerechtigkeit herrscht, und nit erst im Himmel!

Moid sinkt zu Boden, schlägt die Hände vors Gesicht, wird von Schluchzen geschüttelt. Seppele kämpft auch mit den Tränen, ist aufgestanden. Der Pfarrer wirkt ebenfalls etwas mitgenommen, trinkt einen Schluck Schnaps. Die alte Dirn steht auf, geht zu Moid, kniet sich zu ihr, umfaßt sie, streichelt sanft ihre Wange. Moid beruhigt sich, schaut die alte Dirn an, küßt sie auf die Wange, steht auf, hilft der alten Dirn hoch, führt sie an ihren Platz, die alte Dirn setzt sich. Moid wischt sich die Tränen aus dem Gesicht, schaut die Leute an, schaut zu ihren Bauer. Seppele setzt sich wieder.

MOID: *(ruhig)* Was glaubst du, Bast, hat unser Bauer letztes Jahr eingenommen?

BAST: Unser Bauer? Naja, so fünfzehnhundert Gulden, überschlagsmäßig.

BAUER: *(zu Bast)* Woher willst denn du des wissen, ha?

BAST: Ja, ausgrechnet hab i mir's halt. Stimmt wohl, oder?

BAUER: Ja, und wenns so wär – gehts enk was an?

MOID: Eintausendfünfhundert Gulden. Großknecht, was verdienst du im Jahr?

BAST: *(etwas verwirrt)* Ja, mei, 13 Gulden halt, und dazua zwoa Gulden, 24 Kreuzer für die Lederne, ein Paar höhere und ein Paar niedere Schuach, zwoa Pfoaden und an Rock.

MOID: Seppele, was verdienst du im Jahr?

SEPPELE: *(steht hurtig auf)* 6 Gulden und a Pfoad und a Paarl Schuach und an Rock!

Seppele setzt sich wieder nieder, hört aufmerksam zu.

MOID: Und i verdien 5 Gulden, oan Kittel, drei Ellen harbenes Tuach, oan Schurz und a Pfund Wolle. So verdienen mir Dienstboten überschlagsmäßig an die dreißig Gulden im Jahr.

BAUER: Und was is mit der Kost, ha?

MOID: Über die Kost kann Enk der Kloanknecht besser Auskunft geben.

SEPPELE: *(steht auf, zum Bauer)* Geizkragen, Hennenmagen! Wart, i wers der Muatter sagen!

BAUER: *(drohend)* Du!

Der Bauer geht auf Seppele los, Seppele läuft davon.

SEPPELE: *(weiter)* Muatter sagts in Vater, Vater sagts in Schmied *(Seppele versteckt sich hinter Moid)*, Schmied sagts in Hammerle, Hammerle schlagt di toat!

Der Bauer steht mit erhobener Faust vor Seppele und Moid, läßt dann die Faust sinken.

BAUER: *(zu Seppele)* Geh, du bist mir ja zu dalggert!

Der Bauer geht von den beiden weg. Seppele setzt sich dann in der Nähe von Moid wieder auf den Boden.

MOID: Soviel über die Kost. Wollt oaner von uns sich was schaffen, und möcht er sich vielleicht an Ochsen kaufen, dann muaß der Großknecht zehn Jahr lang sparen, der Kloanknecht und i über 20 Jahr. Und jetzt frag ich Euch: Is des gerecht? Kann des Gottes Willen sein?

Moid schaut um sich. Dem Pfarrer ist längst schon mulmig zumute geworden, er hat immer häufiger zu seiner Flasche gegriffen. Die Dienstboten haben aufmerksam zugehört, stimmen Moid wohl zu, denken sich aber, das sei eben so und nicht anders und auch nicht zu ändern. Die Bauern haben mit zunehmendem Mißmut zugehört. Der Bauer schaut Moid grimmig an, nickt mehrmals mit dem Kopf, schaut die anderen Bauern an, zuletzt den Pfarrer.

BAUER: Was sagt denn der Herr Pfarrer zu dera Predigt?

PFARRER: *(windet sich)* Na ja, des is schwierig, sackrisch schwierig! *(Steht auf.)* Gerechtigkeit, woll, woll, Gerechtigkeit solls schon geben auf der Welt. Aber, was is des, Gerechtigkeit? Es gibt solche Leut und solche, mir sein halt amal nit alle gleich. Schön wärs, schön wärs. Und, woaßt, Moidele, es gibt eine obrigkeitliche Gewalt, eine irdische, moan i. Und diese Gewalt ordnet das Leben, das irdische Leben. Früher, da war die obrigkeitliche Gewalt zum Beispiel für die Leibeigenschaft. Dann aber is die obrigkeitliche Gewalt zur Einsicht gekommen, Leibeigenschaft, des is was Schlechtes. Und man hat sie abgeschafft. Jeder von euch Dienstboten kann zum Beispiel, wenns Jahr um is, zum Bauern sagen: Pfiat Gott, bei dir gfallts mir nit, und kann gehn und an andern Dienst aufnehmen. Des is doch a gewaltiger Fortschritt, oder?

Ein paar Dienstboten nicken und murmeln zustimmend. Der Pfarrer nimmt einen Schluck aus der Schnapsflasche, denkt nach. Moid setzt sich, schaut vor sich hin.

PFARRER: Erinnerts euch doch daran, was der Heilige Paulus gsagt hat im Römerbrief, nämlich folgendes: Jedermann ordne sich der obrigkeitlichen Gewalt unter, denn es gibt keine Gewalt, die nicht von Gott ist. So spricht Paulus. Und enkere obrigkeitliche Gewalt, die erste zumindest über euch, is euer Dienstherr, der Bauer.

BAUER: *(befriedigt)* Na, also!

PFARRER: So! Und wer von enk Knecht oder Dirn is, der geht jetzt hoam und legt si beizeiten nieder, weil morgen is wieder a Werktag!

BAUER: Na, also!

Die Dienstboten stehen auf und gehen, die alte Dirn legt die Hand tröstend an den Kopf von Moid, geht auch. Die Städter gehen ebenso, nur ein paar Bauersleute bleiben, ebenso Bast und Seppele. Der Pfarrer setzt sich wieder, trinkt einen Schluck, schaut etwas schuldbewußt auf Moid, die mit gesenktem Blick dasitzt.

BAUER: *(zu Moid)* Und jetzt zu dir! Du packst auf der Stell dein Bündel und gehst!

PFARRER: Aber, Bauer! Wo soll sie denn hin? Hat ja niemand mehr auf der Welt!

BAUER: Sie geht und aus!

Moid steht auf, will nach hinten gehen, die Bäuerin hält sie zurück.

BÄUERIN: Wart, Moid wart!

Die Bäuerin geht zum Bauer, zieht ihn beiseite.

BÄUERIN: *(gedämpft)* Schick sie nit weg, Mann, i bitt di, schick sie nit weg!

Der Bauer will sich unwillig von ihr losmachen.

BÄUERIN: Mann! Es bringt uns Unglück, wenn du sie wegjagst!

BAUER: Geh!

BÄUERIN: Ja, los decht zua, was i dir sag! Sie is mir im Traum erschienen, die Moid, und der Herr Jesus war bei ihr! Und er hat zu ihr gsagt: Fürcht di nit und scham di nit, i bin immer bei dir. Und wer dir Schlechtes tuat, den wer i strafen, in dieser Welt und in der andern!

BAUER: Gwiß?

BÄUERIN: Gwiß! – Und außerdem, a Gschäft mach ma ja a, mit'm Ausschank! Kemmen immer mehr Leut!

Der Bauer schaut seine Frau an, denkt längere Zeit nach, schaut Moid an, schaut seine Frau an, kommt schließlich zu einem Entschluß, wendet sich an Moid.

BAUER: Also, guat! Kannst bleiben! Aber solche Predigten laßt sein! *(Eher vor sich hin:)* Sonst stopf i dir's Maul!

12. STATION

Innen-Außen/Nacht, Mondlicht.
Moid liegt schlafend im Bett. Bast kommt von hinten mit geschwärztem Gesicht, den Jagdtstutzen in der Hand, Rucksack umgehängt. Er bleibt mit dem Rücken zu Moid stehen.

BAST: Moid!

Moid wacht auf.

BAST: Moid!

MOID: Bast?

BAST: Was du da heut gsagt hast, über den gerechten Lohn und so, des war nit richtig.

MOID: Es war schon richtig.

BAST: Jetzt denk dir amal, du hattest es nit mit dem Heiland, sondern mit mir, und mir täten uns an Hof anschaffen und Dienstleut einstellen. Da tät ma genauso. I jedenfalls. Wenn oaner a Besitzer is, dann muaß er rechnen. Wenn oaner a Besitzer is, muaß er seinen Besitz vermehren. Des wollt i dir grad gsagt haben.

Moid nickt, Bast wartet auf Antwort, da er keine bekommt, wendet er sich zum Gehen.

MOID: Gehst immer no wildern?

BAST: Ja, i geht immer no. Kriag i di nit, kriag i a andere.

Bast geht über den Weg davon, Moid bleibt nachdenklich mit offenen Augen. Als Bast beim Kreuz ist, bleibt er stehen, schaut hoch.

BAST: *(mit stiller Wut)* Du bluatigs Mandl, du aufignagelts!

Bast geht davon, Moid schließt im Bett die Augen. Nach einer Weile kommt Seppele mit einer Schüssel voll Blut vorbei, bleibt kurz stehen, schaut Richtung Moid, geht nach hinten ab.

SEPPELE: *(im Abgehen)* 's Moidele ißt ja nix, sonst hatt i ihr was geben. So iß i's halt selber.

Nach einer Weile kommt Ruepp daher, bleibt am selben Fleck wie Bast und Seppele stehen, setzt eine Teufelsmaske mit Hörnern auf, geht zu Moid hin, reißt die Decke von ihr, springt auf das Bett, so daß er mit allen Vieren über Moid landet, Moid öffnet die Augen, schreckt hoch, sieht das Teufelsgesicht, Ruepp schlägt mit der rechten Faust mehrmals auf ihren Kopf ein, so daß dieser leblos beiseite sinkt, sodann faßt Ruepp das Nachthemd am unteren Ende, hebt es hoch, legt sich auf Moid.

13. STATION

Außen-Innen/Abend. Noch hell. Später beginnt es zu dämmern.
Das Bett steht an seinem Platz, ist leer. Ein Hocker daneben. Auf dem Weg kommen daher: ein großer, kräftiger Mann, er trägt auf seinem Rücken eine Kraxe, auf dieser sitzt der Monsignore. Ein zweiter kräftiger Mann mit Kraxe, auf dieser sitzt der Professor der Medizin. Beide halten Taschen auf den Knieen. Hinterher gehen der Pfarrer und der Schreiber, letzterer trägt ebenfalls eine Tasche und macht ein mißmutiges Gesicht, weil ihm der Aufstieg zu beschwerlich ist. Der Pfarrer ist beunruhigt. Bei Passieren des Wegkreuzes bekreuzigen sich nur der Monsignore und der Pfarrer. Die Leute kommen vor dem Hof an, die beiden Träger gehen in die Knie, Professor und Monsignore steigen ab, strecken die Glieder, vertreten sich die Beine. Die Träger nehmen die Kraxen ab, stellen sie hin, setzen sich auf die Bank rechts, wischen sich mit Taschentüchern den Schweiß ab. Der Schreiber setzt sich ebenfalls. Der Professor nimmt eine Prise Schnupftabak.

PROFESSOR: *(sich umschauend)* Schöne Aussicht!

MONSIGNORE: Gell! Ich bin ja selber aus der Gegend!

PROFESSOR: Was Sie nicht sagen!

MONSIGNORE: *(deutet)* Da drüben, auf der anderen Talseiten, sehn S' den freien Fleck im Wald?

PROFESSOR: *(hält die Hand schirmend über die Augen)* Wo? Ahja! Da steht ein Hof.

MONSIGNORE: Meine Geburtsstätte!

Der Pfarrer gibt den beiden Trägern seine Schnapsflasche, versucht diese Handlung aber vor den Augen der hohen Herren zu verbergen. Die beiden Träger nehmen dankend an, trinken, geben die Flasche zurück, der Pfarrer trinkt heimlich auch einen Schluck, steckt die Flasche wieder ein.

PROFESSOR: *(währenddessen)* Ja, ja, da sieht man's wieder! Der beste geistliche Nachwuchs kommt aus dem Bauernstand! Was?

Der Pfarrer wiegt im Hintergrund kurz zweifelnd den Kopf, der Monsignore lächelt geschmeichelt.

MONSIGNORE: Und Sie, Herr Professor?

PROFESSOR: Ich bin ein Kind der Landeshauptstadt. Alte Arztfamilie. Seit vier Generationen.

MONSIGNORE: Vortrefflich! Vortrefflich!

1. TRÄGER: *(zu 2. Träger)* Pack ma's wieder?

Der 2. Träger nickt, sie stehen auf, nehmen ihre Kraxen wieder hoch, der Monsignore sieht es, greift in seine Kitteltasche, holt ein Beutelchen hervor, drückt jedem der Träger ein Geldstück in die Hand, greift dann noch einmal ins Beutelchen, gibt lächelnd jedem der Träger eine kleine Münze als Trinkgeld, die Träger küssen ihm, beide mit Kniefall, die Hand.

1. TRÄGER: Vergelts Gott, Exzellenz!
2. TRÄGER: Vergelts Gott!

Der Monsignore nickt freundlich, die beiden Träger gehen davon.

PFARRER: *(ruft nach hinten)* Is jemand dahoam? – Werden no auf'm Feld sein, müassen aber bald kommen. 's Betläuten war schon.

PROFESSOR: *(setzt sich)* Ich hoffe, wir können die Sache schnell hinter uns bringen. Übermorgen ist eine wichtige Fakultätssitzung.

PFARRER: Die hohen Herren hätten halt wirklich früher kommen müssen, mit Verlaub! Es hat sich ja Entscheidendes geändert. Sie erleidet die Passion nimmer, und essen tuat sie a wieder.

Auf dem Weg kommen daher Bauer, Bäuerin, Ruepp, Bast, Seppele, Moid. Sie tragen Sicheln. Moid hat Halbhandschuhe an.

MONSIGNORE: Aber die Wundmale trägt sie noch?

PFARRER: Des schon, ja. *(Sieht die Kommenden.)* Da kommen sie!

Professor und Monsignore stehen auf, die Leute kommen an.

BAUER: Ja, Griaß Gott!

PFARRER: Gelobt sei Jesus Christ! Die zwei hohen Herren da, die kommen von seiner Exzellenz, dem Fürstbischof. Des is der hochwürdige Monsignore Pfötscher, und der Herr is der berühmte Professor für Medizin an der Universität unserer Landeshauptstadt, Doktor Professor Rudolf von Achammer!

Die Bäuerin tut einen Kniefall, küßt dem Monsignore die Hand, der Bauer macht dasselbe, Ruepp, der keine Anstalten dazu macht, wird durch einen energischen Wink der Bäuerin dazu veranlaßt, Bast tut es auch, Seppele schaut interessiert zu und ahmt die Geste bereitwillig nach, Moid küßt als letzte dem Monsignore die Hand.

MONSIGNORE: *(zur knienden Moid)* Du bist also diejenige? Zieh die Handschuhe aus!

Moid steht auf, zieht ihre Handschuhe aus, der Monsignore nimmt ihre Hände in seine, schaut sie an, auch der Professor tritt hinzu, betrachtet die Wunden, fährt mit einem Finger an eine Wunde, Moid zuckt zurück. Der Professor legt die rechte Hand an Moids Stirn, zieht mit dem Daumen das Augenlid hoch, schaut kurz in das Auge Moids.

PFARRER: *(währenddessen)* Weißt, Moidele, die zwei hohen Herrschaften sind sozusagen eine Untersuchungskommission. Sie sollen im Auftrag des Bischofs überprüfen, ob alles mit rechten Dingen zugeht, bei dir.

PROFESSOR: Also, dann ... Wir brauchen einen Raum.

PFARRER: Am besten gehen wir in ihre Kammer. *(Zur Bäuerin:)* Stühl für die Herrschaften!

BÄUERIN: Is recht!

PROFESSOR: Außerdem eine Schüssel Wasser und ein Handtuch.

BÄUERIN: Bittschön, der Herr, gern!

Sie legen alle ihre Werkzeuge ab, die Bäuerin, der Bauer, Bast, Ruepp und Seppele gehen nach hinten ab, der Pfarrer geht voraus zu Moids Bett, der Monsignore nimmt Moid lächelnd am Arm, führt sie, der Professor und der Schreiber folgen, letzterer nimmt neben seiner Tasche auch die Taschen der zwei anderen Herren mit.

BAUER: *(im Abgehen)* Jetzt wer ma's ja sehen!

BÄUERIN: Was sehn? Gsehn hamma's wohl selber, daß alles recht und wahr is!

Der Professor deutet Moid, sich aufs Bett zu setzen, Moid tut es, Seppele kommt dann von hinten mit Hockern für die Herrschaften, die Bäuerin mit einer Schüssel Wasser und einem Handtuch, sie gehen wieder ab. Pfarrer, Monsignore, Schreiber setzen sich, der Schreiber holt Feder, Tintenfaß, Schreibheft und ein Brett als Unterlage aus seiner Tasche, macht sich zum Schreiben bereit. Er schreibt alles auf, was der Professor diktiert, aber auch, was Moid sagt oder was andere über sie sagen. Der Professor entnimmt seiner Arzttasche eine Lupe, setzt sich vor Moid, nimmt eine Hand, betrachtet die Wunde, dies sowohl am Handrücken als auch an der Handinnenfläche, nimmt dann die andere Hand, betrachtet auch hier die Wunde genau.

PROFESSOR: *(diktiert)* Vulnus in dorso manus oblongum est, longitudine unius digiti, latitudine semidigitali. Vulnus in palma manus fere rotundum est dimensione prope unius digiti. Nullum pus, nulla sepsis. (Die Wunde auf dem Handrücken ist länglich, etwa einen Fingerbreit lang und fast einen Finger breit. Die Wunde im Handinneren ist eher unregelmäßig rund, der Durchmesser beträgt etwa einen Fingerbreit. Keine Spur von Eiterung oder Fäulnis.)

Der Professor holt aus seiner Tasche eine Sonde hervor, nimmt eine Hand von Moid, fährt ihr mit der Sonde in die Wunde der Handinnenfläche. Man soll den Eindruck haben, daß die Sonde ganz leicht die Hand durchdringt und am Handrücken zum Vorschein kommt. Moid stöhnt dabei vor Schmerzen auf. Der Professor macht dasselbe an der anderen Hand. Moid stöhnt wieder auf. Der Pfarrer trinkt heimlich einen Schluck Schnaps.

PROFESSOR: *(diktiert)* Utraque manus vulnere perforata est. (Die Wunde geht an beiden Händen durch die Hand hindurch.) *(Zu Moid:)* Zieh Sie die Schuhe aus!

Moid zieht die Schuhe aus, entfernt ihre Fußfetzen, hält einen Fuß hoch, der Professor nimmt ihn, schaut ohne Lupe beide Füße an, fährt mit der Sonde wieder durch die Wunden. Moid stöhnt dabei vor Schmerzen.

PROFESSOR: *(diktiert)* Vulnera pedum maiora sunt itemque vulnus in dorso pedis longius est quam in planta. (Die Wunden an den Füßen sind größer, wobei wiederum die Wunde am Rist größer ist als die an den Sohlen.) So, was haben wir noch?

PFARRER: Früher hat sie am Haaransatz so kloane Wunden ghabt von der Dornenkrone, aber i woaß nit ...

Der Professor steht auf, untersucht den Haaransatz, schaut mit der Lupe.

PROFESSOR: Ja, kleine Punkte ... *(Diktiert:)* In fronte sub capillitio linea punctorum fuscorum continua. (Am Haaransatz ein Streifen von dunklen Punkten, der sich um die ganze Stirn zieht.)

PFARRER: Und dann noch die Seitenwunde ...

PROFESSOR: Ah, ja. Mach Sie den Oberkörper frei.

MOID: Aber i kann doch ... No nia hat jemand ...

Sie schaut bittend zum Pfarrer.

PFARRER: Moidele, du muaßt demütig sein und alles über dich ergehen lassen! Es nutzt nix!

Moid beginnt ihren Oberkörper zu entblößen, Pfarrer und Monsignore setzen sich mit dem Rücken zu ihr. Moid bedeckt mit den Händen ihre Brüste, der Professor untersucht die Seitenwunde, die sich unter der linken Brust befindet.

PROFESSOR: *(diktiert)* Vulnus lateris duos digitos patet, late unum digitum. (Die Seitenwunde ist zwei Fingerbreit lang und einen Finger breit.) *(Der Professor fährt mit der Sonde in die Wunde, Moid stöhnt auf, der Professor diktiert:)* Alte unum digitum et dimidium. Nullum pus, nulla sepsis. (Tiefe etwa eineinhalb Finger breit. Keine Spur von Eiterung oder Fäulnis.) *(Zu Moid:)* So – und nun ganz ausziehen!

MOID: Na! Na! Alles, was recht is!

PFARRER: *(ohne sich umzuwenden)* Moidele, du tuast jetzt folgen, oder i gib dir die Kommunion nimmer! Hast ghört?!

Moid steigen Tränen in die Augen, sie steht auf, zieht sich langsam ganz aus, bedeckt mit ihren Händen die Brüste, der Professor tritt einen Schritt zurück, schaut sie von oben bis unten an.

PROFESSOR: Arme seitlich ausstrecken! *(Moid tut es mit Widerwillen. Der Professor schaut sie an.)* Umdrehen! *(Moid dreht sich um, der Professor schaut sie an.)* Gut. Sie kann ihr Nachthemd anziehen. *(Moid zieht unter dem Kopfpolster ihr Nachthemd hervor, zieht es an.)* Gab oder gibt es in Ihrer Familie Fälle von Schwachsinn, Geschlechtskrankheiten, Trunksucht? *(Moid schüttelt den Kopf.)* Welche Kinderkrankheiten hat Sie gehabt?

MOID: An des kann i mi nit erinnern. Da woaß i nix.

PROFESSOR: Später irgendwelche Krankheiten? *(Moid schüttelt den Kopf.)* Die geistlichen Herren können sich wieder umdrehen. *(Pfarrer und Monsignore drehen sich um.)* Keine Ausschläge, Würmer, Fieberanfälle, Krämpfe?

MOID: Ja, Fieber hab i schon ghabt. Des war, wia i die Wunden des Herrn empfangen hab. Und Krämpf, des a, des schon vorher, aber des, des war keine Krankheit, da hab i mir nur gwehrt.

PROFESSOR: Wogegen?

MOID: Gegen die schwarzen Mander.

MONSIGNORE: *(wittert etwas)* Wie bitte? Was hör ich da?

PFARRER: Den Versuchungen des Teufels war sie halt ausgsetzt. Aber sie hat sich mannhaft gwehrt!

MONSIGNORE: Also, das will ich jetzt genau wissen!

PROFESSOR: *(lächelnd, zum Monsignore)* Exspectes, quaeso, collega, primam partem teneat physiologia! (Moment, Herr Kollege, zuerst ist die Naturwissenschaft dran!)

PFARRER: Wie?

MONSIGNORE: *(zum Pfarrer)* Was?

PFARRER: Des hab i jetzt nit so genau verstanden, was der Herr Professor ...

PROFESSOR: Ich hab den Monsignore nur um Geduld gebeten. Beide Untersuchungen zu vermengen, erscheint mir nicht zielführend. *(Zu Moid:)* Leg Sie sich hin! *(Moid legt sich in halbsitzender Stellung aufs Bett, der Professor setzt sich auf den Hocker.)* Krämpfe und Fieberanfälle, also? *(Moid nickt. Professor wendet sich zum Schreiber:)* Hat Er das aufgeschrieben? *(Der Schreiber nickt. Der Professor schaut Moid an, sagt zu ihr ganz plötzlich:)* Sie hat sich die Wunden selbst zugefügt, nicht?

PFARRER: Aber na, Herr Professor, was reden S' denn da?! Gott is mein Zeuge und Hunderte von Besuchern, die Freitag für Freitag gsehen haben, wia des Bluat von selber nur so aus ihr herausgeströmt is. Die Moid is keine Schwindlerin, i schwörs Enk bei allem, was mir heilig is.

In seiner Erregung zieht der Pfarrer seine Flasche hervor, trinkt einen Schluck, der Monsignore schaut ihn etwas indigniert an, der Pfarrer läßt verschämt die Flasche wieder verschwinden.

PROFESSOR: *(zu Moid)* Wann hatte Sie die erste Regel? Monatsblutung.

MOID: Ja, so mit sechzehn.

PROFESSOR: Irgendwelche Unregelmäßigkeiten? Übermäßige Blutung? Zeitweise Aussetzen der Blutung?

MOID: *(zögernd)* Ja, wenn i, wenn i den Heiland auf seinem Leidensweg begleitet hab, dann, dann is des Bluat nit nur aus die fünf Wunden kommen, sondern a von, von unterbei.

PROFESSOR: Wie bitte? Von was?

MOID: Von unterbei.

PROFESSOR: Ah, ich versteh! *(Zum Schreiber:)* Menses in passione quam dicunt. (Menstruationsblutungen während der sogenannten Passion.)

MOID: Und jetzt, jetzt is es schon an die zehn Wochen her, seit der letzten Regel.

PROFESSOR: Die letzte Regel vor zehn Wochen?

MOID: Ja, so ungefähr.

PROFESSOR: Hat es vorher schon Zeitabschnitte gegeben, in denen die Regel so lange ausgeblieben ist?

MOID: Na.

PROFESSOR: Ist Sie noch Jungfrau?

PFARRER: Ja, sowieso! Glauben Sie, der Herr Jesus tät sich ausgrechnet eine Sünderin zur Braut erwählen?

Der Monsignore winkt dem Pfarrer, er solle endlich schweigen.

PROFESSOR: *(zu Moid)* Sie hat wirklich noch mit keinem Mann geschlechtlich verkehrt?

MOID: Na! I bin ja ledig!

PROFESSOR: Wann hat das sogenannte Mitleiden der Passion aufgehört?

MOID: Ja, so vor zehn Wochen.

PROFESSOR: *(mehr zu sich)* Das heißt, mit Aufhören der monatlichen Menstruation hat auch die Passion aufgehört ... *(Der Professor überlegt.)*

PFARRER: Erzähl doch, Moidele, wie dir die Jungfrau Maria erschienen is! Des war nämlich genau zu der Zeit, vor zehn Wochen!

MONSIGNORE: Die Jungfrau Maria?

MOID: Ja. Mei, war des schön. I hab die Muatter Gottes gsehn, mit dem Jesuskind im Arm, und sie hat mi ganz liab angschaut und hat mir des Jesuskind entgegenghalten und i habs gnommen und 's Jesuskind hat mi abbusselt und hat mir mit seine kloan Handelen die Wangen gstreichelt. Schrein hätt i können vor Glück.

MONSIGNORE: Sehr interessant!

Für den Professor ist das natürlich reine Phantasterei.

PROFESSOR: Ich muß mich selbst überzeugen, ob Sie noch Jungfrau ist! *(Er zieht seinen Rock aus, stülpt die Hemdärmel hoch, holt ein Behältnis mit Seifenpulver aus seiner Tasche, wäscht sich in der Schüssel die Hände, trocknet sie mit dem Handtuch ab. Währenddessen zu Pfarrer und Monsignore:)* Wenn sich die geistlichen Herren wieder abwenden wollen ... *(Pfarrer und Monsignore drehen sich wieder um, Moid begreift, was der Professor will, schlüpft unter die Decke, zieht sie hoch bis zum Kinn, schaut den Professor empört an, dieser holt eine Dose mit Gleitcreme aus seiner Tasche, beschmiert damit den Zeigefinger der rechten Hand und wendet sich an Moid.)* Mach Sie keine Geschichten!

PFARRER: Moidele, mach mi nit narrisch! Folg dem Herrn Professor!

Moid verharrt in ihrer Stellung.

MONSIGNORE: *(den Kopf zurückwendend)* Im Namen der Kirche befehle ich dir, zu gehorchen!

Moid schaut verzweifelt.

PROFESSOR: Sie kann ja zugedeckt bleiben! Das geht sehr schnell und schmerzlos.

Moid läßt sich zurücksinken, schließt ergeben die Augen.

PROFESSOR: *(an sie herantretend)* Das Nachthemd hochziehen! *(Moid tut es mit geschlossenen Augen.)* Beine etwas anziehen und auseinander! *(Moid tut es, der Professor fährt mit der rechten Hand unter die Decke, untersucht Moid.)* Virgo intacta non iam est. (Sie ist keine Jungfrau mehr.)

Monsignore und Pfarrer drehen sich um.

MONSIGNORE: Was?

PROFESSOR: Sie ist keine Jungfrau mehr!

Der Pfarrer schaut verblüfft und ungläubig.

MOID: *(vollkommen überzeugt)* Des is nit wahr!

Der Professor hat den Finger immer noch in Moid, er glaubt nun auch eine Vergrößerung der Gebärmutter zu verspüren, stutzt deshalb, fährt auch mit der linken Hand unter die Decke, legt sie flach auf den Bauch von Moid, drückt damit die Gebärmutter gegen den untersuchenden Finger, stellt auf diese Weise fest, daß die Gebärmutter tatsächlich erheblich vergrößert ist, zieht dann beide Hände unter der Decke hervor.

PROFESSOR: Sie ist schwanger.

Pfarrer und Monsignore stehen auf, Moid ist fassungslos. Der Professor wäscht seine Hände in der Schüssel, trocknet sie mit dem Handtuch ab.

PFARRER: Des gibts nit! Des gibts nit! Sie müassen sich täuschen, Herr Professor!

PROFESSOR: *(leicht verärgert)* Der Herr Landpfarrer dürfte in diesen Dingen wohl weniger bewandert sein, oder? Sie ist schwanger! Das steht fest!

Der Pfarrer setzt sich erledigt wieder hin, trinkt einen Schluck Schnaps, schüttelt mehrmals den Kopf; er kann es nicht glauben.

MONSIGNORE: So! So! So ist das! Das gibt der Sache natürlich eine entscheidende Wendung! Keine Jungfrau mehr und schwanger noch dazu! *(Zu Moid:)* Wer ist der Vater des Kindes?

MOID: *(überzeugt, empört)* I bin nit in der Hoffnung! No nia in mein Leben bin i mit an Mann zusammen gwesen! I schwör's bei der Jungfrau Maria!

MONSIGNORE: Die Jungfrau Maria laßt aus dem Spiel, ja! Du bist nicht würdig, ihren Namen in dein loses Maul zu nehmen!

Der Monsignore geht wütend auf und ab. Der Professor schaut auf seine Taschenuhr.

PROFESSOR: Es wird Zeit für mich. Ich darf den Herren noch kurz das Ergebnis meiner Untersuchung vortragen. *(Der Monsignore setzt sich wieder.)* Ich muß vorausschicken, daß eine wirklich zielführende Untersuchung nur in einem Krankenhaus und unter ständiger Beobachtung über einen längeren Zeitraum durchgeführt werden könnte. Man müßte die Wunden behandeln, sie verbinden und abwarten, ob ein Heilungsprozeß eintritt oder nicht.

PFARRER: Des hamma ja schon probiert!

PFOFESSOR: Ahja? Wie? Wann?

PFARRER: Sie hat a Zeit ghabt, da hat sie gmeint, sie sei der Wundmale des Herrn gar nit würdig, und wir haben a Salben drauftan und hams verbunden!

PROFESSOR: Und?

PFARRER: Es hat nix gnutzt! Es hat ihr nur furchtbar weh tan!

PROFESSOR: Lieber Herr Pfarrer, das sind alles unbewiesene Sachen. Ich bin der Meinung, daß sie sich die Wunden selbst zugefügt hat und daß sie die Wunden künstlich offenhält, mechanisch oder mit Hilfe einer Zugsalbe, ich weiß es nicht! *(Der Pfarrer schüttelt verzweifelt den Kopf.)* Wie auch immer, das periodische Auftreten von konvulsivischen Krämpfen und von Fieberanfällen sowie die ganzen übrigen Umstände lassen mich zu dem Schluß kommen, daß es sich bei dieser Person um eine hysterische Epileptikerin handelt. Zu ihrer eigentlichen Krankheit, der Epilepsie, gesellten sich durch übermäßige Geltungssucht, durch religiöse Schwärmerei und erhitzte Einbildungskraft ihre hysterischen Zustände. Das ist meine Diagnose!

Der Professor stülpt seine Hemdsärmel wieder nach vor, schließt die Manschetten, zieht seinen Rock an.

Entwurf von Heinz Hauser zum Bühnenbild für die Uraufführung von "Stigma" bei den Tiroler Volksschauspiele in Telfs 1982 (Regie Ruth Drexel)

Krista Posch als Moid in der Telfer Aufführung

"Stigma" in Telfs: oben Ensembleszene, unten Krista Posch mit Max Krückl (Seppele)

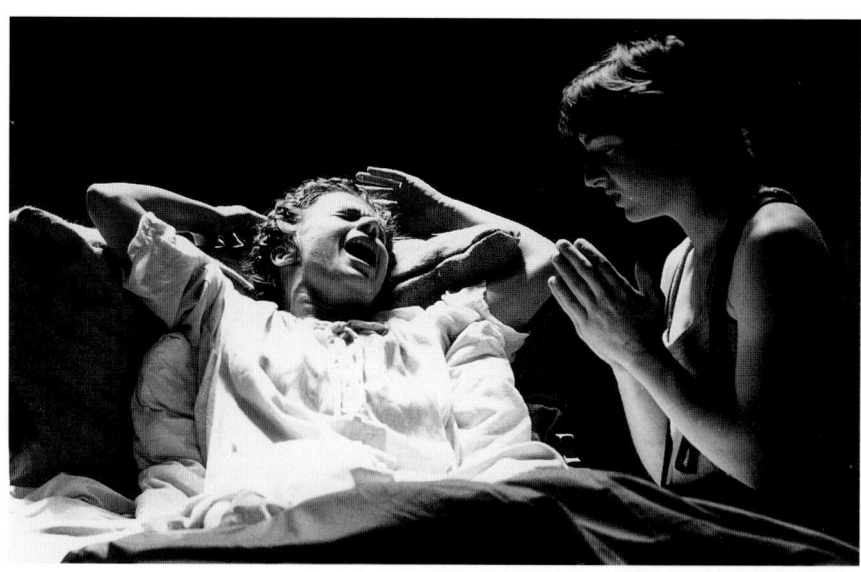

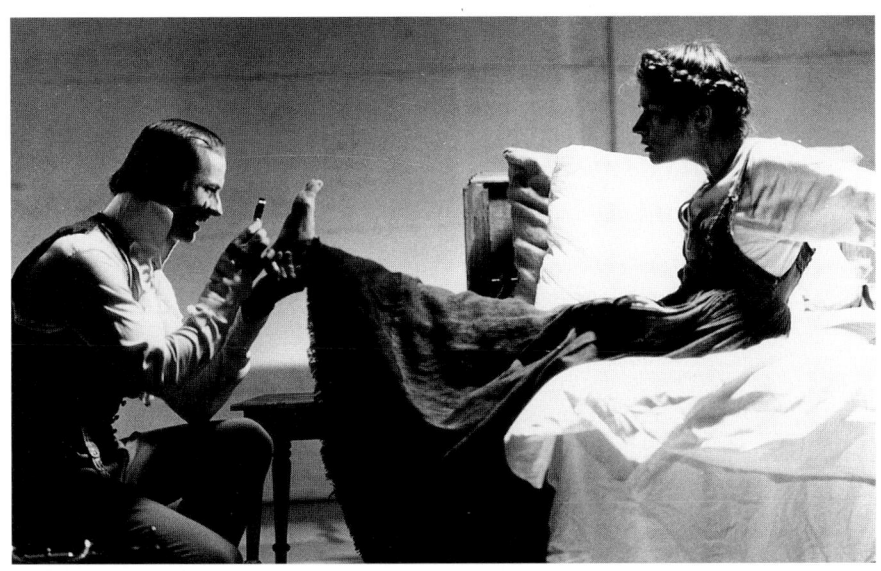

Oben Herbert Rohm (Professor der Medizin), Krista Posch, unten Hans Brenner (Pfarrer), Klaus Löwitsch (Monsignore) und Franz Mössmer (Schreiber)

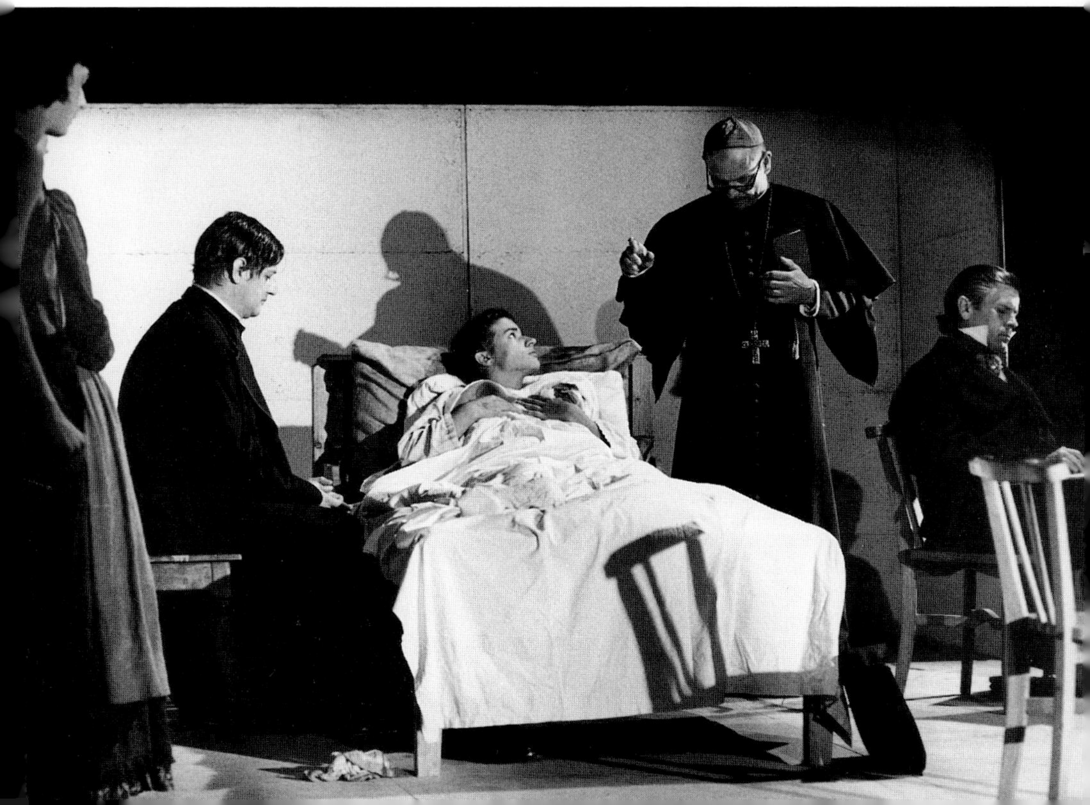

Die Teufelsaustreibung: Krista Posch und Klaus Löwitsch

Regisseur Claus Homschak inszeniert 1985 "Stigma" am Landestheater Linz mit Karina Thayenthal und 1987 am Schauspielhaus Graz mit Silvia Vas (am Foto mit Christian Ruck als Kleinknecht)

Oben Josefin Lössl mit Ensemble am Wolfgang-Borchert-Theater in Münster, 1989 (Regie Wolfgang Rommerskirchen), unten Mechtild Hauptmann (am Jura-Soyfer-Theater Wien 1986, Regie Claus Homschak), rechts Christa Lerch (mit Charly Rabanser in Neukirchen 1987), darunter Barbara Thonhauser (mit Dieter Fuchs am Stadttheater Koblenz 1989)

In der Regie von Franz Xaver Kroetz spielten Fred Stillkrauth (Bauer), Gabriele Dossi (Bäurin), Gregor Bloéb (Ruepp), Olivia Grigolli (Moid), Peter Pius Irl (Bast) und Hans Fleischmann (Seppele) sowie (Bild unten) Herbert Rhom (Pfarrer), Wolfgang Reinbacher (Monsignore) und Hans Diehl (Professor der Medizin) die bundesdeutsche Erstaufführung am Bayrischen Staatsschauspiel in München (1987)

Titelseite des Programmheftes der bundesdeutschen Erstaufführung mit einem Bild von Chryseldis Hofer

Pfarrer: *(schon ganz resigniert)* Aber sie hat drei Monat lang nix zu sich gnommen, außer der täglichen Kommunion! Und getrunken hat sie a nix! Nit amal Wasser!

Professor: *(gar nicht heftig, sondern eher nachsichtig)* Unsinn! Das ist nach den Naturgesetzen vollkommen unmöglich! *(Er nimmt seine Tasche.)* So, aber jetzt muß ich wirklich, sonst komm ich in die Dunkelheit! *(Er gibt dem Monsignore die Hand.)* Monsignore! *(Gibt auch – etwas herablassend – dem Pfarrer die Hand.)* Vielleicht komm ich einmal zur Sommerfrische. Schöne Gegend! *(Der Professor geht weg, ohne Moid nur eines Blickes zu würdigen, dreht sich dann noch einmal um.)* Vielleicht könnte man ihren Leichnam der Universitätsklinik zur Verfügung stellen, wenn sie ... Ein interessanter Fall, immerhin ... Und alt wird sie ja sicher nicht. *(Hebt grüßend die Hand.)* Also! Adieu! *(Zum Monsignore:)* Sis integer, Capellane Sanctitatis Suae! (Und seien Sie unbestechlich, Monsignore!)

Monsignore: *(grimmig)* Ne dubitaveris, factum puta! (Worauf Sie sich verlassen können!)

Der Professor geht über den Weg davon. Moid ist zutiefst erschüttert und begreift nichts mehr. Der Pfarrer schüttelt mehrmals den Kopf. Der Monsignore geht mit vor dem Bauch verschränkten Fingern auf und ab, bleibt bei Moid stehen, verschränkt die Arme, schaut Moid grimmig an, nickt mehrmals mit dem Kopf, greift dann in den Sack seines Kleides, holt eine Taschenuhr hervor, schaut darauf.

Monsignore: Wir wollen uns zuerst stärken. Das wird ein hartes Stück Arbeit! *(Zum Pfarrer:)* Ob man hier was zum Essen bekommt? *(Der Pfarrer hört ihn nicht, da er in Gedanken versunken ist.)* Herr Pfarrer!

Pfarrer: *(schreckt auf)* Ja?

Monsignore: Ich hätt gern eine warme Mahlzeit!

Pfarrer: Gehn S' nur in die Stuben. Is eh grad Essenszeit.

Monsignore: Und Sie?

Der Pfarrer schüttelt den Kopf, der Monsignore winkt dem Schreiber, dieser geht mit ihm nach hinten ab. Der Pfarrer geht zu Moid, schaut sie an, setzt sich auf den Hocker neben sie, schaut sie traurig an.

Moid: *(weinend)* I bin unschuldig, Herr Pfarrer!

Pfarrer: I glaubs dir, Moidele, i glaubs dir.

Der Pfarrer nimmt ihre Hand, streichelt sie, gibt dabei obacht, daß er das Wundmal nicht berührt.

14. STATION

Innen-Außen/Nacht.
Es ist fast dunkel. Moid liegt mit offenen Augen im Bett, der Pfarrer sitzt neben ihr, bewegt lautlos die Lippen im Gebet. Von hinten kommen der Monsignore, der Schreiber, der Bauer, die Bäuerin, Ruepp, Bast und Seppele. Die Bäuerin trägt eine Laterne, mit welcher Licht auf die Szenerie fällt. Bast und Seppele bringen zusätzliche Hocker mit, Ruepp trägt zwei Stricke und einen Stuhl mit Rückenlehne. Die Bäuerin hängt die Lampe auf, Stuhl und Hocker werden abgestellt. Keiner weiß, was jetzt kommen wird, alle sind verwundert und gespannt. Der Schreiber nimmt seine Utensilien und den Hocker, setzt sich zur Laterne, macht sich zum Schreiben bereit.

MONSIGNORE: Liebe Hausgenossen! *(Der Schreiber schreibt wieder.)* Professor von Achammer hat diese Person untersucht und ist zur Meinung gelangt, sie habe erstens Epilepsie und sei zweitens eine Betrügerin. *(Der Bauer nickt befriedigt, die Bäuerin schaut ungläubig, Seppele ist empört, Ruepp und Bast wissen nicht, was sie von der Sache halten sollen.)* Ich hingegen, als erfahrener Vertreter der Kirche und Fachmann der Mysterien, bin zu einer anderen Meinung gelangt. Diese Person ist keine gewöhnliche Betrügerin, sie leidet auch nicht an der fallenden Sucht, sondern sie ist das bedauernswerte Opfer eines oder mehrerer Dämonen! Kurz gesagt, diese Person leidet ganz offensichtlich unter teuflischer Bessesenheit!

Der Pfarrer steht auf.

PFARRER: *(empört)* A so ein Schmarrn!

MONSIGNORE: Mäßigen Sie Ihre Ausdrucksweise, Herr Kollege! *(Er geht zum Schreiber, nimmt ihm das Heft aus der Hand, blättert zurück, liest eine Stelle vor:)* Professor: Ist sie noch Jungfrau? Pfarrer: Ja, sowieso! Glauben Sie, der Herr Jesus tät sich ausgerechnet eine Sünderin zur Braut erwählen? *(Schaut den Pfarrer an, dieser blickt verzweifelt vor sich hin.)* Sie haben den Beweis ja schon vorweggenommen, lieber Pfarrer! Da sie keine Jungfrau mehr ist, da sie sogar schwanger ist, kann sie nicht die Braut Christi sein! Sie haben vollkommen recht, Kollege!

Der Monsignore gibt das Heft dem Schreiber zurück. Alle sind von der Nachricht verblüfft, daß Moid schwanger ist. Ruepp fühlt sich nicht wohl in seiner Haut.

BAUER: Sie ist schwanger?

MONSIGNORE: Jawohl! Und somit eine Buhlin des Teufels!

BÄUERIN: Und die Wundmale?

MONSIGNORE: Dämonisches Blendwerk!

BAST: *(ruhig)* Von wem bist du in der Hoffnung?

MOID: *(schüttelt verzweifelt den Kopf)* I bin nit in der Hoffnung! I bin Jungfrau!

BAST: *(rüttelt sie an den Schultern)* Wer is es gwesen? Wer is die Sau gwesen? Red! Red schon, oder meiner Seel, i derschlag di!

Bast hebt die Faust, Seppele will schon hin, der Moid zu helfen, der Monsignore greift ein.

MONSIGNORE: *(zu Bast)* Weg da, Knecht! Das ist Sache der Kirche! Ich komm ihr schon dahinter!

Bast wendet sich verächtlich von Moid ab. Der Monsignore verfällt ab jetzt immer wieder und immer mehr in seinen heimischen Dialekt.

MONSIGNORE: *(zu Moid)* Jetzt erzähl mir amal, wia des mit die schwarzen Mander g'wesen is!

MOID: *(leise)* Nia in Ruh lassen ham s' mi.

MONSIGNORE: Wie, was heißt das?

MOID: Den Glauben soll i verleugnen, ham s' gsagt. Und Gott soll i lästern. Und die Jungfrau Maria schlechtmachen.

MONSIGNORE: Und? Was noch?

MOID: I soll mit ihnen gehn, ham s' gsagt. Da tät i's dann ganz schön haben.

MONSIGNORE: Wie – schön?

MOID: Ganz schön täten sie's mir machen.

MONSIGNORE: Beischlafmäßig, oder wie? *(Moid versteht ihn nicht.)* Unzucht! Zur geschlechtlichen Unzucht wollten sie dich verführen! Oder? *(Moid nickt.)* Und dann?

MOID: I hab mi gwehrt. Und mit Hilfe Jesu und der Heiligen Jungfrau hab i sie besiegt, die schwarzen Mander. Und dann hat Jesus mich zur Braut erwählt, und von da an hab i mei Ruah ghabt.

MONSIGNORE: Lüge! Alles Lüge! Wer hat dir denn nacha dein Bauch aufblasen, ha? Der Herr Jesus? Oder was? Red! Gesteh!

MOID: I bin mir koaner Schuld bewußt. Aber einmal, einmal da hat mir tramt, der Teufel springt auf mi und tuat mir Gewalt an.

Ruepp ist beunruhigt.

MONSIGNORE: Aha! Aha! So is des! Jetzt kommen wir der Wahrheit schon näher!

MOID: I hab auch ein schlechtes Gwissen ghabt, deswegen. Aber dann, dann is mir die Jungfrau Maria erschienen, mit dem Jesuskind, und da hab i mir nix mehr drausgmacht. Weil i gwußt hab, des Jesuskind streichelt koane, die was mit dem Teufel hat.

MONSIGNORE: Alles Blendwerk! Alles Blendwerk! Aber i wer den Teufel in dir schon helfen! Setz dich auf den Stuhl da! Los, mach schon! *(Moid steht auf, setzt sich auf den Stuhl. Monsignore zu Ruepp:)* Händ und Füaß an den Stuhl binden!

RUEPP: Was?

MONSIGNORE: Ich führe jetzt den kirchlichen Exorzismus durch! Die Teufelsaustreibung! Und der Teufel wehrt sich bekanntermaßen!

Ruepp geht mit den Stricken zu Moid, beginnt ihre Hände und Füße an den Stuhl zu fesseln.

SEPPELE: Na, nit anbinden! Nit anbinden!

PFARRER: Aber, Exzellenz, is des wirklich notwendig?

MONSIGNORE: Sie mischen sich ab jetzt überhaupt nicht mehr ein, Kollege! Wie konnte Er sich nur so an der Nase herumführen lassen? Der Alkohol hat Ihm wohl etwas den klaren Blick vernebelt, was?

Der Pfarrer schaut schuldbewußt zu Boden, Seppele will zu Ruepp.

SEPPELE: Na, nit anbinden!

Bast packt Seppele am Genick, reißt ihn zurück, schaut ihn drohend an. Seppele bleibt gleich am Boden sitzen, schaut mitleidig auf Moid, die verzweifelt die Fesselung über sich ergehen läßt. Aus seiner Tasche holt der Monsignore nun eine violette Stola, küßt sie und legt sie sich um den Hals, dann holt er ein rotes Büchlein hervor, genannt Rituale Romanum (das römische Ritenverzeichnis des Exorzismus).

MONSIGNORE: *(zu Ruepp und Bast)* So, ihr zwei hockts euch neben sie! Wenn sie anfangt zu toben, dann haltets den Stuhl fest, damit sie nit umfallt! *(Ruepp und Bast knien sich beiderseits knapp neben Moid auf den Boden, halten den Stuhl fest. Der Monsignore stellt sich vor Moid auf, bekreuzigt sich und gibt Moid den Segen:)* In nomine Patris, et Filii, et Spiritus Sancti. Amen. *(Er schlägt das Büchlein auf, beginnt zu lesen:)* Praecipio tibi, quicumque es, spiritus immunde, et omnibus sociis tuis hanc Dei famulam obsidentibus: ut per mysteria incarnationis, passionis, resurrectionis et ascensionis Domini nostri Jesu Christi, per missionem Spiritus Sancti, et per adventum eiusdem Domini nostri ad iudicium, dicas mihi nomen tuum, diem et horam exitus tui, cum aliquo signo: et ut mihi Dei ministro licet indigno, prorsus in omnibus obedias: neque hanc creaturam Dei, vel circumstantes, aut eorum bona ullo modo offendas. (Ich befehle dir, wer auch immer du bist, unreiner Geist, und allen deinen Gefährten, die diese Dienerin Gottes beherrschen: daß du durch die Geheimnisse der Menschwerdung, der Kreuzigung, der Auferstehung und der Himmelfahrt unseres Herrn Jesus Christus, durch die Aussendung des Heiligen Geistes und durch die Wiederkunft eben dieses unseres Herrn zum Jüngsten Gericht, deinen Namen sagst, den Tag und die Stunde deines Ausgangs, mit irgendeinem Zeichen: Und du sollst mir, Gottes unwürdigem Diener, durchaus in allem gehorchen; und du sollst diesem Geschöpf oder den Anwesenden oder ihrem Besitz auf keine Weise schaden.)

Der Monsignore schaut Moid an, die keine Reaktion zeigt. Er klopft ihr heftig an die Stirn.

MONSIGNORE: Da drin bist du, Dämon! I woaß es! Hast Angst vor mir, was? Traust di nit, den Kampf mit mir aufznehmen, was? Is er dir zu mächtig, der Diener Gottes, was? Aber du muaßt di melden, du muaßt di melden, es nutzt dir nix! *(Er umschleicht Moid, redet auf sie ein.)* Komm schon, komm schon, zoag di! I woaß eh, von welcher Art du bist! Wollust! Unzucht! Geilheit! Wollust! Unzucht! Geilheit!

MOID: *(flüstert)* Herr Jesus, hilf!

MONSIGNORE: Wollust! Unzucht! Geilheit! Los, meld di! Komm schon! I kenn di! Du kommst mir nit aus! I derwisch di schon!

MOID: O, Jungfrau Maria, hilf!

MONSIGNORE: Hast ihr's Bluat hoaß gmacht, was? Hast ihr die Punzen kitzelt, was? Hast sie niedergrammelt, daß ihr Hören und Sehen vergangen is, was?

MOID: *(schreit verzweifelt)* Jesus, hilf! Hilf! Bittschön, hilf!

MONSIGNORE: Zoag di, Satan, zoag di! Du bist a drin, i woaß es! *(Moid verfällt in einen abwesenden Zustand, bekommt starre Augen.)* Ha! I siech di ja! I siech di in ihren Augen! Komm außa! Komm! Komm!

MOID: *(schreit)* Jesus!

SCHNALLJUZA AUS MOID: Gib a Ruah, du schwarze Sau!

MOID: *(schreit)* Jesus! Jesus!

SCHNALLJUZA AUS MOID: Die Sau soll a Ruah geben, die elendige Sau, de!

Bauer, Bäuerin, Bast, Ruepp und Seppele schauen verblüfft.

MONSIGNORE: *(triumphierend)* Ha! Jetzt is er da! Jetzt hab i ihn! *(Er stürzt zu seiner Tasche, holt ein Kruzifix hervor, geht zu Moid zurück, hält es ihr vor die Augen.)* Da, Satan! Friß! Friß!

Moid ist nun vollkommen im Zustand der Besessenheit, sie biegt entsetzt den Kopf zurück, um dem Kreuz zu entgehen, knurrt wie ein Hund, spuckt das Kreuz an, windet sich. Der Monsignore drückt ihr das Kruzifix an die Stirn, Moid wirft sich mit dem ganzen Körper zurück, Bast und Ruepp können sie nur mehr schwer halten. Alle drei Dämonen aus Moid stoßen ein entsetzliches Brüllen aus. Der Monsignore lacht triumphierend auf, fährt mit dem Kruzifix zurück, hält es aber weiter vor die Augen Moids.

SAGGERA TAGGERA AUS MOID: Den Juden weg! Den Juden weg! Des halt i nit aus! Den Juden weg! Oh, des halt i nit aus!

MONSIGNORE: Ha! Da is ja no oaner! Zwoa sans! Zwoa sans!

Grinsend, ganz langsam und genießerisch, fährt der Monsignore mit dem Kruzifix wieder auf die Stirn von Moid zu.

SAGGERA TAGGERA AUS MOID: Weg! Weg! Na! Na! Mei, tuat des weh! Oh, tuat des weh! Weh! Weh! Weh!

Saggera Taggera bricht in entsetzliches Schmerzensgeheul aus, der Monsignore tritt mit dem Kreuz zurück, das Geheul verstummt. Der Schreiber schreibt in Windeseile getreulich jeden gesprochenen Satz auf, er nimmt die Vorkommnisse eher gelassen hin.

MONSIGNORE: So! Und jetzt frag i euch noch amal! Wie heißet ihr und von welcher Art seid ihr? *(Moid schweigt.)* Im Namen Gottes! Wie heißt ihr?

Moid schweigt, der Monsignore fährt mit dem Kreuz wieder hin.

SAGGERA TAGGERA AUS MOID: Na! Nit! Weg! Weg mit dem Narreten am Holz! Bittschön, weg!

MONSIGNORE: *(nimmt das Kruzifix zurück)* Wie heißest du und wer bist du?

SAGGERA TAGGERA AUS MOID: Saggera Taggera hoaß i! Und z'tuan hab i mit der Gotteslästerung! Alles Heilige is mir zuwider! Alles Heilige sei verfluacht! Verfluacht! Verfluacht!

Der Monsignore grinst, legt Kreuz und Büchlein auf das Bett, holt aus seiner Tasche eine kleine Flasche mit Weihwasser, öffnet die Flasche.

MONSIGNORE: Schau, Saggera Taggera, da hab i ganz was Feins für di!

Der Monsignore schüttet in die linke hohle Hand Wasser, schmiert es Moid auf die Stirn, sie windet sich in Schmerzen.

SAGGERA TAGGERA AUS MOID: *(schreit furchtbar)* Ah, ah, des brennt! Oh, wia des brennt! Oh, wia des brennt! Du Saupfaff! Du verfluachter Stinker! Geh weg mit der Jauchen! Geh weg! Oh, wia des brennt! Scheiß-Weihwasser! Oh, wia des brennt!

SCHNALLJUZA AUS MOID: Halt die Goschen, Saggera Taggera! Siegst nit, daß er uns fangt, mit der Rederei?!

SAGGERA TAGGERA AUS MOID: Du hast di ja zerst gmeldet, du Depp! Hättest besser du die Goschen ghalten!

SCHNALLJUZA AUS MOID: Er hat ja koa Ruah geben, der schwarze Hund, der elendige!

MONSIGNORE: Der schwarze Hund werd dir's schon zoagen! Im Namen Gottes befehle ich dir, mir zu sagen: Wie heißest du und wer bist du? *(Schweigen.)* Im Namen Gottes, antworte!

SCHNALLJUZA AUS MOID: Leck mi, du alter Wichser!

Der Monsignore tritt zu Moid, legt ihr die Stola um den Hals, hält sie vorne unter dem Kinn mit der Hand zusammen. Moid windet sich, als würde sie ersticken.

SCHNALLJUZA AUS MOID: *(ächzt gewürgt)* Ah, nit! Du erwürgst mi! Du erwürgst mi!

SAGGERA TAGGERA AUS MOID: *(gewürgt)* Sag ihm, sag's ihm, i halt des nit aus, oh, i halt des nit aus!

SCHNALLJUZA AUS MOID: I sag's, i sag's!

Der Monsignore nimmt die Stola weg, legt sie sich wieder um den Hals.

MONSIGNORE: Also, red schon!

SCHNALLJUZA AUS MOID: Schnalljuza hoaß i! Und z'tuan hab i mit der Geilheit! Alles Keusche is mir zuwider! Alles Keusche sei verfluacht! Verfluacht! Verfluchat!

MONSIGNORE: *(überlegend)* Saggera Taggera und Schnalljuza ... Gotteslästerung und Geilheit ... Habts ihr vielleicht no oan dabei? *(Keine Antwort.)* Bei Gott befehle ich euch, zu antworten: Seid ihr nur zu zweit, oder noch mehr?

Keine Antwort. Der Monsignore macht Anstalten, die Stola wieder herunterzunehmen.

SAGGERA TAGGERA AUS MOID: *(schnell)* Meld di, meld di! I bitt di, meld di! Der Saupfaff laßt uns ja decht koa Ruah, bis er nit alles woaß!

HATZES AUS MOID: *(ruhig)* Der Saupfaff kann uns überhaupt nix anhaben! Der hat je selber a Seel wia a Kohlensack!

MONSIGNORE: *(verblüfft)* Wie? Was? Was hör i da? Wer bist denn du jetzt?

HATZES AUS MOID: *(ruhig)* Hatzes hoaß i. Und z'tuan hab i mit dem Aufruhr. Aller Gehorsam is mir zuwider. Aller Gehorsam sei verfluacht! Verfluacht! Verfluacht!

MONSIGNORE: So? So is des? Und nix anhaben kann i euch, sagst? Und a Seel wia a Kohlensack hab i, sagst?

HATZES AUS MOID: So is es!

MONSIGNORE: Na, euch wer i abhelfen!

Der Monsignore holt das Büchlein, macht schnell das Kreuzzeichen über sich, schlägt das Büchlein auf, hält es mit der linken Hand, tritt zu Moid, hält ihr die rechte Hand aufs Haupt. Da sie sofort mit dem Kopf zurückweicht, umfaßt er ihn wie mit einer Kralle und drückt brutal zu. Während nun der Monsignore liest, sprechen die Dämonen zu ihm und miteinander. Der Monsignore versucht sie immer wieder mit seiner Stimme zu übertönen, aber es gelingt ihm nicht.

MONSIGNORE: *(liest laut und beschwörend, bei bestimmten Worten * macht er ein Kreuzzeichen über der Besessenen)* Adjuro ergo te, omnis immundissime spiritus, omne phantasma, omnis incursio satanae, in nomine Jesu Christi* Nazareni, qui post lavacrum Joannis in desertum ductus est, et te in tuis sedibus vicit: ut, quem ille de limo terrae ad honorem gloriae suae formavit, tu desinas impugnare: et in homine miserabili non humanam fragilitatem, sed imaginem omnipotentis Dei contremiscas. Cede ergo Deo*, qui te, et malitiam tuam in pharaone, et in exercitu

eius per Moysen servam suum in abyssum demersit. Cede ergo Deo*, qui te per fidelissimum servum suum David de rege Saule spiritualibus canticis pulsum fugavit. Cede Deo*, qui te in Juda Iscariote proditore damnavit. Ille enim te divinis* verberibus tangit, in cuius conspectu cum tuis legionibus tremens et clamans dixisti: Quid nobis et tibi, Jesu, Fili Dei altissimi? Venisti huc ante tempus torquere nos? Ille te perpetuis flammis urget, qui in fine temporum dicturus est impiis: Discedite a me, maledicti, in ignem aeternum, qui paratus est diabolo et angelis eius. Tibi enim, impie, et angelis tuis vermes erunt, qui numquam morientur. Tibi, et angelis tuis inexstinguibile praeparatur incendium: quia tu es princeps maledicti homicidii, tu auctor incestus, tu sacrilegorum caput, tu actionum pressimarum magister, tu haereticorum doctor, tu totius obscoenitatis inventor. Exi ergo*, impie, exi*, scelerate, exi cum omni fallacia tua: quia hominem templum suum esse voluit Deus. Sed quid diutius moraris hic? Da honorem Deo Patri* omnipotenti, cui omne genu flectitur. Da locum Domino Jesu* Christo, qui pro homine sanguinem suum scratissimum fudit. Da locum Spiritui* Sancto, qui per beatum Apostolum suum Petrum te manifeste stravit in Simone mago; qui fallaciam tuam in Anania et Saphira condemnavit; qui te in Herode rege honorem Deo non dante percussit; qui te in mago Elyma per Apostolum suum Paulum caecitatis caligine perdicit, et per eumdem de Pythonissa verbo imperans exire praecepit. Discede ergo nunc*, discede*, seductor. Tibi eremus sedes est.
(Ich beschwöre dich also, jeden der unreinsten Geister, alle Gaukelwesen, jeden teuflischen Ansturm, im Namen Jesu Christi, des Nazareners, der nach der Taufe des Johannes in die Wüste geführt worden ist und der dich auf deinem Boden besiegt hat: daß du nicht länger denjenigen, den Er aus dem Lehm der Erde zu seiner Ehre geschaffen hat, angreifst und in dem elenden Menschen nicht die menschliche Schwäche, sondern das Ebenbild Gottes fürchtest. Weiche also vor Gott, der dich und deine Bosheit in Pharao und seiner Heerschar durch seinen Diener Moses im Meer versenkt hat. Weiche vor Gott, der dich durch David, seinen getreuen Knecht, mit den geistlichen Gesängen des Königs Saul in die Flucht geschlagen hat. Weiche vor Gott, der dich in Judas Ischariot, dem Verräter, verdammt hat. Jener nämlich trifft dich mit göttlichen Schlägen, bei dessen Anblick du mit deinen Heerscharen zitternd und laut gerufen hast: Was ist nun uns und dir gemeinsam, Jesus, Sohn des höchsten Gottes? Bist du hierhergekommen, um uns vor der Zeit zu quälen? Jener wird dich in die ewigen Flammen stoßen, der am Ende der Zeiten zu den Gottlosen sagen wird: Weichet von mir, ihr Verfluchten, in das ewige Feuer, das dem Teufel und seinen Engeln bereitet ist. Du, Gottloser, und deine Engel, ihr werdet von Würmern befallen, die niemals sterben. Dir und deinen Engeln wird ein unauslöschliches Feuer bereitet, da du der Anstifter des schimpflichen Mordes bist, der Urheber der Blutschande, der Anführer der Tempelräuber, der Meister der schlimmsten Frevel, der Lehrmeister aller Gotteslästerung, der Lehrer der Irrlehrer, der Erfinder

aller Unzucht. Weiche also, Gottloser! Weiche, Verruchter! Weiche mit allen deinen Täuschungen, da Gott den Menschen als seinen Tempel gewollt hat. Warum aber verweilst du noch länger hier? Erweise Gott Ehre, dem allmächtigen Vater, vor dem sich jedes Knie beugt. Mache Platz dem Herrn Jesus Christus, der für den Menschen sein geheiligtes Blut vergossen hat. Mache Platz dem Heiligen Geist, der durch seinen gesegneten Apostel Petrus, der dich in dem Zauberer Simon endgültig niedergeworfen hat; der deine Täuschungen in Ananias und Saphiras verurteilt hat; der dich im König Herodes, der Gott keine Ehre erwiesen hat, geschlagen hat; der dich durch seinen Apostel Paulus im Zauberer Elymas mit der ewigen Nacht der Blindheit unglücklich gemacht hat und auf ein Wort dessen dir befohlen wurde, von Pythonissa auszufahren. Weiche also jetzt, weiche, Verführer. Bei uns sollst du keine Wohnung haben.)

Gleichzeitig mit dem Verlesen des lateinischen Textes sprechen die Dämonen aus Moid.

HATZES AUS MOID: Geh, hör doch auf, des nutzt dir ja doch nix! Wer Macht über uns will, muaß nach den Geboten des gewissen Sowieso leben, wer Macht über uns will, muaß vor allem oans sein: demütig! Aber bist du demütig, Pfaff? Bist du des, ha? Hast nit denjenigen, der Bischof werden sollt, schlecht gmacht in Rom, hast nit glogen und dir's Maul zerrissen, und bist nit den Rotkuttlern in den Arsch krochen? Und möchtest nit demjenigen, der jetzt an deiner Stell Bischof is, liaber die Hand abbeißen, statt ihm den Ring zu bussen?

SAGGERA TAGGERA AUS MOID: *(lacht)* Was wir alles wissen, gell, da schaust! Ja, ja, der narrete Jud hats nit leicht mit seine Nachfolger!

SCHNALLJUZA AUS MOID: Und bist halt soviel a Guatleber, gell! Viel fressen und saufen, in der Fruah lang schlafen, im tiafen, woachen Bett ... Und die Fleischeslust, die Fleischeslust macht dir schon a zu schaffen, gell? Kannst di no erinnern, vor zwoa Monat? Wia du in dem Haus gwesen bist ... In dem Busenhaus, Arschhaus, Futhaus! Und hast so richtig gfackelet, so richtig gsauitzt, hast ausgschleimt dein geiles Gschlamp, du Hurenbock, du ...

Der Monsignore hat während der letzten Sätze von Schnalljuza aufgehört zu lesen, hat wütend die Weihwasserflasche genommen und geöffnet und schüttet nun Moid alles über den Kopf. Alle drei Dämonen aus Moid stoßen ein langes, entsetzliches Brüllen aus. Moid windet sich vor Schmerzen, wirft sich zurück, Bast und Ruepp können den Stuhl nicht mehr halten, er fällt mit Moid um. Sie heben ihn mühsam samt Moid wieder auf, halten ihn schockiert fest. Der Monsignore beobachtet mit grimmiger Genugtuung die Schmerzen von Moid, nimmt dann wieder das Büchlein und fährt im Verlesen des Beschwörungstextes fort.

SAGGERA TAGGERA AUS MOID: *(stöhnend)* So eine Drecksau, eine elendige! Verfluachter Scheißpfaff! Ah, is mir z'hoaß! Lang halt i des nimmer aus!

SCHNALLJUZA AUS MOID: Der Hurenbock is der größte Sünder, und decht hat er Gwalt über uns!

SAGGERA TAGGERA AUS MOID: Des is die Macht von dem narreten Juden!

SCHNALLJUZA AUS MOID: Ah, verfluacht, werd des eng da! Hatzes, was soll ma tuan?

HATZES AUS MOID: *(ruhig)* Ausfahren!

SAGGERA TAGGERA AUS MOID: Ah, jetzt auf amal! Hast nit grad zerst gsagt, es nutzt ihm nix, dem Schwarzkuttler?!

HATZES AUS MOID: Ja, hab i gsagt. Und so is es auch! Horchts zua! I sag euch, was ma jetzt tuan!

Wenige Momente nach dem letzten Satz von Hatzes bricht der Monsignore plötzlich seine Lesung ab, schleudert das Buch weg und reißt sich knurrend die Stola herunter. Sein Gesicht hat den Ausdruck der Besessenheit angenommen, im selben Moment ist Moid wieder zu sich gekommen und verfolgt entsetzt die folgenden Ereignisse.

HATZES AUS MONSIGNORE: Na, wie gfallts euch da?

SCHNALLJUZA AUS MONSIGNORE: Ah, fein is es, in dem dicken, warmen Bauch! So richtig hoamelig!

SAGGERA TAGGERA AUS MONSIGNORE: Hehe, viel feiner wia in der Lappin da! *(Zeigt auf Moid.)* Die is eh nix für uns! Plärrt ja dauernd zu dem gewissen Weibsbild mit dem Hundsviech auf'm Schoß!

SCHNALLJUZA AUS MONSIGNORE: Mach ma a Tanzl, Pfaff?

Der Monsignore beginnt wie irrwitzig mit obszönen Bewegungen um Moid herumzutanzen.

SCHNALLJUZA AUS MONSIGNORE: *(singt)* Und es dengelt der Bauer und es dengelt der Schmied und es dengelt die Stalldirn, lei mei Madel dengelt nit.

Der Monsignore hält an, blickt wild und mit hervorquellenden Augen um sich.

HATZES AUS MONSIGNORE: Den Bischof vergift i, den bring i um! I hätt des Amt kriagn müassen, und nit der schleimige Hund.

Der Monsignore tanzt weiter.

SCHNALLJUZA AUS MONSIGNORE: *(singt)* A richtige Sensen brauchts alle Tag Wix, muaßt sie dengeln und wetzen, sinst is sie für nix.

Der Monsignore hält an, betrachtet sein Kleid.

SAGGERA TAGGERA AUS MONSIGNORE: Wia i de Kutten haß! I haß si! I haß sie!

Der Monsignore zerreißt sein Oberkleid, zieht es aus, reckt dann die Arme gegen den Himmel.

HATZES AUS MONSIGNORE: Nieder mit dem Allmächtigen! Nieder mit dem Allmächtigen! Nieder mit dem Allmächtigen!

Der Monsignore sinkt zusammen, schaut zähneflätschend und angstvoll um sich, setzt sich schwankend, stiert vor sich hin, gibt Knurrlaute von sich. Seppele lacht hell auf, läuft vor den Monsignore und macht mit den Zeigefingern beider Hände das alte Zeichen der Schadenfreude gegen ihn.

SEPPELE: Egs! Egs! Egs! Hats jetzt di, ha? Hats jetzt di!

Der Monsignore knurrt Seppele zähnefletschend an, Verzweiflung ist in seinen Augen. Seppele geht zu Moid und löst ihr die Fesseln, niemand hindert ihn daran. Der Pfarrer geht zum Monsignore, rüttelt ihn an der Schulter.

PFARRER: Exzellenz! Exzellenz! Oh, Heilige Jungfrau, hilf! Monsignore!

Der Monsignore blickt zum Pfarrer hoch, die Besessenheit weicht für einen Moment von ihm er schaut verzweifelt den Pfarrer an.

MONSIGNORE: *(gequält)* Ubique daemon! Ubique daemon! (Überall herrscht der Dämon.)

Der Monsignore schaut zu den anderen, sein Blick bleibt an Bast hängen, wieder tritt der Ausdruck der Besessenheit in sein Gesicht.

SAGGERA TAGGERA AUS MONSIGNORE: Bast!

BAST: *(erschrocken)* Ja?

SAGGERA TAGGERA AUS MONSIGNORE: Du bist mir ja ganz liab, di mag i ganz besonders gern!

BAST: Wieso?

SAGGERA TAGGERA AUS MONSIGNORE: Geh, Bast! Kannst dirs wohl denken, oder?

BAST: I woaß von nix.

SAGGERA TAGGERA AUS MONSIGNORE: So, du woaßt von nix? Erzähl doch amal von deiner Hand! Von der Hand, die nia zittert! *(Bast wird unruhig. Saggera Taggera ahmt die Stimme von Bast nach.)* Jeder Schuß geht ins Leben. Und will mir oaner an den Leib, es nutzt ihm nix. Tausend Kugeln spritzen weg von mir, wia von an Stoan. Unverwundbar bin i. *(Saggera Taggera kichert.)*

Bast ist zutiefst erschrocken. Der Bauer schaut zwischen Bast und Monsignore hin und her.

BAUER: Was?

SAGGERA TAGGERA AUS MONSIGNORE: Ein Hostienschänder is er, der Großknecht. Aber, red ma nit weiter drüber! Mir solls recht sein! *(Kichert.)*

BAUER: Des möcht i aber jetzt genau wissen!

HATZES AUS MONSIGNORE: Du halts Maul, Bauer! Hast selber gnuag am Kerbholz!

Der Monsignore springt auf.
SCHNALLJUZA AUS MONSIGNORE: I woaß a no was! I woaß a no was!
BAST: Was denn?
SCHNALLJUZA AUS MONSIGNORE: I woaß, wer die Moid packt hat!
Alle stehen auf, außer Moid und Ruepp. Letzterer erstarrt vor Schreck.
BAST: Wer? Wer hat sie packt?
SAGGERA TAGGERA AUS MONSIGNORE: *(spöttisch)* Mater semper certa, pater semper incertus! (Die Mutter ist nie ungewiß, der Vater immer.)
Der Monsignore zeigt auf Ruepp.
SCHNALLJUZA AUS MONSIGNORE: Der da hat sie packt! Der Ruepp!
Verblüffung allerseits.
SAGGERA TAGGERA AUS MONSIGNORE: *(spöttisch zu Ruepp)* Jungfernschänder! Jungfernschänder!
Ruepp steht auf.
BAUER: *(ungläubig)* Mei Bua? Mei Bua soll des gwesen sein?
SCHNALLJUZA AUS MONSIGNORE: Da schaust, gell?! A Teufelslarven hat er sich aufgsetzt, der ausgfuchste Hund, und hat sie besprungen, mitten in der Nacht! Und die blöde Kuah da *(zeigt auf Moid)* hat dann gmeint, es sei alles nur a Traum gwesen!
Moid ist fassungslos.
HATZES AUS MONSIGNORE: *(ruhig)* Des tät i mir nit gfallen lassen, Bast!
SCHNALLJUZA AUS MONSIGNORE: Und taugt hats dir, gell, Moidele?! *(Parodiert wollüstige Stöhnlaute:)* Oh! Oh! Oh! Ah! Ah! Ah! Mei, war des fein, was?
MOID: Stimmt ja gar nit! Des is a Lug! Bei der Jungfrau Maria!
SAGGERA TAGGERA AUS MONSIGNORE: *(knurrend)* Ah, hör auf mit dem Luaderviech! I kann den Namen nit hören!
HATZES AUS MONSIGNORE: *(ruhig)* Des tät i mir nit gfallen lassen, Bast!
Bast geht langsam auf Ruepp zu, umfaßt mit beiden Händen dessen Hals, drückt zu, Ruepp sinkt röchelnd in die Knie, Bast würgt weiter, der Bauer und die Bäuerin laufen hinzu, versuchen Bast wegzuzerren, aber der ist wie ein Steinblock. Auch der Pfarrer will nun helfen, versucht die Finger von Bast zu lösen. Der Schreiber schaut etwas erschrocken zu, bleibt aber sitzen. Seppele verfolgt den Mord interessiert und nicht ohne eine leichte Befriedigung.
BÄUERIN: Auslassen! Bittschön, auslassen! I bitt di, Bast, laß aus!
Moid ist auch hinzugetreten.
MOID: Bast! Bast!

PFARRER: Um Gottes Willen, Bast, hör auf!

Der Monsignore hat zähnefletschend und grinsend den Vorgang verfolgt. Ruepp ist tot, Bast läßt los, Ruepp fällt zu Boden. Die Bäuerin kniet zu Ruepp, rüttelt ihn.

BÄUERIN: Ruepp! Bua! Bua! Bua!

SAGGERA TAGGERA AUS MONSIGNORE: *(kichert)* Hehe! Hin is er! Hin is er! Ghört scho uns! Ghört scho uns!

Bast schaut Moid nun mit tiefer Verachtung und Bitterkeit an, geht nach hinten ab. Die Bäuerin bettet weinend den Kopf von Ruepp auf ihren Schoß, der Bauer steht fassungslos über ihnen, schaut auf seinen Sohn. Der Pfarrer kniet vor Ruepp nieder, murmelt Gebetsworte, gibt ihm den Segen, steht wieder auf.

BAUER: *(tonlos)* Mein Fleisch und Bluat. Der oanzige.

Von hinten ertönt ein Gewehrschuß, alle drehen die Köpfe.

SAGGERA TAGGERA AUS MONSIGNORE: *(kichert)* Hehe! Scho wieda oaner hin! Ghört scho uns! Hehe! Ghört scho uns!

Seppele läuft nach hinten, der Bauer setzt sich, vergräbt das Gesicht in den Händen. Seppele kommt zurück.

SEPPELE: Tot is er.

Moid verkriecht sich ins Bett, schlägt die Hände vors Gesicht.

PFARRER: Oh, mein Gott! Mein Gott! Warum läßt du des alles zua? Warum?

MONSIGNORE: *(leise)* Hilf mir, Pfarrer, i bitt di, hilf mir!

PFARRER: Ja, wia denn, Exzellenz? Wia denn?

Der Monsignore fühlt sich wieder bedrängt, steht auf, wehrt den Teufel mit den Händen ab.

MONSIGNORE: Apage Satana! Apage Satana! (Weiche Satan!)

Der Monsignore zieht langsam sein Oberkleid wieder an, murmelt dabei den Psalm 30. Der Schreiber nimmt eine Prise Schnupftabak, schaut ihm zu.

MONSIGNORE: *(betet)* Ad te, Domine, confugio: ne confundar in aeternum; in justitia tua libera me! Inclina ad me aurem tuam, festina, ut eripias me. Esto mihi petra refugii, arx munita, ut salves me. Nam tu es petra mea et arx mea, et propter nomen tuum deduces me et diriges me. Educes me e rete quod absonderunt mihi ... (Meine Zuflucht nehme ich, Herr, zu Dir: Laß mich nicht ewig zuschanden werden; in Deiner Gerechtigkeit mache mich frei. Neige Dein Ohr zu mir, eile, errette mich. Sei mir ein Fels der Zuflucht, sei eine feste Burg, die mir Rettung gewährt. Wahrlich, Du bist mein Fels, Du bist meine Burg, um Deines Namens willen führst Du und leitest mich. Du hilfst mir heraus aus dem Netz, das sie mir gelegt ...)

Der Monsignore ist fertig angezogen.

MONSIGNORE: *(hilflos zum Pfarrer)* I bitt di, Pfarrer, hilf mir! I spürs, sie kommen glei wieder!

PFARRER: Ah, laß mi in Ruah, hilf dir selber! Wer hat denn angfangen mit dem Teufelszeug? Ha? Wer hat denn angfangen? Wer hat denn des ganze Unglück heraufbeschworen? Du, du warst des! Du hast den Teufel an die Wand gmalt und dann is er a kommen!

MONSIGNORE: Was? Was hör i da? I hätt des Unglück heraufbeschworen? I? Also, diese Anschuldigung muß i schon auf das Heftigste zurückweisen, ja?! Des Unglück kommt nit von mir, sondern von dieser verfluchten Person da! *(Deutet auf Moid.)*

PFARRER: Diese verfluchte Person, wie Sie sagen, Exzellenz, ist eine Lilie zwischen Unkraut! Diese verfluchte Person, wie Sie sagen, Exzellenz, ist ein unschuldiges Gotteskind! Und wenn sie zehnmal schwanger wär, für mich ist sie eine Heilige!

MONSIGNORE: *(verächtlich)* Geh! Heilige! Die und heilig! Die schon gar nicht! Und überhaupt: Omnia mala ex mulieribus! Alles Schlechte kommt von den Weibern! *(Zum Schreiber:)* Pack Er zusammen, wir gehn!

Der Schreiber macht sich ans Zusammenpacken, dem Monsignore fällt was ein, er geht zum Schreiber, nimmt ihm das Heft aus der Hand, blättert zurück, liest, schaut den Schreiber verärgert an, reißt dann alle Seiten heraus, die ihn selbst betreffen, steckt sie ein, wirft dem Schreiber das Heft hin. Während der Schreiber alle seine Utensilien einpackt, sucht der Monsignore seine Stola und das Exorzismus-Büchlein, gibt beides in seine Tasche, schließt diese, übergibt sie dem Schreiber und geht grußlos davon. Der Schreiber folgt – ebenfalls grußlos – mit seiner eigenen Tasche und der des Monsignore. Draußen ist es fast ganz dunkel, der Schreiber kehrt noch einmal zurück, holt wortlos die Laterne, geht mit ihr dem Monsignore nach. Weder Schreiber noch Monsignore bekreuzigen sich, als sie eilig das Wegkreuz passieren.

15. STATION

Außen/Tag.
Der Bauer sitzt auf der Bank links, brütet vor sich hin. Moid kommt reisefertig von hinten. Sie trägt ein Bündel mit ihren Habseligkeiten und an den Händen Halbhandschuhe. Die Bäuerin kommt hinter ihr hergelaufen. Sie trägt schwarze Trauerkleidung.

BÄUERIN: Bleib, Moid, bittschön, bleib!

BAUER: Sie geht!

BÄUERIN: Mann, besinn di!

BAUER: Mein Sohn hat wegen ihr sterben müassen! *(Steht auf.)* Sie geht oder i schlag sie ab, wia an Has!

Seppele kommt von hinten. Auch er ist reisefertig angezogen, trägt ein winziges Bündel und einen Haselnußstecken.

BAUER: Und wohin willst du?

SEPPELE: Wenn's Moidele geht, geh i a!

BAUER: Du bleibst!

SEPPELE: I geh!

BAUER: Dableibst, sag i!

SEPPELE: Wenn's Moidele geht, geh i a!

Der Bauer reißt ihm das Bündel aus der Hand, schleudert es nach hinten.

BAUER: Entweder du bleibst, oder i hol den Gendarm! Unter'm Jahr den Dienst aufkündigen, des gibts nit!

BÄUERIN: Jetzt hab i aber bald gnuag, Mann! Die Moid tragt des Kind vom Ruepp unterm Herzen! Unser Enkelkind! Mann! Verstehst du des nit?

BAUER: Des Kind is vom Teufel!

BÄUERIN: Aber, was denn! Vom Teufel! Vom Ruepp is es! Von deinem Fleisch und Bluat is es!

Der Bauer wird unschlüssig.

MOID: Laß guat sein, Bäuerin. Es is wohl besser, wenn i geh. Hätts viel früher tuan solln. Schon wia mi der Bauer zum ersten mal ausjagen wollt. Dann wär des alles nit passiert.

BAUER: So is es! *(Zur Bäuerin:)* Aber du hast mi ja überredet, mit dein saudummen Traum!

BÄUERIN: Guat! Guat! So seis! Jag dein Enkelkind aus dem Haus! Jags davon, ins Elend! *(Sie geht nach hinten, dreht sich um.)* Aber merk dir, Bauer: Von heut an is a Mauer zwischen uns, und koa Tür führt mehr zu mir!

Die Bäuerin geht nach hinten weiter.

BAUER: Wart! Wart, verfluacht noch amal!

Die Bäuerin bleibt stehen, wendet sich um. Der Bauer kämpft mit sich, ringt sich schließlich die Entscheidung ab.

BAUER: *(zu Moid)* Guat! Kannst bleiben! Aber des Kind darf nia erfahren, daß du die Muatter bist! Des Kind ghört mir, verstehst? Des zügel i auf! I will an Erben für mein Hof!

MOID: Na, Bauer, so geht des nit.

Moid wendet sich zum Gehen. Die Bäuerin läuft ihr nach.

BÄUERIN: *(leise zu Moid)* Moid! Des is doch nur so a Gred! Darauf brauchst nix geben! Du wirst immer die Muatter sein! Immer! Des überlaß nur mir. Mit dem sturen Bock *(Seitenblick auf den Bauer)* wer i scho fertig!

Moid überlegt, die Bäuerin schaut sie liebevoll an.

BÄUERIN: Moid!

MOID: Guat.

Die Bäuerin umarmt Moid, führt sie zurück.

SEPPELE: *(zu Moid)* Bleibst jetzt doch?

MOID: Ja, i bleib.

SEPPELE: Ja, nacha bleib i a.

16. STATION

Innen/Tag.
Moid sitzt in der Nähe ihres Bettes auf einem Stuhl, hat vor sich ein Spinnrad und spinnt Wolle. Sie ist hochschwanger. Sie trägt Halbhandschuhe. Nach einer Weile spürt sie das Kind im Bauch sich bewegen, schaut auf ihren Bauch, hört auf zu spinnen, zieht die Handschuhe aus, legt beide Hände auf ihren Bauch, spürt das Kind und lächelt glücklich. Nach einer Weile fährt sie langsam mit beiden Händen gegen die Brüste hoch, befühlt sie leicht. Sodann schaut sie mit den Händen auf den Brüsten unverwandt geradeaus, öffnet dann die Bluse, legt ihre linke Brust frei, befühlt ihre Seitenwunde, zuckt leicht zurück, hält dann ihre linke Hand unter die Brust gewölbt, betrachtet die Brust, streicht mit der rechten Hand darüber, drückt dann mit ihr ein paar Tropfen Milch aus der Brust, bestreicht damit die Seitenwunde, drückt wieder ein paar Tropfen aus der Brust, bestreicht das Wundmal an der Innenfläche der linken Hand, drückt dann mit der linken Hand ein paar Tropfen aus der Brust, bestreicht damit das Wundmal an der Innenfläche der rechten Hand. Sodann schlüpft sie aus den Holzpantoffeln, zieht die Wollsocken aus, drückt wieder Milch aus der linken Brust und bestreicht damit die Wundmale an den Füßen. Sie macht die Bluse wieder zu, zieht Socken, Pantoffeln und Halbhandschuhe wieder an, spinnt weiter. Der Pfarrer kommt des Weges, tritt zu ihr. Er macht einen niedergeschlagenen Eindruck.

PFARRER: Gelobt sei Jesus Christ, Moidele!

Moid hört auf zu spinnen.

MOID: *(froh)* In Ewigkeit, Amen, Herr Pfarrer!

PFARRER: *(mit Blick auf den Bauch)* Jetzt is es bald soweit, was?

Moid nickt lächelnd, der Pfarrer setzt sich auf einen Hocker, zieht die Schnapsflasche hervor, nimmt einen Schluck, behält die Flasche in der Hand, schaut bedrückt vor sich hin.

MOID: Is Enk was, Herr Pfarrer?

PFARRER: Zwoa Briaf hab i kriagt. Oaner betrifft di, und der zwoate betrifft mi.

Er zieht zwei Briefe hervor.

MOID: Von wem?

PFARRER: Vom bischöflichen Ordinariat.

Der Pfarrer gibt ihr einen Brief, sie schaut ihn an, sie kann nicht lesen.

MOID: Und was steht drin?

PFARRER: In meinem steht, daß i versetzt werd, und in deinem steht, daß du – exkommuniziert bist.

Sie schauen sich an, der Pfarrer nimmt einen Schluck Schnaps, blickt zu Boden, eine Weile schweigen sie. Das Wort »exkommuniziert« ist Moid nicht klar.

MOID: *(leise)* An der Versetzung bin i schuld, gell?

PFARRER: Moidele, des is doch überhaupt nit wichtig! Ob i in dem Ort Pfarrer bin oder in an andern, des is doch alles oans! Aber du bist exkommuniziert! Des is des Furchtbare! Verstehst denn nit, was des bedeutet?

MOID: Na ...

PFARRER: Exkommunikation bedeutet den Ausschluß aus der kirchlichen Gemeinschaft! Du darfst kein Gotteshaus mehr betreten, du darfst keine Sakramente mehr empfangen, keine Heilige Kommunion, nix! Und wenn du gestorben bist, wirst nit in der geweihten Erde begraben, sondern am Schindanger!

Moid begreift nun das Entsetzliche, beginnt zu weinen, schlägt die Hände vors Gesicht. Der Pfarrer schaut sie bedrückt an, trinkt wieder aus seiner Flasche, steckt sie ein, steht auf, geht zu Moid.

PFARRER: Horch zua, Moidele! Der Herrgott, du und i, mir drei wissen, daß du frei bist von jeder Schuld! Und was die Dämonen anbelangt, so beweist des gar nix! Jeder von uns, jeder Mensch hat Dämonen in sich! Man braucht sie nur zu wecken! Und manchmal, denk i ma, is so a Dämon gar nix Teuflisches, gar nix Schlechtes, sondern nur unsere Sehnsucht nach Freiheit! Der Monsignore Pfötscher sollt des am besten wissen. Aber er wills nit wissen, er wills nit wahrhaben! Und deswegen bist du exkommuniziert, Moidele. Aber des kann unser Herrgott nit wollen, na, des kann er nit wollen! Für mi bist du nach wie vor Mitglied der katholischen Kirche! *(Er greift in seine Tasche, holt eine Tabatiere hervor, öffnet sie, hält sie Moid entgegen.)* Schau, da drin sind zwanzig konsekrierte Hostien. Nimmst jeden Sonntag oane. Wenn sie fertig sein, kommst zu mir, in meine neue Pfarre, und i füll dir des Schachterl wieder auf.

Moid nimmt glücklich die Tabatiere, schaut die Hostien an, schließt die Tabatiere, küßt sie, steckt sie ein.

MOID: Vergelts Gott! Vergelts Gott, Herr Pfarrer!

PFARRER: Is scho recht, Moidele, is scho recht. Jetzt gib i dir noch den Segen, dann muaß i gehn. Morgen kommt schon der neue Pfarrer. *(Moid kniet nieder, der Pfarrer schlägt das Kreuzzeichen über sie.)* In nomine Patris, et Filii, et Spiritus Sancti. Amen. *(Der Pfarrer hilft Moid hoch, schaut sie traurig lächelnd an.)* Der Herr sei mit dir.

MOID: Und mit deinem Geiste.

Der Pfarrer geht weg.

17. STATION

Innen-Außen/Tag.
Moid sitzt in der Nähe ihres Bettes auf einem Stuhl vor einer Wiege. Sie bewegt die Wiege mit einem Fuß, betrachtet liebevoll das Kind. Die Wundmale sind verschwunden, sie trägt keine Handschuhe mehr. Seppele kommt schnell von hinten. Er ist reisefertig angezogen, trägt einen gefüllten Rucksack am Rücken und in jeder Hand eine Milchkanne.

SEPPELE: Moidele, schnell, mir müssen weg!

MOID: *(legt den Finger an den Mund)* Pscht! Nit solaut! Er schlaft.

SEPPELE: Kimm, gschleun di, mir müassen weg!

MOID: Wieso denn weg?

SEPPELE: Ein Engel is mir erschienen!

MOID: Ein Engel?

SEPPELE: Ja, ein Engel! Pack zsamm. Seppele, hat er gsagt, und mach di mit der Moid auf den Weg, so schnell euch die Füaß tragen! Bittschön, Moidele, kimm! Kimm!

Auf dem Weg kommen zwei Landgendarmen in Uniform und ein Kriminalpolizist in Zivil daher. Moid zögert, Seppele ist ganz verzweifelt.

SEPPELE: Jetzt tua schon, Moidele! Pack zsamm dei Poppen! Böse Leut kemmen, böse Leut! Wollen di mitnehmen!

Moid zögert immer noch, schaut zum Kind, entschließt sich, greift in die Wiege, wickelt das Kind in die Decke, hebt es heraus, Seppele geht vor, Moid folgt ihm. Vorne treffen sie mit den Gendarmen und dem Polizisten zusammen. Seppele und Moid bleiben stehen, Seppele läßt vor Schreck seine beiden Milchkannen fallen. Aus der ersten Kanne ergießt sich Milch, aus der zweiten Blut. Die Gendarmen und der Polizist schauen erstaunt auf Milch und Blut.

POLIZIST: Wohin denn so eilig?

SEPPELE: *(stotternd)* Mir sein nit diejenigen! Mir sein Wandersleut!

POLIZIST: So? Wandersleut? *(Er schaut auf Moids Hände, ruft dann nach hinten:)* He! Hausleut!

Seppele winkt Moid, will Richtung Weg gehen, der Polizist hält ihn mit einer Hand leicht an, Seppele schaut auf die Gendarmen, bleibt stehen. Von hinten kommen Bauer und Bäuerin, schauen erstaunt auf die Gesetzesvertreter, auf Moid und Seppele, auf Milch und Blut.

BAUER: *(zu Polizist)* Was gibts?

POLIZIST: Wir suchen eine Dienstmagd, namens Maria, Moid gerufen. Sie soll die Wundmale Christi tragen.

BAUER: *(deutet auf Moid)* Da steht sie eh. Aber die Male hat sie nimmer.

POLIZIST: *(zu Seppele)* Wandersleut, was? *(Holt ein Schriftstück hervor, wendet sich an Moid.)* Vom bischöflichen Ordinariat ist ein Bericht an die Sicherheitsdirektion der Landeshauptstadt ergangen, in dem es unter anderem heißt: *(Er faltet das Schriftstück auseinander, liest vor.)* Bei oben genannter Person wurde im Auftrag seiner Exzellenz Fürstbischof et cetera, et cetera durch Monsignore Pfötscher und dem Professor für Medizin von Achammer eine strenge Untersuchung angestellt, et cetera, et cetera ... *(überspringt einige Sätze)* ... und gelangte somit der Monsignore zur Ansicht, die Person sei vom Teufel besessen, der Wissenschaftler hingegen vertritt die Meinung, sie sei eine krankhafte Betrügerin. Beide Herren sind sich aber darin einig, daß diese Person aus mannigfachen Gründen eine Gefahr für die Öffentlichkeit darstellt, zumal sie auch, und darauf sei ausdrücklich hingewiesen, das gemeine Volk gegen Obrigkeit und Kirche aufgehetzt hat. Et cetera, et cetera ... *(Der Polizist faltet das Schriftstück zusammen, steckt es ein.)* Aufgrund dieses Berichtes hat der Sicherheitsdirektor einen Arretierungsbefehl gegen Sie erlassen. Bitte, folgen Sie mir!

Der Bauer geht zu Moid, nimmt ihr das Kind weg.

BAUER: Aber des Kind bleibt da!

POLIZIST: Das Kind geht mich nichts an.

Der Bauer drückt der Bäuerin das Kind in den Arm. Moid stürzt hin, will ihr das Kind entreißen, der Bauer schleudert sie zurück, so daß sie hinfällt.

POLIZIST: *(zu Gendarmen)* Handschellen!

Der erste Gendarm zieht Handschellen hervor, der zweite Gendarm hält Moid fest, die gerade aufsteht und wieder zum Kind will. Der erste Gendarm will Moid die Handschellen anlegen, Seppele hat inzwischen sein Taschenmesser gezogen und geöffnet, springt nun auf den ersten Gendarm zu und verletzt ihn am Arm. Der zweite Gendarm läßt Moid los.

SEPPELE: Renn, Moidele! Renn!

Moid tut es nicht. Der zweite Gendarm nimmt nun sein Gewehr herunter, spannt den Hahn, legt auf Seppele an, Moid wirft sich mit ausgebreiteten Armen dazwischen, der Gendarm drückt ab, Moid sinkt tödlich getroffen zu Boden. Eine Weile vollkommene Stille. Seppele schaut fassungslos auf Moid, läßt dann das Messer fallen. Nach einer weiteren Weile bricht er mit einem gequälten Laut in die Knie, schüttelt Moid heftig, erfaßt sie dann mit beiden Händen, zieht sie hoch, zieht sie an sich, bildet mir ihr eine Pieta. Später dann beginnt er sie in einem fort zu wiegen wie ein Kind. Auf dem Weg kommen rasch eine Menge von Dienstboten daher. Einige der Dienstboten haben einen langen Wanderstock mit eiserner Spitze, drei Knechte sind sogar offensichtlich bewaffnet; einer trägt eine Axt, der zweite eine Sense, der dritte eine Mistgabel. Polizist und Gendarmen schauen beunruhigt. Die Dienstboten kommen an, sehen die tote Moid, treten hinzu, betrachten sie, die Männer nehmen die Hüte ab, ein paar schauen zornig zu Polizist und Gendarmen.

POLIZIST: Was ist denn da los? Was wollt Ihr? Ja, gebt gefälligst Auskunft!

Ein paar der Knechte schauen den Polizisten drohend an, die anderen beachten ihn nicht, schauen unbewegt auf Moid. Auf dem Weg kommt die Alte Dirn daher, gestützt auf einen Stock, geführt von einer jungen Dirn. Der Ältere Knecht schaut auf Moid, fährt dann plötzlich dem Polizisten mit beiden Händen an den Hals. Der erste Gendarm reißt ihn zurück, der zweite Gendarm legt das Gewehr auf ihn an. Ein paar der Knechte gehen langsam vor, stellen sich vor den Älteren Knecht, schauen die Gendarmen gelassen an, diese blicken angstvoll und hilfesuchend zum Polizisten.

POLIZIST: *(schreit)* Das ist Aufruhr!

Die Knechte schauen ihn ruhig an, auch der Polizist bekommt Angst. Die Alte Dirn kommt mit der jungen an, sieht Moid, geht zu ihr, kniet sich vor ihr hin, schaut sie an. Seppele hört auf, Moid zu wiegen. Die Alte Dirn schaut in die Runde, schaut dann gen Himmel, verharrt einen Augenblick so, beginnt dann wie im Traum zu sprechen.

ALTE DIRN: Es wird erscheinen am Himmel a großes Zeichen: A Weib, umkleidet mit der Sonn, der Mond unter ihre Füaß, und auf ihrem Kopf a Kranz von zwölf Stern. Und des Weib wird anfangen zu reden, mit lauter Stimm, und wird sagen: Kommts her, Ihr Armen, kommts her, die Ihr nix geltet, kommts her, versammelts enk zum großen Mahl, um Fleisch von Königen zu fressen und Fleisch von Heerführern und Fleisch von denen, die sich mästen an enkerm Fleisch und Bluat. So wird die Frau reden, und mir wern kemmen, mit Hacken und Sicheln und Sensen, und wern ernten, was uns zuasteht.

Die Dienstboten haben mit Aufmerksamkeit und Ehrfurcht der Alten Dirn zugehört, Gendarmen und Polizist sind höchst verwirrt und erfüllt von Angst. Ein paar der Dienstboten schauen jetzt auf die Gesetzeshüter, gehen dann ganz langsam und bedrohlich auf sie zu. Polizist und Gendarmen weichen zurück, der Polizist dreht sich dann plötzlich um und läuft schnell in Richtung Weg davon, die Gendarmen folgen ihm, dabei die ersten Schritte rückwärts laufend, das Gewehr im Anschlag. Die Dienstboten schauen ihnen nach. Als sie verschwunden sind, wenden sie sich wieder gegen Moid. Die Alte Dirn kniet sich seitlich vor Moid und Seppele hin, alle anderen folgen ihrem Beispiel. Der Bauer bleibt stehen, die Bäuerin kniet sich als letzte mit dem Kind im Arm nieder. Nach einer Weile geht der Bauer langsam nach hinten ab. Nach einer weiteren Weile wird das allgemeine Licht ganz langsam dunkler, verlischt schließlich, zugleich mit Abblenden des allgemeinen Lichts erscheint von oben ein immer heller werdender Lichtschein auf Moid und Seppele. Zuletzt sehen wir nur mehr Moid und Seppele im strahlenden Lichtkegel, dieser beginnt dann auch langsam schwächer zu werden, bis er ganz verlischt und es vollkommen dunkel ist.

ENDE

URAUFFÜHRUNG

Tiroler Volksschauspiele Telfs (alter Rathaussaal)
Premiere am 18. August 1982

Regie	Ruth Drexel
Bühnenbild	Heinz Hauser
Kostüme	Otto Kollross
Maske	Jürgen Fischer
Licht	Max Keller
Musik	Werner Pirchner
Moid	Krista Posch
Bast	Thomas Egg
Seppele	Max Krückl
Ruepp	Markus Völlenklee
Bauer	Helmut Haidacher
Bäuerin	Traute Wassler
Pfarrer	Hans Brenner
Monsignore	Klaus Löwitsch
Professor der Medizin	Herbert Rhom
Alte Dirn	Else Anderka
Schreiber	Franz Mössmer
Polizist	Klaus Mayrhofer
Älterer Knecht	Richard Haller
Reicher Bauer	Otto Grünmandl
Kleinbauer	Rudolf Hiessl
Kleinhäuslerin	Isolde Ferlesch
Wohlbeleibter Stadtherr	Rupert Larl
	sowie Spieler der Volksbühne Telfs

Buchausgabe: Friedl-Brehm-Verlag, München, 1993 Neuauflage im Haymon-Verlag.

HEIM

Im Herbst 1982 machten wir (der Verein Tiroler Volksschauspiele) den Spielplan für den folgenden Telfer Theatersommer. Neben zwei anderen Stücken stand »Karrnerleut« von Karl Schönherr zur Debatte. Der Einakter entstand um die Jahrhundertwende und handelt von der Auseinandersetzung zwischen »Karrnern« (fahrenden Leuten) und Seßhaften, vertreten durch einen Bauern und einen Gendarmen. Nachdem »Karrnerleut« nur etwa 25 Minuten dauert, schlug Kurt Weinzierl vor, ich solle einen zweiten Einakter dazuschreiben, der ebenfalls mit diesem Thema umgeht, aber eben 80 Jahre später spielt. Daraufhin schrieb ich »Karrnerleut 83«, das aber nun nicht mehr von »jenischen« Fahrenden handelte, sondern von jungen Leuten, die aus der Gesellschaft auszubrechen versuchen und von den »Seßhaften«, den »Ordentlichen«, wiederum bestraft werden. Die beiden Einakter kamen im August 1983 in Telfs zur Aufführung. Für spätere Aufführungen ohne Schönherrs »Karrnerleut« wurde der Titel in »Nullbock« geändert. 1986 erhielt ich vom Linzer Landestheater einen Stückauftrag, und ich schlug vor, den Einakter zu einem abendfüllenden Stück auszubauen, was man akzeptierte. Die Handlung blieb dieselbe, nur das Personal erhöhte sich von vier Personen auf acht. Die Uraufführung fand dann unter dem Titel »Heim« im Herbst 1987 in den Kammerspielen des Linzer Landestheaters statt. Das Stück wurde bis jetzt (Herbst 1992) nur ein einziges Mal nachgespielt (von einer slowenischen Laienbühne in Kärnten), obwohl es in Linz gut ankam. Möglicherweise ist der Grund darin zu suchen, daß »Heim« manche Menschen ziemlich unangenehm berührt. In der nächsten Theatersaison scheint sich allerdings eine Änderung anzubahnen, denn mehrere Theater haben ihr Interesse angemeldet. Manche Stücke brauchen eben ihre Zeit, bis sie sich durchsetzen.

PERSONEN:

Mike (23), Ausreißer (einer, der heim möchte)
Nina (20), Norddeutsche (ein Schmetterling, eine Blume)
Hermann (47), Vater von Mike, Postenkommandant (ein Mann der Ordnung, im Chaos versinkend)
Günther (23), Gendarm (ein Sohn, wie man ihn sich wünscht)
Ossi (35), Filialleiter des Supermarktes (ein Mann, der den Frauen gefällt)
Hilde (45), Mutter von Mike (eine Frau zwischen den Klassen)
Monika (23), Friseurin (eine, die sich rettet oder nicht)
Walter (70), Vater von Hilde, Gemeindearzt (einer von früher, als ein Reich tausend Jahre währen wollte)

ZEIT: Jetzt im Herbst, Dämmerung bis Dunkelheit

SCHAUPLATZ:

In der Nähe des Dorfes. Eine halbfertige Autobahnbrücke im Rohzustand ragt herein. Vom Ende der Brücke führt eine Leiter herab. Unter der Brücke Baumaterialien wie Verschalholz und Eisengitter. Eine große Tafel für die Baubeschreibung, mit der Rückseite zum Publikum.
Wenn bühnentechnisch eine Autobahnbrücke nicht möglich ist, kann darauf verzichtet werden. Stattdessen dient dann ein wilder Müllplatz mit Autowrack als Ort der Handlung. Das Wrack wird bespielt. Eine Tafel: »Müllablagern verboten!«.

Der verlorene Sohn

Ferner sprach er: »Ein Mann hatte zwei Söhne. Der jüngere von ihnen sagte zum Vater: ›Vater, gib mir den Anteil des Vermögens, der mir zukommt.‹ Da teilte er den Besitz unter sie. Wenige Tage darauf packte der jüngere Sohn alles zusammen, zog fort in ein fernes Land und vergeudete dort sein Vermögen durch ein verschwenderisches Leben.
Nachdem er aber alles durchgebracht hatte, kam eine schwere Hungersnot über jenes Land, und er fing an zu darben. Da ging er hin und verdingte sich an einen Bürger jenes Landes, und der schickte ihn auf seine Felder zum Schweinehüten.
Gerne hätte er sich den Magen gefüllt mit den Schoten, die die Schweine fraßen, aber niemand gab sie ihm.
Da ging er in sich und sprach: ›Wie viele Taglöhner meines Vaters haben Brot im Überfluß, ich aber komme hier vor Hunger um. Ich will mich aufmachen und zu meinem Vater gehen und zu ihm sagen: ›Vater, ich habe gesündigt gegen den Himmel und vor dir. Ich bin nicht mehr wert, dein Sohn zu heißen; halte mich wie einen von deinen Taglöhnern.‹ Und er machte sich auf und ging zu seinem Vater.
Als er aber noch weit entfernt war, sah ihn sein Vater und wurde von Erbarmen bewegt, lief herbei, fiel ihm um den Hals und küßte ihn. Der Sohn aber sprach zu ihm: ›Vater, ich habe gesündigt, gegen den Himmel und vor dir; ich bin nicht mehr wert, dein Sohn zu heißen.‹ Der Vater aber sprach zu seinen Knechten: ›Holt schnell das beste Kleid heraus und zieht es ihm an und gebt ihm einen Ring an die Hand und Schuhe an die Füße! Holt das Mastkalb und schlachtet es! Wir wollen essen und fröhlich sein, denn dieser mein Sohn war tot und ist wieder lebendig geworden; er war verloren und ist wiedergefunden worden.‹ Und sie fingen an fröhlich zu sein. Sein älterer Sohn aber war auf dem Felde. Als er kam und sich dem Hause näherte, hörte er Musik und Tanz. Da rief er einen der Knechte herbei und fragte, was das sei. Der aber sagte ihm: ›Dein Bruder ist gekommen, und dein Vater hat das Mastkalb geschlachtet, weil er ihn gesund wiedererhalten hat.‹ Da wurde er zornig und wollte nicht hineingehen. Doch sein Vater kam heraus und redete ihm zu. Er aber gab dem Vater zur Antwort: ›Siehe, so viele Jahre diene ich dir und habe nie dein Gebot übertreten, und mir hast du nie ein Böcklein gegeben, um mit meinen Freunden zu feiern. Jetzt aber, da dieser dein Sohn gekommen ist, der dein Vermögen mit Dirnen verpraßt hat, hast du ihm das Mastkalb geschlachtet.‹
Er aber sprach zu ihm: ›Sohn, du bist allezeit bei mir, und alles, was mein ist, ist dein. Feiern aber und uns freuen mußten wir, denn dieser dein Bruder war tot und ist wieder lebendig geworden, er war verloren und ist wiedergefunden.‹«

Lukas 15, 11-32

Dämmerung. Oben auf der Autobahn kommt sehr schnell das Geräusch eines alten Motorrades näher. Das Motorrad hält an, der Motor stirbt ab. Nach einer Weile steigt Mike am Ende der Brücke auf die Leiter, schaut auf den Platz unter der Brücke. Er hat an der Wange ein Pflaster, einen Plastiksack vom Supermarkt in der Hand. Mike steigt ganz herunter, geht in die Mitte, schaut sich um. Er kennt den Platz von früher. Er schaut zu seinen Füßen hinunter, tritt einen Schritt zurück, kniet sich hin, legt den Plastiksack ab, gräbt mit der Hand im Boden (dort, wo er mit dem rechten Fuß vorher stand), holt eine schimmernde, große Glasmurmel hervor, hält sie hoch, schaut sie an, wirft sie in die Luft, fängt sie auf, schaut sie an, steckt sie ein, nimmt den Plastiksack, geht zu einem Stapel Verschalholz, legt den Plastiksack hin, setzt sich, rollt sich eine Zigarette, zündet sie an. Oben am Brückenende hat sich Nina auf den Bauch gelegt, schaut nun herunter, hält eine Whisky-Flasche in der Hand.

NINA: He, guck mal! Ich hab was für dich!

Mike schaut kurz zu ihr hin und wieder weg (ist wütend auf Nina). Nina verschwindet, taucht an der Leiter wieder auf, steigt herunter und kommt her. Kleidung und Haartracht Ninas sind etwas ungewöhnlich, sie schaut schwanger aus, ist heroinsüchtig, leidet unter Entzugserscheinungen, will ihre Schmerzen aber vor Mike verbergen. Sie schaut Mike an, öffnet die Whisky-Flasche, hält sie Mike hin, dieser ignoriert sie, Nina trinkt einen großen Schluck, schließt die Flasche, stellt sie neben ihm hin, holt aus ihrer Kleidung ein neues, zusammengefaltetes Nachthemd mit Preisschild heraus (daher sah sie schwanger aus), faltet es auseinander, schaut es lächelnd an, hält es an sich. Das Nachthemd schaut sehr romantisch aus.

NINA: *(zu Mike)* He!

Mike schaut sie an.

NINA: Ist das nich süß?

MIKE: Grauenhaft!

NINA: Was?

MIKE: Geh, schleich di!

NINA: Du findest es nich süß? Also ich finds süß! Lady Di würde ausflippen!

MIKE: Ich hab dich extra gebeten, du sollst nix mitgehn lassen! Kuh, blöde!

Nina schaut ihn an, schlägt ihm das Nachthemd über den Kopf, geht auf die andere Seite, krümmt sich plötzlich vor Schmerzen, setzt sich mit dem Rücken zu Mike auf einen Stoß Eisengitter, holt ein Benzinfläschchen aus ihrer Kleidung, öffnet es, schüttet den Inhalt auf einen Teil des Nachthemdes, läßt das Fläschchen fallen, preßt den getränkten Teil des Nachthemdes an den Mund und Nase, zieht den Benzindampf ein, muß husten. Mike schaut zu ihr hin, steht dann auf, geht hin, sieht, was sie tut, sieht das Fläschchen am Boden, hebt es auf, liest das Etikett.

MIKE: Haushaltsbenzin!

Mike wirft das Fläschchen weg, reißt Nina das Nachthemd aus der Hand, schleudert es weg, sie will es wieder holen, Mike stößt sie zurück.

NINA: Arschloch! Macho-Schwein! Sau!

Mike schaut sie an, nimmt das Nachthemd, wirft es ihr zu, geht Richtung Leiter.

NINA: He, Mann! Wo gehst du denn hin! *(Läuft ihm nach, hält ihn auf.)* Du! Du kannst mich doch jetzt nich im Stich lassen!

Mike will sich losreißen.

NINA: He! Ich brauch dich, Mann! Sonst schaff ich's nicht!

Mike schaut sie an, schnauft auf, geht wieder zum Bretterstoß, wirft die Zigarette auf den Boden, steigt darauf, setzt sich hin, nimmt aus dem Plastiksack eine Wurstsemmel und eine Bierdose, macht die Bierdose auf, trinkt, ißt die Wurstsemmel. Nina steht da, verschränkt die Arme vor sich, preßt sie an den schmerzenden Leib, schaut sich um.

NINA: Tolle Botanik habt ihr hier! Das Ende der Welt!

Nina geht zur Whisky-Flasche, nimmt sie, wendet sich von Mike ab, trinkt einen großen Schluck, stellt die Flasche weg, setzt sich, krümmt sich plötzlich zusammen, rutscht auf den Boden, krümmt sich vor Schmerzen, versucht, die Laute zu unterdrücken, schlägt sich mit der Faust auf einen Oberschenkel, weil sie Krämpfe hat. Mike schaut ihr eine Zeitlang wie ungerührt zu, ißt weiter. Dann steht er auf, geht zu ihr, kniet sich hin, zieht das Pflaster von seiner Wange. Nina sieht es. Unter dem Pflaster ist ein kleines Briefchen, er macht es auf. Es ist Heroin drin. Nina richtet sich auf, schaut es an.

NINA: Oh, du! Danke! Danke! Hast du ne Pumpe?

MIKE: Ich hab doch keine Pumpe!

Nina nimmt ihm vorsichtig das Briefchen aus der Hand, schnupft das Heroin durch die Nase auf, atmet tief durch, es geht ihr gleich besser, es geht ihr dann ganz wunderbar. Sie umarmt Mike.

NINA: Ich halt mein Versprechen! Echt, du! Aber erst unten, verstehste? Hier kann ich nich! Hier schaff ich's nich! Aber unten, am Meer, am Strand, in der Wärme, da schaff ich es! Glaub mir!

Mike löst sich von ihr.

MIKE: Okay!

Mike geht wieder zurück, ißt und trinkt weiter. Nina legt sich lang hin, streckt sich.

NINA: Einmal hab ich am Bahnhof Zoo einen Typen getroffen. Ich war gerade vollkommen down. Der Typ hat mich ganz komisch angeguckt. Aber nicht zum Fürchten. Obwohl er ne angefaulte Nase hatte. Ich hab gesagt: »Was guckst du denn so komisch?« Da hat er gesagt: »Ich guck so komisch, weil ich Jesus bin.« »He, Jesus«, sagte ich, »hast du vielleicht 'n bißchen Stoff für mich?« »Ne«, sagte er, »aber Schokolade hab ich.« Und er gab mir'n Stückchen Schokolade. Ich habs gegessen, um ihn nicht zu beleidigen, weil er so komisch guckte. Und plötzlich gings mir ganz wundervoll. Ich fühlte mich ganz leicht, ganz leicht, wie ein Schmetterling. »He«, sagte ich, »was is'n da drin?« Aber er war schon weg. Wahrscheinlich wegen der Bullen. Es waren nämlich plötzlich eine Menge Bullen da. Haben ne Razzia gemacht. Ich hätte ihn gern wiedergesehen. Einmal sah ich ihn von weitem auf einer Demo. Ich rief nach ihm, aber er hat mich nicht gehört. Er verschwand in der Menge. *(Steht auf.)* He, sag mal: In diesem Kaff da hinten bist du echt aufgewachsen?

Mike nickt.

NINA: Mannohmann! Ein echtes Kuhdorf! Aber irgendwie find ich's ja dufte! So klein. Wie Spielzeug. Willst du nich deine Alten besuchen?

MIKE: Nee!

NINA: Wieso nich? Warum sind wir dann hergekommen? War doch 'n Umweg!

Mike antwortet nicht.

NINA: Nu sag schon!

MIKE: Scheiße! Wenn du das Klauen nicht lassen kannst!

NINA: Na und? Doch nich bei deinen Alten? Oder gehört denen der Supermarkt?

MIKE: Ach was!

NINA: Na, eben! Außerdem haben sie uns nicht geschnappt!

MIKE: Aber fast!

NINA: Nu scheiß dich nich immer gleich an, Cowboy! – He, habt ihr vielleicht Kühe?

MIKE: Nee!

NINA: Nich? Schade! Ich hab heute zum ersten Mal echte Kühe gesehen! Hast du sie auch gesehen? Wie sie da neben der Autobahn in den Wiesen standen, ganz ruhig ... Toll! Die haben so schöne Gesichter. Hab ich gar nicht gewußt, daß die so schöne Gesichter haben. Wie so Frauen. So irrsinnig sanft. Und diese Dinger da. Die hängen einfach so dran. So ungeschützt. Wie nennt man das?

MIKE: Was?

NINA: Na, am Busen, diese Dinger! Wo man die Milch rausquetscht!

MIKE: Weiß ich nicht mehr!

NINA: Na, nun mach mal 'n Punkt!

MIKE: Kuhtutten!

NINA: Was?

MIKE: Zitzen! Am Euter sind die Zitzen!

NINA: Zitzen! Toll! Zitzen! Ich wär gern ne Bäuerin, echt du! Bißchen Milch rausquetschen aus den Zitzen, und Gemüsegarten und so ... Und abends rüber in die Stadt, einen draufmachen!

Mike muß grinsen.

NINA: Wie ist die Stadt?

MIKE: Welche?

NINA: *(deutet)* Na, die da drüben! Wo wir vorbeigefahren sind!

MIKE: *(zuckt die Schultern)* Ein paar Peepshows, achtzehn Fernsehprogramme und dicke Luft. Die Bewohner tragen Trachtenanzüge.

NINA: He, echt du! Wenns wärmer wär, würd ich den Entzug hier machen!

MIKE: Bloß nicht!

NINA: Doch! Euer Dorf mit den kleinen Häuschen ... Irgendwie niedlich! Rauch steigt auf von den Kaminen, die Kühe essen die kargen, herbstlichen Gräser ...

MIKE: Scheiß auf die herbstlichen Gräser! I will lieber im heißen Sand liegen!

Nina hat das Nachthemd am Boden gesehen, hebt es auf, nimmt ihre Umhängetasche ab, legt sie hin, schlüpft in das Nachthemd.

MIKE: *(währenddessen)* Du hast vielleicht Vorstellungen! Was glaubst, warum i weg bin?

Nina »schreitet« und tänzelt im Nachthemd herum.

NINA: Weil Jesus aus eurem Kuhdorf nach Berlin übersiedelt ist? Nein? – Weil du Beton lieber magst als karge, herbstliche Gräser? Nein? – Weil die Bauern bei Madonna nicht ausflippen? Nein? – Sagst du's mir nicht? *(Beginnt zu tanzen, singt:)* Hänschen klein, ging allein in die weite Welt hinein, Stock und Hut steht ihm gut, ist gar wohlgemut! Aber Mutter weinet sehr, hat ja nun kein Hänschen mehr – *(hält inne)*. Sagst du's mir nicht?

MIKE: I bin aus dem gleichen Grund weg wie du.

NINA: Und aus welchem Grund bin ich weg?

MIKE: Weil du die Nase voll hattest!

NINA: Von was?

MIKE: Von deinen Alten! Oder vielleicht nicht?

NINA: Nee! Meine Alten sind super! Einfach Klasse! Grenzenlos super! Verständnisvoll bis zum äußersten! Da kannst du machen, was du willst, sie verstehen alles! Absolute Software! Wie 'ne Gummiwand!

MIKE: Warum bist du dann weg?

NINA: Weil ich auf der Suche nach Jesus bin.

MIKE: Laß mich gefälligst mit deinem Jesus-Quatsch in Ruhe! Du hast ja einen Knall! Zieh diesen Fetzen aus! Hast du ghört?

NINA: Das ist kein Fetzen! Wie redest du? Das ist das schnuckeligste Nachthemd, das ich je geklaut hab!

MIKE: I speib mi glei an! Meine Mutter hat genauso ein spießiges Nachthemd!

NINA: Oh! Ohje!

MIKE: Daß du immer des unnötigste Zeug mitgehn laßt! Des is komisch, du, echt!

NINA: Du hast keinen blassen Dunst, was uns Frauen gefällt!

Sie will sich ihm auf den Schoß setzen, er steht unwillig auf.

MIKE: Geh, verroll di!

Nina legt seine Hand auf ihre Brust.

NINA: Ich bin deine Kuh, melke mich!

MIKE: *(nimmt seine Hand weg)* Zieh das aus, verdammt! Hast ghört?

Nina will ihn küssen, er wendet das Gesicht ab, reißt ihr das Nachthemd hoch, um es ihr auszuziehen.

NINA: *(wehrt sich)* Nein! Nein! Hilfe! *(Läuft weg, tänzelt herum.)* Ich bin eine Elfe! Eine leichtfüßige Elfe! Ich such mir jetzt eine Hirschkuh und reite durch den Forst!

MIKE: Da kannst lang suchen! Findest höchstens einen tollwütigen Fuchs!

NINA: Was? Keine Hirschkühe mehr?

MIKE: *(schmeißt die Bierdose weg)* Komm, fahr ma weiter!

NINA: Also, das ist doch allerhand! Komm ich mal aufs Land, und dann gibts prompt keine Hirschkühe mehr!

Sie geht zur großen Tafel, holt einen roten Farbspray aus ihrer Kleidung, sprüht auf die Rückseite der Tafel: »Nieder mit dem Oberförster, es lebe die Hirschkuh!« Oben kommt das Geräusch eines Autos näher. Mike horcht auf.

MIKE: He, komm! Wir hauen ab!

Nina hört nicht auf ihn, schreibt weiter. Mike läuft zur Leiter.

MIKE: Nina! Komm, verdammt!

Nina sprüht weiter, er rennt zu ihr, zerrt sie weg, die Scheinwerfer des Autos strahlen in den Hintergrund, das Auto hält an.

NINA: *(wehrt sich)* He, Mann, was hast du denn? Ich hab zu tun, schnallst du das nicht?

Der Automotor stirbt ab, die Scheinwerfer gehen aus, drei Autotüren schlagen. Mike zieht Nina blitzschnell das Nachthemd über den Kopf, rennt zur Whisky-Flasche, nimmt sie, rennt mit beiden Sachen zur Seite davon, verschwindet. Nina ist wieder zur Tafel getreten, sprüht fertig, betrachtet zufrieden ihr Werk, verstaut die Spraydose wieder, schaut sich verwundert nach Mike um, geht nach vorne.

NINA: He, Mike! He!

Auf der Leiter erscheint der Gendarm Günther, schaut sich um, sieht Nina.

NINA: *(weiter)* Läßt der einfach sein Melkkühlein im Stich! Na, vielleicht isser Pipi gegangen!

Sie hat sich umgedreht, sieht Günther.

NINA: Oh, ein Großwildjäger!

Günther winkt hinauf, steigt herunter. Hinter ihm steigt Ossi herunter, er trägt einen weißen Geschäftsmantel, kaut Kaugummi.

NINA: Und ein Fleischer!

Hinter Ossi taucht der Postenkommandant Hermann auf, steigt auch herunter. Er hat zuviel getrunken, man merkt es ihm aber nicht an, weil er zu denen gehört, die, je mehr sie trinken, immer mehr versteinern.

NINA: Und ein Oberförster! Na, ihr habt Nerven! Was wollt ihr denn noch hier? Es gibt keine Hirschkühe mehr! Ihr habt sie alle ausgerottet! Womit soll man nun durch den Forst reiten, was? Ihr bösen Buben! Tut man das?

Die drei Männer sind nähergekommen, schauen Nina an.

OSSI: Die spinnt vielleicht!

Es ist schon ziemlich dunkel, Günther schaut sich um, sieht einen Lichtschalter, schaltet damit die Baustellenbeleuchtung ein.

HERMANN: Wo is'n dein Kavalier, ha?

NINA: Wenn ich das wüßte! Ich nehme an, der begeht gerade ein Delikt! Kavaliersdelikt!

Mike kommt von der Seite, zieht den Reißverschluß seiner Hose zu.

MIKE: Oh, Besuch von der Obrigkeit!

Hermann erkennt seinen Sohn Mike, Günther erkennt ihn auch.

GÜNTHER: I wer wahnsinnig! Du bist des?!

Günther schaut Hermann an, dieser blickt undurchdringlich.

Ossi: W e r is des?

Günther schaut abwartend Hermann an, aber dieser äußert sich nicht darüber.

Hermann: *(zu Ossi)* Sind des die zwei?

Ossi: Logisch!

Hermann: *(geht zu Mike)* Also, was habts ihr mitgehn lassen?

Mike antwortet nicht, Hermann gibt ihm plötzlich eine Ohrfeige, Mike schaut kalt zurück.

Nina: Aber, Herr Oberförster! Das ist mein Kavalier! Den darf man doch nicht hauen! Nein, sowas!

Ossi: *(zu Nina)* Bist du bsoffen, oder was?

Hermann: *(zu Mike)* Was habts ihr mitgehn lassen?

Nina: Aber, lieber Herr Oberförster, was wollen Sie denn von uns? Wir sind harmlose Touristen! Lustreisende! Aus dem Dunst der Großstädte hinaus in die freie Natur!

Hermann schaut sie an, setzt sich auf einen Stapel, zündet sich eine Zigarette an, schaut scheinbar ruhig zu. Günther schaut zu ihm, dann zu Nina.

Günther: Gehn S', Fräulein, jetzt reichts! Tun S' uns nit pflanzen, ja!?

Ossi: Vor einer halben Stund warts ihr bei mir im Gschäft! Da *(deutet)*, dort ist die Taschen!

Günther geht hin, dreht die Plastiktasche um, eine Wurstsemmel und eine Bierdose fallen heraus.

Mike: Na und? Hamma des vielleicht nit zahlt?

Ossi: *(zu Nina)* I habs doch gsehn, durch die Tür! Du hast was im Hosenbund ghabt!

Nina: Im Hosenbund? Ja, da hab ich was, logo! Da hab ich mein weißes Schnuckelbäuchlein! Willst du nachgucken, du geiler Specht? Was?

Ossi: *(zu Hermann)* Sie haben was gstohlen, Hermann! Ganz bestimmt! Sonst wärn s' ja nit davongrennt, wie i sie aufhalten wollt!

Nina: Also, da schnall ich doch echt ab, du! *(Zu Hermann:)* Herr Oberförster, ich habe eine Aussage zu machen! Als wir in den Supermarkt kamen, treue Kunden, die wir sind, da stand dieser Macker an einem Regal und ordnete Senftuben ein! Ne! Sugodosen! Jedenfalls, als ich an ihm vorbeiging, in Betrachtung der wunderschönen Warenwelt, lechz, lechz, da schaute er mich mit begehrlichen Blicken an und sprach mit heiserer Stimme: Na, du kleine Hur, soll ich dir meinen dicken Schwanz reinstecken? – Und ich sprach: Nee, du kleener Spießerling, wichs mal lieber über deine Sugodosen!

Ossi: Des is ja unglaublich!

Nina: Darüber hat sich dieser Herr natürlich sehr erregt, und deshalb will er uns auch einen sogenannten Ladendiebstahl anhängen! Ende der Durchsage, wo kann ich das Protokoll unterschreiben?

Mike ist verärgert über Nina, er weiß, daß diese Provokationen nur Unheil bringen.

Ossi: Die spinnt ja! Die hat an Vogel! Sowas!

Hermann: *(zu Nina)* Noch amal sagst Oberförster, dann derschlag i dir dei angstrichene Fratzen!

Nina: Aber lieber Herr Forstrat!

Mike: *(zu Nina)* Gib a Ruah, verdammt!

Nina geht schmollend beiseite, setzt sich.

Ossi: *(ungeduldig)* Und? Jetzt?

Hermann: *(zu Ossi)* Wehe, du hast uns umsonst da heraus ghetzt!

Ossi: Sie ham was gstohlen! I schwörs!

Hermann: *(zu Günther)* Durchsuchen!

Günther: Jawohl! *(Geht zu Nina.)* Fräulein, bitte aufstehen, Durchsuchung!

Nina steht langsam auf, stellt sich mit gespreizten Beinen hin, breitet die Arme aus. Günther durchsucht sie flüchtig, findet ihren Ausweis, schaut hinein, schaut sie an, steckt den Ausweis ein, durchsucht sie weiter, dreht sich zu Hermann.

Günther: Nix!

Hermann: Genau schaun! Vielleicht hat s' Rauschgift mit!

Hermann sieht Ninas Tasche am Boden, geht hin, nimmt sie, untersucht sie genau, schaut jedes Schminkutensil an, läßt alle Utensilien nach dem Anschauen achtlos zu Boden fallen. Günther untersucht jetzt die Kleidung von Nina gründlicher.

Ossi: *(währenddessen)* Ahja, genau! *(Schaut zu Nina.)* Sowieso! High is sie! Deswegen redet sie so schwindlig daher! Du hast was gnommen, stimmts?

Nina: *(singt)* Die Antwort, mein Freund, weiß ganz allein der Wind, die Antwort weiß ganz allein der Wind!

Hermann: Die Antwort wird uns schon der Amtsarzt geben!

Günther: Nix!

Ossi: Im Hosenbund!

Günther durchsucht Nina unter dem Hosenbund, sie windet sich lustvoll.

NINA: Oh, das machst du gut! Oh, ist das toll! Ah! Junge, du könntest mir gefallen!
OSSI: Eine echte Stadtsau! Meine Herrn!
Günther ist etwas verwirrt, hat nichts gefunden, schaut Hermann an.
GÜNTHER: Nix! – Fahr ma wieder, Hermann?
OSSI: Ja, und was ist mit ihm? *(Deutet auf Mike.)*
HERMANN: *(zu Günther)* Durchsuch ihn! *(Ist fertig mit der Tasche, läßt sie fallen, setzt sich.)*
GÜNTHER: Ist des dein Ernst?
HERMANN: Mach schon!
Günther geht zu Mike, durchsucht ihn. Nina gibt ihre verstreuten Utensilien und Kosmetiksachen wieder in ihre Tasche, setzt sich dann. Günther findet bei Mike den Tabak, öffnet die Packung, riecht daran, gibt ihn zurück, findet ein Taschenmesser, steckt es ein, findet den Ausweis, schaut ihn an, steckt ihn wieder zurück, greift in Mikes Hosentasche, findet die Glasmurmel, schaut sie erstaunt an, schaut Mike an, schaut wieder die Murmel an, erinnert sich, schaut auf die Stelle, wo Mike sie gefunden hat.
MIKE: Du weißt es noch?
Günther antwortet nicht, schiebt die Glasmurmel zurück in Mikes Tasche, sieht ein Button an der Jacke von Mike.
GÜNTHER: *(liest)* Lieber Schamlippen küssen als sich lahmschippen müssen!
OSSI: Was?
GÜNTHER: *(liest)* Lieber Schamlippen küssen als sich lahmschippen müssen!
OSSI: *(grinst)* Sowieso! Eh klar! Geil und arbeitsscheu!
GÜNTHER: *(liest den 2. Button)* All cops are bastards! Des geht gegen uns, Hermann! Alle Polizisten sind Mißgeburten, heißt des!
Hermann schaut unbewegt, Günther durchsucht Mike weiter.
MIKE: *(zu Günther)* Na, Günther? Kannst di noch erinnern, wie wir zusammen Kaugummiautomaten aufbrochen haben?
GÜNTHER: Du vielleicht!
OSSI: Was? Was is los?
MIKE: Da war ma neun Jahr alt! So mit dreizehn hamma dann sogar an ganzen Zigarettenautomaten abmontiert. Wir ham ihn daher gführt, genau daher, auf den Platz da, und ham ihn kunstgerecht zertrümmert! Des Geld ham ma uns teilt. Der Günther hat sich ein Luftgewehr kauft und ich eine Kodak-Instamatic. Und gspieben hamma wie die Reiher, von die vielen Zigaretten, was, Günther?
OSSI: Was? Ihr kennts euch?

HERMANN: Er is jedenfalls Gendarm worden!

MIKE: Ja, wenigstens einer!

Ossi ist verwirrt, weil er sich nicht auskennt. Günther ist mit seiner Durchsuchung fertig, hat nichts gefunden.

GÜNTHER: Nix!

HERMANN: Schau bei der Maschin!

GÜNTHER: Jawohl!

Günther geht zur Leiter, verschwindet nach oben. Ossi schaut ihm nach.

OSSI: Also, i seh schon, da muaß i selber was tuan!

Er schaut sich um, geht seine Waren suchen, sieht die Sprayschrift auf der Tafel.

OSSI: *(liest)* Nieder mit dem Oberförster, es lebe die Hirschkuh! – Was is denn des?

HERMANN: *(zu Mike und Nina)* Habts ihr des gmacht?

NINA: Yes, das Zeichen an der Wand stammt von mir!

OSSI: So ein Blödsinn!

NINA: Das ist ne existentielle Aussage, du Blödmann!

HERMANN: Boshafte Sachbeschädigung!

OSSI: So eine spinnerte Kuah is ma a no nia unterkommen!

Ossi schaut sich weiter um, verschwindet zur Seite. Hermann schaut Mike an, dieser setzt sich, dreht sich eine Zigarette, raucht dann. Hermann schaut zu Nina, geht zu ihr, schiebt ihr den Ärmel am linken Unterarm hoch, sieht die Einstiche und die blauen Flecken.

HERMANN: Bravo! Eine Süchtige! *(Zu Mike.)* Eine Süchtige hast du dir aufgrissen! Gratuliere!

Hermann geht zu Mike, schiebt ihm den linken Ärmel zurück, dann den rechten, findet aber nichts, bleibt stehen, schaut ihn an. Mike steht auf, geht um ihn herum zu Nina, nimmt sie am Arm, geht mit ihr weg, aber nicht zur Leiter, weil oben ja Günther ist, sondern in eine andere Richtung.

HERMANN: *(ruhig)* Bleib stehn!

Mike und Nina gehen weiter, Hermann geht ihnen schnell nach, umfaßt Mike mit beiden Armen von hinten, drückt ihn zusammen, Mike schnappt nach Luft.

NINA: Was soll'n das, du Scheißbulle? Du hast wohl'n Rad ab? Laß ihn los, Mensch!

Nina versucht Mike zu helfen, reißt an einem Arm von Hermann, es gelingt ihr nicht, ihn zu lösen, Mike wird fast ohnmächtig, Hermann läßt ihn los, Mike gleitet zu Boden, schnappt nach Luft.

HERMANN: *(zu Mike)* Was tua i mit dir? Was tua i mit dir?

Günther kommt von oben herunter, Nina hilft Mike hoch.

GÜNTHER: Nix!

Von der Seite taucht Ossi auf, in der rechten Hand die Whisky-Flasche, in der linken das Nachthemd.

OSSI: I habs ja gwußt! Die zwei Sachen ham s' gstohlen!

Hermann schaut zu den Sachen in Ossis Hand, schaut Mike und Nina an, setzt sich hin, ist ganz erledigt wegen seines Sohnes, zeigt es aber nicht.

OSSI: Also! Das genügt doch! Wollts es nit festnehmen? – Ja, was is denn, tuats weiter! I hab heut mein Polterabend! *(Zu Günther:)* Du kommst doch, oder?

GÜNTHER: Sowieso! Der letzte Abend vor der Eheschließung is ein wichtiges Ereignis! *(Grinst.)* Ab morgen bist so! *(Kreuzt die Hände wie gefesselt.)*

OSSI: *(grinst)* Ja, sonst no was! I hab ma's scho zuagrichtet, mein Fräulein Monika! Brauchst koa Angst haben!

Mike horcht auf. Er kennt das Fräulein Monika.

GÜNTHER: Spät seids aber dran! Sie is ja schon bald fällig!

OSSI: Ach, Scheiße! I wollt ja eh nit heiraten! Aber mit ihrm Bauch! Zwoa so alte Weiber ham ans Mutterhaus gschrieben! Der neue Filialleiter hat eine Dorfjungfrau verführt und will sie jetzt sitzenlassen! – Stell dir des vor! Bin i ins Mutterhaus zitiert worden! Entweder – oder! Die Kundschaft mag das nicht!

GÜNTHER: Ja, sag amal, hast du no nie was von dem da ghört? *(Zieht eine Packung Kondome hervor.)*

OSSI: Sie hat ja gsagt, sie frißt die Pille! Dabei hat das Luader ausgsetzt!

GÜNTHER: Da hat sie di aber ordentlich glegt!

OSSI: Was soll i machen? Die Kundschaft mag des nit! Außerdem hat s' a schöns Geld! Is a Trostpflaster. Oder?

HERMANN: Da drüben, da war früher a Haselnußstauden! *(Schaut Mike an.)* Da hab i dir a Pfeiferl gschnitzt, vor fünfzehn Jahr! Kannst di no erinnern?

Mike antwortet nicht, schaut zu Boden.

OSSI: Was?

NINA: Ich glaub, ich flipp gleich weg! Sag mal, ist das vielleicht dein Alter?

MIKE: Ja.

OSSI: Was? *(Zu Hermann:)* Des is dein Sohn? Der abghaut is?

Hermann nickt unmerklich. Günther zündet sich eine Zigarette an.

NINA: Also, das find ich ja echt schrill! Mann oh Mann! Der Dorfbulle dein Big Boss! *(Geht zu Hermann.)* Hören Sie! I c h hab die Sachen geklaut! Da hat der Mike überhaupt nix mit zu tun!

Hermann steht auf, geht langsam und verzweifelt herum, nimmt die Mütze ab, fährt sich über Stirn und Kopf, setzt die Mütze wieder auf, sieht die Whisky-Flasche in der Hand von Ossi.

HERMANN: *(heiser)* I brauch an Schluck!

OSSI: Was? Ahso! *(Gibt Hermann die Flasche.)* Bitte!

Hermann greift in die Tasche, holt seine Geldtasche hervor, gibt Ossi einen Hundertschillingschein, dieser nimmt ihn etwas verwirrt. Der Whisky kostet zwar mehr, aber Ossi traut sich das nicht zu sagen. Hermann wendet sich ab, öffnet die Flasche, trinkt einen großen Schluck.

NINA: *(zu Mike)* Tut mir echt leid, daß ich dich da in Troubles gebracht hab! Echt! Glaubs mir, bitte!

Hermann setzt sich, trinkt wieder.

OSSI: Also, bitte... Unter diesen Umständen zieh i natürlich meine Anzeige zurück! Hast ghört, Hermann?

Hermann antwortet nicht.

OSSI: Is natürlich Scheiße, wenn der Sohn vom Postenkommandanten ein Gauner is! *(Schaut Mike an.)* Tuast sicher haschen auch, was? – Sag amal, wo hast du dir eigentlich den Paradiesvogel eingfangen, ha?

Mike antwortet nicht.

GÜNTHER: Wolltest wieder heim, ha?

MIKE: Na. I bin nur auf der Durchreise!

OSSI: Hättest besser nit durchreisen sollen!

HERMANN: *(zu Mike)* Weißt du, was des für mi bedeutet hat, daß du auf und davon bist? Weißt du des? Mein ganzes Ansehen war dahin! Meine Autorität als Exekutivbeamter! Die Leut haben mi ausglacht, hinter mein Rücken! Der Postenkommandant is nicht einmal fähig, seinen eigenen Buam an die Kandare zu nehmen! Was des braucht hat, daß die Leut wieder an Respekt kriegt ham vor mir! Aber aufgräumt hab i, des kannst ma glauben! Solche Typen wie du, solche ham jetzt koa Chance mehr bei uns! Unser Dorf is gesäubert! Gesäubert! Verstehst?

Nina nimmt Haltung an, schlägt die Haken zusammen, streckt den rechten Arm zum Hitlergruß aus.

NINA: Jawohl! Gesäubert! Sieg Heil!

HERMANN: Halts Maul, du Piefke-Hur!

OSSI: Gesäubert! Im katholischen Jugendheim treiben sie's unter die Augen vom Pfarrer! Die Vierzehnjährigen!

HERMANN: *(schreit)* I kann ja nit überall sein! Die Eltern müssen halt auch zu was fähig sein! – Alles hab i getan für ihn! Alles! A Radl hab i ihm kauft und a Modellflugzeug und die teuersten Schi. Auf Schiwoche hab i ihn geschickt jeden Winter, auf Schikurs! Mit sieben Jahr is er schon gfahrn wie der Teufel! A Rennfahrer hätt er werden können! Hab mir schon alles ausgrechnet! Zur Gendarmerie wollt i ihn bringen; die hätten ihn sofort freigstellt zum Training! Und außerdem wärs a sicherer Posten gwesen! Ein sicherer Posten zu allen Zeiten! Aber na, er will nicht, er weigert sich!

GÜNTHER: *(zu Mike)* Wo eh Arbeitslosigkeit is! I versteh di nit, Mike! Wirklich!

MIKE: Mensch, halt du di da raus!

HERMANN: Die Frau wollt, daß er Arzt wird! Akademiker! Akademiker! Der Schwiegervater hätt ihm's Studium zahlt und ihm später amal die Praxis übertragen! Nix! Er will nicht, er weigert sich!

MIKE: I will selber bestimmen, was i machen will! Versteh des endlich!

HERMANN: *(steht auf)* Ja, und was machst du? Ha? Was machst denn? A Zigeuner bist! Durch die Welt zigeunerst! Nix arbeiten willst! Nix leisten willst! A Ladendieb bist!

MIKE: *(grinsend)* Na na, so is des nit ganz! I leist schon was! I hab einen ehrenwerten Beruf!

HERMANN: Was? Was denn?

MIKE: Müllhändler bin i!

HERMANN: Was bist du?

MIKE: Müllhändler!

OSSI: Was soll denn des sein?

MIKE: I hol Sachen aus dem Sperrmüll, richt sie her und verkauf sie auf dem Flohmarkt! Second Hand!

GÜNTHER: *(grinsend)* Und davon kann ma leben?

MIKE: Logo!

Ossi und Günther finden das wahnsinnig komisch, beginnen zu lachen.

OSSI: Müllkübelstierer is er! Wunderbar! Der Sohn vom Postenkommandanten is Müllkübelstierer!

HERMANN: *(verzweifelt)* Du brauchst doch nit im Müll stieren! Du hast doch jede Chance ghabt! Du hast doch alles kriagt von mir!

MIKE: Ja, alles! Sogar Einzelhaft! *(Zu Nina:)* In die Ausnüchterungszelle hat er mi gsperrt, am Gendarmerieposten!

NINA: Nee, echt?

HERMANN: Was hätt i denn tun solln, wenn du nit folgst? Dich erschlagen?

NINA: Das ist echt'n Zombie! Mann oh Mann!

HERMANN: I wollt nur einen ordentlichen Menschen aus ihm machen! I wollt immer nur sein Bestes!

NINA: Das haben Sie aber nicht gekriegt, was?

Hermann hört nicht auf sie, setzt sich verzweifelt hin, trinkt einen Schluck.

HERMANN: *(schüttelt den Kopf)* Na! Des hab i nit verdient! Wirklich nit! So einen Sohn hab ich nicht verdient!

NINA: *(wütend)* Jetzt scheiß dich doch nicht so an, du Arsch! Bleib uns doch vom Acker mit deinem beschissenen Gesabber! Ich kann das nich mehr hören, verstehste!?

OSSI: Wer nicht hören will, muß fühlen! Geh, Hermann, gib ihr oane! Oder laßt du dir des gfallen, ha?

HERMANN: *(zu Nina)* Wart nur, für di laß i ma schon no was einfallen!

NINA: Ach, Mann, geil dich ab! Brauchst hier gar nich den Harten rauszulassen! Glaubst du, ich hab Frost vor dir? Landbulle! Ich bin durch die Fontänen der Wasserwerfer marschiert, Mann! Inklusive Reizgas! Ich hab die Bullenknüppel in die Fresse gekriegt! Was hast d u mir da noch zu bieten?

HERMANN: Warts nur ab!

OSSI: Na, de hat vielleicht a Mundwerk!

Hermann trinkt wieder einen Schluck, beginnt den Alkohol nun zu spüren.

HERMANN: *(zu Mike)* Du bist für mi gstorben! Es gibt di nimmer! *(Zeigt auf Günther.)* Des is jetzt mein Sohn! Dein Schulkollege Günther! Er wohnt jetzt bei uns! Und er kriegt auch unser Haus!

MIKE: *(schaut auf Günther)* I vergönns dir! Ein Scheiß-Haus für einen Scheiß-Bullen!

GÜNTHER: Sei vorsichtig, Mike! Mit mir springst du nit so um!

NINA: He, Mike! Komm, laß uns abhauen! Ich schaff diese Freaks nich mehr!

Hermann steht auf.

HERMANN: Unser Haus is ein Scheiß-Haus, sagst du?

MIKE: Ein Scheiß-Haus mit Scheiß-Möbeln, mit Scheiß-Tapeten, mit Scheiß-Gardinen und mit Scheiß-Bullen!

Nina zieht Mike weg.

NINA: Komm, Mike, ziehn wir Leine!

HERMANN: *(brüllt)* Dieses Scheiß-Haus hab i mit diesen Händen gebaut, mit diesen Händen! Schaufel für Schaufel, Ziegel für Ziegel!

MIKE: Meine Hände nicht zu vergessen!

NINA: Komm!

Nina zieht Mike Richtung Leiter.

HERMANN: *(wieder ruhig)* Die Amtshandlung ist noch nicht beendet!

Nina und Mike gehen weiter, Günther geht ihnen nach und stellt sich vor die beiden, zieht seinen Gummiknüppel.

GÜNTHER: *(brüllt)* Die Amtshandlung ist noch nicht beendet!

Mike will vorbei, Günther stößt ihn zurück, Mike will Günther beiseite schieben, dieser hält seinen Knüppel warnend hoch.

NINA: Mensch, Bulle, laß uns gehn!

Nina will an Günther vorbeigehen, er schlägt ihr den Knüppel hart an den Oberarm, Nina schreit auf, Mike geht auf Günther los, Günther prügelt mit dem Knüppel auf ihn ein, Nina stürzt sich auf Günther, schlägt ihm die Mütze vom Kopf, reißt an seinen Haaren, Ossi läuft hinzu, reißt Nina zurück, hält sie von hinten eisern fest, hat dabei eine Hand auf einer Brust. Nina wehrt sich vergeblich, Günther knüppelt Mike nieder, hält inne, als Mike am Boden liegt.

GÜNTHER: Gibst auf?

MIKE: Okay!

Günther versorgt den Knüppel wieder, setzt sich die Mütze auf.

NINA: Ihr Schweine, ihr! Ihr miesen Arschlöcher! *(Zu Günther:)* Wichskopf!

Nina reißt sich von Ossi los, beugt sich zu Mike, hilft ihm hoch, dieser hält sich den schmerzenden Kopf, Nina führt ihn zu einem Stapel mit Eisengittern, setzt ihn hin.

GÜNTHER: Entschuldige, Mike!

OSSI: Entschuldigt sich der Trottel! *(Zu Hermann:)* Und? Jetzt?

Hermann trinkt einen großen Schluck, setzt sich wieder hin. Er ist jetzt ziemlich betrunken.

HERMANN: *(zu Günther)* Leg ihm Handschellen an!

GÜNTHER: Was?

HERMANN: Leg ihm Handschellen an und mach ihn wo fest!

GÜNTHER: Geh, Hermann! Was soll denn des?

HERMANN: Ja, tuast jetzt, was i sag, oder nit?

GÜNTHER: Du tragst die Verantwortung!

Günther holt Handschellen hervor, geht zu Mike, nimmt eine Hand von ihm, Nina will Günther die Handschellen entreißen, Günther stößt sie weg, Ossi fängt sie auf, hält sie wieder grinsend fest, Günther legt dem benommenen Mike eine Handschelle an ein Handgelenk.

NINA: Hört doch endlich auf! Das ist ungesetzlich!

OSSI: Aber geh, seit wann kümmerts ihr euch denn ums Gesetz, ha?

Günther befestigt die zweite Schelle an mehreren Lagen Eisengittern, auf denen Mike sitzt. Ossi läßt Nina los, sie geht zu Mike, dieser schaut ungläubig auf die Handschellen.

MIKE: *(zu Hermann)* Sag ihm, er soll mi losmachen! Hast ghört?

Ossi und Günther schauen Hermann abwartend an, dieser trinkt wieder.

HERMANN: *(nach einer Weile)* Mein Vater hat mir immer die Hand geben, nachdem er mi gschlagen hat. Dann war alles wieder guat. Die Mutter hat des nit verstanden. Die hat überhaupt nie was verstanden. Sie verstehn nix von uns Männern, die Weiber. Sie drängen sich zwischen uns, bringen uns auseinander, hetzen uns gegenseitig auf. *(Pause.)* Wie soll ma sie bestrafen? *(Schaut Nina an.)* Wie soll ma euch bestrafen?

NINA: *(resigniert zu Hermann)* Laß uns gehn, Alter! Bitte!

OSSI: *(zu Hermann)* I wüßt schon was, Hermann!

Ossi schaut Nina an, Hermann schaut von Ossi zu Nina, Ossi schaut Günther an.

OSSI: Was, Günther?

GÜNTHER: Was?

Ossi schaut Nina an, Günther kapiert, schaut erschrocken Hermann an. Ossi geht auf Nina zu.

OSSI: *(plötzlich ernst)* Wer bei mir klaut, is mein Feind, verstehst du? Wer sich über meine Sugodosen lustig macht, is mein Feind. Mein Supermarkt is die Welt, verstehst du? Da gibts alles, was der Mensch zum Leben braucht. I kenn jedes Regal, jede Ware, jeden Preis. Wenn eine Dose weggenommen wird, steht in fünf Minuten die nächste dort. Es gibt keine Lücken. Wenn eine Dose zwei Zentimeter zwischen den anderen herausschaut, dreh i durch. Meine Mitarbeiter wissen des. Die Plakate für die Sonderangebote schreib i selber; in meiner wunderschönen Handschrift. Der Boden is sauber und glänzt, keiner von den Einkaufswägen quietscht. Der Kunde hat immer recht.

Ossi schaut Nina an, greift mit einer Hand in ihre Haare, zieht ihren Kopf an sich, küßt sie auf den Mund, sie reißt sich los, läuft weg, Günther schnappt sie, sie tritt ihm in die Hoden, Günther bricht stöhnend nieder, Ossi erwischt Nina, zerrt sie zurück, schleudert sie hin.

MIKE: *(schreit)* I bring euch um!

Mike zerrt an seiner Fessel, aber es nützt ihm nichts. Nina steht auf.

Ossi: So, Sexi-Hexi! Für mi fangt jetzt der Polterabend an! Was mach ma denn da, ha?

Ossi nimmt das Nachthemd wahr, das er sich vor einiger Zeit über die Schultern gehängt hat, nimmt es in die Hand, grinst. Günther steht wieder auf, hält sich die Hoden.

Günther: *(zu Nina)* Na, wart du! Des machst du nit no amal!

Ossi: *(grinsend)* Also, i fürcht schwer, du bist jetzt außer Gefecht, was?

Günther: *(stöhnend)* Was? Wieso?

Ossi wirft Nina das Nachthemd zu.

Ossi: Des ziehst du jetzt an! Das andere Dreckszeug muaßt natürlich vorher ausziehn!

Nina bewegt sich nicht, Günther schaut erstaunt Ossi an, schaut zu Hermann.

Ossi: Wirds bald? Oder soll i di ausziehn?

Nina zieht langsam Jacke und T-Shirt aus, zieht das Nachthemd an, zieht dann erst Schuhe und Hose aus. Den Rest läßt sie an.

Günther: *(währenddessen zu Hermann)* Hermann, i glaub, mir fahrn, oder?

Mike: *(zu Günther)* Mach mi los, Günther!

Ossi: *(zu Günther)* Des hab i mir denkt, daß du dich anscheißt!

Günther: Hermann!

Hermann: *(schaut auf; zu Günther)* Man muß sie bestrafen! Verstehst du?

Ossi: *(schaut Nina an)* Alles, hab i gsagt!

Nina zieht Socken und Strumpfhose aus.

Ossi: Da fehlt doch noch was, oder?

Nina schaut Ossi an, Ossi geht auf sie zu, Nina zieht auch den Slip aus, Ossi bleibt wieder stehen.

Mike: *(zerrt an der Schelle)* Des gibts doch nit! Des gibts doch nit! *(Zu Hermann:)* Papa! Papa! Ja, schau doch her! Papa!

Hermann: *(starrt vor sich hin)* Da gibts koan Papa!

Mike: Günther! Wenn du des zualaßt, dann bist du fällig!

Günther: *(zu Ossi)* Herr Leitner, ich bitte Abstand zu nehmen!

Ossi: *(zu Hermann:)* Hermann, hab i freie Hand? Bleibt des unter uns?

Hermann: Es bleibt unter uns! Alles bleibt unter uns!

Ossi schaut Nina von oben bis unten an, geht grinsend um sie herum.

Ossi: Sehr schön! Sehr attraktiv! Kostet übrigens im Sonderangebot nur 299 Schilling 90!

Günther: Was willst denn machen, Ossi?

Ossi: Was schon, du Trottel?!

Ossi schaut Nina an, schaut zu Günther, geht zu ihm, nimmt ihm das Paket Kondome aus der Tasche.

Ossi: Vorsicht ist die Mutter der Porzellankiste! Vielleicht hat sie was! Weiß ma ja nie, bei diese Dreckschweine! – Kriegst es morgen zurück!

Günther schaut verblüfft, Ossi steckt die Kondome ein, geht wieder zu Nina.

Nina: Was willst du damit erreichen? Sags mir.

Ossi: Der Herr Postenkommandant hats ja schon gsagt! Man muß euch bestrafen, euch Weiber!

Nina: Und i c h habs dem Bullen auch schon gesagt! Ihr könnt mir nichts antun, was mir nicht schon angetan wurde!

Ossi: Täusch di nit, Mädel!

Nina: Ach, Junge! Ich bin auf den Strich gegangen, um mir das Geld für den Stoff zu verdienen! Was glaubst du, was ich da alles erlebt hab? Ich kann mir nicht vorstellen, daß einem dämlichen Supermarkt-Filialleiter etwas Neues einfällt!

Ossi schaut Nina mit kaltem Zorn an.

Günther: Hermann, als Polizeibeamter distanziere ich mich davon!

Ossi schlägt plötzlich Nina mit einem einzigen Hieb nieder.

Mike: *(schreit)* Nein!

Günther: *(zu Ossi)* Herr Leitner, ich mahne Sie ab! Ich muß sonst die Festnahme aussprechen!

Ossi: *(zu Günther)* Schleich di!

Günther: *(zu Hermann)* Hermann, des geht doch nit! Wir haben das Gesetz zu vertreten!

Hermann: *(zu Günther)* Geh zum Auto!

Günther: Na, Hermann!

Hermann: Du gehst zum Auto, oder i schmeiß di außi!

Günther ist verwirrt. Nina regt sich wieder.

Mike: I zoag euch alle an! Alle!

Ossi: Geh, dir glaubt doch keiner was!

Hermann: *(zu Günther)* Hau ab, Mensch!

Günther geht unsicher zur Leiter, steigt hinauf, hält inne, schaut zurück.

HERMANN: Hau ab, sag i!

Günther steigt weiter nach oben und verschwindet. Hermann trinkt von der Flasche, als wolle er sich ersäufen. Der Whisky rinnt ihm über die Uniform. Ossi zerrt Nina an den Haaren hoch.

OSSI: Du glaubst, dir kann nix mehr passieren, weil du alles erlebt hast? Sämtliche Schweinereien! Du wirst dich wundern, Mädel!

Er schleift Nina an den Haaren in den Hintergrund, verschwindet mit ihr.

MIKE: Papa, bitte! Bitte! Des kannst doch nit zualassen! Des geht doch nit! Du willst doch ordentliche Menschen! Is des ordentlich, was der macht? Is des ordentlich, ha? Is des ordentlich?

Hermann reagiert nicht, verkriecht sich in sich.

NINA: *(schreit währenddessen von hinten)* Nein! Nein! Bitte, nicht! Bitte, nicht!

Günther steigt wieder von der Leiter herunter, hat die Pistole in der Hand.

NINA: *(weiter)* Hör auf! Geh weg, du Schwein! Mike! Mike! Mike, hilf mir! Mike, hilf mir! Hilf mi-

Die Stimme von Nina bricht ab. Hermann starrt vor sich hin, Mike schaut verzweifelt in die Richtung, aus der die Schreie kamen.

MIKE: Nina! Nina!

Günther rennt nach hinten.

STIMME GÜNTHER: Weg, du Schwein!

Günther taucht mit dem nun verängstigten Ossi auf, zerrt ihn zu Mike, nimmt diesem die Handschellen ab, Mike rennt nach hinten.

OSSI: Du, Hermann, des wollt i nit! Bestimmt nit!

Günther legt Ossi die Schelle an, fesselt ihn ans Eisengitter, läuft auch nach hinten.

OSSI: *(währenddessen weiter)* Woaßt, i hab heut a schon a bißl zviel erwischt! Dauernd sind die Leut ins Gschäft kommen und wollten mit mir auf mei Hochzeit trinken!

Hermann reagiert nicht, starrt vor sich hin. Ossi bemerkt erst jetzt, daß er gefesselt ist.

OSSI: Ja spinn i?! *(Schaut sich nach Günther um.)* He, Günther, hast du an Vogel?

Günther und Mike tauchen auf, tragen Nina. Sie hat am Kopf eine Wunde, Blut rinnt ihr übers Gesicht. Sie legen sie ab.

MIKE: Nina! He, du! Nina! *(Zu Ossi:)* Was hast denn gmacht mit ihr, du Schwein?

Günther kniet sich zu Nina, holt ein Taschentuch hervor, wischt ihr das Blut ab, tätschelt ihre Wange, schaut sich um, sieht ihre Kleidung, holt sie, legt sie ihr unter den Kopf, tätschelt sie wieder.

MIKE: Nina!

Er schaut zu Ossi, läuft zu ihm, schlägt auf ihn ein, Ossi wehrt sich mit der freien Hand, stößt mit den Füßen nach Mike. Hermann sinkt zur Seite, ist wie ohnmächtig. Günther hat das Ohr an Ninas Herz gelegt.

GÜNTHER: Sie lebt!

Mike geht wieder hin, kniet sich zu Nina, schaut sie an, schaut Günther an.

MIKE: Ruf an Krankenwagen! Ja, los!

Günther geht zur Leiter.

OSSI: Na! Günther! Koan Krankenwagen!

Günther steigt die Leiter hoch.

OSSI: Hermann! Hermann!

Hermann reagiert nicht.

OSSI: Günther! Dann gibts doch a Protokoll!

GÜNTHER: *(hält auf der Leiter inne)* Ja, sicher! Und?

OSSI: Dann bin i fällig!

GÜNTHER: Klar bist fällig! *(Steigt weiter die Leiter hoch.)*

OSSI: Aber du auch!

GÜNTHER: *(hält inne)* Wieso?

OSSI: Du hast es gschehn lassen!

GÜNTHER: Nix! I hab eingegriffen!

OSSI: Ja – aber wann?

GÜNTHER: *(deutet zu Hermann)* Wenn er mi weggschickt hat!

MIKE: *(wütend zu Günther)* Ja, bist du sein Hund, oder was?

OSSI: Der Hermann is a fällig! Der hat mi angstiftet! Glaubst, sonst hätt i mi getraut?

Günther überlegt, kommt herunter, geht zu Hermann.

GÜNTHER: Du, Hermann! He!

Hermann reagiert nicht.

OSSI: Der is bsoffen!

GÜNTHER: Hermann!

Günther stößt Hermann an, der rührt sich nicht.

GÜNTHER: Scheißdreck! Wieso muaßt denn so saufen! *(Geht zu Mike und Nina.)* Dauernd sauft er sich an! *(Zu Mike:)* Was glaubst, wie oft i schon Dienst gmacht hab für ihn?

MIKE: Dafür kriegst ja sein Haus! – Jetzt hol schon an Krankenwagen, verflucht!

Günther schaut zu Hermann, schaut auf Nina, geht wieder zur Leiter.

OSSI: Günther! So wart doch! Wir müssen uns wenigstens absprechen!

GÜNTHER: *(hält inne)* Was absprechen?

OSSI: Zwei Ladendiebe! Zwei rauschgiftsüchtige Ladendiebe! Fluchtversuch! Sie stolpert, haut sich den Kopf an! Die zwei wollen uns aus Rache eintunken und quatschen was von einer versuchten Notzucht daher!

MIKE: Du Schwein!

GÜNTHER: Des geht doch nit!

OSSI: Freilich geht des! Denen glaubt doch keiner was! Schau sie dir an! Wer so ausschaut, dem glaubt ma doch nix!

GÜNTHER: Na, da mach i nit mit! *(Geht zur Leiter.)*

OSSI: Günther! I bin doch dein Freund! Morgen soll i heiraten!

Günther steigt hoch.

OSSI: Wir gehn mitsammen in die Sauna! Wir pokern zusammen! I verlier dauernd gegen di!

Günther ist schon fast ganz oben.

OSSI: Günther! Koan Krankenwagen! Ruf den Schwiegervater vom Hermann an! Der haltet dicht!

Günther verschwindet.

OSSI: Günther!

Hermann richtet sich langsam auf, schaut sich um, schaut zu Mike, starrt ihn an. Man hört leise von oben Günther reden, hört aus dem Funkgerät Antwort.

OSSI: *(zu Hermann)* Mach mi los, Hermann! Hast ghört? Du steckst da genauso drin! Du wanderst genauso in Häfen!

Hermann antwortet nicht, steht langsam auf, geht wie schlafwandlerisch zu Mike. Günther kommt wieder die Leiter herunter.

OSSI: Wen hast angrufen?

GÜNTHER: *(deutet auf Hermann)* Sein Schwiegervater!

OSSI: Na, Gott sei Dank! – Mach mi los, Günther!

Hermann steht vor Mike, schaut ihn schweigend an, beachtet Nina nicht. Günther löst die Handschellen von Ossi, steckt sie ein.

GÜNTHER: Aber nur wegen ihm! *(Deutet auf Hermann.)*

OSSI: *(grinsend)* Und auch a bißl wegen dir, oder? *(Reibt sich das Handgelenk, wo die Handschelle befestigt war.)* Willst ja noch a paar Sterndln, nit?

Günther geht mißmutig von Ossi weg.

OSSI: *(geht Günther nach)* Geh, gib ma a Zigaretten, bittschön!

Günther holt unwillig seine Packung heraus, Ossi schmeißt seinen Kaugummi weg, nimmt sich eine Zigarette, Günther will von ihm weggehen.

OSSI: Feuer hab i a koans!

Günther hält inne, gibt ihm Feuer.

OSSI: Woaßt, i rauch ja nimmer! Aber jetzt brauch i oane!

Günther geht von ihm weg.

HERMANN: *(zu Mike)* Du muaßt mi um Verzeihung bitten, Michi!

MIKE: Geh, laß mi in Ruah!

Hermann zieht Mike hoch.

HERMANN: Du muaßt mi um Verzeihung bitten, Michi!

MIKE: Nie!

Mike reißt sich los, Hermann zieht seine Pistole, richtet sie auf Mike.

GÜNTHER: He, was tuast denn?

Mike schaut zu Hermann, sieht die Pistole, wendet sich wieder ab, kniet sich zu Nina. Hermann geht zu ihm, setzt ihm die Pistole an den Hinterkopf, Mike dreht sich um, steht langsam auf, schaut seinen Vater an.

HERMANN: Du muaßt mi um Verzeihung bitten, Michi!

Mike sieht in den Augen seines Vaters, daß es ihm ernst ist, daß er abzudrücken bereit ist.

GÜNTHER: Komm, Hermann, hör auf!

Günther geht zu Hermann, will ihm die Pistole wegnehmen, Hermann richtet die Pistole auf ihn, Günther weicht zurück.

OSSI: Der bsoffene Hund verdirbt uns alles! Hör auf, Mensch!

Hermann wendet sich wieder an Mike.

HERMANN: Sag: »Verzeih mir, Papa!« Dann is alles in Ordnung!

Mike steht starr, antwortet nicht, Hermann hält die Pistole vor seine Stirn.

HERMANN: »Verzeih mir, Papa!«

MIKE: *(leise)* Verzeih mir, Papa!

HERMANN: »Papa, i mag di so!«

MIKE: Papa, i mag di so!
HERMANN: »Papa, i möcht so sein wie du!«
Mike sagt nichts, Hermann setzt ihm die Pistole an die Stirn.
GÜNTHER: *(schreit)* Hör auf, verfluacht!
HERMANN: »Papa, i möcht so sein wie du!«
MIKE: Papa, i möcht so sein wie du!
Hermann läßt die Pistole sinken, umarmt Mike, streicht ihm über den Kopf, Mike läßt es mit versteinertem Gesicht geschehen.
HERMANN: I mag di a, Michi. Es wird schon wieder werden. Wir kommen scho wieder zsamm. Bist ja mein Sohn.
Hermann wendet sich langsam ab, steckt die Pistole ein, setzt sich mit abwesendem, verstörtem Gesicht irgendwo auf die Seite. (Rutscht dann später auf den Boden und schläft ein, seine Mütze fällt ihm herunter.) Günther schaut aufgewühlt zu Hermann, den er wie einen Vater liebt.
GÜNTHER: Michi, Michi, Michi! Den hast verloren, begreifst du des nit?
Mike schaut seinem Vater nach, hat Mitleid mit ihm, haßt und liebt ihn zugleich, wendet sich zu Nina, kniet sich zu ihr hin, legt ihren Kopf auf seinen Schoß, zieht seine Jacke aus, deckt sie damit zu.
OSSI: Des is vielleicht so ein bsoffner, wehleidiger Trottel! Des darf doch nit wahr sein! Da wundert mi nix mehr!
Das Geräusch eines Mofas nähert sich oben auf der Autobahn, alle lauschen, das Mofa hält an, der Motor stirbt ab. Ossi schaut verwundert Günther an, beide schauen zur Leiter, dort erscheint Monika, steigt herunter. Sie ist hochschwanger und lächelt immerfort. Ossi geht ihr entgegen.
OSSI: Was tuast denn d u da?
MONIKA: I hab ghört, daß du da herausgfahrn bist, mit der Gendarmerie!
OSSI: Na und? Mensch, verschwind da! Fahr wieder hoam!
Monika schaut zum Platz vor, will nach vorne gehn, Ossi verdeckt ihr die Sicht und drängt sie zurück.
OSSI: Du sollst hoamfahrn, hab i gsagt!
MONIKA: Au! Du tuast mir weh! Du tuast userm Burli weh!
Ossi läßt sie automatisch los, Monika geht nach vorne, hat eine Hand auf dem Bauch.
MONIKA: Servus, Günther!
GÜNTHER: Griaß di, Moni!
Monika sieht Nina am Boden, sieht Mike bei ihr. Sie tut so, als wäre Nina nicht vorhanden.

MONIKA: Servus, Michi!

MIKE: Griaß di!

Monika sieht den Slip von Nina am Boden, stößt ihn wie unabsichtlich mit dem Fuß leicht an, sieht den schlafenden Hermann.

MONIKA: Guten Abend, Herr Postenkommandant!

Monika setzt sich langsam und vorsichtig hin, verschränkt die Hände über dem Bauch, lächelt.

MONIKA: *(ohne zu Nina zu schauen)* Wer is die?

OSSI: Mensch, Moni, fahr bittschön hoam!

MONIKA: *(zu Ossi)* I hab mir Sorgen gmacht um dich, weißt!

OSSI: Ja, wieso denn?

MONIKA: Du hast gsagt, du kommst um sechs! Bevor du zum Polterabend gehst!

OSSI: Du, i hab jetzt andere Sorgen!

MONIKA: *(lächelnd)* Welche denn?

OSSI: *(schreit)* Fahr heim, sag i! Des is da nix für di!

Monika tut nichts dergleichen, peinliches Schweigen, Nina wacht auf, bewegt sich, greift sich an den Kopf.

MIKE: He! Nina!

NINA: *(abwesend)* Ja?

MIKE: Wie gehts dir?

NINA: Was?

MIKE: Nina!

NINA: *(fremd)* Darf ich bitte heimgehn?

MIKE: *(schüttelt sie)* Nina!

Nina will sich aufrichten, Mike stützt sie, Nina sieht Ossi, stöhnt auf, birgt ihr Gesicht an der Brust von Mike.

NINA: *(weinend)* Mama! Mama! Mama! Mama!

MIKE: *(streichelt sie)* Bleib cool! Bleib cool! Is alles vorbei! Alles vorbei!

NINA: *(weinend)* Ich will weg! Bitte, ich will weg!

MIKE: Wir müssen auf den Arzt warten, Nina! Du bist verletzt!

NINA: Ne, ich will nich mehr hierbleiben! Ich will weg! Bitte, Mike!

MIKE: Er kommt ja gleich, der Arzt! Des is wichtig! Wir können doch nicht so losfahrn!

Nina schaut wieder vorsichtig, schaut sich um, schaut alle an, verweilt mit ihrem Blick bei Ossi, greift sich, während sie ihn anschaut, erschreckt zwischen die Beine.

MIKE: Es is nix, Nina! Er hat dir nix getan!

OSSI: Genau! Kein Mensch hat dir was getan!

Nina verbirgt ihr Gesicht wieder.

NINA: Warum sind alle noch da? Sie sollen gehn! Bitte!

OSSI: Ja, äh, des wär vielleicht eh des Gscheiteste! Nur ... es kommt jetzt drauf an ...

MONIKA: Was war denn los? Was hat sie denn?

Niemand sagt etwas.

MONIKA: *(lächelnd)* Warum sagt mir niemand was?

GÜNTHER: Fräulein Monika, das ist eine Amtshandlung, bitte heimzufahren!

MONIKA: *(lächelnd)* I darf mi nit aufregen. Wegen dem Baby, weißt!

GÜNTHER: Ja, eben!

MONIKA: Wo warst denn so lang, Michi?

Mike hört sie nicht.

MONIKA: Wo warst denn so lang, Michi?

MIKE: Was?

MONIKA: Wo du so lang warst?

MIKE: Berlin. Amsterdam.

NINA: *(leise)* Mama! Jesus!

MONIKA: Bist damals weg, ohne mir was zu sagen!

MIKE: Ja. Entschuldige. I hab niemandem was gsagt.

MONIKA: Das war nicht nett von dir!

MIKE: Tut mir leid.

MONIKA: I hab schon die Aussteuer beisammen ghabt. Des ganze Gschirr und alles. Bettzeug. Rheumalind. Vor neun Monat hab i den Friseurmeister gmacht. Jetzt bin i Friseurmeisterin.

Mike hätte das nie geschafft (Rheumalind!). Aber er mag Monika.

MIKE: Fein.

OSSI: Ja, was? Bist du mit dem da gangen?

Nina schaut zu Monika.

MONIKA: Ja, mit dem bin i gangen. – Auf dem Platz da war ma oft, gell, Michi? Da wars früher schön. Wie Tahiti. *(Zu Mike:)* Hast mir auf der

Gitarre vorgspielt. *(Singt:)* We enjoyed, we had fun, we had seasons in the sun, la, la, la, lalala – Auf einmal warst weg. Is der da kommen. *(Schaut zu Ossi.)* Der neue Filialleiter. Ein fescher Kampl. Morgen is Hochzeit. Kommst, Michi?

Ossi: Na, des hab i no braucht! Mahlzeit! Dankschön! Der Gammler als mein Vorgänger! Na, Mahlzeit! Grüß Gott!

Monika: Kein schlechter Vorgänger, der Michi! Wir ham uns gut verstanden! Gell, Michi?

Mike: Sicher.

Ossi: Grüß Gott, Grüß Gott! Dem sei Schwanz vor meinem!

Mike: Was regst di denn auf? So schlimm kann des doch nit sein! Grad vorher hast des gleiche wieder probiert!

Monika: *(lächelnd)* So? Wie des?

Ossi: Blödsinn!

Monika: Oh, mei Burli rührt sich! *(Zu ihrem Bauch:)* Tust wieder ausstoßen, mit deine kloanen Fußelen, was? Du Schlawiner! Deine Mama in den Bauch treten! Fangst ja schon früh an, du! *(Zu Mike:)* Möchtest greifen, Michi? Man kann seine Fußelen richtig dergreifen! Möchtest nit?

Mike: Na, danke.

Monika: *(harmlos lächelnd zu Ossi)* Was habts denn gmacht mit der?

Ossi: Nix! Nix hamma gmacht! Ladendiebe sind des, alle zwei! Verfolgt hamma sie! Und da hat sie sich verletzt! Aus!

Mike: *(zu Ossi)* Guat machst du des! Des muaßt jetzt nur noch meinem Vater beibringen, wenn er seinen Rausch ausgschlafen hat!

Nina richtet sich auf.

Nina: Mann, seid ihr Schweine! Also nee, da klink ich echt aus! *(Zu Monika:)* Dein Schniegel-Poppie war rattenscharf auf mich! Wollte mich vergewaltigen!

Ossi: *(wütend)* Bestrafen wollt i sie! Wer bei mir klaut, is fällig! Den mach i fertig!

Monika schaut Günther an.

Günther: Fluchtversuch. Wie der Ossi gsagt hat!

Mike: Warum spielst du da mit, Günther?

Günther: *(deutet auf Hermann, schreit)* Der mag mi, verstehst du? Er mag mi!

Mike: Er is doch am Ende, Günther! I versteh des nit! Wie haltst du des aus?

Günther: Er mag mi! No nie hat mi jemand mögen! Immer war i der Trottel! Du hast ihn verraten! Du bist schuld, daß er so beinand is! – Man muaß zusammenhalten! Was bleibt denn sonst no?

Schweigen.

NINA: *(zu Monika)* Na, dann herzliche Gratulation, junge Frau! So einen Bräutigam findest du nicht alle Tage!

Eine Weile Schweigen.

OSSI: Herrschaft, wo bleibt denn der Doktor?

MONIKA: Ja ja, Michi! Jetzt mach i dann ein eigenes Friseurgschäft auf! Hab ein schönes Geld geerbt! Ein Jahr lang versorg i mei Burli, dann mach i a Gschäft auf! Direkt am Hauptplatz! Friseursalon Monika! Die neuesten Schnitte, der letzte Schrei!

OSSI: Geh doch heim! I bitt di! Was willst denn da? *(Schaut verzweifelt Günther an.)*

GÜNTHER: Ich bitte, den Schauplatz zu verlassen, Fräulein Monika!

MONIKA: Jetzt wart i grad noch auf den Doktor!

Geräusch eines Autos kommt näher.

MONIKA: Ah, da kommt er schon!

Scheinwerfer nähern sich, leuchten in den Hintergrund, das Auto hält an, der Motor stirbt ab, das Licht geht aus, zwei Türen schlagen. Alle außer Nina schauen zur Leiter, Hilde taucht auf, steigt die Leiter herunter, hinter ihr kommt Walter mit der Arzttasche in der Hand.

OSSI: I wer wahnsinnig! Jetzt kommt die a no!

Hilde bleibt am Fuß der Leiter stehen, schaut her, sieht Mike, stürzt zu ihm hin, kniet sich nieder, umarmt ihn weinend, zieht ihn hoch. Während sie nun mit ihrer Suada beginnt, schaut sich Walter um, Günther deutet auf Nina, Walter geht zu ihr, untersucht sie, säubert ihre Wunde, gibt ihr eine Mullbinde darauf, macht ihr einen Kopfverband. Er schaut auch in ihre Augen, sieht, daß sie was genommen hat, untersucht ihre Arme, sieht die Einstiche. Man sieht ihm an, daß er ihr ungern hilft. Walter haßt Menschen wie Nina. Während Hilde redet, versucht sich Mike ein paarmal von ihr loszureißen, aber es gelingt ihm nicht, sie klammert sich an ihn.

HILDE: Mein Gott, Michi! Mein Gott, Michi! Daß du nur wieder da bist! Ach du! *(Küßt ihn.)* Mein Gott, du! Du weißt ja gar nicht, was ich mitgemacht hab, seit du weg bist. Furchtbar! Furchtbar, sag ich dir! Es war einfach schrecklich! Dein Brief! Entsetzlich! Ich bin sofort zusammengebrochen. Nervenzusammenbruch! Frag deinen Großvater! Entsetzlich! Er hat geglaubt, er muß mich in die Psychiatrie bringen. Weinkrämpfe, Kreislaufstörungen, Kopfschmerzen, entsetzliche Kopfschmerzen! Wochenlang hab ich mein Zimmer nicht verlassen können. Immer zu Bett! Immer die Vorhänge zu! Fieber! Fieberanfälle! Ich hab nach dir gerufen. Mein liebster Michi! Mein liebster Michi! Immer wieder. Frag deinen Großvater! Er ist nächtelang an meinem Bett gesessen! Spritzen! Immer wieder Spritzen! Schlafmittel! Ich konnte kein Auge zutun! Immer

Deinen Brief vor Augen! Immer mußte ich ihn lesen! Wieder und wieder! Diesen schrecklichen Brief! Noch nie hab ich einen so schrecklichen Brief gelesen. So voller Vorwürfe! So voller sinnloser Vorwürfe! Auch gegen mich! Warum denn gegen mich? Warum hast du den Brief an mich geschrieben? Warum nicht an deinen Vater? Du bist doch wegen deines Vaters weg, nicht wahr? Das hast du doch geschrieben! Weil er so ein brutaler Mensch ist! Ein Polizist eben! Und ein Säufer! Seit du weg bist, ist es ganz aus! Jeden Tag besäuft er sich! Jeden Tag! Sitzt auf dem Posten und säuft! Sitzt in der Ausnüchterungszelle und säuft! Stell dir das vor! Sitzt in der Ausnüchterungszelle und säuft! Kommt nicht mehr nach Hause! Kannst du dir das vorstellen? Kannst du dir vorstellen, wie ich leide? Ich hätte ihn nicht heiraten sollen, nein, ich hätte ihn nicht heiraten sollen! Dein Großvater hat es mir gesagt, dein Großvater hat mich gewarnt, frag ihn! Heirate nicht diesen Polizisten, hat er gesagt. Die Tochter eines Arztes hat keinen Polizisten zu heiraten, hat er gesagt. Höchstens einen Akademiker, hat er gesagt, aber nicht einen von unten, hat er gesagt, nicht irgendeinen Landburschen, der sich eine Uniform anzieht und dann meint, er sei Gottweißwer, hat er gesagt. Polizisten haben nur mit Verbrechern, mit Dieben, mit Primitiven zu tun, hat er gesagt. Diese Primitivität muß einfach abfärben, hat er gesagt, das geht nicht anders! Heirate ihn nicht, hat er gesagt. Ich enterbe dich, hat er gesagt. Aber ich hab nicht auf ihn gehört, ich hab nicht auf ihn gehört. War einfach verliebt in dieses Mannsbild, in diesen Rabauken. Die Kraft war es, weißt du, die Kraft! Und wie er gelächelt hat, so siegessicher! Er war nicht so primitiv, wie mein Vater geglaubt hat, nein bestimmt nicht! Obwohl er immer rülpst und Winde macht, das kann ich ja überhaupt nicht ausstehn. Dauernd rülpst er und macht Winde. Geh hinaus in den Garten, hab ich gesagt, dort kannst du rülpsen und Winde machen! Geh hinaus in den Garten! Aber er tuts nicht. Er tuts nicht. Er will mich fertigmachen! Er will mich einfach fertigmachen! Dabei hatte er doch alle Chancen, bevor er zu saufen anfing. Er hätte im zweiten Bildungsweg Polizeioffizier werden können, er hätte Landesgendarmeriekommandant werden können, aber das ist jetzt alles vorbei, weil er so furchtbar säuft. Warum säuft er so furchtbar, sags mir, Michi, ich versteh es nicht! Als wir verlobt waren, hat er überhaupt noch nicht gesoffen, oder hat er nur eine Pause gemacht, um mich zu kriegen, ich weiß es nicht. Aber er hat doch das Haus gebaut, da hat er auch noch nicht gesoffen, da hat er geschuftet, das mußt du ihm schon zugute halten, Michi! Für dich hat er das Haus gebaut, für dich! Und mein Vater hat uns nicht geholfen, keinen Groschen hat er uns gegeben, das werde ich ihm nie verzeihen, nie, er kann es ruhig hören! Nie verzeih ich ihm das! Ach, Michi, du! Warum bist du weg? Warum bist du weg? Ich war doch immer für dich da! Immer! Aber man muß doch auch Rücksicht nehmen! Hast du das getan? Hast du das getan? Nein, das hast du nicht! Nie hast du das! Hast uns gequält mit deiner Rücksichtslosigkeit! Mit sechzehn schon in die Stadt, die Nächte durch! Und deine Frisur! Deine Frisur! Ich hab dich auf den Knien gebeten. Ich bin die Tochter eines Arztes, die Frau eines Polizisten! Das geht doch nicht! So eine Frisur geht doch nicht! Noch nie hat in diesem Dorf jemand so eine Frisur gehabt wie du! Mit Farben drin! Mit Farben drin! Das kann man in der Stadt machen, aber doch nicht bei uns! Jetzt hast du ja keine Farben mehr drin, ich sehs, ich danke dir. Du wirst dich schon anpassen. Du wirst dich schon anpassen! Hauptsache, du bist wieder da! Weiß du, daß der Günther jetzt bei uns wohnt? Weißt du das? In deinem Zimmer wohnt er, stell dir das vor! Dein Vater tut so, als wäre der Günther sein Sohn. Stell dir das vor! Das ist doch Verrat! Verrat ist das! Ich verrate dich nicht, Michi, der Günther darf mich nicht einmal duzen, kommt ja gar nicht in Frage, ich stehe zu dir, Michi, unerschütterlich! Ach du, mein liebster Sohn, ich hab so gelitten! Ich hab so gelitten! Was du mir alles an den Kopf geworfen hast! Schrecklich! Entsetzlich! Daß ich dich erdrückt hätte! Daß du erstickt wärst an mir! Wie kann man sowas schreiben? Wie kann man sowas nur schreiben? Das war doch Liebe, Michi, nur Liebe! Liebe!

Mike reißt sich los.

MIKE: *(schreit)* Hör auf!

Mike geht von Hilde weg, sie verstummt schlagartig, schaut verwirrt, lächelt nervös und verlegen, schaut auf Nina, schaut die anderen an, sieht Monika.

HILDE: Oh, Fräulein Monika! Auch hier?

MONIKA: *(lächelnd)* Guten Abend, Frau Postenkommandant!

HILDE: Wo ist denn mein Mann?

OSSI: *(zeigt)* Da drüben liegt er!

Hilde schaut zum schlafenden Hermann, bewegt sich aber nicht.

HILDE: Was hat er denn?

OSSI: Betrunken is er!

HILDE: Oh! *(Schaut zu Nina.)* Und was ist da passiert?

GÜNTHER: Ladendiebstahl! Bei der Flucht verletzt!

HILDE: So? *(Zu Mike:)* Und was hast du damit zu tun?

MIKE: I bin mit dem Mädchen zusammen!

HILDE: So? Hast du auch einen Ladendiebstahl begangen?

NINA: Ne, hat er nich! Nur ich hab geklaut!

HILDE: So? Warum denn? Kein Geld?

NINA: Eh, Kohle hab ich genug! Ich klau immer! Es gibt keinen Supermarkt, wo ich nicht was klau!

HILDE: Ja, warum denn?

NINA: Warum nich? Ist doch genug da!

HILDE: Komische Ansicht! *(Zu Mike:)* Und mit der bist du unterwegs?

MIKE: Sowieso!

HILDE: Das Fräulein Monika wär viel netter gewesen! Anständiger! Jetzt hast du das Nachsehen!

Mike antwortet nicht, Walter steht auf, nimmt seine Tasche. Mike geht zu ihm.

MIKE: Und? Wie schauts aus?

WALTER: Guten Abend, Großvater, heißt das!

MIKE: Guten Abend, Großvater! Wie ist die Diagnose?

WALTER: Rißquetschwunde, Verdacht auf Gehirnerschütterung! Außerdem ist sie heroinsüchtig! *(Zu Günther:)* Rufen Sie einen Krankenwagen!

GÜNTHER: Ist das wirklich notwendig, Herr Medizinalrat?

WALTER: Die Wunde muß genäht werden! Außerdem ist ein Schädelröntgen erforderlich! *(Zu Nina:)* Und nachher gehts ab in die Psychiatrie!

Nina steht auf, schwankt, Mike stützt sie, legt seine Jacke um sie, die ihr zu Boden gerutscht ist.

NINA: Psychiatrie? Du hast wohl'n Knall, Mann!

MIKE: Sie braucht doch keine Psychiatrie! Sie macht eh eine Entziehung!

Walter stellt die Tasche ab, nimmt einen Block und Füllfeder aus seiner Jacke.

WALTER: *(zu Nina)* Name?

NINA: Ich will nich mehr drücken! Echt! Ich will selber weg davon!

WALTER: *(unbeirrt)* Name?

NINA: Mensch, erfind dir einen, Doktor Mabuse!

Sie gibt Mike seine Jacke, bückt sich nach ihrer Kleidung, schwankt, Mike stützt sie, sie hebt ihre Kleidung auf, Nina zieht unter dem Nachthemd Strumpfhose, Socken, Hose, Schuhe an, zieht dann das Nachthemd aus, wirft es Ossi zu, der beachtet es nicht, Nina zieht den Rest ihrer Kleidung an, das Gespräch geht währenddessen weiter.

OSSI: Äh, Herr Medizinalrat!

WALTER: Ja?

OSSI: Wissen S', es wär uns lieber, auch dem Herrn Postenkommandanten, wenn das Krankenhaus vermieden werden könnte!

WALTER: Wieso?

OSSI: Naja, es wär halt besser, meint der Postenkommandant, Ihr Herr Schwiegersohn! Es könnte Schwierigkeiten geben!

WALTER: Drücken Sie sich deutlicher aus!

Ossi: Naja, der Postenkommandant ist an der Verletzung mitschuldig! Das könnte schlecht für ihn ausgehen!

Günther: Treibs nit zu weit, Ossi!

Nina: Komm, Mike, laß uns abhauen!

Nina nimmt Mike am Arm, zieht ihn fort, er schaut zu Hermann.

Nina: Mann, ich sags dir: Da schlag ich mich echt lieber in den Städten durch! Das ist ja Transsylvanien hier!

Mike: *(hält an; wütend)* So, plötzlich? Vor einer Stund warst noch begeistert! Da war alles niedlich! Dufte!

Nina senkt den Kopf, fühlt sich schuldig. Mike schaut zu Hermann, geht zu ihm, schaut ihn an. Er schläft wie bewußtlos.

Mike: I kann mi schon erinnern, wie du mir des Pfeiferl gschnitzt hast. – *(Langsam:)* I wollt eigentlich wirklich wieder heim. Irgendwann. – Und jetzt is alles nur noch schlimmer.

Hermann reagiert nicht, Mike geht zu Nina und an ihr vorbei zur Leiter.

Nina: *(fertig)* Tut mir leid, Mike! Entschuldige! Ich weiß, ich hab das alles provoziert!

Mike steigt die Leiter hinauf, Nina folgt ihm, Günther fallen der Ausweis und das Taschenmesser ein, er holt beides hervor, geht zu Nina, gibt ihr den Ausweis und das Taschenmesser von Mike, sie steckt beides ein, steigt langsam hinter Mike die Leiter hoch.

Walter: *(Richtung Nina)* Ich lehne jede Verantwortung ab!

Mike: *(hält inne)* Mach des, Herr Medizinalrat! Das hast ja immer gmacht!

Hilde: Michi! Ich bitte dich! Geh nicht weg! Bleib bei mir! Was soll ich tun ohne dich?

Mike steigt weiter hoch, Walter steckt Block und Füllfeder ein.

Hilde: Michi!

Walter: Laß ihn gehn! *(Nimmt seine Tasche.)* Sie gehören alle abgespritzt! Alle! *(Schaut zu Hermann.)* Einschließlich dem da! Die ganzen Versager!

Hilde: Was? Was heißt denn abgespritzt?

Mike: *(von der Leiter her)* Gekillt, Mutter! Gekillt!

Walter: *(versteht nicht)* Was?

Mike und Nina verschwinden nach oben. Walter geht auch zur Leiter. Hilde geht zu Hermann, schaut ihn an.

Hilde: Du! Hallo! *(Stößt ihn mit dem Fuß an.)* Ich laß mich von dir scheiden! Hörst du?

Hermann hört sie nicht.

WALTER: Ja, tu es endlich! Seit 10 Jahren redest du davon!

Oben startet das Motorrad, fährt weg. Walter steigt die Leiter hoch.

HILDE: *(freundlich zu den anderen)* Gute Nacht! *(Geht zur Leiter.)*

GÜNTHER: Gute Nacht, Frau Postenkommandant!

MONIKA: Gute Nacht!

Hilde steigt die Leiter hoch, verschwindet, Autotüren knallen, das Auto des Arztes fährt weg.

OSSI: Gottseidank! Jetzt könn ma die blöde Geschicht vergessen! Guat is gangen, nix is gschehn! *(Schaut auf seine Uhr.)* Oh mei, jetzt komm i zu mein eigenen Polterabend zu spät! Die Spezeln werden sich wundern! *(Grinsend zu Günther:)* He, vielleicht glaubn s', i bin abghaut! Todesangst vor der Ehe! Was? Dabei bin i eh schon mit ihr zusammen! Was, Moni? Ich entkomme dir nicht!

MONIKA: Weißt was, Ossi: I glaub, ich krieg a ledigs Kind!

OSSI: Was? Was is los?

Monika steht vorsichtig auf, geht langsam zur Leiter, Ossi schaut ihr verblüfft nach.

OSSI: Moni! Was is denn?

Monika verschwindet nach oben.

OSSI: Jetzt kenn i mi überhaupt nimmer aus! *(Steigt hinauf.)* I mag di doch, Moni!

Das Mofa wird gestartet, Ossi verschwindet nach oben, man hört das Mofa wegfahren. Günther geht zu Hermann.

STIMME OSSI: Moni! Wart doch! – Scheißdreck!

GÜNTHER: Hermann! Wach auf! *(Zerrt ihn hoch, schüttelt ihn.)* Du! *(Schreit:)* Wach endlich auf!

Hermann wacht langsam auf, schaut sich um, schaut Günther an.

HERMANN: Was is denn los?

GÜNTHER: Nix is los! *(Zerrt ihn hoch, setzt ihm die heruntergefallene Mütze auf.)* Komm jetzt!

Günther führt Hermann Richtung Leiter, Hermann hält inne, schaut sich um, denkt angestrengt nach.

GÜNTHER: Jetzt komm schon!

Günther will ihn weiterziehen, Hermann bleibt aber stehen, starrt ins Leere, erinnert sich langsam, schaut Günther an.

HERMANN: Wo is der Michi? Wo is mei Bua?

GÜNTHER: Weg is er!

Uraufführung von "Karrnerleut '83" mit Kurt Weinzierl (Gendarm), Tobias Bloéb (Mike), Klaus Rohrmoser (Filialleiter) und Barbara Weinzierl (Nina), Regie Gunnar Klattenhoff. Aus dem Einakter entstand später das abendfüllende Stück "Heim"

Plakat zur Uraufführung von "Heim" in den Kammerspielen des Landestheaters Linz 1987 (Regie Leopold Huber)

Robert Christian Kowald als Mike und Angelika Utto als Nina

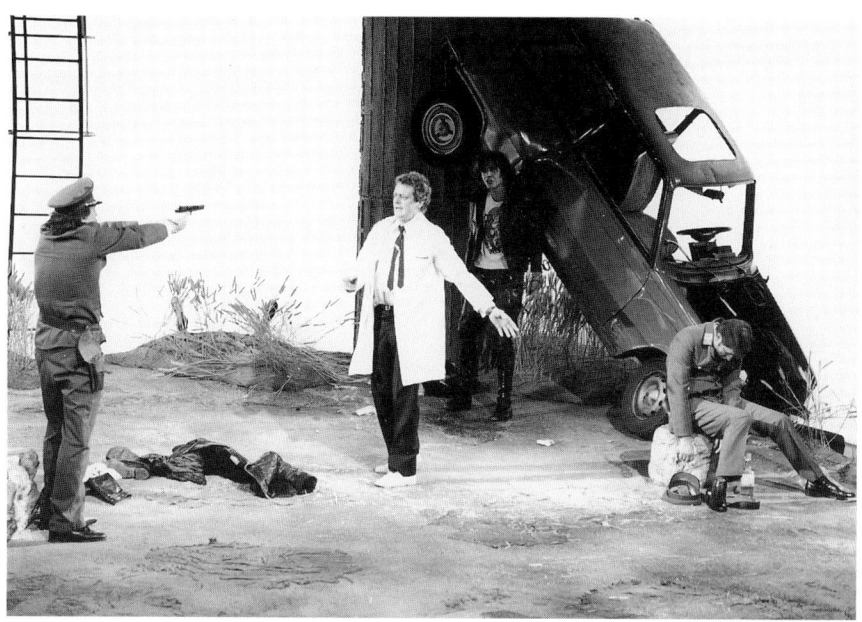

Zwei Szenen mit Klaus von Pervulesko (Filialleiter), Angelika Utto, Thomas Sigwald (Günther), Günter Rainer (Hermann) und Robert Kowald

Plakat zur slowenischen Aufführung von "Heim" ("Domov") im Kärntner Dorf Radsberg (Radiše) durch den "Slowenischen Kulturverein" 1990. Jožika Hribernik, Martin Ogris, Milan Hribernik, Danijel Wrulich, Tatjana Tolmajer und Šimi Ogris spielen in der Inszenierung von Nuži Wieser

HERMANN: Er soll bleiben! Er soll doch bleiben!

GÜNTHER: Vergiß ihn, Mensch! Der is fertig mit dir!

Günther zieht Hermann weiter, dieser stößt ihn aggressiv von sich weg, schaut sich schnaufend um, zieht seinen Gummiknüppel, nimmt seine Mütze ab, schlägt sich den Knüppel selbst mehrmals gegen den Kopf, Günther will ihm den Knüppel wegnehmen, sie kämpfen darum, Hermann verliert seine Mütze, holt drohend gegen Günther aus, Günther weicht zurück, Hermann steht einen Moment mit erhobenem Knüppel wie erstarrt, steckt ihn dann wieder an den Gürtel.

HERMANN: I mach eine Selbstanzeige!

GÜNTHER: Garnix wirst machen! *(Nimmt die Mütze vom Boden auf, setzt sie Hermann auf, faßt ihn am Arm.)* Komm, Hermann, fahr ma heim! Bitte!

Günther führt Hermann zur Leiter, schiebt ihn hoch, kommt noch einmal zurück und schaltet die Baustellenbeleuchtung aus. Es wird stockdunkel. Hermann hält inne.

HERMANN: I hab alles falsch gmacht! Alles!

Günther hat eine Taschenlampe hervorgezogen, schaltet sie ein, geht zur Leiter, leuchtet hinauf, steigt zu Hermann hoch, schiebt ihn weiter.

GÜNTHER: Jetzt geh schon!

Sie verschwinden oben.

STIMME OSSI: Darf i eh mitfahren?

STIMME GÜNTHER: Hau ab! Geh z'Fuaß!

Geräusch Autotür auf.

STIMME GÜNTHER: Steig ein, Hermann!

STIMME HERMANN: *(schreit)* Michi!

STIMME GÜNTHER: Steig ein, verdammt!

Eine Autotür schlägt zu, eine zweite wird aufgemacht.

STIMME OSSI: Geh, laß mi halt mitfahren!

Die Autotür schlägt zu, Motor wird gestartet, Scheinwerfer gehen an.

STIMME OSSI: Aff, blöder!

Das Gendarmerieauto wendet, fährt weg, entfernt sich.

ENDE

URAUFFÜHRUNG

KARRNERLEUT 83

Tiroler Volksschauspiele Telfs (Baugrube des neuen Dorfzentrums)
Premiere am 9. August 1983

Regie	Gunnar Klattenhoff
Kostüme	Jürgen Reiser
Maske	Jürgen Fischer
Licht	Max Keller
Richie	Tobias Bloéb (Moretti)
Tina	Barbara Weinzierl
Gendarm	Kurt Weinzierl
Filialleiter	Klaus Rohrmoser

HEIM

Landestheater Linz (Kammerspiele)
Premiere am 26. September 1987

Regie	Leopold Huber
Ausstattung	Brigitte Erdmann
Mike	Robert Christian Kowald
Nina	Angelika Utto
Hermann	Günter Rainer
Günther	Thomas Sigwald
Ossi	Klaus von Pervulesko
Hilde	Brigitte Schmuck
Monika	Claudia Wipplinger
Walter	Hans Obermüller

BESUCHSZEIT

Der Einakterzyklus »Besuchszeit« entstand aus Hörspielen, die alle im Laufe der 70er Jahre vom ORF-Studio Tirol produziert wurden. Die Uraufführung fand 1985 im Theater »Die Tribüne« in Wien statt, dem ich durch die lange Aufführungsserie von »Kein Platz für Idioten« verbunden war. In der Folge entwickelte es sich zu meinem meistaufgeführten Stück, wurde auch in mehrere Sprachen übersetzt.
»Besuchszeit« spielt im Krankenhaus, im Altersheim, in der Nervenheilanstalt und im Gefängnis. In jenen Anstalten also, in denen man Menschen unterbringt, die krank sind oder alt oder aufsässig oder kriminell. In jeder dieser Anstalten ist der Mensch ausgeliefert und entmündigt, in der einen mehr, in der anderen weniger. Vor allem ist der Mensch ausgeliefert, wenn er ein Mensch zweiter Klasse ist, im wahrsten Sinn des Wortes. Diejenigen, die Geld haben und Einfluß, die können sich wehren, die haben Privilegien. Nicht nur im Krankenhaus, wo sie Erster Klasse liegen und vom Herrn Primar persönlich betreut werden; auch in der Psychiatrie, selbst im Gefängnis. Und ins Altersheim brauchen sie natürlich auch nicht. Die Mächtigen, die Einflußreichen, die Wohlhabenden sind ausgestattet mit einer Zusatzversicherung für alle Lebenslagen. Meine Putzfrau im Krankenhaus, mein Beamter im Altersheim, mein Bauer in der Psychiatrie und meine Ehefrau im Gefängnis, sie alle haben keine Zusatzversicherung, keine Privilegien, keine einflußreichen Freunde. Eingeschlossen sind sie, zur Ohnmacht verurteilt. Aber auch die Besucher, die sich frei dünken, auch sie sind arm dran, sind Eingeschlossene, Gefangene im gesellschaftlichen Zwang, können nicht heraus aus ihrer Haut.
Alle Figuren des Stücks haben reale Vorbilder. Der Mann und die Frau in »Man versteht nichts« sind meinen Adoptiveltern nachgebildet.

ABSTELLGLEIS

PERSONEN: Alter und Schwiegertochter

SCHAUPLATZ: Besucherzimmer in einem Altersheim

Ein Tisch, zwei Stühle. Der Alte und die Schwiegertochter kommen herein, er geht am Stock, sie will ihn stützen, er wehrt sie mißmutig ab. Sie trägt einen Mantel, zieht ihn nicht aus.

SCHWIEGERTOCHTER: I hab leider nit viel Zeit. *(Setzt sich, entnimmt ihrer Handtasche einen Sack Erdnüsse, legt sie auf den Tisch.)* Da san deine Erdnussen, *(holt aus der Tasche eine Krone aus Goldfolie hervor, hält sie dem Alten hin)* und die Anita schickt dir des. Ham s' im Kindergarten gmacht.

ALTER: Sehr nett. Des freut mi. *(Setzt sich die Krone auf, kramt in seinen Taschen, holt ein paar Münzen heraus.)* Gib ihr des. Sie soll sich an Lutscher kaufen.

SCHWIEGERTOCHTER: Laß guat sein. An Lutscher kriagt sie so a.

ALTER: Dann soll sie's in die Sparkasse tuan.

SCHWIEGERTOCHTER: *(schaut die paar Schillinge an, nimmt sie dann, steckt sie ein)* Is lang koaner mehr da gwesen. Muaßt entschuldigen.

ALTER: Ah, des versteh i schon. Wer geht schon gern ins Altersheim.

SCHWIEGERTOCHTER: Der Franz muaß was am Auto richten. Schöne Grüaß.

Der Alte nickt verbittert, setzt sich, nimmt den Erdnußsack, versucht ihn zu öffnen, es gelingt ihm nicht gleich, er wird ungeduldig, reißt ihn entzwei, ein Teil der Erdnüsse fällt zu Boden.

SCHWIEGERTOCHTER: Geh, paß doch auf!

Sie kniet sich auf den Boden, sammelt die Erdnüsse ein, legt sie auf den Tisch, übersieht eine, der Alte tippt sie mit dem Stock an, zeigt auf die Nuß, sie nimmt sie, legt sie auch auf den Tisch, setzt sich wieder. Der Alte öffnet Nüsse über dem Aschenbecher, gibt die Schalen hinein, ißt die Nüsse.

SCHWIEGERTOCHTER: Wia gehts dir?

ALTER: Guat. Bestens. Opa, brav aufessen, sonst gibts koa Kompott!

SCHWIEGERTOCHTER: Was?

ALTER: Wia gehts meiner Haika?

SCHWIEGERTOCHTER: Ja mei, alt is sie.

ALTER: Ja. – Der paßt des nit, daß i weg bin, ha?

SCHWIEGERTOCHTER: Na.

ALTER: Daß mir der Hund viel lieber ist, sagst du, o Mensch, wär Sünde. Der Hund bleibt mir im Sturme treu, der Mensch nicht mal im Winde. – Wia gehts enk?

SCHWIEGERTOCHTER: Ja, geht scho. In Urlaub tät ma gern fahren. Aber die ganzen Raten und alles ... die Kinder ... Dem Franz ham s' Überstunden weggnommen.

ALTER: Urlaub ... I bin nia weggfahren. Außer im Kriag. Is doch bei uns a schön.

SCHWIEGERTOCHTER: Ma möcht halt amal andere Gsichter sehn.

ALTER: Glaubst, in Jesolo siehgst andere Gsichter? *(Steht auf.)* Von mir kriagts jedenfalls nix, wenn du des moanst. Mei Sparbuach vermach i der Anita.

SCHWIEGERTOCHTER: Ja, hab i was gsagt?

ALTER: Urlaub is a neumodische Erfindung. Gehts in Wald.

SCHWIEGERTOCHTER: I woaß schon. Du hast an Zorn auf uns.

ALTER: Ach was! Blödsinn!

SCHWIEGERTOCHTER: Es war zviel für mi! I bin sowieso schon für drei Leut der Putzfetzen! Und da hast a Pfleg!

ALTER: Alles in Ordnung! Alles in Ordnung! Mir geht ja nix ab da. Nur des Essen is a Fraß, des muaß ma schon sagen. Opa, brav aufessen, sonst gibts koa Kompott! Was brauch i a Kompott? X-mal hab i mi beschwert, bei der Heimleitung. Hat aber nix gnutzt. A Grinsen im Gsicht, und dahinter denkt er sich, der soll mi gernhaben, der alte Trottel. *(Verschwörerisch leise:)* Jetzt hab i an den Bundespräsidenten gschrieben.

SCHWIEGERTOCHTER: Was?

ALTER: Das Essen ist miserabel, hab i gschrieben. Das Heim kassiert fast meine ganze Pension, dafür erwarte ich mir eine nahr- und schmackhafte Kost, hab i gschrieben.

SCHWIEGERTOCHTER: Geh, laß doch solche Sachn, was soll denn des? Hoakl bist!

ALTER: Was bin i?

SCHWIEGERTOCHTER: Mi hast doch a immer sekkiert, wegen dem Essen!

ALTER: Ah, so is des? Ja, dann Aufwiederschaun! Danke für'n Bsuach! *(Geht zur Tür.)*

SCHWIEGERTOCHTER: Geh, Opa!

ALTER: I bin nit dei Opa! I bin dei Schwiegervater! Mehr Respekt, bittschön!
Er geht weiter zur Tür, sie geht ihm nach, hält ihn zurück.
SCHWIEGERTOCHTER: Helmut!
ALTER: Opa, brav aufessen, sonst gibts koa Kompott! Nit mit mir!
SCHWIEGERTOCHTER: Helmut! I häng doch an dir! Wer bsuacht di denn? Kimm! *(Sie führt ihn zum Tisch, setzt sich nieder.)*
ALTER: Entschuldigung.
SCHWIEGERTOCHTER: Is scho guat. Willst du nit des Ding abnehmen?
ALTER: Wieso? Abdanken, was? Abdanken! No dank i nit ab! Merk dir des!
Sie seufzt auf, setzt sich wieder.
ALTER: Ja, i woaß. I bin a verdammter Sturkopf worden! A Querkopf war i ja immer schon, jetzt bin i a no a verdammter Sturkopf!
Er schaut sie an, sie schaut nicht zu ihm, er nimmt eine Erdnuß, hält sie ihr hin.
ALTER: Magst a Nuß?
Sie schüttelt den Kopf, er ißt die Nuß, schaut sie wieder an.
ALTER: Was hast denn? I hab ja scho zuageben, daß i a verdammter Sturkopf bin! Was willst denn no? Soll i auf die Knie vor dir umarutschen?
Sie antwortet nicht, er öffnet eine neue Nuß, läßt die Schalen dabei zu Boden fallen, schaut immer wieder zu ihr.
ALTER: Bestrafung durch Schweigen, was? *(Steht auf.)* I kenn des! I kenn des! Des is so a Charakterzug von dir! Eine abgefeimte Methode! Die abgefeimteste Methode, jemanden weichzukriegen! Mit mein Sohn praktizierst du des ja a! Seit Jahren! Mit Erfolg! Immer is es er gwesen, der nachgeben hat! Immer! Kannst du di no an eure Hochzeit erinnern? Da hat er an harmlosen Witz gmacht, bei der Feier. An absolut harmlosen Witz! Und du, du hast volle drei Tag koa Wort mehr mit ihm gredt! Koa oanzigs Wort! Bis er krochen kemmen is! Und sich entschuldigt hat! Für nix und wieder nix! I kenn di! I kenn di!
Sie hat zu weinen begonnen, er merkt es.
ALTER: Was is denn? Was hast denn? Ha? Warum rearst denn? Sag schon! Also bitte, i steh nit an, mi für mein Ausbruch zu entschuldigen! Bin vielleicht a bissl z'weit gangen. Nimmst du meine Entschuldigung an? Was?
SCHWIEGERTOCHTER: *(weinend)* Er betrügt mi!
ALTER: Was? Wie bitte?
SCHWIEGERTOCHTER: Er betrügt mi! Schon seit an Jahr!
ALTER: Wer?

SCHWIEGERTOCHTER: Wer! Dein Sohn! Mein Mann!

ALTER: Er betrügt di?

SCHWIEGERTOCHTER: Ja! Mit oaner Zwanzigjährigen! Aus der Firma! Er is bei ihr! Jetzt! Jetzt, in dem Moment is er bei ihr! I woaß es! I siehgs an sein Gsicht, wenn er zu ihr geht!

ALTER: Seit wann woaßt du des?

SCHWIEGERTOCHTER: Seit drei Wochen. A Freundin hats mir erzählt.

ALTER: Hast mit ihm drüber gredt?

SCHWIEGERTOCHTER: Ja, i red doch nimmer mit ihm! Glabst du, mit dem red i no a Wort?

ALTER: No, dann werd i ihn mir vorknöpfen! Bring ma'n zur Stell! Dem wasch i den Kopf! Dem wasch i den Kopf! Möcht er wieder jung sein, was? No, dem werd i abhelfen! Geht zu seiner Geliebten, statt daß er sein Vater bsuacht! Schweinerei! I moan, sowas kann ja passieren. Is mir a passiert. Aber ma hat sei Familie damit nit zu belasten! Man hat seinen Familienpflichten trotzdem nachzukommen. Nit? Was?

Sie antwortet nicht.

ALTER: Drei Wochen Schweigen? Des is der Rekord, oder? – No, des wird scho wieder, koa Sorg. A Strohfeuer. Junge Weiber san blöd. Und anstrengend. Des haltet er sowieso nit lang durch.

Er setzt sich, ißt wieder Nüsse, etliche Schalen fallen auf den Boden. Sie schneuzt sich, wischt die Tränen ab.

SCHWIEGERTOCHTER: Jetzt bist ihnen amal durch. Sie haben bei uns angruafen.

ALTER: Nur a kloaner Ausflug.

SCHWIEGERTOCHTER: In der Nacht hat dich die Polizei auf oaner Parkbank aufgriffen. Dort hast gschlafen.

ALTER: Weil i müad war.

SCHWIEGERTOCHTER: Du warst verwirrt, hat die Polizei gsagt.

ALTER: Du wärst a verwirrt, wenn dich die Polizei aus'n besten Schlaf reißt!

SCHWIEGERTOCHTER: Tua des bittschön nimmer!

Er schaut sie an, bröselt absichtlich Schalen auf den Boden.

SCHWIEGERTOCHTER: Geh, paß doch auf! Was machst denn? *(Sie kniet sich hin, sammelt die Schalen auf, gibt sie in den Aschenbecher.)* Wo warst'n überhaupt?

ALTER: In unserm Viertel. Hab mit die Leut gredt.

SCHWIEGERTOCHTER: Zu uns hoam bist nit. *(Setzt sich dann wieder.)*

ALTER: Sowieso. I bin vorm Haus gstanden. Hab mir denkt, jetzt schau i, ob mi die Haika spürt. Aber sie hat nix gmerkt. Vielleicht, weil i jetzt den Geruch vom Altersheim an mir hab. Des is ganz a eigener Geruch. Alle Altersheiminsassen verströmen den Geruch. A Einheitsgeruch. Eigentlich a Gstank. Gruftgestank.

SCHWIEGERTOCHTER: Was?

ALTER: Gruftgestank! Leichengestank!

SCHWIEGERTOCHTER: Geh, hör auf, Opa! Öfter baden! Hab i dir dahoam scho gsagt!

ALTER: Bittesehr, Frau Schwiegertochter, des hat damit gar nix zum tuan! Mir baden ja! Zwoamal in der Wochen! *(Grinst, flüstert verschwörerisch:)* Woaßt, wenns zum Baden is, stell i mi immer ganz schwach und hinfällig!

SCHWIEGERTOCHTER: Wieso?

ALTER: Dann kommen zwoa von die gschlitzten Madeln, führen mi in den Baderaum, ziagen mi aus, legen mi ganz vorsichtig in die Badwannen und waschen mi. Am ganzen Leib. Da kimm i mir dann vor, wia in an thailändischen Massagesalon!

SCHWIEGERTOCHTER: Woher willst du denn wissen, wia's in an thailändischen Massagesalon zuageht?

ALTER: Des liest ma ja. In die Illustrierten. *(Lacht.)* Des gfallt ma! *(Hebt den Zeigefinger, ernsthaft:)* Is auch sehr gesund für die Durchblutung! *(Öffnet wieder eine Nuß, bröselt auf den Boden.)* Trotzdem: Daß mi die Haika nit gspürt hat, des wundert mi. Des tuat weh. Is sie krank?

SCHWIEGERTOCHTER: Mei, alt is sie eben. Warum bist'n nit zu uns eini?

ALTER: Ihr hättets mi ja glei wieder zrucktransportiert!

SCHWIEGERTOCHTER: Ach was!

ALTER: In mei alts Wirtshaus hab i mi gsetzt. Hab a Glasl Wein trunken und hab mi erkundigt, wer aller gstorben is. Der Wirt hat glaubt, i bin a schon tot. Dann bin i no auf'n Friedhof. Zu meiner Agnes. Zu meiner Frau.

SCHWIEGERTOCHTER: Jedenfalls laßt du solche Ausflüge bleiben. Draußen vor der Tür is a Park.

Der Alte brösel mit den Erdnüssen, sie sieht die Bescherung zu seinen Füßen.

SCHWIEGERTOCHTER: Des darf doch nit wahr sein! *(Sie kniet sich hin, sammelt die Brösel und Schalen ein, gibt sie in den Aschenbecher.)* Machst du des absichtlich? Dahoam wars des gleiche! Überall Brösel! Ständig die Brösel! Du bist wia a Kloankind!

Der Alte brösel absichtlich zu Boden, ohne daß sie es sieht. Nachdem sie fertig ist, setzt sie sich wieder, schaut auf die Uhr.

SCHWIEGERTOCHTER: *(nach einer Weile)* Wie gehts dir gsundheitlich?
ALTER: Guat. Bestens. I wer hundert Jahr. – Des Essen is halt a Fraß. Altersdiät! I brauch was Fettes! Meiner Lebtag hab i fett gessen und nia hat ma was gfehlt! Opa, brav aufessen, sonst gibts koa Kompott! Was brauch i a Kompott?
Sie seufzt auf, er schweigt eine Weile.
ALTER: In mein Zimmer is a alter Nazi. Jetzt plagt ihn auf oamal sei Gwissen. Weil er Angst hat, es gibt vielleicht doch an Himmel und a Höll. Jeden Tag geht er in die Anstaltsmeß. Und woaßt, was er dort macht? Er ministriert! In so an rotweißen Weiberkittel! Und dabei schüttet er dauernd den Meßwein aus, weil er so zittert! In der Nacht schreit er auf. Den ganzen Tag redt er von Befehlsnotstand. Aber den mach i fertig! Befehlsnotstand! Daß i nit lach! Bin i gstanden, des bluatige Hirn an meiner linken Hand. A Kamerad. Ich hatt' einen Kameraden. Von die Partisanen wegputzt. Die andern, die hätten die nächsten fünf Häuser anzunden und die Leut derschossen, die Zivilisten. Aber i nit. Was hamma denn dort verloren? In an fremden Land? Wißts was, hab i gsagt, alles was i will, is a schöner Sarg und a Kranz. San sie losgrennt. Na, na, Befehlsnotstand gibts nit! I leb heut no. *(Holt ein langes Stück Klopapier hervor, schneuzt sich geräuschvoll.)* Jetzt pflanz i ihn mit der Euthanasie. I hab ihm eingredt, die kimmt jetzt wieder. A für die Alten. Jetzt traut er si nimmer im Bett liegen z'bleiben, a wenns ihm schlecht geht. Wenn er a Spritzen sieht, nacha fangt er zittern an, vor lauter Angst.
SCHWIEGERTOCHTER: Ja, geh, sowas darf man doch nit tuan!
ALTER: Wieso denn nit? Er war ja selber für die Euthanasie! Als junger Mensch! Als fescher Soldat! Mit'n Totenkopf auf der Mützen! Wer nit arbeitet, hat koa Recht zum leben! Da muaß ma scho konsequent sein!
SCHWIEGERTOCHTER: Na, sowas tuat ma nit, Helmut! Jemanden so Angst machen!
ALTER: Die Nazi ham uns a Angst gmacht. Und nit nur des. So, jetzt kannst di scheiden lassen, hat mei Agnes gsagt, damals. Wegen dem Ahnennachweis, nit. Ja, sonst no was, hab i gsagt, scheiden lassen wer i mi, wegen die Hakenkreuzler! Herr Aigner, ab null Uhr sind Sie Soldat! Guat. Guat. Und was is mit Ihrer Frau? Die hat no immer koan Ahnennachweis. – Schauts, meine Herrn, hab i gsagt, die is a ledigs Kind, irgendwo aus'n Mährischen, da spielt si nix mehr ab mit an Ahnennachweis! Und i sag euch jetzt oans: wenn ihr mei Frau nit in Ruah laßts, dann kann sich die Dings, die Wehrmacht oder wer da für'n Kriag zuaständig is, dann könnts euch den Kriag selber führen, aber ohne mi, ohne mi, verstehn ma uns? Sowieso!
SCHWIEGERTOCHTER: Du, i muaß jetzt ...
ALTER: Ja, entschuldige. I red scho wieder von die alten Zeiten. I woaß, du magst des nit.

Sie will aufstehen.
ALTER: A paar Minuten no. A paar Minuten no.
Sie bleibt sitzen, er nimmt die Krone ab, schaut sie an.
SCHWIEGERTOCHTER: Und wia paßts dir sonst da? Außer'm Essen?
ALTER: Auf'm Abstellgleis is man halt. *(Legt die Krone auf den Tisch.)* Oa Tag wia der andere. Nur alte Leut. Schrecklich. Die san oft so starrsinnig. Vom Altersstarrsinn befallen, sozusagen. I mag liaber junge Leut um mi. In so an Altersheim sieht ma nur alte Leut. Außer die Schwestern. Drei san von die Philippinen. So kloane Madeln, gschlitzte. Sehr freundlich, woll, kann man nix sagen. Ein freundliches Volk, die Asiaten. Ehren die Ahnen. Aber unter die Hiesigen, da gibts a paar, die kann i überhaupt nit leiden. Die reden so komisch daher. So, Opa, jetzt tamma schön essen, nit patzen, gell! So Opa, jetzt leg ma uns nieder – dabei legt si eh koane zu mir ... Des mag i überhaupt nit! I war Beamter, eine Autorität! Und da wer i behandelt wia a störrisches Kind! I laß mir des nimmer gfallen. Was glauben denn die? Des hab i dem Bundespräsidenten a gschrieben. Sie sind auch ein alter Mann, hab i gschrieben, Sie verstehen das sicher! Mehr Respekt vor dem Alter, bitte! – Und mei Bett is ma viel z'hoch. Des is ja a Hochstand! Brauchatst direkt a Leiter! Die glauben wohl, i bin a pensionierter Jagdaufseher! Und alles schaut gleich aus! Die Zimmer, die Türen, die Gäng – i find nia die Klotür und zruck find i a nimmer, weil alles gleich ausschaut. Im Gang steht so a Grünzeug, a verschrumpeltes – i hab des ja nia mögen! – I versuach z'lesen, aber meine Augen tuan nimmer mit, brauchat halt neue Brillen. Aber ob si des no auszahlt, was moanst?
SCHWIEGERTOCHTER: No, sicher zahlt si des aus. Warum denn nit?
ALTER: Manchmal sitz i da, und auf oamal is der ganze Nachmittag vergangen. Oanfach so. Mit Dasitzen.
SCHWIEGERTOCHTER: *(schaut auf die Uhr)* I muaß jetzt wirklich gehn, Opa.
ALTER: I schlaf viel. Sie geben uns Schlafmittel. Is mir recht. Werd nimmer lang dauern, dann bin i erlöst. Der alte Nazidepp hat Angst vor'm Tod. I nit. Mir könnten s' ruhig a Spritzen geben.
SCHWIEGERTOCHTER: Komm, Opa, red nit so!
ALTER: Weils wahr is. Was hab i denn no vom Leben? Nit amal mein Hund hab i mitnehmen dürfen.
SCHWIEGERTOCHTER: *(steht auf)* I geh jetzt, Opa.
ALTER: Wart! *(Er kramt in den Taschen, holt einen Fünfhundertschillingschein hervor, reicht ihn ihr.)* Des is für die Haika. Kaufst ihr was Gscheits zum Fressen.
SCHWIEGERTOCHTER: *(greift nach dem Schein, zieht ihre Hand wieder zurück)* Opa, es tuat ma leid, i wollt dir des zerst gar nit sagen, aber ... Ja, mir ham sie einschläfern lassen.

ALTER: Was?

SCHWIEGERTOCHTER: Sie war alt, Helmut! Halb blind! Hat uns nix mehr gfressen! Is in dein Zimmer ghockt und hat dauernd gwinselt. Und überall die Haar!

Der Alte starrt vor sich hin.

SCHWIEGERTOCHTER: Also, pfiat di. Bis zum nächsten Mal.

Sie streckt ihm die Hand hin, er nimmt sie nicht wahr, sie legt ihm die Hand auf die Schulter, geht zum Ausgang, dreht sich um.

SCHWIEGERTOCHTER: Soll i di in dei Zimmer zruckbringen?

ALTER: Na, i bleib no a bißl sitzen.

Die Schwiegertochter geht weg.

ENDE

VERBRECHERIN

PERSONEN: ER und SIE, beide mittleren Alters

SCHAUPLATZ: Besucherzimmer in einem Frauengefängnis

Ein Tisch mit zwei Stühlen. Der Tisch ist durch eine Glasscheibe oder ein Gitter in der Mitte abgeteilt. Auf der Besucherseite steht ein Aschenbecher. Irgendwo eine Videokamera. SIE kommt in Gefängniskleidung herein, setzt sich an den Tisch. SIE hat eine einfache, schmucklose Frisur. Auf der anderen Seite kommt ER herein, im Sonntagsanzug. ER schaut sich unsicher um, blickt zur Kamera, geht zum Tisch, schaut SIE an.

ER: Griaß di.

ER streckt ihr die Hand hin, SIE schaut darauf, schaut ihn an, schüttelt den Kopf.

SIE: Verboten.

ER: Was?

Versteht, schaut zur Kamera, setzt sich, schaut SIE an, fühlt sich unwohl, holt seine Zigaretten heraus, zündet sich eine an, will die Schachtel wieder einstecken, hält sie aber dann ihr hin.

SIE: *(schüttelt den Kopf)* Verboten.

ER: Ahso ... *(Will seine Zigarette auslöschen.)*

SIE: Na, na, du darfst schon.

ER: Ahso ...

Sie schauen einander an, er blickt auf seine Armbanduhr, nimmt sie herunter, legt sie auf den Tisch.

ER: Nur fünfazwanzg Minuten, ham s' gsagt. Weil du nit brav warst.

SIE lächelt bitter. Eine Weile Schweigen. Keiner vermag etwas zu sagen.

SIE: Wia gehts enk?

ER: Man lebt. Umzogen samma.

SIE: Warum denn?

ER: Wegen der Nachred. Des is nit oanfach, kannst ma's glauben.

SIE: I glaubs dir. Und wo seids hinzogen?

ER: Wohin? Zu meiner Muatter natürlich!

SIE: Natürlich.
ER: Wenn i die nit hätt ... Könnt i mi aufhängen!
SIE: Da hams die Kinder jetzt aber weit in die Schul.
ER: Des geht schon derweil, i tua sie im Herbst eh in a andere.
SIE: Wieso?
ER: Wieso! Wieso! A wegen der Nachred, wieso sonst? Was glaubst, was die mitmachen? Alles Kinder aus der Nachbarschaft. Jeder woaß Bescheid!
SIE blickt bedrückt vor sich hin.
ER: *(nach einer Weile)* Hast du zuagnommen?
SIE: Ja, schiach bin i worden.
ER: Jaja, die guate Gfängniskost wird dir halt anschlagen!
SIE: *(nach einer Weile)* Was sagen die Kinder über mi?
ER: Nix. Drüber werd nit gredt. Is a guat so.
SIE: Hassen s' mi?
ER: Woaß i nit.
SIE: Fragen s' nach mir?
ER: Na.
SIE: Ham s' mir an Gruaß ausgricht?
ER: Sie wissen nit, daß i da bin.
SIE: Wieso nit?
ER: Weil i gsagt hab, daß du für mi tot und gstorben bist. Und daß nie mehr von dir gredt werden darf. I hab mi scheiden lassen von dir. In die nächsten Tag kriagst den Bescheid.
SIE: Warum bsuachst du mi?
ER: Weil i's nit versteh. Warum du des tan hast. I begreifs nit. Es geht mir nit in den Kopf. Fünfzehn Jahr Ehe.
SIE: *(nach einer Weile)* I begreifs selber nit. – Vor fünf Wochen hab i an Selbstmordversuch gmacht.
ER: So. Und?
SIE: Sie ham mi derwischt. I bin verarztet worden, dann hab i's Bluat vom Boden aufwischen miaßn, dann ham s' mi gfesselt, und i bin in die Korrektionszelle kommen.
ER: Die meisten Selbstmörder tuan nur so. Die moanens gar nit ernst.
SIE: Des wirst dann scho sehn.

ER: Soll i vielleicht Mitleid haben mit dir?
SIE: Na, gwiß nit.
ER: Habts eh alles. Fernsehn und Tischtennis und fließend Wasser. Auf der faulen Haut liegen. Häfenurlaub. Woaß ma ja alles.
SIE: Wenn i Urlaub hab, bsuach i di, mitten in der Nacht.
ER: Geh, red nit so dumm daher!
SIE: Du redst dumm daher. Du plapperst nach. Hast ja koa Ahnung!
ER: Koa Ahnung! Habts vielleicht koa Fernsehn und alles?
SIE: Fernsehn alle zehn Tag. Von fünf bis acht. Wenn ma brav is. Manchmal am Sonntag. Dallas.
ER: Dallas is Dienstag. Einundzwanzig Uhr fünf.
SIE: Die ham a Video. Des zeichnen sie auf.
ER: Video a no! No, also! Was hab i gsagt? I hab koan Video!
SIE: *(hat nicht zugehört)* Dallas. Des is schön. Schöne Fraun und schöne Männer. Schöne Frisuren. A Swimmingpool.
ER: Den werds ihr a bald haben, da herin!
SIE: *(lacht auf)* Ja! Ein Kübel warmes Wasser im Tag! Des is unser Swimmingpool! Und des Klo offen in der Zellen. Koa Vorhang, nix. Immer wenn i iß, geht oane von die Fraun z'Fleiß aufs Klo! Immer! Aber nit kloan! Groß! Mir z'Fleiß! Der tua i noamal was an! *(Längeres Schweigen.)* Aber, du werst lachen: Es hat a paar Wochen geben, nachdem i mi eingwöhnt hab, da bin i mir aufoamal frei vorkommen. Frei, verstehst du? Frei! Da im Gfängnis! Mir hats besser gfallen wia dahoam. Glaubst mir des?
ER: Du spinnst ja!
SIE: Ja, was denn? I steh um sechse auf – genau wia dahoam – um sieben krieg i's Frühstück serviert, koan Bohnenkaffee natürlich, wia dahoam, aber immerhin, i wer bedient. Dann arbeit i meine acht Stund in der Wäscherei, dann hab i mei Ruah. Und dahoam? Zerst Frühstück machen für enk alle, dann die Kinder in die Schual schicken, dann in die Arbeit hetzen, z'Mittag hoam, kochen, die Kinder versorgen; putzen, waschen, einkaufen; Abendessen kochen, abspülen, di hint und vorn bedienen; im Fernsehn Fuaßball, dann ins Bett, mit dir. Oder du gehst zu dein Stammtisch und kimmst bsoffen hoam, um halboans, und weckst mi auf ... Und da – koane Verpflichtungen. Koa Verantwortung. Folgen, natürlich. Anordungen befolgen. Aber wenn ma a paar Fraun in der Zellen hat, mit denen ma si versteht ... Des ganze Wochenend frei ... Tratschen ... Mensch-ärgere-dich-nicht spielen ... Und koa Mann weit und breit.
ER: I habs ja gsagt! A Paradies! A Sanatorium! Und des soll a Gfängnis sein? Des soll a Straf sein? Meine Herrn! Sowas hätts früher nit geben! Die Todesstraf, die Todesstraf hättest früher kriagt!

Sie: Des tät dir so passen.

Er: *(schreit)* Du wolltest mi umbringen! Ermorden!

Sie: Pscht! Nit so laut! *(Schaut zur Kamera.)* Sonst werd der Bsuach abbrochen!

Er: *(zündet sich wieder eine Zigarette an, greift in seine Jackentasche, holt seine Brieftasche hervor, entnimmt dieser zwei zusammengefaltete Zeitungsausschnitte, schaut sie an, gibt einen wieder zurück, faltet den zweiten auseinander)* Da! A Zeitungsbericht über den Fall. Die erste Meldung. *(Liest vor:)* Beim Verhör sagte sie: »Er nörgelte immer!« Streit beim Abendessen: Frau stach Mann nieder. Ein heftiger Streit um die Qualität des Abendessens führte am Samstag Abend in einer Wohnung in Eggenberg zu einer brutalen Bluttat. Die 42-jährige Angestellte Bettina Demel stach ein elf Zentimeter langes Küchenmesser in den Bauch ihres Mannes. Während der Mann sich schwer verletzt und um Hilfe flehend in seinem Blut am Boden wälzte, erledigte die Frau seelenruhig ihren Abwasch. Nach etwa zwanzig Minuten kamen die Kinder des Ehepaares von einem Kinobesuch heim und fanden ihren Vater bereits ohne Bewußtsein am Küchenboden liegend. Sie verständigten die Rettung, und der Mann wurde sofort ins Krankenhaus gebracht. Nach einer Notoperation ist er bereits außer Lebensgefahr.

Sie: Warum liest du mir des vor?

Er: *(zeigt ihr heftig den Zeitungsausschnitt)* Da! Da is des Foto vom Messer!

Sie verbirgt das Gesicht in den Händen, beginnt zu weinen.

Er: *(liest nocheinmal denselben Satz vor)* Während der Mann sich schwerverletzt und um Hilfe flehend in seinem Blut am Boden wälzte, erledigte die Frau seelenruhig ihren Abwasch. *(Er schaut sie an, faltet den Zeitungsausschnitt wieder sorgfältig zusammen, verstaut ihn in der Brieftasche, steckt sie ein.)* Kaltblütiger Mordversuch, hat der Staatsanwalt gsagt! Keine Anzeichen von Geistesstörung, hat der Gerichtspsychiater gsagt!

Längeres Schweigen, sie wischt sich mit den Händen ihre Tränen ab, schaut ihn an.

Sie: I woaß es nit, Kurt, warum i des tan hab. I woaß es nit. I bin damals so viel gfragt worden. Von der Polizei. Vom Untersuchungsrichter. Vom Anwalt. Vom Psychiater. I hab koan a richtige Antwort geben können. Und dann hab i's weggschoben. Wollt nix mehr wissen. Hab tan, als wär des nit passiert. *(Nach einer Weile:)* Schau Kurt, i mag di nimmer. I mag di scho lang nimmer. Und du magst mi a scho lang nimmer. Alles nur Pflicht. Pflichterfüllung. Ehepaar. Mann und Frau. Kinder. Ma lebt nebenher. Jetztamal hab i drüber nachdenkt, was für a Augenfarb du hast. I habs nimmer gwußt. I habs nimmer gwußt. Wenn du hoamkommen bist, hast »Griaß di« gsagt, hast mi gar nit angschaut, und i hab di a nit angschaut ... Hast dei Bierflaschn aus'm Kühlschrank gholt, hast di vor'n Fernseher gsetzt und hast aufs Abendessen gwartet. Und alles abgladen auf mi. Jeden Ärger von dir hab i büaßen müassen. Dreimal in der Wochen dahin. Kegeln, Sauna, Saufen. Nia hast mi gfragt, ob i mitgehn will. Und gschlafen mit mir, nur wennst betrunken warst. I verstehs ja. Irgendwann is es halt aus. Werd bei viele so sein.

ER: Ja! Ja! Sicher! Werd wohl bei viele so sein! Hast recht! Aber du wolltest mi umbringen! Des is nit bei viele so! Du Verbrecherin!

Sie senkt den Kopf. Eine Weile Schweigen.

ER: Die Kollegen lachen hinter mein Rucken über mi! Des Waserl! Der Pantoffelheld! Laßt si von seiner Frau fast abstechen!

SIE: Ja, i woaß scho. Normalerweis bringen die Ehemänner ihre Frauen um, nit umgekehrt!

Eine Weile Schweigen, dann schluchzt SIE plötzlich auf.

SIE: Es tuat mir ja so leid, Kurt! Was soll i denn tuan? I kanns nimmer ungschehn machen! *(Sie schluchzt. Nach einer Weile:)* Jetzt hab i soviel Valium gnommen und es nutzt doch nix!

Eine Weile Schweigen.

SIE: Kurt, i muaß krank sein. Im Kopf. Ganz gwiß. Obwohl s' nix festgstellt ham. Schau, in die letzten Jahr, da hab i nur mehr mit Tabletten glebt. Es is ma alles so sinnlos vorkommen. Du hast mi nit braucht, außer als Hausfrau, und die Kinder ham si a von mir entfernt. Leben ihr eigenes Leben. Oder i hab mi von ihnen entfernt. I woaß es nit. Aber jedenfalls: in der Fruah, wenn i hab aufstehn müassen, es is ma so schwer gfallen, so furchtbar schwer. Der Tag vor mir ... I hab mi so gfürchtet vor jedem Tag. I hab dacht, i schaff des nit, i schaff des nimmer. Hab i Tabletten gnommen. Aufputschmittel. Zur Antriebssteigerung, zur Stimmungsaufhellung, so stehts auf die Packungen ... Und dann am Abend Schlaftabletten. Immer mehr. Immer mehr.

ER: Ja, des woaß i ja gar nit. Woher denn? Wo hast'n des Zeug her?

SIE: Ja, mei, i kenn halt a paar Ärzte. Freigiebige. Verständnisvolle.

ER: Jetzt hörst aber auf! Was soll denn des? Jeder muaß sei Arbeit tuan! So schrecklich is des doch nit! I muaß mi ja a in der Werkstatt mit'n Chef und der Kundschaft herumschlagen! Glaubst, des is immer fein? Und dauernd Überstunden! Am Wochenende pfuschen! Für die Eigentumswohnung! Geh, hör ma auf! Da kriag i schon an Zorn!

SIE: I woaß eh, daß du des nit verstehst. Drum hab i a nia was gsagt. Es is mei Problem. Bin wohl selber schuld. Labil, hat der Psychiater gsagt. Labil. Komisches Wort.

ER: Natürlich bist selber schuld! I wollt di nit umbringen! Und habs gwiß a nit leicht im Leben!

SIE: Laß ma's guat sein. I dank dir, Kurt, daß du kommen bist. Mei erster Bsuach.

Eine Weile Schweigen. Er zündet sich wieder eine Zigarette an. Sie blickt sehnsüchtig darauf.

ER: Die Kinder folgen mir nimmer. Und meiner Muatter a nit. Die alte Schachtel! Die blöde Kuah! So gehts dahin! Sie is scho ganz fertig mit die Nerven. Und dauernd die laute Musik.

SIE: Sie ham ja Kopfhörer.

ER: Des tuans ihr z'Fleiß. Jeden Nachtfilm schaun sie sich an, wenn i nit da bin. In der Schual schlechte Noten. Die Angelika hängt in die Diskotheken uma. I glaub, sie hascht. Und der Markus is so frech! So frech! Den derschlag i no amal!

Eine Weile Schweigen.

ER: Seit du nimmer da bist ... Mir geht sie a auf'n Wecker, mei Muatter. Wenn i ehrlich bin. Redt wia a Buach. Ununterbrochen. I kann nit amal mehr in Ruhe Fernsehn. Und immer wegen ihre Krankheiten. Jeden zwoaten Tag beim Dokta. Dabei hat sie eh nix. Die überlebt uns alle. I mag gar nimmer hoamgehn, nach der Arbeit. Fast jeden Tag im Gasthaus.

Eine Weile Schweigen.

ER: Oamal hat die Angelika zu mir gsagt, i bin selber schuld, daß du mi umbringen wolltest. I bin so primitiv, hat sie gsagt, i versteh nix, hat sie gsagt. *(Verzweifelt:)* So was muaß ma sich von seiner eigenen Tochter anhören! Du hast unser Leben kaputt gmacht. Des is dir gelungen. Aber i woaß scho, wer da die Verantwortung hat, wer da schuld is. Letzten Endes.

SIE: Wer?

ER: Die Emanzen.

SIE: Was?

ER: Jawohl, die Emanzen! Jetzt is es ihnen glungen! I hätts nit glaubt! In alle Zeitungen hocken sie! Im Fernsehn! Überall! Und hetzen die Frauen auf!

SIE: Geh, Kurt, i hab doch nia mit denen zu tuan ghabt!

ER: Aus jeder Illustrierten spritzt denen ihr Gift! Und du hast a alleweil Illustrierte glesen! Direkt einigfressen. Aber jetzt hab i amal so oana Bißgurn an Leserbrief gschrieben! Den hams sogar abdruckt. Hat mi eh gwundert. *(Er holt wieder seine Brieftasche hervor, nimmt den zweiten Zettel heraus, faltet ihn auseinander, hält ihn ihr hin.)* Da, lies!

SIE: *(schüttelt den Kopf)* Du darfst mir nix geben.

ER: Nacha les i ihn dir vor.

Sie: I will des nit hören, Kurt!

Er: Des sollst aber hören! *(Liest leise, mit Seitenblicken zur Kamera.)* Frau Deissen! Sie schreiben schon zu lange in dieser Volksvergifterzeitung! Wir haben leider vergeblich im Telefonbuch Ihre Adresse gesucht, denn wir würden Sie gerne einmal besuchen, um sie einmal über die körperliche Gewalt eines wirklichen Mannes aufzuklären, von der Sie anscheinend keine Ahnung haben. Doch, was nicht ist, das kann noch werden. Sollten sie weiterhin unsere Frauen und Mädel mit ihrem Emanzengewäsch verdummen und versuchen, ihnen einzureden, sie kämen gegen die Kraft eines Mannes ernsthaft an (die Schwachen bleiben eben immer schwach und daher unmündig), dann werden wir Sie, Gnädigste, entfernen wie eine lästige Wanze, die vom Blut des reinen Menschen saugt. *(Er steigert sich hinein, wird immer lauter und fanatischer.)* Oder wie ein Zeck, dem man den Kopf vom Körper trennt! Wehe, Sie hetzen unsere Frauen länger auf! Das lassen wir uns nicht mehr bieten! Wissen Sie eigentlich, Sie Obergescheite, daß laut Kriminalstatistik die Verbrechen von Frauen immer mehr zunehmen, und wissenschaftlich ist erwiesen, daß dies mit der sogenannten Emanzipation der Frau zusammenhängt. Aber das schreiben Sie natürlich nicht. Sie sind eine dreckige Lügensau, und allein schon deshalb sollte man sie vergasen. Mauthausen kann immer noch einmal in Betrieb genommen werden. *(Er steckt den Zeitungsausschnitt wieder ein.)*

Sie: Ohne Unterschrift?

Er: Ja, was glaubst? Die schlagen mir ja die Fensterscheiben ein!

Sie: Und auf den Brief bist stolz?

Er: Was hoaßt stolz! I habs amal sagen müassen!

Sie: Schrecklich! I scham mi so für di! So a schrecklicher Brief!

Er: Du schamst di für mi? Du schamst di für mi?

Sie: Du bist ja krank, Kurt! A Mensch, der so an Brief schreibt, muaß krank sein!

Er: Krank? I bin krank? I hab koan was tan!

Sie: Aber du drohst dauernd damit! In dem Brief a!

Er: Bellende Hunde beißen nit! Dafür hamma ja den Beweis, oder? Du hast nia bellt! Du warst immer still.

Eine Weile Schweigen.

Sie: I glaub, die Zeit is um.

Er: *(schaut auf die Uhr)* Ja, in drei Minuten.

Sie: Dann, pfiat di.

Er: *(schweigt eine Weile, schaut sie an)* Es stimmt nit, daß i di nimmer mag. Wia du gsagt hast. I mag di. Trotzdem.

Sie: Aber na, Kurt. Des is doch nit wahr.

Er: Doch. Doch. Oft haß i di. Und wia i di haß! Und trotzdem mag i di. Und du gehst mir ab. Aber i versteh di nit. I versteh di nit. Aber sicher hab i a Fehler gmacht. Des gib i schon zua.

Sie: Es hilft alles nix, Kurt. Mir kommen nimmer zsamm. Da is immer des Messer zwischen uns. I muaß büaßen. Des is gerecht. I kann di nit amal um Verzeihung bitten. Sowas verzeiht ma nit. Unmöglich.

Er: *(nimmt seine Uhr, legt sie an, steht auf)* Die Kinder ham gsagt, sie möchten di bsuachen. I habs ihnen bisher verboten. Aber wenn du willst ...

Sie: *(steht auf)* Ja! Bittschön! Bittschön! Mei größter Wunsch!

Er: Aber tua sie bittschön nit aufhetzen gegen mi. I habs scho schwer gnuag.

Sie: Na, bestimmt nit! Bestimmt nit, Kurt! I bin schuldig! Nur i!

Er: Brauchst was? Solln s' dir was mitbringen?

Sie: Ja, wenn des geht. Aber – i kanns nit zahlen. I kriag nur hundert Schilling im Monat, zum Ausgeben.

Er: Des zahl i schon. Was brauchst denn?

Sie: Tampons. Mir kriagen da nur Binden. Und a paar Unterhosen. Weiße. Ohne Muster. Muster san verboten. Und an Deospray. Und a Hautcreme. Mei Haut trocknt aus.

Er: Is guat. Pfiat di.

Sie: Pfiat di, Kurt. *(Er geht weg.)* Kurt! *(Er dreht sich um.)* Du wirst mi wohl nimmer bsuachen?

Er: Na. Wahrscheinlich nimmer.

Er geht weg, sie schaut ihm nach, setzt sich dann langsam nieder, schaut vor sich hin.

ENDE

WEIZEN AUF DER AUTOBAHN

PERSONEN: Alter und Tochter

SCHAUPLATZ: Besucherzimmer in einer Nervenheilanstalt

Die Bühne ist dunkel.

STIMME DES ALTEN: *(singt)* Kloan bin i gwachsen, groß mag i nit wern, mei Muatter hat mi zügelt aus an Haselnußkern!

Licht auf der Bühne. Ein Tisch und zwei Stühle. Auf einem Stuhl sitzt der Alte im Anstaltsmantel, auf dem Kopf trägt er einen alten, dunklen Hut. Auf dem Tisch vor ihm liegt eine etwa zehn Zentimeter dicke Stammscheibe einer Fichte. Der Alte hat eine kalte Pfeife im Mund. Seine Hände liegen auf der Scheibe, er starrt sie an. Die Tochter kommt herein, neureichländlich gekleidet, in der Hand einen Blumenstrauß.

TOCHTER: Griaß di, Papa!

Sie reicht ihm die Hand hin, er ignoriert sie.

ALTER: Ah, griaß Gott, wer is denn des?

TOCHTER: Geh, fang nit scho wieder an! I bins, die Erika!

ALTER: Erika? Kenn i nit.

TOCHTER: Jetzt hörst aber auf, Papa! Sonst kimm i nimmer! Des Theater mach i nimmer mit!

ALTER: *(es klingt ehrlich)* I kenn Sie wirklich nit! Sein Sie vielleicht a Verwandte?

TOCHTER: I bin dei Tochter! Fix noamal!

ALTER: Des gibts nit. Mei Tochter schaut anders aus.

Die Tochter schaut ihn resigniert an, setzt sich, legt die Blumen auf die Stammscheibe.

ALTER: Tuan S' des Grünzeug weg!

TOCHTER: Was?

ALTER: Tuan S' des Grünzeug weg! I mag des nit! Oder soll des vielleicht für mei Begräbnis sein?

TOCHTER: Begräbnis? A Freud wollt i dir machen! Hundertzwanzig Schilling haben die kostet!

ALTER: Was? Hundertzwanzig Schilling? Ja, sein Sie verwandt mit mir?

TOCHTER: Papa, mach mi nit narrisch! Bitte!

ALTER: Wenn oaner hundertzwanzig Schilling ausgibt, dann muaß er a Verwandter sein! *(Er schaut sie aufmerksam an.)* Aber i kann mi nit erinnern! Beim besten Willen nit! Müassen S' entschuldigen! *(Hochdeutsch:)* Sie müssen wissen, ich leide laut Auskunft der Ärzte an einem Michael-Kohlhaas-Syndrom! Dabei hoaß i gar nit Michael Kohlhaas. Robert Mössmer mein Name. Und wer sein Sie?

TOCHTER: *(gezwungen ruhig)* I bin dei Tochter Erika, Papa.

ALTER: Na, na, des gibts nit. Mei Tochter schaut anders aus. *(Er holt ein paar zerknitterte Fotos aus der Manteltasche, sucht eines hervor.)* Da hab i den Beweis. A Foto. A Foto von meiner Tochter. *(Er hält es ihr hin.)* So schaut sie aus.

TOCHTER: Des bin i ja! Aber als Kind!

ALTER: *(steckt das Foto wieder ein)* A Spionin sein Sie!

Die Tochter schaut ihn traurig an, blickt vor sich hin.

ALTER: Da fallt mir no a Beweis ein! Mei Tochter, liabe Frau, hätt nit hundertzwanzig Schilling für an Bluamenstrauß ausgeben!

TOCHTER: Was?

ALTER: Nit, weil sie z'geizig wär, sondern weil sie an eigenen Garten hat! Weil mir an eigenen Garten ham! Dahoam! Am Hof!

TOCHTER: Geh, Papa, mir ham doch koan Garten mehr! Des woaßt doch!

ALTER: Freilich hamma an Garten! Und was für oan! Eigentlich is es a Gemüsegarten. Aber die Erika pflanzt immer mehr Bluamen. Und so depperte Ziersträucher! Japanische. Den Salat kafft s' liaber im Supermarkt. Warum, versteh i nit. Muaß i sie amal fragen.

TOCHTER: Mir ham koan Garten mehr, Papa! A Parkplatz is jetzt an der Stell.

ALTER: Alles derlogen.

TOCHTER: Du hast selber zuagschaut, wia des gmacht worden is!

ALTER: Sagen S' bittschön Sie zu mir. I kenn Sie nit!

TOCHTER: Papa! Des hat do koan Sinn, wenn du dir selber was vormachst! Du woaßt ganz genau, wia die Wirklichkeit ausschaut. I nimm dir des nit ab! Du verstellst di! Weilst an Zorn hast auf mi!

ALTER: *(steht auf)* Tuan S' des Grünzeug weg von mein Baam!

Die Tochter nimmt die Blumen, legt sie neben der Scheibe auf den Tisch. Der Alte hebt die Scheibe hoch, nimmt sie in die Arme.

ALTER: So, pfiat Ihna Gott!

Er wendet sich zum Gehen, die Tochter steht auf, hält ihn zurück.

TOCHTER: Papa! Jetzt setz di her da!

ALTER: Herr Mössmer is mei Nam! Lassen S' mi aus!

TOCHTER: Du kostest mi wirklich die letzten Nerven, Papa! I bin eh so fertig!

ALTER: Zu an wildfremden Menschen sagt ma nit Papa!

TOCHTER: Also, bitte, wia du willst! I bin a Freundin Ihrer Tochter, Herr Mössmer! I möcht mi a bißl unterhalten mit Ihnen!

ALTER: Ahso? Ja, gern! I kriag eh kaum Bsuach! Bittschön, nehmen S' Platz!

Die Tochter setzt sich, der Alte legt die Scheibe auf den Tisch, setzt sich ebenfalls wieder.

ALTER: So! Und nacha? Was gibts Neues in der Welt?

TOCHTER: Nit viel. Immer 's gleiche. Jeder rafft si halt durchs Leben.

ALTER: Jaja. Jeder rafft si durchs Leben!

Sie schauen einander eine Weile schweigend an.

ALTER: Sie sein mir eigentlich gar nit so unsympathisch, wenn i's recht bedenk.

TOCHTER: Dankschön.

ALTER: Hinter der harten Schale wahrscheinlich a woacher Kern.

Schweigen.

ALTER: Wenn ma si nit kennt, hat ma si halt a nit viel zum sagen.

Schweigen.

ALTER: I woaß a Rätsel. Was is des: Gott sieht es nie, der Kaiser selten, aber der Bauer jeden Tag.

TOCHTER: Wia?

ALTER: Gott sieht es nie, der Kaiser selten, doch der Bauer jeden Tag. Was is des?

TOCHTER: *(überlegt eine Weile)* Woaß i nit.

ALTER: Seinesgleichen.

TOCHTER: Was?

ALTER: Seinesgleichen!

TOCHTER: Des versteh i nit!

ALTER: Gott sieht seinesgleichen nie, der Kaiser sieht seinesgleichen selten, doch der Bauer sieht seinesgleichen jeden Tag.

TOCHTER: Ahja. Jetzt versteh i.

ALTER: Bei mir stimmt des allerdings nimmer. I bin der oanzige Bauer in dem Haus da.

Sie schweigen eine Weile, die Tochter schaut auf die Scheibe.
TOCHTER: Was is'n des?
ALTER: Lassen S' des ja liegen! Des ghört mir!
TOCHTER: I hab zerst glaubt, des is so a Jausenbrettl.
ALTER: Nix! Die Scheiben ghört mir!
TOCHTER: Von wem hast denn die?
ALTER: Der Hansi hats mir bracht.
TOCHTER: Der Hansi war bei dir?
ALTER: Sie kennen ihn?
TOCHTER: *(verärgert)* Ja, i kenn ihn!
ALTER: Des is der oanzige, der kommt von meiner Familie. Mei Tochter Erika und der Herr Schwiegersohn, die zwoa traun si ja nit her! Weil sie a schlechtes Gwissen ham. Nur der Hansi kimmt, mei Enkelsohn! Fast jeden Tag.
TOCHTER: Des woaß i ja gar nit! Wieso sagt er uns des nit?
ALTER: Freilich sagt er des nit. Die ham ja zu ihm gsagt: Hansi, der Opa hat an Hieb, der spinnt, der is damisch, geh nit hin zu dem!
TOCHTER: Jetzt behaupt grad no, du bist normal!
ALTER: Ja, wia reden denn Sie mit mir, Sie fremde Person?! I schmier Ihnen glei oane! Sowas! Warum belästigen Sie mi überhaupt? I hab Sie nit eingladen!
TOCHTER: I kann ja wieder gehn!
ALTER: Ja, gehn S' nur! I brauch Sie nit! I brauch niemanden! Rein gar niemanden! Sie ghören ja sicher a zu der Verschwörerbande! Jawohl, Verschwörerbande!
TOCHTER: *(steht auf, will gehen, schaut den Alten an, der zusammengesunken ist und vor sich hinstarrt, sie besinnt sich, setzt sich wieder nieder)* Papa! Was hätt ma denn tuan sollen? Wennst solche Sachen machst!
Der Alte starrt vor sich hin.
TOCHTER: Wenn s' di nit ins Narrenhaus eingliefert hätten, dann wärst jetzt im Gfängnis!
ALTER: Im Gfängnis wärs feiner. Da hätt i wenigstens mei Ruah. Kriagat koane Spritzen und koane Tabletten und koa Elektrizität. *(Leise, verzweifelt zur Tochter:)* Die machen mir's Hirnkastl kaputt! Wirklich, die machen mir's Hirnkastl kaputt!
TOCHTER: Geh, Papa.
ALTER: Mei Schädel is wia a Wespennest. Und dann wieder, als ob s' Heu einigstopft hätten. *(Leise:)* Hilf ma! Bitte, hilf ma!

TOCHTER: Was soll i denn machen! Die lassen di doch nit aus! Du bist gemeingefährlich!

ALTER: Was bin i? Gemein und gefährlich? Sie, sein S' ja vorsichtig mit solche Äußerungen!

TOCHTER: Im Befund steht, daß du a Gefahr bist für di selber und für die Umwelt!

ALTER: Ha, da kann i ja nur lachen! I und a Gefahr für die Umwelt! *(Lacht.)* Da sein scho ganz andere a Gefahr für die Umwelt! *(Böse:)* Des sein ja grad die, die mi daher bracht ham! Begreifen Sie des denn nit, Sie dummer Mensch?

TOCHTER: Laß ma des, des hat ja koan Zweck!

ALTER: Wenn Sie mir nit helfen, der Hansi hilft ma sicher!

TOCHTER: Ja, und sonst no was! A saftige Watschen kann er haben! Der soll gscheiter ordentlich lernen, in der Hotelfachschul! Wenn er so weitertuat, dann fliagt er!

ALTER: Der Hansi möcht Bauer wern und nit Hotelkoch!

TOCHTER: Was der Hansi werd, des bestimmen mir, seine Eltern! Nit du! Verstehst!?

ALTER: Die Erika bestimmt a nix. Ihr Mann bestimmt. Der Rudi bestimmt. Glaubn S' ma des! Früher hat nämlich die Erika nit so denkt. Früher nit.

TOCHTER: Aber, wia soll er denn Bauer wern, der Hans? Mir ham ja koane Gründ mehr!

ALTER: Alles derlogen!

Die Tochter steht auf, geht zu ihm, rüttelt ihn an den Schultern.

TOCHTER: I bin dei Tochter und du bist mei Vater und du bist im Narrenhaus und mir ham koane Gründ mehr!

Der Alte blickt sie ruhig an, sie setzt sich wieder, vergräbt das Gesicht in den Händen.

ALTER: Und warum hamma koane Gründ mehr?

TOCHTER: Weil ma s' verkauft ham!

ALTER: Und warum habts des tan?

TOCHTER: Weil a Autobahn baut wordn is! Wenn ma s' nit freiwillig verkauft hätten, dann wär ma enteignet worden! Versteh des doch endlich!

ALTER: Der schönste Grund weit und breit! Brettleben. Seit vierhundert Jahr ham mir den bebaut. Und guat is's uns gangen. Und zfrieden war ma.

Er schaut sie eine Weile schweigend an, sie senkt den Kopf.

ALTER: Tochter!

TOCHTER: *(schaut auf)* Ja?

ALTER: Kannst di no erinnern, wia der Wind über die Woazenfelder gstrichen is? Wia oft samma auf der Hausbank ghockt, du auf mein Schoß, mit deine liaben Zöpfelen, und mir ham owigschaut aufs Korn. Wia a goldens Meer wars im Wind. Wia a goldens Meer. Kannst di erinnern?

TOCHTER: Ja, i kann mi erinnern.

ALTER: Und was siehst jetzt?

TOCHTER: *(zornig)* Ja, i woaß eh, a Autobahnkreuz seh i! I bin ja nit blind.

ALTER: Und die ganzen Abgase steigen zu uns aufa! Und Tag und Nacht der Lärm!

TOCHTER: Geh, mir sein ja an halben Kilometer weg!

ALTER: Kaum vierhundert Meter sein des! I habs ausgmessen!

TOCHTER: Hör auf jammern, Papa! Es nutzt nix. Es is, wia's is.

ALTER: Hätt i enk nur den Hof nit übergeben! I hab ihm eh nit traut, dem Rudi! Aber er hats mir in die Hand versprochen, daß er die Bauernschaft weiterführt! In die Hand hat er mir's versprochen, der Hundling! Na, na, hätt i nur des nit tan. Dann hätt i a no a Wörtl mitzreden!

TOCHTER: Die Autobahn wär trotzdem baut worden.

ALTER: Aber jedenfalls wär mei Hof jetzt koa Hotel!

TOCHTER: Was willst denn mit an Bauernhof ohne Grund?

ALTER: I hätt oan kauft. Über drei Millionen Grundablöse! Des is doch a Haufen Geld!

TOCHTER: Der Rudi is liaber Hotelier.

ALTER: Freilich. Dei Mann is liaber Hotelier! Der Verbrecher!

TOCHTER: Du, jetzt hörst aber auf, ja! So redst du nit über mein Rudi! So nit! Sonst geh i und kimm nie mehr wieder!

ALTER: *(steht auf)* Ja, geh! Geh decht! Halt ihm nur die Stangen, deinem Verbrechergatten! Hast vielleicht scho vergessen, wia s' mi vertrieben habts? Hast des scho vergessen?

TOCHTER: Geh, übertreib doch nit so!

ALTER: Draußen auf der Bank vorm Hof bin i gsessen, i kann mi no guat erinnern, da is dei Mann kommen und hat gsagt: So Papa, die Gründ sein verkauft, jetzt werd umbaut. Unser Hof werd a Hotel, die Bauernschaft tragt eh nix mehr! – Was is los, hab i gfragt, was is los? Umbaun? Hotel? Tragt nix mehr? Was is los? – Nix is los, hat er gsagt, dei Mann. Wirst scho sehn! Und nachand hab i's gsehn, mit'n Schaun bin i nimmer nachkommen! Die restlichen Felder verkauft, Viecher verkauft, Stall eingrissen, Dachstuahl eingrissen, anbaut, zwoa Stockwerk höher baut,

Fremdenzimmer einbaut, mit Bad, fließend Wasser, kalt und warm! Dann hats ghoaßen: Papa, außer aus der Stuben! Kaum war i in der Kuchl, habts schon die Wand durchbrochen zum ehemaligen Stall und habts a Tanzlokal einbaut, mit alle Raffinessen. Kaum bin i draußen gsessen auf der Bank vorm Haus, habts in der Kuchl a Bar einbaut. Und damit's rustikal ausschaut, habts an Teer auf die Decken gschmiert. Hat gwirkt wia echter Ruaß. Und scho weiter is's gangen! Unterm Hintern die Bank habts ma weggrissen und Grüst aufbaut und die Fenster vergrößert und die Hauswand neu gstrichen und um die Fenster umma Bluamen gmalt und Schnörkel und lauter so Glump. Des gfallt die Fremden, hat er gsagt, dei Mann. A Haus wia in an Heimatfilm.

TOCHTER: Papa!

ALTER: Und scho weiter is's gangen. Außer aus'n Gemüsegarten, Papa, hats ghoaßen. Und nit amal die halben Ribiselstauden hab i abbrockt, da is schon die Planierraupen kommen, hat alles niedergwalzt, und Schotter habts draufgschmissen und Asphalt drübergossen und fertig war der Parkplatz!

TOCHTER: Papa, jetzt hör doch ...

ALTER: Und dann samma vorm neuen Hotel gstanden. Du, dei Mann, der Hansi, die Maria, der Bürgermeister und der Fremdenverkehrsobmann und die Musikkapellen und a Haufen Leut, und Reden sein ghalten worden und fotografiert is worden und a Freibier hats geben und a Mordshetz wars. Da hab i gschaut. Sechen tua i zwar nimmer guat, aber die Neonschrift auf der Hauswand war so groß, daß i's doch derlesen hab. Hotel Alpenblick is da gstanden. Und Rauchkuchl. Und Dancing. Und Coca Cola. Und Dortmunder Aktienbier.

TOCHTER: Ja, des woaß i eh alles! Was derzählst mir denn ...

ALTER: Du Rudi, hab i gsagt, zu mein Schwiegersohn. Du, Rudi, was is'n los, ha? Wo is'n mei Hof? Was hast'n mit mein Hof gmacht, ha?

TOCHTER: Ja, und hast mein Rudi mit'n Steckn auf'n Kopf ghaut, vor alle Leut! No heut scham i mi.

ALTER: Scham di nur! Scham di! Hast allen Grund dazua!

TOCHTER: Für di scham i mi! Für di! Wenn dir nit der Obmann den Stecken wegnimmt, derschlagst dein eigenen Schwiegersohn!

ALTER: Tuast'n am besten ins Altersheim, hat er gsagt, der Bürgermeister. Is eh nimmer recht bei Trost. Ja, ja, hat er gsagt, dein Rudi, hast recht, hast eh recht. Nutz is er sowieso nix mehr. Stall hamma koan mehr, und zum Koffertragen für die Fremden is er schon z'schwach. I tua ihn ins Altersheim.

TOCHTER: Mein Gott, weil er an Zorn ghabt hat, der Rudi! Des muaß ma doch nit so wörtlich nehmen!

ALTER: So, nit so wörtlich nehmen, sagst? Nit so wörtlich nehmen? Ja, wo habts mi denn hinbracht? Schau di amal um! Wo bin i denn jetzt, ha? Im Narrenhaus bin i! Im Narrenhaus!

TOCHTER: Des waren nit mir! Des waren nit mir, gell! Des war die Behörde!

Der Alte setzt sich hin, schweigt verbittert.

TOCHTER: Mir ham uns wirklich nix vorzuwerfen, Papa! Also, wirklich nit! Wia du mitten in der Nacht die neue, gschotterte Autobahnauffahrt umpflügt hast, da hat der Rudi no die Straf zahlt! Und die Reparaturarbeiten a! Des hams no gschluckt. Des hamma no abbogen! Aber wia du nacha auf die frisch betonierte Autobahn Mist gstraht hast, da hams di natürlich anzoagt! War ja auf achthundert Meter alles ruiniert!

ALTER: *(lacht)* Da hams gschaut! Wia der Mist nimmer aus'n frischen Beton außergangen is! So a Hetz!

TOCHTER: Da lachst du no? Da kannst du no lachen? Des is Sachbeschädigung öffenlichen Gutes! Wer zahlt denn die Autobahn? Mir Steuerzahler! Mir Steuerzahler!

ALTER: Derzähl weiter! Wia is's dann weitergangen? Jetzt werds nämlich spannend!

TOCHTER: Spannend! Spannend sagt er! Na, so a Schand! So eine Schand! Alles hätt i ertragen, aber des nit! Na, des nit! Des war wirklich zviel!

ALTER: Was denn? Derzähl! I kann mi nimmer erinnern!

TOCHTER: Geh, tua nit so! Freilich kannst di no erinnern.

ALTER: *(scheinbar ernst)* Na, wirklich nit! I brings nit zsamm! Hilf ma!

Die Tochter schaut ihn wütend an.

ALTER: War da was mit die Politiker?

TOCHTER: Ja, da war was mit die Politiker! Bei der feierlichen Eröffnung des neuen Autobahnabschnitts bist du mit an Sätuach auftaucht.

ALTER: Mit an Sätuach? Des gibts nit! Mir ham ja a Sämaschin.

TOCHTER: Mit an Sätuach bist auftaucht! Bist dem Landeshauptmann und dem Minister entgegenmarschiert, die grad des Band durchschneiden wollten, und hast Woazen gsaat! Auf der Autobahn! Weizen auf der Autobahn!

ALTER: Weizen auf der Autobahn ...

TOCHTER: Ja, aber des hat dir ja nit glangt! Du hast ja a no die Politiker beschimpfen müassen! Und mit die Gendarmen raufen, die di mitnehmen wollten! Und brüllen und schreien und toben. Wia a Wahnsinniger!

ALTER: *(steht auf und schreit)* Nieder mit die Elektrischen! Nieder mit die Elektrischen! Reißts ihnen auf die Brust und außa die Dräht! Brechts auf ihre Schädel und zertrümmerts ihr Plastikhirn!

Seit der Uraufführung von "Besuchszeit" am 16. 4. 1985 im Wiener Theater Die Tribüne (im Bild Kurt Radlecker und Brigitte Slezak, Regie Oskar Willner) wurde der Einakterzyklus zum meistaufgeführten Stück von Felix Mitterer. Außerdem war er 1992 in einer Verfilmung des ZDF (Regie Gedeon Kovacs) zu sehen: Gustl Bayrhammer und Monika Baumgartner in "Weizen auf der Autobahn"

"Abstellgleis": Judith Schusser und Siegmar Bergelt 1988 am Stadttheater Klagenfurt (Regie Rudolf Ladurner)

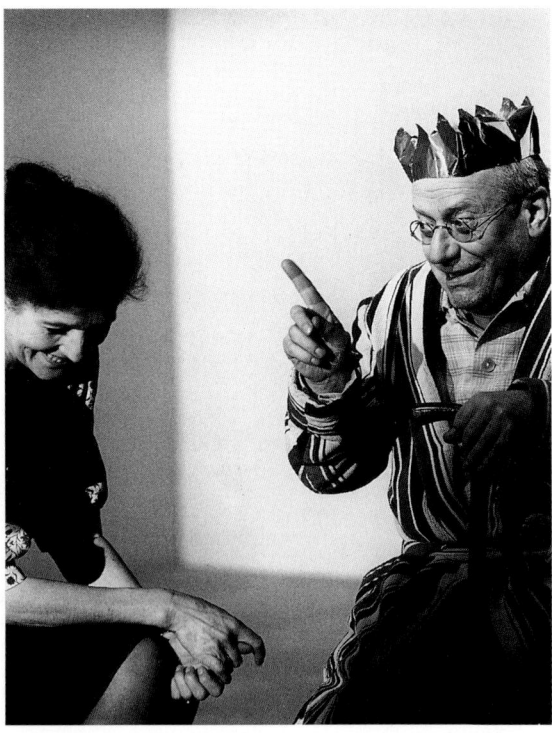

Sylvia Eisenberger und Fritz Holzer 1990 im "Rabenhof" des Theaters in der Josefstadt (Regie Dietmar Pflegerl)

"Verbrecherin": Brigitte West und Adolf Peischl in Klagenfurt; unten rechts Adelheid Picha und Wolfgang Böck im Rabenhof, unten links Ilse Neubauer und Hans Brenner 1988 im Münchner Volkstheater (Regie Michael Peter), darunter Ellen Bittmann und Uli Düwert 1991 im Schnaps & Poesie Theater Braunschweig

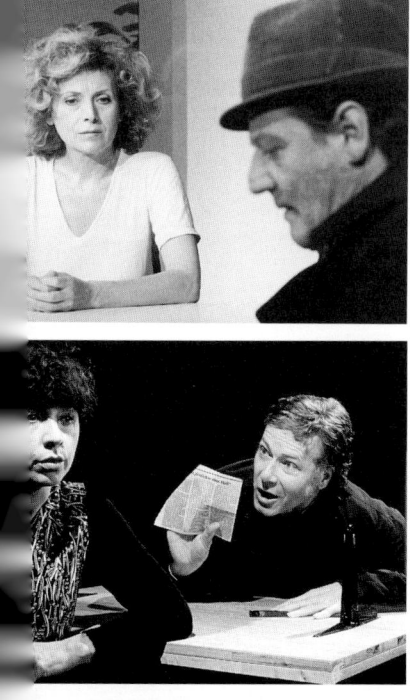

Gaby Dohm und Dietrich Siegl in der Fernsehfassung des ZDF. Unten Ulrike Fißlthaler und Anton Leobacher vom Antheringer Laientheater im Kleinen Theater Salzburg (1987)

Franz Plank-Pernlochner und Monika Rogg in der Regie von Waltraud Hofmann 1989 im Theaterverein Thaur. Unten links Ilka-Maria Grau am Theater Resonanz in Berlin (1987, Regie Erika Lach), rechts Barbara Schipper und Andreas Kleb in einer Inszenierung des Tourneetheaters Ostholstein/Bühne "Der Morgenstern" (1991, Regie Andreas Kleb)

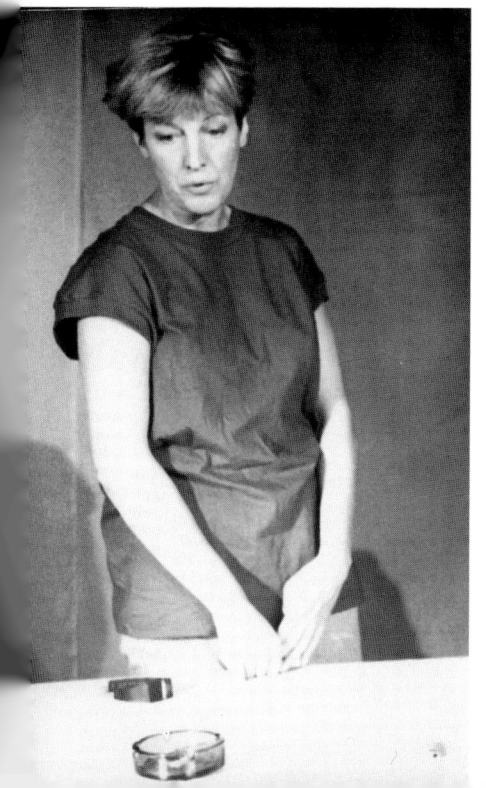

"Weizen auf der Autobahn": Marianne Mendt und Hannes Thanheiser im Wiener Rabenhof

Uli Düwert und Ellen Bittmann in Braunschweig

Gottfried Pfeiffer und Claudia Wipplinger 1986 in der Inszenierung von Leopold Huber am Landestheater Linz

Ernst Pickl und Rita Werderits 1990 im Theaterverein Jabing (Regie Ernst Deutsch) und 1989 Eva Hochrather mit Franz Danzberger in der Regie von Reinhard Steininger an der Bühne am Platzl in Garsten

An der Brennerautobahn in Schönberg: Eigens für diesen Schauplatz schrieb Felix Mitterer auf Anregung von Rudolf Neurauter (Domanig-Bühne Schönberg) eine erweiterte Fassung von "Weizen auf der Autobahn", die im Herbst 1989 von Evi Kerber und Franz Volgger gespielt wurde

"Man versteht nichts": Isolde Ferlesch und Rudolf Hiessl 1985 in den Kammerspielen des Tiroler Landestheaters (Regie Erich Innerebner)

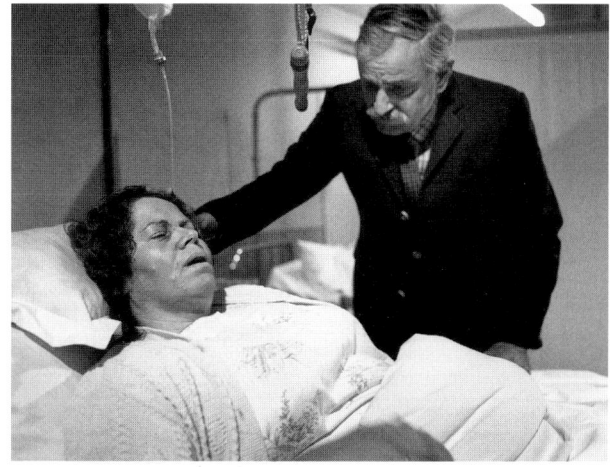

Ingrid List (auch Regie) und Albert Tatschl 1989 an der Volksbühne Jenbach

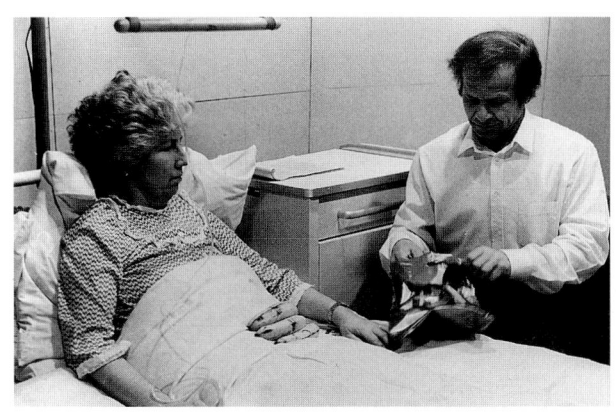

Ida Krottendorf und Franz Buchrieser in der ZDF-Verfilmung

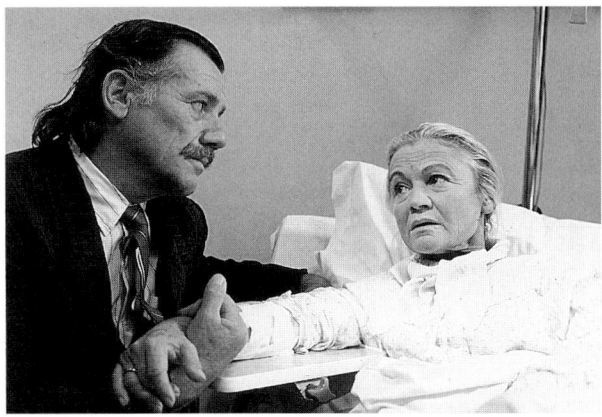

Elysium Theater Company
Robert Schmidt, *Artistic Director*

presents

FELIX MITTERER
HARVESTING THE AUTOBAHN
SHUNTED INTO A SIDING

at
Elysium
204 East 6th Street
(near Astor Place)
New York City

January 9 to March 8, 1992
For current information and
reservations call: *(212) 713-5478*

Thursday to Saturday at 8PM
and Sunday at 3PM
admission: $10, TDF accepted

Mitterer in Amerika

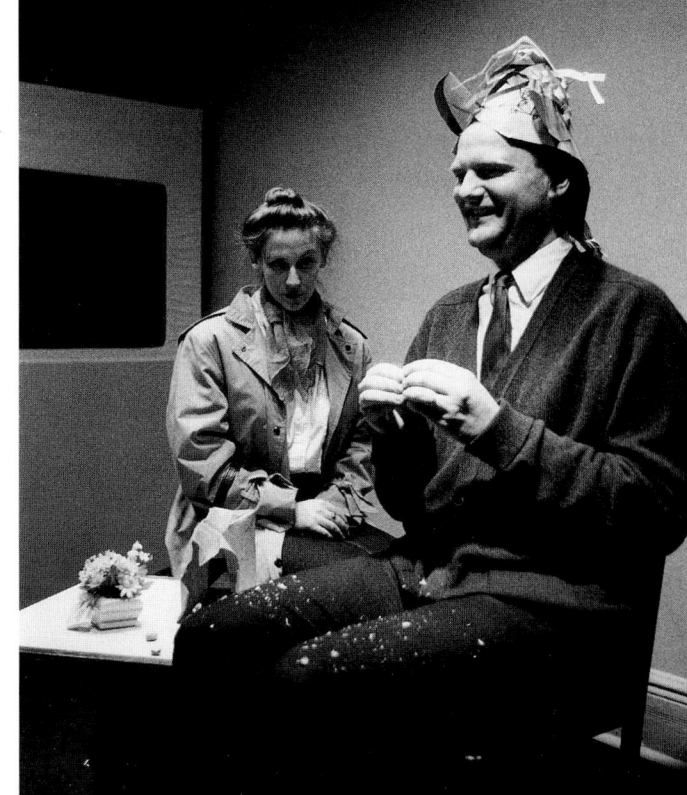

Christian Miller und Jaqueline Pennington in "Harvesting the Autobahn" ("Weizen auf der Autobahn") und in "Shunted into a Siding" ("Abstellgleis"), inszeniert 1992 am New Yorker Elysium Theater von Robert Schmidt

"Besuchszeit" auf Tschechisch: Johana Tesarová und René Pribil in "Vrazednice" ("Verbrecherin") 1991 im Kolowrat-Theater in Prag (Regie Ivan Rajmont). Die Übersetzung stammt von Josef Balvín

Auf Plattdeutsch: "Abstellgleis" mit Hermann Bruhn und Sigrid Trowe 1990 an der Niederdeutschen Bühne in Kiel (Übersetzung Heide Tietjen, Regie Renate Wedemeyer)

Auf Walisisch: "Gwenith ar y Draffordd" ("Weizen auf der Autobahn") mit Stewart Jones und Olivia Medi in einer Verfilmung der BBC

Er setzt sich, legt die Hände auf die Scheibe, starrt vor sich ihn.

TOCHTER: Du bist scho richtig da. Du bist schon am richtigen Ort glandet. I muaß es sagen, so load's mir tuat.

ALTER: *(leise)* Erika, du woaßt es nit, und du werst es mir a nit glauben, wia koaner mir des glaubt, aber es is die volle Wahrheit, i bin mir da ganz sicher: es gibt a Verschwörung!

TOCHTER: Ja, ja, freilich.

ALTER: Eine Verschwörung von a paar tausend Leut, die die ganze Welt zuabetonieren wollen, mit elektrische Dräht überziagen wollen, mit die Abgase und Abwässer vergiften wollen.

TOCHTER: Und warum wolln s' des?

ALTER: Weil sie möchten, daß alle Menschen und Tiere und Pflanzen zugrund gehn.

TOCHTER: Ja, ja, freilich.

ALTER: Weil die, die des wollen, selber koane Menschen sein. Woaßt du, was sie sein?

Die Tochter schüttelt den Kopf.

ALTER: I nenn sie die Elektrischen. Sie ham koa Herz im Leib und koa Hirn im Kopf. Sie müassen a nit auf'n Abort gehn. Sie schaun zwar aus wia Menschen, sein aber koane. Sie sein Maschinen.

TOCHTER: Sie sein Maschinen.

ALTER: Ja, Maschinen. Und Maschinen brauchen die Natur nit. Die Elektrischen ham nur oans im Sinn: Entweder aus uns Menschen a Maschinen zu machen oder uns auszurotten. Alle auszurotten. Des is die volle Wahrheit. Glaubs mir, Tochter!

Die Tochter schaut ihn bedrückt an, blickt traurig vor sich hin.

ALTER: Hast mir koan Tabak mitbracht?

Die Tochter schaut auf, greift in ihre Handtasche, holt ein Päckchen Tabak hervor, gibt es dem Alten. Dieser öffnet das Päckchen, stopft die Pfeife.

ALTER: Und? Feuer?

Die Tochter holt eine Zündholzschachtel hervor, will sie ihm geben, hält inne, nimmt ein Zündholz heraus, zündet es an, gibt dem Alten Feuer, dieser nimmt ihr verärgert das Zündholz aus der Hand, weil er merkt, daß sie ihm kein Feuer anvertrauen will, zündet die Pfeife an. Die Tochter schaut auf die Scheibe.

TOCHTER: Was tuast denn mit der Scheiben da?

ALTER: I les drin.

TOCHTER: Was?

ALTER: Die hab i mir vom Hansi gwünscht, damit i was Gscheits zum Lesen hab.

TOCHTER: Zum Lesen? Du liest in der Scheiben?

ALTER: Ja, freilich! Soll i dir was vorlesen?

TOCHTER: Ja, bittschön. Des möcht i wissen, was da drin steht.

ALTER: *(setzt seine Brille auf, beugt sich zur Scheibe vor, fährt mit dem Finger, vom Zentrum beginnend, die Jahresringe entlang)* 1918: Der Baam is geboren, der Samen keimt. 1926: Der Baam wachst schön heran. Es gibt gnuag Regen und Sonne. Die Jahresringe sein ganz gleichmäßig. 1932: Die Ringe ham si verschoben, weil der Baam im Alter von 9 Jahren von oaner Lawine zur Seiten druckt worden is und si selber stützen muaß. 1939: Der Baam wachst wieder ganz grad, aber seine mitwachsenden Nachbarn nehmen ihm Wasser und Luft weg und er wachst dadurch langsamer.

TOCHTER: Des liest du alles aus die Ring?

ALTER: Die Scheiben is wia a Buach. 1942: Da hab i bei an Fronturlaub die engsten Nachbarn weggnommen. Jetzt wachst er wieder schneller weiter. 1945: Bei an Gefecht mit die Ami entsteht a Waldbrand. A Bodenfeuer lauft durch'n Wald. Der Baam werd verletzt, die Rinden schützt ihn aber, und die Verletzung überwallt später. 1957: Durch a längere Trockenheit muaß der Baam dursten und er wachst nimmer. Er braucht a Zeitel, bis er si wieder derfangt. 1972: A Insektenplag bricht über den Wald eina. Die Larven fressen Nadeln und Knospen und bringen den Baam fast um. 1982: Der Baam is jetzt 65 Jahr alt und wieder guat beinand. Aber jetzt werd a Autobahn baut und der Baam steht im Weg. Er werd umgschnitten. *(Der Alte lehnt sich zurück, zündet die Pfeife wieder an.)*

TOCHTER: Hast des jetzt nit alles erfunden?

ALTER: Na, Tochter, des hab i nit erfunden.

TOCHTER: *(nach einer Weile)* Du gehst mir ab, Papa. Der Rudi hat koa Zeit mehr für mi. Und i hab koa Zeit mehr für die Kinder.

ALTER: Gehts Gschäft wenigstens guat?

TOCHTER: Na, gar nit.

ALTER: Warum nit?

TOCHTER: Mir kennen uns vor lauter Schulden nimmer aus. Im ganzen Winter kaum a Schnee. Die Kredite wern immer teurer und die Gäst immer sparsamer. Es is a Gfrett!

ALTER: Machts a Schweinezucht auf! Dann stehts wenigstens nit nur auf oan Fuaß.

TOCHTER: Geht ja nit. Laufen uns ja die Fremden davon. Des stinkt ja so.

ALTER: Des stinkt. Freilich. Des stinkt. *(Schließt die Augen.)* Manchmal, wenn i im Bett lieg, die Augen zua, dann seh i unsere Felder. Und i fahr mit der Mähmaschin drüber und i riach des frische Gras. Und i vergrab mein Kopf im Polster und spür des Fell von oaner Kuah an meiner Stirn. Ganz warm und woach.

Die Tochter beginnt zu weinen, umarmt den Alten.

TOCHTER: *(nach einer Weile)* I schau scho, daß i di da außa bring.

ALTER: Laß es nur bleiben, Tochter. I will eh nimmer hoam. I paß doch in koa Hotel. Die Stuben is weg, mitsamt'n Ofen ... Und überall summts und pumperts ...

TOCHTER: Was summt und pumpert?

ALTER: Des ganze Elektrische. Des Stereozeug und der Dings da unterm Fernseher und die Geschirrspülmaschin und der Brotröster und der Grill und des ganze Zeug. I woaß gar nit, wia de Maschinen alle hoaßen. Und vom Keller pumpert die Ölheizung durchs ganze Haus. Da werst ja narrisch von der Sumserei!

TOCHTER: *(nach einer Weile)* Mir ham ja no die Hütten da oben, woaßt eh. Die is zwar a an Fremde verpachtet, aber de kriag ma scho wieder. Dort könntest leben.

ALTER: *(hoffnungsvoll)* Ja? Könnt i des?

TOCHTER: Müßtest halt brav sein. Dürftest halt nimmer solche Sachen aufführen. Wia mit der Autobahn.

ALTER: Na, da tät i schon auf der Hütten bleiben. Da bringt mi koaner mehr ins Tal.

TOCHTER: Dann schau i, was si machen laßt. Sie ham ja gsagt, wenn mir die Verantwortung übernehmen, dann lassen s' di bald aus.

ALTER: Da sitz i nacher vor der Hütten und schau ins Tal owi. Und a paar Goaß kann i ma a halten.

TOCHTER: Muaßt ma halt a bißl Zeit lassen. Daß i den Rudi überzeug.

ALTER: Den Rudi überzeug?

TOCHTER: Ja, freilich! Woaßt eh, daß er nix mehr von dir wissen will.

ALTER: Den Rudi überzeug?

TOCHTER: Du bist entmündigt! Sei Einwilligung muaß a vorliegen. I kann doch nit gegen den Willen von mein Mann handeln!

ALTER: *(zornig)* Den Rudi überzeug?

TOCHTER: Ja, Papa! Aber i wer ihn scho umakriagen! Glaub ma's, bitte!

ALTER: *(plötzlich ganz verwirrt und entsetzt)* Der Rudi! Der Rudi! *(Steht auf.)* Ja, woaßt du denn nit, wer der Rudi is? Woaßt du nit, wer des is?

TOCHTER: *(steht auf)* Beruhig di, Papa! Bitte!

ALTER: Der Rudi ... Der Rudi ... I vergiß es immer wieder, i wills nit glauben ... Oder seins die Spritzen, die Tabletten, die mi des vergessen lassen ... i woaß es nit ... Der Rudi, Tochter, der Rudi is des Oberhaupt! Verstehst du? Des Oberhaupt!

TOCHTER: Was für a Oberhaupt?

ALTER: *(leise, angstvoll)* Der Rudi is des Oberhaupt der Verschwörer!

Die Tochter schaut verblüfft.

ALTER: Ja! Ja! Wirklich! Glaubs mir! I woaß es!

TOCHTER: I hol jetzt den Wärter.

ALTER: Na, bitte nit! Wart no! Des is wichtig! Du muaßt des wissen! Der Rudi is des Oberhaupt! I hab Beweise!

TOCHTER: *(verärgert)* Was für Beweise denn, Papa?

ALTER: Des war vor drei Jahr, in oaner Februarnacht, i kann mi no guat erinnern. Da hab i nit schlafen können und bin durch'n Hof gangen, wia immer, wenn i koan Schlaf gfunden hab. Und im Werkzeugschupfen da seh i a Gestalt. A Gestalt, die macht was mit oaner andern Gestalt. Ganz deutlich hab i's gsehn. Dei Rudi wars, mit an Lötkolben in der Hand. Und auf an Holzbock is a Leich glegen.

TOCHTER: Was? Geh, du spinnst ja!

ALTER: A Leich! A Leich mit offener Brust!

TOCHTER: Geh!

ALTER: Der Rudi steht neben ihr und fahrt mit dem Lötkolben in die Brust eini. Und die Brust, die war voller Dräht und ausgossen mit Beton! In der Nacht hat der Rudi den ersten Elektrischen baut!

TOCHTER: In der Nacht hat der Rudi a Stoffpuppen für'n Faschingsumzug hergrichtet! Und jetz geh i!

Der Alte hält sie zurück.

ALTER: Wart! Wart no! Bitte! Es is wahr! Es is wirklich wahr, Tochter! Der Rudi is des Oberhaupt! Und i bin verloren! I bin verloren!

TOCHTER: Geh, hör auf, i will nix mehr hören! I will ...

ALTER: Weil, verstehst, wenn der Rudi einverstanden is, mit der Hütten, dann, dann werd er nit ohne Grund einverstanden sein! Er werd kommen, mitten in der Nacht und werd mir die Brust aufschneiden und werd ma Dräht einziagen und mi mit Beton ausgiaßen!

TOCHTER: *(schreit)* Jetzt is Schluß! Hör auf!

Der Alte schaut sie an, es kommt ihm eine Erkenntnis.

ALTER: *(leise)* I versteh. I versteh. Warum bin i nit früher draufkommen? Du ghörst a dazua! Du bist a elektrisch!

TOCHTER: *(schüttelt den Alten)* Papa! I bitt di! Komm zu dir! Bitte!

ALTER: Jetzt möcht i's wissen! Jetzt schau i nach! *(Der Alte faßt sie brutal an der Brust.)* Wo sein deine Dräht, ha? Wo sein deine Dräht?

Sie kämpfen miteinander, die Tochter stößt den Alten zurück, er fällt zu Boden.

ALTER: Des woaß i schon, daß die Elektrischen viel Kraft ham. Des woaß i schon.

Die Tochter will ihm aufhelfen, er stößt sie zurück, steht langsam allein auf.

ALTER: Geh! Verschwind! Du Maschin!

TOCHTER: *(verzweifelt)* Papa!

Der Alte setzt sich auf den Stuhl, legt die Hände auf die Stammscheibe.

ALTER: *(singt leise)* Kloan bin i gwachsen, groß mag i nit wern, mei Muatter hat mi zügelt aus an Haselnußkern!

TOCHTER: Papa!

ALTER: *(singt lauter)* Kloan bin i gwachsen, groß mag i nit wern, mei Muatter hat mi zügelt aus an Haselnußkern!

Die Tochter schaut ihn verzweifelt an, geht ab.

ALTER: *(leise)* Kloan bin i gwachsen, groß mag i nit wern, mei Muatter hat mi zügelt aus an Haselnußkern!

ENDE

MAN VERSTEHT NICHTS

PERSONEN: ER und SIE, beide Mitte Fünfzig

SCHAUPLATZ: Krankenzimmer

1. BILD

Die Bühne ist dunkel.

STIMME DES ER: Ein frohes Weihnachtsfest und ein glückliches neues Jahr und recht viel Gesundheit wünscht dir und deinen Buben dein Schwager Sepp samt Frau. Bin sonst gottlob gesund, nur meine Frau liegt vier Wochen schon im Spital, wissen nicht, was ist. Herzliche Grüße, auf Wiedersehen.

Licht auf der Bühne. Ein Krankenbett, ein Nachtkästchen, ein Stuhl. Im Bett liegt SIE, an Infusionsflasche angeschlossen. ER steht vor ihr, im Sonntagsanzug, entnimmt einem Plastiksack Bananen, Kreuzworträtsel und ein fettiges Papiersackerl, legt die Sachen aufs Nachtkästchen.

ER: Schau, da sein die Bananen. Und a paar Kreuzworträtsel.

SIE: Dankschön. Was is'n da drin?

ER: Grammeln. Von der Gerda. Sie hat gsagt, sie woaß, daß du des gern magst.

SIE: Ja, mei! Des kann i ja nit essen! I muaß ja Diät halten. Des is ja viel z'fett!

ER: *(setzt sich auf den Stuhl)* Des hab i nit gwußt. Nacha nimm i's wieder mit.

SIE: Die Illustrierten hast vergessen, ha?

ER: Oi je, denkt hab i mir's ja, daß i was vergessen hab!

SIE: Bringst sie halt am nächsten Sonntag. I kann ma ja derweil was ausleihen von die andern. Und dahoam auf mein Nachtkastl liegt a Stoß Romanheftl. Da nimmst die obersten drei mit. »Dem Wilderer auf der Spur«, »Das Geheimnis der schönen Arztfrau« und ... des dritte woaß i jetzt nimmer so genau. A Schloß is vorn drauf. Das Liebesdrama eines Grafen oder so ähnlich ...

ER: Guat. Hoffentlich denk i drauf.

Sie: I sollt dir ja gscheiter was stricken. Hast ja fast koane Wintersocken mehr. Aber es tuat ma nimmer. I hab so steife Händ. Und eiskalt. Greif amal.

Er: *(greift ihre Hand an, nickt, läßt die Hand wieder los. Schaut die Infusionsflasche an)* Was is'n des?

Sie: Des is fürs Bluat, glaub i. Weil mei Bluat so schlecht is. Da führn s' ma was zua. Zwoa Flaschen im Tag.

Er: Und was sagt der Dokta? Wissens no immer nit, was los is?

Sie: Na, Genaus woaß ma nit. I steh unter Beobachtung, hat er gsagt, der Dokta.

Er: I bin nia krank gwesen.

Sie: Na, du warst immer kerngsund.

Er: Außer nach'n Kriag amal. Aber des war mehr der Hunger.

Sie: Du hast a starke Natur.

Er: Muaß scho sein, ja. Und hab immer meine Dreier graucht. Und mei Bier trunken. Und garbeitet nit wenig.

Sie: Weilst a Mann bist. Weilst koane Unterleibsgschichten ghabt hast so wia i.

Er: Weil di der Seiwald über d'Stiagen gschmissen hat.

Sie: Ja, des war der Anfang. Wia i's erste Kind verloren hab.

Er: Und mei Kind is deswegen nacha a abgstorben in dein Bauch drin.

Sie: Ja, a Bauchhöhlenschwangerschaft war des. A Monat lang hab i's tote Kind im Leib tragen. Des is direkt verfault in mir. Wenn s' mi nit no rechtzeitig operiert hätten, wär i draufgangen.

Er: Der Seiwald hat di zgrundgrichtet.

Sie: I hab mi nacha eh scheiden lassen von ihm.

Er: Weil er nix garbeitet hat.

Sie: Und lungenkrank war er. Mei, hab i mi graust vor dem. Dauernd wollt er bei mir liegen. Am helliachten Tag hat er mi ins Schlafzimmer eini! Nia a Ruah!

Er: Des brauchst ma nit erzählen! Des will i gar nit wissen. Der Sauhund, der schwindsüchtige!

Sie: Aber leben tuat er heut no. Der hat a Haus in Vorarlberg. Hab i dir eh erzählt. Die Gerda hats derfragt. A Gsibergerin hat er gheirat.

Er: No heut könnt i ihn umbringen.

Sie: Er hat nix taugt. Wollt mi zu die Bauern stehlen schicken. Nach'n Kriag. Dann hat er mi ghaut, weil i's nit tuan wollt. Immer hat er Radln gstohlen. Und is mir auf d'Seit gangen.

Er: Wegen dem is mei Kind nit aufkommen.

Sie: Jetzt hat er a Haus. In an Textilwerk is er was Bessers. Vorarbeiter oder sowas. Blöd is er nia gwesen.

Er: A paar Kinder hätt ma uns scho derleistet. Gibt ja die Beihilfe. Und alle zwoa hamma immer garbeitet.

Sie: Es hat nit sein wollen. Des is alles vorbestimmt.

Er: Solche wia der Seiwald ghören wegputzt.

Sie: Der hat mi absichtlich gschwängert, damit i ihn heiraten muaß. Der hat scho gwußt, daß mei Muatter da nix kennt.

Er: An Haufen Kinder hätt ma haben können.

Sie: Des brauchst mir nit immer vorwerfen.

Er: I wirf dir eh nix vor. Schön wärs halt gwesen.

Sie: I hab dir immer wieder vorgschlagen, daß ma oans aufnehmen. Die Stettner Inge hat ihre Zwilling hergschenkt. Mir hättens haben können. Aber du wolltest nit.

Er: Da war grad mei Kind abgstorben. I hab mir denkt, vielleicht gehts doch no amal.

Sie: Der Dokta hat dir aber gsagt, daß es nimmer geht.

Er: Ma hat immer a Hoffnung.

Sie: Wenn alles heraußen is, gibts koa Hoffnung mehr.

Er: A angnommens Kind is koa eigenes.

Sie: A Kind is a Kind.

Er: Aber nit von mein Bluat.

Sie: A Kind is a Kind.

Black out.

2. BILD

Die Bühne ist dunkel.

Stimme des Er: Ein frohes Weihnachtsfest und ein gutes neues Jahr, recht viel Glück und Gesundheit wünscht dir und Lois Euer Sepp mit Frau. Teile dir mit, daß meine Frau im Spital liegt, schon seit vier Wochen, vorläufig noch nicht gefunden, was es ist. Herzlich Grüße, auf Wiedersehen.

Licht auf der Bühne. SIE im Bett, ER auf dem Stuhl.

ER: Wia tuats?

SIE: Schwach bin i.

ER: Kasig schaust aus.

SIE: Haben tuats mi überall. Beim Magen und bei die Nieren und beim Herz. Die Nägel brechen ma ab und die Haar gehn ma aus.

ER: Machen s' was mit dir?

SIE: Medikamente halt. Sonst nix. Alles untersuacht ham s' scho. 's Bluat und an Urin, und hinten vom Kreuz ham s' was außa. Der Dokta sagt, i soll mi ausrasten. Schuld is ja der Chefarzt, sag i.

ER: Warum des?

SIE: Ja, woaßt eh, wia schlecht's mir gangen is, die letzten Monat. Aber der glaubt dir ja nix, der Chefarzt. Der schreibt di ja immer viel z'früah gsund. Nit amal anschaun tuat er di, wennst zu dem hinkommst. Der untersuacht di nit amal. Ihr Weiber wollts nix arbeiten, so is des, hat er zu mir gsagt. Sobaldst auf zwoa Fiaß stehn kannst, bist für den wieder gsund.

ER: Ja, da kann ma nix machen.

SIE: Als ob er was davon hätt ...

ER: Des is wahrscheinlich wegen die Markierer. Werds halt a geben. Nacha glaubt er nix mehr.

SIE: Wenn er mi untersuacht hätt, wär er draufkommen, daß i nit markier. Wenn i's kaum derstanden bin. Und an kalten Schweiß auf'm Gsicht. Im Postauto is ma schlecht worden.

ER: Jaja, da kannst nix machen. Gegen die Leut kommst nit auf. Was tuast'n so den ganzen Tag?

SIE: Daliegen. Manchmal lies i oder lös Rätsel auf. Aber des kann i nit lang machen, weil i Schädelweh kriag. I woaß ma oft nit z'helfen, so zeitlang is ma. Dann lieg i da und alles geht ma durch'n Kopf.

ER: Aber du kannst di doch mit die andern Frauen unterhalten.

SIE: Des tua i eh. Da hinten im Eck, da liegt a ganz a Lustige. Die hat Brustkrebs und trotzdem lachts immer. Mit der red i gern. Aber mir müassen so schreien, weil s' so weit weg is und mir nit aufstehn dürfen. Außerdem is's a Jugoslawin und i versteh s' so schwer. Und jetzt liegen drei da, denen gehts ganz schlecht. Deswegen dürf ma nit z'laut sein. Die da neben mir, die hams gestern auskratzt. Zwoarazwanzig Jahr. Die halbe Nacht hats greart. Da hab i a rearn müassen. Nacha hams ihr a Spritzen geben. Jetzt schlafts. – Wia tuats denn dir?

ER: Ja, geht scho.

SIE: Tuast dir scho was kochen?

ER: Woll, woll, tua i scho. Z'Mittag iß i ja in der Kantine. Aber auf d'Nacht mach i mir scho was. Und am Wochenende.
SIE: Des kann i ma scho vorstellen, wiast umanander patzt.
ER: Des Kochen is nix für a Mannsbild.
SIE: Na, des is nix. Kennst di mit der Waschmaschin aus?
ER: A Pullover is ma eingangen.
SIE: Des hab i ma denkt. Aber i komm eh bald wieder hoam.
ER: Hoff ma's.
SIE: Was tuast'n immer?
ER: Am Abend tua i fernsehschaun.
SIE: Gehst nit amal ins Wirtshaus?
ER: Woll, geh i a.
SIE: Trinkst a paar Bier?
ER: Ja, a paar Bier, nacha geh i wieder.
SIE: I komm eh bald wieder hoam.
ER: Ja. Des is nix ohne di.
SIE: Na, des is nix.
ER: Weil die Wohnung so leer is.
SIE: Weil mas oanfach gwöhnt is, daß wer uma is.
ER: Da bist nit z'frieden.
SIE: Sein doch scho achtazwanzg Jahr, daß ma verheiratet sein.
ER: Ja.
SIE: I komm bald wieder.
ER: Vorgestern hab i sieben Bier trunken.
SIE: Hast an Rausch ghabt ...
ER: Ja, i bins nimmer gwöhnt.
SIE: Kannst ruhig dei Bier trinken.
ER: Blöd aufgführt hab i mi. I bins oanfach nimmer gwöhnt.
SIE: Des macht nix. Des geht koan was an.
ER: Fast jeden Tag hab i jetzt an Rausch.
SIE: Des is gleich. Des geht koan was an. Is ja dei Geld.
ER: Wennst wieder dahoam bist, nacha geh i nimmer ins Wirtshaus.
SIE: Da koch i dir nacha was Feins. Dann trink ma a Flaschl Wein und tuan fernsehschaun mitanand.

Er: Der Hansl und die Gretl schrein a dauernd.

Sie: Was hams denn?

Er: Weilst nit da bist. Dauernd schreins und schaun, obst nit kommst.

Sie: Die sein des a nit gwöhnt, daß i nit da bin. Tuast sie schon immer regelmäßig füttern und den Käfig ausputzen?

Er: Freilich. Denen geht nix ab. A frisches Wasser kriagen s' a immer.

Sie: Auf'n Boden kannst sie halt nit stellen, wo nachmittag die Sonn hinscheint.

Er: Freilich tua i des. In der Fruah, bevor i geh, stell i den Käfig genau auf den Fleck.

Sie: Weil des mögens so gern, wenns warm is. Des sein Japanische, und die ham die Wärme so gern.

Er: Des woaß i schon, daß sie die Wärme so gern ham.

Sie: Tuat die Gretl dem Hansl no immer die Federn ausreißen?

Er: Ja und wia! Ganz nackert is er scho wieder!

Sie: Nacha muaßt sie ausanander tuan!

Er: Hab i eh scho probiert. I hab eh den Hansl in zwoaten Käfig einigeben. Aber du woaßt ja, wia des is. Da werd er ja ganz trüabsinnig. Mir ham des eh schon a paarmal probiert.

Sie: Aber wenn sie ihm dauernd die Federn ausreißt! Des is ja nit fein.

Er: Des woaß i schon, daß des nit fein is. Aber wenn ma'n in andern Käfig tuat, nacha hockt er ganz trüabsinnig am Boden und singt nimmer. Und frißt nix mehr. Der laßt si liaber die Federn ausreißen, als daß er alloan is.

Sie: Komische Vögel sein des schon. Wenn ma eh immer die zwoa Käfig so eng zsammstellen, daß sie sich guat sehn können.

Er: Ja, komische Vögel sein des.

Sie: Muaßt ihn halt manchmal mit Nivea einreiben. Des tuat ihm guat. Bsonders unter die Fügel. Da beißts ihn so. Und dann peckt er immer so lang drauf, bis er ganz wund is.

Er: Ja, er is eh scho wieder ganz offen. Aber i trau ma'n nit außaznehmen. I hab immer Angst, i derdruck ihn. Is ja so a winzigs Viech. I mit meine broaten Händ ... Du tuast di da leichter.

Sie: Ja, nacha laß es liaber. Bevorst'n hinmachst. Er wirds scho no ausderhalten, bis i hoamkomm.

Er: Wann moanst'n, daß di wieder auslassen?

Sie: I woaß es no nit. Der Dokta sagt ma nix. Der lacht nur immer freundlich.

ER: Is es a netter Dokta?

SIE: Jaja, der is nett. Macht immer an Spaß.

ER: Aber er sagt dir nix.

SIE: Na, er sagt ma nix.

Black out.

3. BILD

Die Bühne ist dunkel.

STIMME DES ER: Ein frohes Weihnachtsfest und viel Glück im neuen Jahr und recht viel Gesundheit wünscht dir und allen im Hause dein Vetter Sepp samt Frau. Sonst bin ich gesund, nur habe ich meine Frau im Spital, seit vier Wochen, hoffe aber, sie finden es bald heraus. Viele Grüße und auf einmal Wiedersehen.

Licht auf der Bühne. SIE im Bett, ER auf dem Stuhl.

SIE: Wolln s' di außischmeißen?

ER: I woaß no nit genau, was da vorgeht. Es sein so Gerüchte. Aber es muaß doch was dran sein. Der Betriebsrat hat gsagt, daß a anders Werk von unserm Besitzer gschlossen worden is.

SIE: Hat der mehrer?

ER: Ja, freilich. A drei a viere. Der Betriebsrat hat gsagt, er verstehts eigentlich nit, weil die Auftragslage wär nit so schlecht. Mir ham so Ding, so Exportverträge mit Italien, wo no lang nit alles gliefert is.

SIE: Ja, was soll des nacha bedeuten?

ER: I woaß nit, was los is. Jedenfalls hat der Betriebsrat gsagt, daß a Menge Maschinen erneuert wern müaßten, weil sie veraltet sein und nimmermehr den Dings, mit die Sicherheitsvorschriften, nimmermehr entsprechen.

SIE: Ja und? Nacha? Stimmt eh. Hast ma ja erzählt, daß es scho drei einigfressen hat und bei oam der Arm weg war.

ER: Ja eh, freilich. Aber des kostet an Haufen Geld. Und der Besitzer will anscheinend nix mehr einistecken. Steuern is er a schuldig. Etliche Millionen. Aber er sagt, so habs i jedenfalls ghört, wenn er die zahlen muaß, nacha sperrt er glei zua den Laden.

SIE: Ahso? Wia hoaßt jetzt der?

ER: Gottlieb. Im Betrieb hoaßen s' ihn den »Lieben Gott«. Hab i dir doch eh erzählt.

Sie: Ahja. Der »Liebe Gott«. Weil er immer mit'n Fliager kommt.

Er: Ja, weil er immer mit'n Hubschrauber auf'm Betriebsgelände landet, wenn er nachschaun kommt. So viermal im Jahr taucht er auf. Wia der liabe Gott kommt er vom Himmel. Dann rauscht er durch die Fabrik, hinter ihm zwoa Mandeln mit Aktentaschen, und nach zwoa Stund verschwindet er wieder in die Wolken.

Sie: Wieso will er denn nix mehr einistecken?

Er: Des woaß i nit. Ma verstehts nit.

Sie: Die wern di do nit außischmeißen? Warst doch immer a braver Arbeiter. Und so lang scho dabei.

Er: Eben deswegen. I bin scho z'alt. Der Betriebsrat hat gsagt, als erstes fliagen die, was über fufzig sein. Außerdem moant er, bei mir wärs eh nit so tragisch, weil i sowieso nur mehr a paar Jahr hab bis zur Frühenten.

Sie: Aber des spürst halt doch bei der Renten, wennst nit bis fünfasechzig arbeitest.

Er: Und wia i des spür. I hab mi ja erkundigt. Des macht an Batzen Geld aus.

Sie: Und obst dann wieder was findest, wenn s' di jetzt entlassen ...

Er: Nit leicht, ja.

Sie: Nimm i ma halt no a Büro dazua, zum Putzen. Des schaff i schon.

Er: Geh, wennst di eh kaum mehr derbuckst, mit dein Kreuz. Jetzt woll ma's amal nit verschrein, no is eh nix gwiß. Mir wern scho sehn, wia si die Sach weiterentwickelt. Jetzt wirst amal gsund, des is wichtiger.

Sie: Und wenn, dann find ma scho wieder irgendwas. Es is eh nimmer so schlecht wia früher. Die Zeiten sein eh ganz anders. Des kann ma ja gar nit vergleichen mit früher.

Er: Es war scho viel ärger, ja.

Sie: I kann mi no guat erinnern. Zweiunddreißig, da is mei Muatter zum Bürgermeister gangen und hat ihn gfragt, ob er nit a Arbeit hätt für sie. Der Vater war ja verunglückt und 's Essen hat nimmer glangt für uns Kinder. Die Muatter hat gsagt, sie macht alles, ganz gleich, was es is, und wenn s' Stoaner klauben muaß. Und der Bürgermeister – des war a Verwandter von ihr, des muaßt dir vorstellen – woaßt, was der zu ihr gsagt hat? Geh auffi in Wald und tua dir a Pech zsamm, des brutzelt a schön in der Pfannen, hat er gsagt, der Herr Bürgermeister! Des hab i nia vergessen. Nia!

Er: Ja, da kannst nix machen. Gegen die Herrn kommst nit auf.

Sie: Aber wenigstens elendig zgrundgangen is er, der Schweinhund! Weil mei Muatter hat ihn verflucht. »Des Pech, was du meine Kinder wünschst, des soll dir im Magen liegen!« hat sie zu ihm gsagt, und drei

Jahr später is er gstorben. Magenkrebs. Seit dera Zeit ham alle an Spundus ghabt vor meiner Muatter. Die Laner-Hex. Bei die Nazi hat sie dann immer gsagt »Griaß Gott«, nia »Heil Hitler«.

Er: Beim Hitler hats koa Arbeitslosigkeit geben.

Sie: Na, des nit. Aber dafür an Kriag.

ER nickt zustimmend, schaut bedrückt vor sich hin.

Sie: Jetzt komm, sei nit verzagt. Werd alles guat ausgehn.

Er: Ja, eh, freilich.

Black out.

4. BILD

Die Bühne ist dunkel.

Stimme des Er: Frohe Weihnachten und ein glückliches neues Jahr, nebst viel Gesundheit wünscht dir und allen deinen Lieben dein Bruder Sepp samt Frau. Bin gottlob gesund, außer meinem blöden Ischias, nur hab ich meine Frau im Spital seit vier Wochen, hoffe, daß ich bald Klarheit bekomme. Also viele Grüße, auf Wiedersehen.

Licht auf der Bühne. SIE im Bett, ER auf dem Stuhl. ER ist nicht im Sonntagsgewand, wirkt sehr ungepflegt, liest ihr einen Brief vor.

Er: Die Konjunkturschwankungen der letzten Zeit zwingen uns leider zu einer längst fälligen Rationalisierung und zum stufenweisen Abbau der Arbeitskräfteüberkapazität. Wir danken Ihnen für Ihre langjährige, treue Mitarbeit.

Sie: Und des hoaßt, daß du draußen bist?

Er: Des hoaßt, daß i draußen bin.

Sie: Des san dir Hund!

Er: Jetzt is's aus.

Sie: Vielleicht findt si doch was.

Er: *(schüttelt den Kopf)* War doch eh schon a paarmal auf'm Arbeitsamt. Die schaun mi mitleidig an wia an Tattergreis.

Sie: Daß d' nit glei kommen bist. I hab mir Sorgen gmacht.

Er: I hab mi nit hertraut.

Sie: Geh, kannst doch nix dafür.

Er: Dreiazwanzg Jahr Arbeit und dann kriagst so an Briaf. *(Weint lautlos.)*

Sie: Vielleicht findt si doch was. – Wieviel hams denn entlassen?

Er: Vierasechzg hams außighaut bis jetzt. Die Älteren und ledige Junge. – Die Jungen wern scho was finden. Aber mir alten ... Der Klausner Toni wollt si umbringen. Der is in Bach ghupft. Hams'n aber derwischt.

Sie: Ahso? Naja, der war immer schon so empfindlich, der Klausner.

Er: Hat a schon viel mitgmacht. Und wia soll der denn jetzt die Schulden abzahlen, die auf sein Häusl liegen?

Sie: Aber glei umbringen darf ma si a nit. Dazua hat ma koa Recht. Mit Frau und Kinder. Na, sowas!

Er: Aber verstehn kann i's schon. Auf oamal bist nix mehr nutz. Auf oamal bist überflüssig. A Almosenempfänger. *(Er holt eine halbvolle Bierflasche hervor, trinkt.)*

Sie: Mir wern scho was finden. Jetzt wartst amal, bis i hoam komm.

Er: Wann is'n des?

Sie: I woaß es no nit. Aber i fühl mi schon besser. Lang werds nimmer dauern.

Er: Den ganzen Tag alloan dahoamsitzen, des halt i nit aus.

Sie: Des versteh i schon.

Er: I bin des nit gwöhnt. Mei Lebtag hab i garbeitet. I woaß nit, was tuan mit der Zeit. Wia i's umabringen soll.

Sie: Gehst wieder Kartenspielen?

Er: Ja.

Sie: Hast was gwonnen?

Er: Na, verloren.

Sie: I wer heut bei der Visite den Dokta fragen. Ob er mi hoamgehn laßt. Fühl mi eh schon viel besser.

Er: Zwoahundertfufzg Schilling hab i verloren.

Sie: Früher hast oft mehr verloren.

Er: Fünfzehn Jahr hab i nimmer gspielt. Jetzt treibts mi wieder hin.

Sie: Weil dir zeitlang is.

Er: I wills gar nit. Aber ma muaß mit jemanden reden. A paar Bier trinken. Und a Hetz machen. Mit die Karten auf'n Tisch haun. Nacha brauchst nit denken.

Sie: I bin dir eh nit bös.

Er: Des hab i ma nit denkt, daß du ma so abgehst.

Sie: Weil ma so aneinander gwöhnt is.

Er: Und bin nit immer fein gwesen mit dir.

Sie: I a nit. Des is's Leben.
Er: Jetzt is ma zum Rearn, jeden Tag.
Sie: Weil alles zsammkommt.
Er: Lang pack i's nimmer.
Sie: So darf ma nit reden.
Er: Übermorgen is Heiliger Abend.
Sie: Ja, Weihnachten.
Er: Ob s' di auslassen?
Sie: Sicher. Fühl mi eh schon viel besser.
Er: Weil des schiach wär.
Sie: No nia war ma auseinander, z'Weihnachten.
Er: Vielleicht laßn s' di doch aus.
Sie: Sicher.
Black out.
Stimme des Er: Liebe Schwester Gerda, teile dir mit, daß leider meine Frau gestern verstorben ist und weiß nicht die Ursache, was war. Ich kenn mich nicht mehr aus. Man versteht nichts. Das Begräbnis wäre am 27. Dezember, wenn du bitte kommst. Viele Grüße, dein Bruder Sepp.

ENDE

URAUFFÜHRUNG

Theater Die Tribüne, Wien
Premiere am 16. April 1985

Regie   Oskar Willner
Ausstattung   Pani Stamatopolos

Abstellgleis

Schwiegertochter   Cecile Gordon
Alter   Kurt Radlecker

Verbrecherin

Sie   Brigitte Slezak
Er   Franz Kratochwil

Man versteht nichts

Sie   Cecile Gordon
Er   Franz Kratochwil

Weizen auf der Autobahn

Tochter   Brigitte Slezak
Alter   Kurt Radlecker

Buchausgabe: Friedl-Brehm-Verlag, München, 1993 Neuauflage im Haymon-Verlag.

DRACHENDURST
ODER
DER ROSTIGE RITTER
ODER
SCHWARZ UND WEISS, GELD UND BROT, LEBEN UND TOD

Gunnar Klattenhoff, der 1983 in Telfs Schönherrs und meine »Karrnerleut« inszenierte, machte damals den Vorschlag, wir sollten doch einmal bei den Volksschauspielen ein Märchenstück bringen. Er, der von Norddeutschland kam, war beeindruckt von der Landschaft Tirols, besonders von der Hohen Munde, dem Telfer Hausberg. Klattenhoff vermutete, daß sich die Naturgeister in der Ebene auf ein paar Irrlichter und ähnliches beschränken würden, hier im Gebirge aber, in den Schluchten und Höhlen, in den Wäldern und Dickichten, da müßte es doch immer schon mehr dieser Wesen gegeben haben. Nun, das ist wohl wahr, wenn auch schon lange vorbei, denn die Berge sind erschlossen, die Wälder vergiftet und gerodet, die Sümpfe trockengelegt, die Dickichte ausgerottet – wo sollen sich da noch Geister aufhalten können? Man erzählt, daß an den Autobahnen manchmal eine weiße Frau steht und den Autos Zeichen gibt. Nimmt einer die Frau mit, so sitzt sie stumm neben dem Fahrer und ist plötzlich verschwunden. Vielleicht ist das die weiße Göttin, die Feenkönigin, die Mutter des Waldes, die Hirschkuh, die ratlos sich über Beton dahinfahren läßt, worunter ihre Landschaft begraben liegt. Aber das ist eine andere Geschichte, die ich vielleicht ein andermal erzählen werde.
Mit dem Zaubermärchen »Drachendurst«, das wir im Sommer 1986 in Telfs uraufführten, bin ich zurückgegangen in frühere Zeiten, oder auch in die Zukunft oder in eine zeitlose Zeit, wo in einer anderen Dimension – das heißt, in uns selbst – ein ewiger Kampf tobt, der Kampf Gut gegen Böse, Schwarz gegen Weiß, Geld gegen Brot, Liebe gegen Haß, Leben gegen Tod. Der Drache – zugleich dunkler Zauberfürst – und die Hirschkuh – zugleich weiße Feenkönigin –, die beiden vertreten in Drachendurst diese Prinzipien. Beide gehören zusammen, beide sind nicht zu trennen und müssen sich trotzdem bekämpfen. Mitten drin in diesem Kampf stehen die Menschen des Stückes – Drachentöter und Knappe, Jungfrau, Mutter und Gaukler, sind getrieben und geworfen, versuchen sich mit rührendem Mut zu behaupten in dieser chaotischen Welt. Zum Schluß siegt das Gute – wie in allen Märchen –, aber das Böse wird sofort wiedergeboren, der Kreislauf beginnt von neuem, das Spiel nimmt niemals ein Ende.

PERSONEN:

Drache (ein Zauberfürst)
Hirschkuh (eine Feenkönigin)
Martha (eine holde Jungfrau)
Niklas (ein Ritter)
Jakob (ein Schildknecht)
Norg (ein Kobold)
Schneck (ein Zauberer)
Jocherer (ein Menschenfresser)
Wassernixe
Mutter
Vater
4 Kinder, 3 Wächter, 1 Bär

ZEIT: Gestern, heute, morgen

SCHAUPLÄTZE:

See mit Ufer
Stube in einer Tagwerkerhütte
Gebirgsschlucht mit Höhle
Zimmer in der Eisenburg des Drachen
Waldlichtung mit Höhle

VORSPIEL

Im Schein des Vollmondes der schwarzgelbe Drache und die weiße Hirschkuh. Musik.

DRACHE:

Vielhundert Jahr is es jetzt her,
da wollt zum Weib i di nehmen,
und wia du gsagt hast, na,
da war in mir a großer Weh,
und no heut, wenn i di siech,
tuats in mir brennen.

Du woaßt es, seit der Zeit
möcht i dir's Herz außerreißen,
möchts nageln über mei Eingangstür,
möcht di ins Feuer schmeißen,
daß nix mehr bleibt von dir –
außer Aschen und Staub.

HIRSCHKUH:

Dein Haß auf mi, den kenn i guat,
und i kenn wohl a dei Leiden.
Aber misch i mi mit Drachenbluat,
kann i nimmer Hirschkuah bleiben.

Und wenns mi a verlangt nach dir,
i derf die nit begehren,
sonst fallt glei ab die Kraft von mir,
und i kann di nimmer wehren.

Den Menschen bin i Schirm und Schutz,
du bist Bosheit, Neid und Trutz.
Du bist kalt und i bin warm,
i bin die Liab und du bist der Zorn,
du bist des Geld und i bins Brot,
i bins Leben und du bist der Tod.
So wer ma bleiben in Hader und Streit,
jetzt und in alle Ewigkeit.

1. BILD

See mit Ufer. Tag. Auf einem großen Stein im See sitzt eine Nixe. Sie singt ein Lied ohne Worte. Nach einer Weile schleicht sich von der Seite vorsichtig der Kobold Norg heran. Er ist ein kleines, katzenartiges Wesen mit dunklem Fell. Auf allen Vieren kriecht der Norg durch das seichte Wasser, springt dann plötzlich die Nixe an, reißt sie vom Felsen, zerrt sie schnaufend ans Ufer. Die Nixe wehrt sich verzweifelt mit ihren Händen, will wieder ins Wasser zurück, der Norg wirft sie auf den Rücken, setzt sich auf ihre Brust und hält ihre Hände am Boden fest. Der Fischschwanz der Nixe schlägt verzweifelt aus, die Schläge werden langsamer, der Schwanz hält still.

NORG: Hab i di, du kalter Fisch! Hehe, des werd a feiner Abendtisch, für den Drachen, meinen Herrn!

NIXE: Schwestern, zu Hilfe, i kann mi nit wehrn!

NORG: Hör auf zu plärren, halts Maul, die hörn di nit! Die hörn nur 's Rauschen vom Wasser! *(Er steigt von ihr herunter, schüttelt sich angeekelt, wischt sich die nassen Hände am Fell ab.)* Ah, bist du a Sack, a nasser! *(Die Nixe will sofort wieder mit Hilfe ihrer Hände zum Wasser kriechen, der Norg greift nach ihren langen Haaren und reißt sie zurück.)* Haltaus, Fischl! Des is der falsche Weg! Da gehts lang!

Er will sie wegzerren, sie wehrt sich.

NIXE: Oh, wie werd mir bang! Kobold, i bitt di, laß mi aus! I mag nit sterben, 's Leben is so schön!

NORG: Du mußt mit mir gehn, des hilft ja nix! Wenn i koa Fischweib bring, dann kriag i Wix vom Drachen! *(Zerrt sie ein Stück.)*

NIXE: Oh weh, oh weh, was soll i machen? Kobold, du, i woaß, tu tuast gern drucken! Du kannst mi haben, Tag für Tag!

NORG: Geh, wenn i di nit mag! I druck nur Wesen mit an warmen Bluat! Dein kalter Fischleib, der tuat ma nit guat! Jetzt komm, es nutzt ja nix, i lad die auf. *(Er will sich die Nixe auf die Schulter laden, sie wehrt sich, er schleppt sie ein Stück.)* Verflucht, des Luader wehrt si, daß i's nimmer derschnauf! *(Er läßt sie fallen.)* Guat. Dann wart i halt. Ohne Wasser werst nit alt, des woaß i.

Er setzt sich zwischen Wasser und Nixe. Die Nixe beginnt zu weinen und zu wehklagen, wiegt sich jammervoll auf und nieder. Nach einer Weile wird sie schwächer, sinkt nieder, reißt ihren Mund auf, schnappt nach Luft, blickt schweigend und sehnsüchtig zum Wasser. Der Norg pfeift das Lied, das er im 2. Bild auf dem Kinde sitzend singen wird. Die Nixe leidet immer mehr unter Atemnot, sie greift sich an die Kehle, ihr Schwanz schlägt wild hin und her. Verzweifelt will sie wieder zum Wasser kriechen, der Norg steht auf und stellt sich ihr in den Weg. Die Nixe klammert sich an seine Beine.

NIXE: Kobold! I bitt di! I muaß ins Wasserbett!

Sie dreht sich luftschnappend auf den Rücken, der Schwanz schlägt immer schwächer. Der Norg wird von Mitleid befallen.

NORG: Mei, is des a Gfrett! *(Er kann nicht mehr zusehen und wendet sich ab, schaut dann doch wieder hin. Die Nixe röchelt.)* Na, i kann nimmer zuaschaun! I wer ihr den Schädel einhaun.

Er schaut sich um, entdeckt einen größeren Stein, holt ihn, hält ihn über dem Kopf der Nixe hoch. Plötzlich betritt Martha die Szene. Auf dem Rücken trägt sie ein Bündel Holz, in der Hand einen Korb mit Pilzen. Sie hält kurz inne, läßt dann Bündel und Korb fallen, stürzt auf den Norg zu und stößt ihn beiseite.

MARTHA: Was tuast denn du da, ha? Du Sauviech, du!

Der Norg knurrt böse, springt auf Martha zu, diese ergreift einen Ast, der am Boden liegt und schlägt ihn dem Norg über den Kopf. Der Norg fällt aufschreiend nieder, hält sich mit beiden Händen den Kopf, wälzt sich vor Schmerzen.

NORG: Oi, oi, oi! I bin hin! I bin hin! Mei Schädeldach is brochen! Oi, oi, oi!

Martha läuft zur Nixe, kniet sich bei ihr hin.

MARTHA: Du Arme! Wie kann i dir helfen? Was soll i machen?

NIXE: *(flüstert)* Zum Wasser! Zum Wasser!

Martha zieht die Nixe zum Wasser, der Norg sieht es.

NORG: Halt! Halt! *(Er reckt die Finger nach Matha.)* Fleisch, steht still, so lang i will!

Martha erstarrt in ihrer Bewegung, aber die Nixe ist schon im Wasser und taucht weg. Der Norg läuft hin, watet im Wasser umher und sucht und schaut, aber vergeblich.

NORG: Ah, hab i an Zorn! Mei, hab i a Wuat! *(Zu Martha:)* Was erlaubst du dir, du Menschenbruat! Ja, gibts denn sowas! Pfuscht mir de ins Handwerk! Und haut mir no dazua des Schädeldach ein! Glabst, des is fein? *(Er schlägt auf Martha ein, diese macht keine Bewegung. Der Norg greift sich wieder an den Kopf.)* Oi, oi, oi, hab i an Weh! Was tua i jetzt? No, fang i halt a Reh. Oder an Fasan. Oder an Hasen. Mei Herr werd ma den Marsch blasen, oi, oi, oi! Da hagelts wieder Backpfeifen und Ohrfeigen und Maulschellen! *(Greift sich an den Kopf.)* Dabei hab i eh schon a Dellen! *(Zu Martha:)* Und alles wegen dir, du Luaderweib! Zur Straf bleibst da stehn, bis vermodert dein Leib! *(Er dreht sich um, wendet sich aber wieder zurück, weil ihm etwas einfällt. Er betrachtet Martha von oben bis unten.)* Des hoaßt ... *(zu sich:)* Die wär eigentlich was fürn Drachen. Schaut nit übel aus ... Tat ihm sicher viel Freud machen, de süaße, kloane Maus! *(Ruft:)* Fleisch, Rühr di! *(Martha kann sich wieder bewegen.)* Pfiat di, Madel! Mir sehn uns bald wieder! Dann reiß i di nieder und tua di a bißl drucken!

Der Norg rennt davon, Martha schaut ihm nach, geht ans Ufer, schaut dann wieder ins Wasser zurück. Die Nixe taucht auf. Sie ist wieder bei Kräften.

NIXE: I dank dir. Du hast mir's Leben grettet. Es werd nit umsonst gwesen sein. Du bist ab jetzt nie mehr allein. I wer's der Königin berichten.

MARTHA: Ja, is schon recht. Aber jetzt muaß i hoam, die Muatter will 's Nachtmahl richten! Muaß ihr die Schwammerl bringen. Pfiat di, Nixe!

NIXE: Leb wohl, du liabs Kind!

Martha geht zum Korb, sammelt die herausgefallenen Pilze ein, nimmt das Holzbündel auf den Rücken.

MARTHA: So, aber jetzt gschwind!

Sie winkt der Nixe zu, die Nixe winkt zurück, Martha läuft weg, die Nixe schaut ihr nach und taucht dann unters Wasser.

2. BILD

Armselige Stube in einer Tagwerkerhütte. Nacht. In einem Bett halb sitzend der sterbende Vater. Verzweifelt kämpft er gegen den Tod. Am Bett knien die Mutter und fünf Kinder. Das älteste der Kinder ist Martha, eben erst zur Jungfrau erblüht. Der Vater sinkt vornüber und ist tot. Die Mutter steht auf und legt ihn ordentlich zurecht.

MUTTER: Schwer bist gangen, liaber Mann. Schwer. Nit, weil di fürchten muaßt, vor dem, was kimmt. Ganz gwiß nit, des woaß i bestimmt. Die Sorg um uns hat di so lang ghalten, die Sorg ums täglich Brot.

Die anderen Kinder sind still, Martha beginnt zu schluchzen.

MUTTER: Fünf Kinder, und koan mehr, der ins Tagwerk geht, uns bewahrt vor Hunger und Not.

MARTHA: *(steht auf)* Geh, Muatter, brauchst decht nit verzagen! I wer schon a Arbeit derfragen. I geh zu a Herrschaft, in die Kuchl, in Stall oder aufs Feld – i bring scho a Geld!

MUTTER: Ja, geh nur, geh, hast recht. Für di alloan werds sicher glangen. Du bringst di schon durch, da brauch i nit bangen.

MARTHA: Für uns alle glangts! Du woaßt, bei der Arbeit bin i gschwind!

MUTTER: Aber, Madel, Martha, liabs Kind! Glabst, als Hennendirn könntst uns alle ernährn? Die Kost und a Schlafstell – mehr geben sie dir nit, i kenn sie decht, die Herrn! Na, i woaß mir koan Ausweg nit, was soll nur aus uns wern?

In der Tür steht plötzlich der Drache in Gestalt eines schönen Mannes, sehr elegant in schwarz-gelber Kleidung, mit Spazierstock und Hut.

DRACHE: *(lüftet den Hut)* Guten Abend zu wünschen und habe die Ehre! *(Man schaut erstaunt.)* Kimm wohl zur unrechten Zeit, aber – der Weg is weit, und die Tag wern wieder kürzer. *(Er geht zielstrebig zum Toten hin.)* I siechs, *(zur Mutter)* der Mann is enk gstorben. Des is bitter, des bringt Sorgen. Aber – gibts an Kummer, so bleibt decht nit aus die Freud. Und deswegn kimm i heut zu enk da her, weil i des Madel da *(deutet auf Martha)* zur Frau mir begehr!

MUTTER: *(zu Martha)* Kennst du den Lotter?

MARTHA: Na, Muatter! Nia im Leben!

MUTTER: *(zum Drachen)* Mein Herr, jetzt is gwiß nit die rechte Zeit, von Heirat zu reden! Mei Mann hat no an warmen Bauch, und dann is es bei uns der Brauch, daß ein Jahr lang werd trauert. *(Sie kann das Weinen kaum verhalten.)* Da tuat ma schwarze Gwandter tragen und denkt an den, der gangen ist, weil der hat an weiten Weg. Der is schmal und steil und Stoaner liegen herum, de müaß ma beiseit ihm schaffen. Und jetzt tuats nimmer lang gaffen, da is die Tür!

Der Drache greift in seine Umhängetasche, holt einen großen Beutel hervor, geht zum Tisch, öffnet den Beutel, dreht ihn um. Viele glänzende Goldstücke fallen klingelnd auf den Tisch. Die Kinder kommen zum Tisch und schauen stumm. Eines der kleinen Kinder greift an die Goldstücke, die Mutter schlägt ihm auf die Hand.

DRACHE: *(zu Martha)* Du kennst mi nit, aber i kenn di schon!

MARTHA: *(freundlich)* Da woaß i aber nix davon!

DRACHE: Im Wald hab i di gsehn, du hast gsammelt Holz. Der Blick gradaus, voller Stolz ... I bin vorbeigritten mit mein Schimmel. Nur kurz hast aufgschaut – Augen wia der Himmel in den Fruahjahrswehen. Da hab i ma denkt, de muaß mit mir gehn, de will i zur Frau!

Martha ist vom Drachen fasziniert, die Mutter sieht es.

MUTTER: *(leise)* Gibt acht, Martha, des is a Pfau! *(Zum Drachen.)* Wia is denn sei Namen und was is sei Stand?

DRACHE: I brauch mi nit schamen, des gib i enk gern bekannt! Wolf Hatzes hoaß i, Hatzes von der Klamm! A Burg hab i, viel Morgen Land, und alles zamm so achttausend Leut, die tuan müassen, was i sag!

Martha blickt die Mutter an, diese schaut unwillig weg.

MARTHA: Muatter! Auf oan Schlag hätt unser Not a End!

MUTTER: Ein Herr von Adel! Und so a arms, kloans Madel! Des geht decht nit guat!

DRACHE: I gib nix aufs blaue Bluat, des is ma gleich! Und reich bin i selber, i brauch nix dazua!

MUTTER: Mir müassen uns des überlegen, in aller Ruah!

DRACHE: Na, tuat ma leid! Zum Überlegen is koa Zeit! Da auf dem Tisch liegt der Brautschatz, des is mehr als gnuag! Also *(zur Mutter)* überleg dir des guat, bevor du sagst na!

MARTHA: Muatter, i geh mit ihm! I kenn ihn nit, aber er gfallt ma. Und des Geld, des könnts wohl brauchen!

MUTTER: Na, du sollst di nit verkaufen!

MARTHA: I verkauf mi nit, i schenk mi her! Der Brautschatz ghört den Eltern. *(Sie geht zum Drachen.)* Du fremder Mann, du gfallst ma guat! Dei Gsicht so weiß und der schöne Huat ... Und überhaupt, des ganze Gwand – no nia hab i sowas gsehn! *(Sie nimmt seine rechte Hand, schaut sie an.)* Schau, Muatter, die Händ so weiß und lind, koa Riß und koane Schwielen ... *(Lächelt.)* Arbeiten tuat er gwiß nit viel, wohl liaber Kartenspielen! I nimm ihn, Muatter, bittschön, laß mi gehn! *(Sie geht zum toten Vater.)* Gell, Vater, du hast gwiß a nix dagegen, und gwiß tats di gfreun, wenns koa Not mehr gab und koan Hunger – *(sie lächelt den Vater an; leise:)* Und i kriag an noblen Mann!

MUTTER: Ja, dann ... So seis! Du hast mein Segen! Meinetwegen geh!

Martha umarmt die Mutter.

MUTTER: *(zum Drachen)* Aber tua ma sie guat behandeln, weil sie is wia a Reh. Sie kennt die Mander nit und a nit die Welt. Is nia außkommen über Wald und Feld. Kannt leicht zviel wern für so a jungs Madel. Und gib uns wenigstens drei Tag Zeit, den Vater müaß ma erst begraben. Und i will mei Tochter a no a bißl haben!

DRACHE: *(schüttelt den Kopf)* I bin sehr in Eil! Wia oft soll i des no sagen? Kimm, Madel, mir gehn, unten am Weg steht mein Wagen!

Mutter und Martha schauen sich an, die Mutter seufzt, Martha gibt sich einen Ruck, verabschiedet sich von allen.

MARTHA: Pfiat di, Vater! Pfiat enk, Kinder! Muatter, leb wohl! Tua di nit grämen!

Sie geht zum Drachen.

MUTTER: *(leise)* Was werd des für a End nehmen?

Der Drache verbeugt sich leicht, wendet sich mit Martha zur Tür.

MUTTER: *(verzweifelt zum Toten)* Vater, war des recht?

Der Drache legt den Arm mit dem Mantel um Martha, so daß sie fast ganz verschwindet.

MUTTER: Aber Herr, so sag mir decht, wo es denn des Reich? Is des weit? Und derf ma zur Hochzeit, und kemmts wohl wieder amal her?

Aber Martha und der Drache sind schon gegangen. Stille. Die Mutter geht langsam zum Tisch, setzt sich, starrt traurig vor sich hin. Plötzlich Dunkelheit, Blitz und Donnerschlag, vom Tisch steigt Rauch auf, wieder Licht. Auf dem Tisch sitzt jetzt der Kobold Norg, die Goldstücke sind weg. Der Norg biegt und krümmt sich vor Lachen, wälzt sich auf dem Tisch, die Kinder flüchten zur Mutter, die erschrocken aufgestanden ist. Der Norg beginnt auf dem Tisch herumzutanzen.

NORG: *(singt)* Jetzt hat er enk, hat er enk aber dran kriagt, mein großer Herr, der Drachen! Des is nämlich oaner, der alleweil lüagt, und macht ganz schreckliche Sachen! Alle vierazwanzg Tag, da braucht er a neus Weib, des alte stirbt ihm vor Grausen! Die Kälten, die fahrt ihr in den Leib, der Jocherer kriagts dann zum Schmausen. Des gleiche, des werd jetzt der Martha passieren, ihr Leben is bald schon vorbei! Und enk werd dann der Hunger seggieren, weil das Gold war nur Gaukelei!

Der Norg kichert, schaut sich um, hüpft mit einem Juchzer zum toten Vater hinüber, setzt sich auf dessen Brust, beginnt ihn zu drücken, stöhnt dabei lustvoll.

MUTTER: *(zu ihm hin)* Weg! Weg!

NORG: *(hält inne)* Oh, verfluachter Dreck! Der is ja kalt! Und i möcht so gern oan drucken!

MUTTER: *(reißt ihn)* Weg!

NORG: Holla, nit so wild, Frau! I bin der Norg, i m u a ß drucken!

Der Norg stürzt sich auf ein Kind, legt es um, setzt sich auf dessen Brust, drückt. Die anderen Kinder stehen stumm und verschreckt.

MUTTER: Weg, du Sauviech!

Sie will ihn wegzerren, aber er ist zu stark und klammert sich außerdem an das Kind, das er begeistert drückt. Da holt die Mutter ein Küchenmesser und geht damit auf den Norg los, der das aber im letzten Augenblick bemerkt.

NORG: Messerle, spring!

Das Messer springt der Mutter aus der Hand.

NORG: Fleisch, steh still, so lang i will!

Die Mutter verharrt bewegungslos, der Norg beginnt wieder das Kind zu drücken.

NORG: *(singt leise)* Schlaf, Kindl, schlaf ein, auf dir sitzt der Norg, der hats fein. *(Das Kind schläft.)* Und träumst du a ganz wüste Sachen, i muaß es tuan, was soll ich machen. Schlaf, Kindl, schlaf ein.

In der Tür erscheint die Hirschkuh in Gestalt einer schönen Frau in weißen Kleidern.

HIRSCHKUH: Fleisch, rühr di!

Die Mutter kann sich wieder bewegen, der Norg schreckt auf, sieht die Hirschkuh, es ergreift ihn fürchterliche Angst.

NORG: Die Hirschkuah! Oi, oi, oi!

HIRSCHKUH: Messerle, spring!

Das Messer fliegt vom Boden weg auf den Norg zu, dieser springt entsetzt vom Kind auf, läuft davon, das Messer fliegt immer hinter ihm her, der Norg springt an den Wänden hoch, will unters Bett kriechen, aber das Messer ist jetzt vor ihm und versperrt ihm den Weg, er kann ihm nicht entkommen, schließlich drängt es ihn in eine Ecke und verharrt vor seiner Nasenspitze.

HIRSCHKUH: Norg, leg di hin!

NORG: I mag mi nit hinlegen, i bin nit müad!

Das Messer nähert sich einem Auge Norgs, er legt sich sofort hin.

NORG: I lieg schon! I lieg schon! Oi, oi, oi, des hab i jetzt davon!

Die Hirschkuh führt das gedrückte Kind zum Norg.

HIRSCHKUH: Setz di drauf und druck du ihn a bißl!

NORG: Na, nit drucken! Bittschön, nit drucken!

Das Kind setzt sich auf den Norg, die Hirschkuh nimmt das Messer aus der Luft, legt es weg, das Kind beginnt zu drücken.

NORG: *(stöhnend)* Oi, oi, oi, is des grausig! Oi, oi, oi, gehts mir lausig! Mei, tuat des schiach! Na, des halt i nimmer aus! I bitt di, kloane Maus, geh weg von mir! Oh, i glab schiar, i muaß dersticken! Kindl, i bitt di, geh weg!

Das Kind steht auf, der Norg erhebt sich zitternd.

NORG: Mei, war des a Schreck! Na, is des a Schand! I kann mi ja nimmer blicken lassen unter die Kobold im ganzen Land! *(Der Norg humpelt zur Tür.)* Na, furchtbar, na furchtbar, war des jetzt a Qual! Mir is direkt zum Flennen!

HIRSCHKUH: Norg! *(Der Norg dreht sich um.)* Sag dem Drachen, er soll sich in acht nehmen!

NORG: I sags ihm, i sags ihm! *(Geht davon, man hört ihn noch jammern.)* Oi, oi, war des schlimm! Mi wundert, daß i no am Leben bin! Oi, oi, oi!

HIRSCHKUH: I bin die Hirschkuah, die Königin der Feen. Und der Drachen is a Zauberfürst, der mächtigste im Land. Er hat enk betrogen, wie ihr jetzt wißt, und auf deine Tochter wartet der Tod. *(Die Mutter blickt entsetzt.)* Gern tat i ihr helfen aus ihrer Not, so wie s i e geholfen hat dem Wasserweib. Aber i kann nix machen, aus freiem Willen is sie mit. I bring enk was zum Essen, mehr derf i nit. Da habts a Brot –

Sie reicht der Mutter einen kleinen Brotlaib, die Kinder stürzen sich sofort darauf, nehmen der Mutter den Laib weg, zerreissen ihn, beginnen zu essen. Es ist viel mehr Brot, als es scheint, der Laib wird nicht fertig, obwohl alle Kinder an großen Stücken essen.

Nach der Uraufführung am 7. 8. 1986 nehmen die Kinder von Telfs gemeinsam mit dem Ensemble die Ovationen des Publikums entgegen. Unten: "Mutter" Doris Goldner mit Kindern und Dietmar Mössmer als Norg im adaptierten Wollemagazin der Textilwerke Schindler

Die Telfer "Drachendurst"-Aufführung (Regie Kurt Weinzierl): Silvia Freund (Wassernixe) und Dietmar Mössmer (Norg), Tobias Moretti als Niklas, darunter mit Charles Elkins (Drache), Gregor Bloéb (Jakob), Lothar Dellago (Schneck), Olivia Grigolli (Martha)

"Drachendurst" in Dortmund (1992, Regie René Geiger): Marco Rudolph (Drache) und Memo Klee (Rostiger Ritter), Norbert Eichstätt (Jakob) und Memo Klee, Peter Cahn (Norg) und Silvia Stroh (Martha) sowie Christina Bründler als Schneck am Theater Sckellstraße

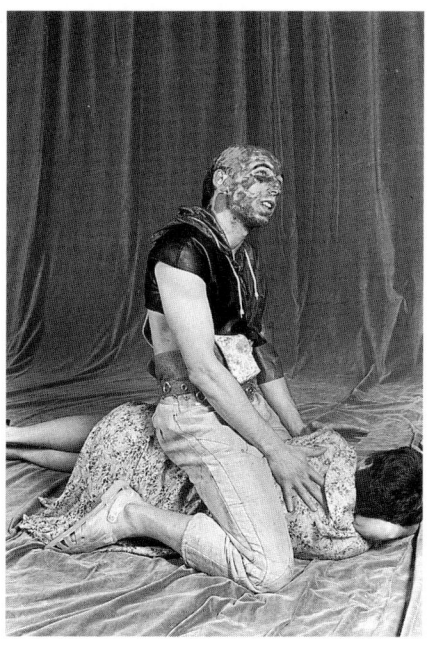

"Drachendurst" in Münster und Wien: Robert Valentin-Hofmann (Rostiger Ritter), Hans-Jürgen Bertram (Norg) und Thomas Witte (Jakob) am Wolfgang-Borchert-Theater (1990, Regie Wolfgang Rommerskirchen) sowie Cristo Melingo als Drache in der Aufführung des Theaters der Jugend in Wien (1987, Regie Heinz Zecha)

HIRSCHKUH: – und jetzt bring mir an Krug, daß i enk Milch geben kann.

Die Mutter bringt einen Krug, die Hirschkuh hält einen großen Tannenzapfen darüber, melkt ihn, Milch spritzt unten heraus. Die Kinder drängen sich heran, eines nimmt den Krug, trinkt daraus, die Hirschkuh gibt den Zapfen einem Kind, es probiert zu melken, und es gelingt.

HIRSCHKUH: Des Brot werd nia fertig, und die Milch geht nia aus, bis die Kinder groß sind, habts ihr zum Essen im Haus.

MUTTER: I dank enk, i dank enk von Herzen, weiße Frau! Aber, mei Madel, mei Martha, gibts da koan Rat und koa Hilf?

HIRSCHKUH: Es werd si weisen, ob ihr zu helfen is. Es gibt *(lächelnd)* an rostigen Ritter, der ziacht jetzt durchs Land, und der is a Junggsell und hat a starke Hand – vielleicht kann der den Anfang machen und den schwarzgelben Drachen locken aus seiner Eisenburg, die mir verschlossen bleibt. Leb wohl, Frau, und tua nit rearn, es geht alles sein Gang, es werd schon wieder wern.

Die Hirschkuh geht.

3. BILD

Gebirgsschlucht. Links eine Höhle, die vom Publikum nur begrenzt einsehbar ist. Düsterer Tag. In der Höhle findet ein furchtbarer Kampf statt. Niklas ficht mit einem Drachen. Man sieht nichts, hört nur den Lärm, hört das Schnauben und Brüllen des Drachen. Immer wieder aufflackernder Lichtschein, da der Drache Feuer speit. Rauch quillt aus der Höhle.

STIMME NIKLAS: Jakob, die Lanzen! Schnell! Ja, kimm her, verdammt!

Furchtbarer Schrei von Jakob, er stolpert aus der Höhle, hat die Hände an die Augen gepreßt, fällt nieder und wimmert. Seine Haare sind verbrannt, sein Kopf raucht. Jakob ist der Schildknecht von Niklas. Er trägt am Körper eine Unmenge von Hieb- und Stichwaffen, so da sind verschiedene Schwerter, Lanzen und Speere, gespickte Eisenkugeln an Ketten, sowie auch zwei Pfeilbögen und in zwei Köchern zahlreiche Pfeile. Die meisten Waffen stecken in Lederscheiden, die am Rücken von Jakob befestigt sind. Außerdem trägt Jakob noch zwei Umhängetaschen, am Rücken zwei eingerollte Decken sowie ein Banner, dessen Stange ebenfalls in einer Scheide am Rücken befestigt ist. Während Jakob am Boden knieend wimmert, geht in der Höhle der Kampf weiter.

STIMME NIKLAS: Jakob! An Speer! Jakob! Wo bist denn?

Niklas stürmt aus der Höhle, hält nach Jakob Ausschau. Niklas trägt eine ziemlich verrostete Rüstung, das Visier seines Helmes ist heruntergeklappt, mit dem linken Arm trägt er ein schweres Schild, ein Bündel Drachenzungen

baumelt an seiner Hüfte. Niklas sieht Jakob, läuft zu ihm hin, beachtet im Kampfeseifer seinen Zustand nicht, reißt einen Speer von seinem Rücken, schleudert ihn in die Höhle, der Drache brüllt auf, Niklas beobachtet ihn.
NIKLAS: Nit zum Umbringen, das Sauviech!
Niklas läßt das Schild fallen, nimmt einen Pfeilbogen von Jakobs Rücken und schießt blitzschnell eine Reihe von Pfeilen in die Höhle. Jedesmal brüllt der Drache getroffen auf.
NIKLAS: Ha! Ins Aug! Jetzt hab i di!
Niklas reißt ein großes Schwert aus der Scheide an Jakobs Rücken, nimmt es mit beiden Händen, hebt es hoch und stürmt brüllend in die Höhle. Wieder Kampf. Plötzlich taucht Niklas rückwärtsgehend auf und dann sehen wir den Kopf des Drachen. Niklas ist überströmt von Drachenblut. Der Drache reißt sein Maul auf, Rauch quillt heraus, Niklas stößt sein Schwert tief in den Rachen des Drachen, dieser brüllt auf und stirbt. Einen Moment ist es ganz ruhig, Niklas blickt auf den Drachen, stößt plötzlich ein Triumphgeheul aus. Dann schiebt er das Visier hoch, zieht das lange Schwert aus dem Maul des Drachen, legt es beiseite, packt mit beiden Händen die Zunge des Drachen, zieht sie heraus, nimmt dann sein kürzeres Schwert, das er umgeschnallt hat, und schneidet damit die Zunge ab. Er steckt sein Schwert wieder ein, tritt mit der Zunge aus der Höhle und schaut zu Jakob, der nicht mehr wimmert, aber immer noch die Hände vors Gesicht hält.
NIKLAS: He! Brauchst di nimmer fürchten, is schon vorbei! Da is sei Zung, schau her!
(Jakob nimmt die Hände vom Gesicht, schaut Richtung Niklas. Er ist blind.)
JAKOB: Herr, i siech nix mehr.
NIKLAS: Was? *(Geht zu Jakob, kniet sich zu ihm, schaut in seine Augen, hält eine Hand davor, bewegt sie hin und her.)* Siehgst mei Hand?
JAKOB: I siech nur a rote Wand. A Wand aus lauter Feuer. Des Ungeheuer hat mi blendet.
(Jakob senkt den Kopf, Niklas umarmt ihn.)
NIKLAS: Daß des so endet ... Armer Jakob, mei treuer Knecht!
JAKOB: Is schon recht. Da kann ma nix machen. Is halt a gfährliches Gschäft, der Kampf mit die Drachen.
NIKLAS: *(hilft Jakob hoch)* Jakob! Einmal müaß ma's no wagen! Des schlimmste Untier muaß i no derschlagen! Den Drachen Hatzes, den Zauberfürst! Der Mensch is und zugleich Tier. Den hol i mir, dann gemma hoam, dann is vorbei die Reis. Dann wird belohnt dein Fleiß und Muat, i versprich dir's, dann gehts dir guat! Die Dökter vom ganzen Land müassen kemmen, und alle Bedienten müassen rennen und dir bringen, was du magst, alles werd gmacht, genau wia du sagst – und zletzt kriagst a Wirtshaus für di ganz alloan, bist nimmer Schildknecht, bist nimmer kloan, sondern a Herr, a Freier, glabs mir, Jakob, für di is ma nix zu teuer!

JAKOB: Jaja, is scho recht, Herr, nimms dir nit so zu Herzen. Aber jetzt sei so guat, i hab soviel Schmerzen – da in dem Sackl *(greift an die Hüfte)* is a Salben, streich ma sie auf die Augendeckel, dann gehts mir sicher glei besser. *(Niklas holt eine runde kleine Holzschachtel aus einem Beutel.)* Dann mach ma uns auf'n Weg zum schwarzgelben Drachen, den wer ma wohl a no hin dermachen!

4. BILD

Ein großes Zimmer in der Eisenburg des Drachen. Schwarze Eisenwände, keine Fenster. Hinten eine große Flügeltür, darüber sind viele Menschenherzen befestigt, sie glühen rot. Die einzigen Möbelstücke sind ein schwarzes Eisenbett mit schwarzer Bettwäsche und ein eiserner Nachttisch. In dem Bett liegt schlafend Martha, bekleidet mit einem gelben Nachthemd. Auf Marthas Brust sitzt der Norg und drückt sie lustvoll. Martha hat Alpträume und stöhnt. Das alles sieht man aber noch nicht, weil es stockdunkel ist, nur die Menschenherzen glühen. Die Tür öffnet sich, Licht fällt herein, man sieht draußen zwei Wachen mit Geiergesichtern, der Drache kommt herein als Drache, er trägt einen Leuchter mit brennenden Kerzen. Der Norg erschrickt, springt schnell von Martha herunter, drückt sich verlegen herum. Der Drache schließt die Tür, kommt her.

DRACHE: *(zornig)* Hab i dir nit gsagt, du sollst des Drucken lassen bei meine Fraun?!

Hebt die Hand gegen den Norg.

NORG: *(weicht zurück)* Nit haun! *(Macht einen verlegenen Kratzfuß, zieht sich buckelnd zurück.)* Bitt um Vergebung, Herr! Vielmals Vergebung! Du kennst mi ja, des is mei Drang!

DRACHE: Aber nimmer lang! Wenn i di noamal derwisch, schlacht i di wie a Schaf!

Der Drache geht zum Bett, stellt den Kerzenleuchter auf den Nachttisch.

DRACHE: Die hat an guaten Schlaf. Wia alle jungen Leut. I nimmer. I nimmer. *(Er rüttelt Martha an der Schulter.)* Du! Du! Wach auf!

Martha öffnet die Augen, sieht den Drachen, schreit auf, weicht vor ihm zurück. Der Norg kichert, Martha schaut zu ihm hin, er winkt ihr kichernd zu.

MARTHA: *(zum Drachen)* Wer bist denn du?

DRACHE: Der schöne Mann von gestern Abend, kennst mi nimmer, i hab di kauft!

NORG: *(kichert)* Kauft is guat!

MARTHA: Schöner Mann, da kann i ja nur lachen! Du bist ganz a grausiger, schiacher Drachen! *(Schreit gellend:)* Muatter! Muatter!

DRACHE: Dei Schreien hilft dir nix, des hört koa Menschenseel! Aus meiner Eisenburg, da dringt koa Laut!

MARTHA: *(schaut sich verzweifelt um)* Alles verbaut! Koa Fenster zum Außispringen!

DRACHE: Na, koa Fenster im ganzen Haus. Woaßt, des Liacht von der Sonn, des halt i nit aus.

MARTHA: Verwandel di wieder in den schönen Mann, i bitt di von Herzen, dann will i a folgen, so guat i kann!

DRACHE: *(schüttelt den Kopf)* Des tuat ma nit guat, des strengt mi so an, tausend Jahr alt bin i und koa junger Mann.

MARTHA: Tausend Jahr? Jetzt tuast aber lüagen, des is decht nit wahr!

DRACHE: Tausend Jahr. Und i spür, i wer alt. Drum brauch i jungs Bluat, meins is scho kalt. A dein Bluat muaßt ma geben, i brauchs, zum Leben.

Martha hüpft auf der anderen Seite aus dem Bett.

MARTHA: Nix gib i dir, du schiaches Viech! I will hoam, laß mi gehn!

NORG: Soll i ihr den Hals umdrehn?

DRACHE: *(geht auf sie zu)* Du bleibst! *(Er drängt sie an die Wand.)* Und koa Widerred will i mehr hören! Sonst gehts dir schlecht, glaubst, du kannst di wehren?

Er faßt sie an den Schultern, Martha schlägt auf ihn ein.

MARTHA: Sauviech! Sauviech! Geh weg! I will di nit!

Martha entschlüpft dem Drachen, aber da hüpft ihr der Norg auf den Rücken, sie fällt um, der Norg hockt sich sogleich auf ihre Brust, drückt sie kichernd, Martha schlägt auf ihn ein, der Drache packt den Norg und schleudert ihn weg.

DRACHE: *(zu Martha)* Steh auf!

MARTHA: *(steht auf, zum Norg)* Wart nur, du grausliger Wicht! Dir wer i's schon no zoagen!

Der Norg lacht auf.

DRACHE: *(zu Martha)* Die Dienerschaft werd dir jetzt die erste Mahlzeit auftischen. Dann leg ma uns hin und tuan unser Bluat vermischen.

MARTHA: Na, i will nix essen, i will no schlafen, is ja no tiafe Nacht!

Sie hüpft ins Bett, deckt sich zu bis zum Kinn.

DRACHE: Draußen scheint die Sonn, es is heller Tag, du stehst jetzt auf, weil i di sonst derschlag!

Martha zieht die Decke ganz über den Kopf, der Drache geht hin, reißt die Decke weg, Martha liegt zusammengerollt da, der Drache reißt sie aus dem Bett, schlägt sie mit einem Prankenhieb zu Boden.

DRACHE: *(brüllt auf)* I bin so voll Wuat, und es kocht mei Drachenbluat, der Geifer rinnt mir aus der Fressen, i wer mi glei vergessen!

Martha steht auf, weicht erschreckt zurück.

NORG: Zerreiß sie in der Luft, zerreiß sie, los, los, reiß sie auseinander, daß die Fetzen fliagen!

DRACHE: Du willst di nit biagen? Ja, glaubst, du hast die Wahl? Madel, i kann dir antuan jede Qual – i hab die Macht. I laß di binden und peitschen und strecken ...

NORG: De werd dir a no die Füaß ablecken! Hat a jeds no nachgeben von die Weiber! Wär ja glacht!

MARTHA: *(verzweifelt)* Oh, Muatter, warum hab i's nit besser bedacht! Jetzt bin i in der Fallen!

DRACHE: I moan, mir wern sie glei ins Bett schnallen ... Es verlangt mi so nach ihrm Bluat ...

NORG: Ja, guat, i hol die Wächter.

Wendet sich zur Tür.

MARTHA: *(sinkt nieder)* Oh, große Not! Oh, große Not! I wünsch ma, i wär tot!

Draußen vor der Tür plötzlich Kampfeslärm, Klirren von Waffen. Die drei halten inne, schauen zur Tür. Sie springt plötzlich auf, und man sieht draußen Niklas gegen drei geierköpfige Wächter kämpfen. Etliche Wächter liegen schon tot am Boden. Der blinde Jakob steht hilflos und angstvoll in der Nähe. Um die Augen trägt er jetzt eine schmutzige Binde. Niklas kämpft mit seinem Schwert, hält mit dem linken Arm das große Schild als Schutz. Fechtend kommt Niklas bei der Tür herein, die Wächter folgen. Es ist ein wilder Kampf, Niklas ficht tapfer und ungestüm, er tötet den ersten Wächter. Der Norg hüpft zu den Kämpfenden und reckt die Finger gegen Niklas.

NORG: Fleisch, steh still! Fleisch, steh still! *(In der Aufregung, und weil es nichts nützt, verspricht er sich:)* Fleisch still stei! Äh! Still stei Fleisch! Äh! Steiß flei steil! *(Niklas tötet den zweiten Wächter.)* Oi, oi, oi! Was is denn des? *(Er hüpft zum Drachen.)* Es nutzt nix! Es nutzt nix! Na, sowas! Oi, oi, oi!

Niklas tötet den dritten Wächter, der Norg hüpft – einen Bogen um Niklas machend – zur Tür, schaut hinaus, blickt auf die Toten.

NORG: *(schreit rechts und links in den Gang)* Wächter! He, Wächter! He! Wo seids denn? Fix eini, warum meldet sich koaner?

NIKLAS: Seit wann reden hine Boaner? Du schreist umsonst, sein alle hin, hab sie allesamt derschlagen!

Er geht hinaus und führt den verängstigten Jakob herein.
NORG: *(flüchtet zum Drachen)* Oi, oi, oi, jetzt gehts uns an den Kragen!
DRACHE: Sag mir, wer du bist, junger Mensch, bevor i di zerreiß!
NIKLAS: *(lacht auf)* Paß auf, daß i di nit glei an der Wand zerschmeiß! *(Singt:)* Niklas von Laudegg hoaß i, man nennt mi a den rostigen Ritter. Aber des oane woaß i, i bin der größte Drachentöter. Da, schau her! *(Zeigt seine Drachenzungen.)* Elf Zungen trag i schon bei mir, mit deiner mach i's Dutzend voll! Und wärst du a so stark wia a Stier, i hau di zsamm ganz toll!
DRACHE: Dann kimm her, laß uns kämpfen, rostiger Ritter, aber i glab, des werd für di recht bitter!
NIKLAS: Wo hast dein Schwert?
DRACHE: I brauch koa Schwert, meine Hieb verteil i so!
Der Drache geht auf Niklas zu, dieser hebt das Schwert, schlägt aber nicht zu, weil er Hemmungen hat, gegen den Unbewaffneten das Schwert zu richten. Plötzlich schlägt der Drache Niklas mit einem Prankenhieb beiseite, er taumelt gegen Jakob, der umfällt. Der Norg kichert. Niklas hilft Jakob hoch und geht dann mit dem Schwert auf den Drachen los, schlägt und sticht auf ihn ein, aber er zeigt keine Wunden.
MARTHA: Niklas, hau zua, hau zua, stich ab des schiache Drachenviech!
NORG: Hehe, jetzt stirbt er glei elendiglich!
Der Norg hüpft um die Kämpfenden herum und stößt begeisterte Laute aus. Jakob lauscht angstvoll, hält immer wieder die Arme hoch, wenn er die Kämpfenden in seiner Nähe spürt. Immer wieder treffen Niklas fürchterliche Prankenhiebe, aber er kann sie alle mit dem Schild abfangen. Plötzlich reißt der Drache Niklas das Schild vom Arm und schleudert es weit weg. Niklas ist nun nicht mehr so geschützt, und bald hängt seine Armbekleidung in Fetzen, er blutet aus mehreren Wunden. Helm und Brustpanzer schützen ihn aber vor dem Ärgsten. Der Drache schlägt nun Niklas das Schwert aus der Hand, Niklas springt zu Jakob, zieht eine Lanze von seinem Rücken und geht damit auf den Drachen los. Nach einer Weile entreißt der Drache Niklas die Lanze und zerbricht sie. Dann faßt er Niklas an der Gurgel und drückt zu, Niklas sinkt in die Knie und röchelt. Der Norg hüpft hin, schaut begeistert den röchelnden Niklas an.
NORG: Ja! Ja! Hinmachen!
Martha läuft hin, will den Drachen wegreißen.
MARTHA: Nit, Drachen! Bittschön, nit derwürgen!
Niklas gibt den Widerstand auf, läßt die Arme hängen.
NIKLAS: *(ächzend)* Woll, derwürg mi! Derwürg mi!
MARTHA: Herr Drachen, Bittschön! Laß ihn am Leben! I tua alls! I will dir alles geben! I schenk dir mei Bluat bis auf den letzten Tropfen!

JAKOB: Mei, hab i Herzklopfen, des halt i nit aus!

Der Drache schaut Martha an, läßt Niklas los, aber dieser drückt die Pranken wieder zurück an seinen Hals.

NIKLAS: Derwürg mi! Mach mir den Garaus! I kann die Schand nit ertragen!

MARTHA: *(zerrt Niklas vom Drachen weg)* Geh, sowas muaßt decht nit sagen! Was denn für a Schand, du dummer Ritter?

NIKLAS: Ja, is des nit bitter? I bin besiegt, i bin unterlegen! Nur der Tod kann retten mei Ehr!

Niklas geht zu Jakob, will ein Schwert von seinem Rücken ziehen, dieser merkt es, weicht aus, wehrt mit den Händen ab.

JAKOB: Aber, Herr, i bitt di, des kannst decht nit machen!

Niklas will sein anderes Schwert nehmen, das am Boden liegt, Martha stößt es mit dem Fuß weg, rüttelt Niklas.

MARTHA: Jetzt hörst aber auf, des wär decht zum Lachen! Brauchst di decht nit schamen! Elf Drachen hast erlegt und in der Burg die Wachen! Davon können andere nur tramen! *(Streicht ihm die Haare aus dem Gesicht.)* Dummer Bua!

NORG: Laß ihn decht, du blöde Kuah! Wenn er sich erstechen will ...

MARTHA: Du, Sauviech, sei still! Des geht di gar nix an!

NORG: Was?

DRACHE: Sag deim Rittersmann, er soll si entscheiden!

NORG: Ah, i möcht ihm so gern sei Köpfl abschneiden!

NIKLAS: Also guat – i geh. Aber, Madel, was gschieht mit dir!

MARTHA: Ja, mei ... Des Drachentier will halt mei Bluat. A bißl Bluat muaß i ihm opfern. *(Niklas schaut entsetzt.)* Des is nit schlimm, i hab ja gnuag.

NIKLAS: Da kriag i eh schon wieder a Wuat! – Warum liegt dir denn soviel an mein Leben? Mir sein uns ganz fremd, mir kennen uns nit!

JAKOB: Herr, i bitt, laß uns gehn!

MARTHA: Ja, i mag des halt nit gern, wenn die Leut umbracht wern! *(Lächelnd:)* Und außerdem bist a no jung! Und a Mann, a schianer, a starker! Der muaß leben!

DRACHE: *(zu Niklas)* Jetzt solltest dich aber langsam hinwegheben! I hab nämlich gnuag von der Plauderei! Entweder du gehst oder i hau di nieder!

Niklas nimmt sein Schwert, steckt es ein, gibt Martha die Hand.

NIKLAS: Leb wohl. Vielleicht seh ma uns wieder ...

MARTHA: Ja, vielleicht. I hoaß Martha. Denk an mi.

NIKLAS: I wer di gwiß nit vergessen!

Niklas geht zu Jakob, nimmt dessen rechte Hand und legt sie sich auf die linke Schulter. Sie gehen zur Tür, Niklas dreht sich um, schaut verzweifelt nach Martha.

MARTHA: Geh! Geh!

Niklas und Jakob gehen.

DRACHE: So, Jungfrau, jetzt kimm!

MARTHA: *(beklommen)* Was i versprochen hab, des muaß i wohl halten. Werst ma wohl nit glei mein Körper spalten.

5. BILD

Waldlichtung an einem Berghang. Mehrere große Steine, auf denen man sitzen kann, liegen herum. Am Hang ist der Eingang zu einer Höhle, verschlossen mit einem Felsblock. Seitlich vor der Höhle liegen eine Menge einzelne Knochen und Skelettteile von Menschen. Es ist Nacht, der Mond scheint, Grillen zirpen. Weiter vorne ein kleines Lagerfeuer. Daneben liegen ein Wanderbündel, eine Umhängetasche und ein Stock. Mitten auf der Lichtung wälzt sich knurrend und schimpfend eine merkwürdige wollige Kugel mit glühenden Augen herum. Es ist der Zauberer Schneck, der sich irrtümlich in eine Kugel verwandelt hat.

SCHNECK: Fix eini, wia geht denn des? Jetzt wer i aber nacha bös! Schnurzdibum und Ratzenschmitz, Firlefax und Haxenpiez! – Äh – Blödsinn! Taxenspitz und Lurchenschrein, der Schneck will i sein! Und jetzt! Schnapp, i bins wieder! Soda! – Ja, da legst di nieder! I bins ja no immer! Herrschaft, i wer a immer dümmer! Was bin i denn da überhaupt? Mei, i bin schon ganz zerklaubt, lang mach i des nimmer mit! Ihr Geister, i bitt, sagts mir halt a bißl ein! Des wär decht gemein, wenn i bleiben müaßt, was i da bin! Verfluacht, i fahr glei aus der Haut, vor lauter Grimm! Des passiert ma jetzt schon zum dritten Mal, daß i mi versehentlich verwandel! Mei, is des a Qual! Äh ... Äh ... Hermifruh, Schaudermuh, Rauhreif und Katzendreck – i will wieder sein der Schneck!

Es geschieht nichts, Schneck brüllt zornig auf, rollt wütend herum. Niklas und Jakob betreten die Szene. Jakob hat eine Hand auf Niklas Schulter. Niklas ist ziemlich heruntergekommen, eine Wunde am Arm hat er mit einem Fetzen verbunden. Niklas schaut verblüfft auf das merkwürdige Wesen, zieht sein Schwert.

NIKLAS: Wer da?

SCHNECK: Was? Was is los? Wer redt denn da?

NIKLAS: *(erschrocken)* I bins, Niklas, der Drachentöter! Und i kann dir sagen, auf so an letzen Köter käms mir a nit drauf an! Also, wer bist? Ja, red, oder i schlitz di glei auf mit mein Schwert!

SCHNECK: Untersteh di! Siegst nit, i bin ja unbewehrt! Will sich der feige Hund an mir vergreifen!

NIKLAS: Hör auf zu keifen und gib endlich Antwort!

SCHNECK: Moment, i muaß auf'n Abort!

Schneck rollt beiseite und verschwindet.

JAKOB: Herr, mit wem redst denn da?

NIKLAS: Wenn i's selber nit woaß! So a Viech hab i no nia gsehn auf meiner Roas!

Man hört Urinrauschen wie von einem Pferd.

JAKOB: Mir scheint, da soacht a Roß!

NIKLAS: Na, na, des Viech schifft ins Moos!

Das Geräusch hört auf, einen Moment Stille.

SCHNECK: Ha, jetzt hab i's! *(Er kommt zurück.)* Jetzt hab i's! Zechenkas, Kälberaas, Schiffe von der Kroten – Achselschweiß und Katzendreck, i will wieder sein der Schneck!

Plötzlich Dunkelheit, Blitz und Donnerschlag, Rauchentwicklung, wieder Licht. Im Rauch erscheint der Zauberer Schneck, genau dort, wo zuletzt die Kugel war. Niklas und Jakob sind erschrocken, Niklas hat sein Schwert erhoben. Schneck ist ziemlich heruntergekommen, seine abgerissene Kleidung ist die eines ziehenden Gauklers.

SCHNECK: Da bin i wieder! Mei, hat des was braucht! So, Durchlaucht, verehrter Ritter, jetzt sollst erfahren wer i bin! *(Singt:)* I bin der Zauberer Schneck, der größte von der Welt, aus an Batzl Fliagendreck kann i schaffen bares Geld. Und will i oan verderben, dann sag i nur an Spruch, auf der Stell muaß er dann sterben, in Qual und Pestgeruch. Und mag oaner a Madel, des will sich ihm verwehren, dann misch i ihr a Trankl, und schon tuat sie ihn verehren. Und bleibt amal der Regen aus, die Ernte tuat verbrennen, dann brunz i auf a Wasserlaus, und schon muaß der Himmel flennen. – So, jetzt woaßt, wiast dran bist! Also nimm di in acht und bring mi nit auf!

Niklas ist beeindruckt, steckt sein Schwert ein.

NIKLAS: Fallat ma eh nit ein, daß i mit dir rauf! Gegen Zauberei kimm i ja nit an mit mein Schwert.

SCHNECK: *(schaut zu Jakob)* Du bist aber starkbewehrt, des muaß ma schon sagen!

NIKLAS: *(nickt)* Will ma Drachen derschlagen, muaß ma guat gerüstet sein!

SCHNECK: I glabs. Aber sag, hättest nit a Schlückl Wein und a bißl was zum Essen?

NIKLAS: Mir haben selber nit viel. A Büschel Bachkressen und a Stückl Brot und a Wasser kannst haben.

SCHNECK: Hauptsach, i hab was im Magen!

Niklas setzt sich auf einen Stein, schaut zu Jakob, der sein Gesicht verzieht und nichts hergeben will.

NIKLAS: Ja, Jakob, was is? Jetzt mach koa Gfrieß und tua schon auf dein Sack!

Jakob nimmt widerwillig den Proviantbeutel ab, sucht ein Stück Brot und ein Büschel Kresse heraus.

SCHNECK: Warum hat er denn a Binden um den Kopf?

NIKLAS: Mei, der arme Tropf ... Des war a Drachen! Hat ihm versengt sei Augenhaut. Jetzt is er blind.

SCHNECK: Oije! *(Geht zu Jakob.)* Und die Haar fehlen ihm a aufm Grind! *(Er nimmt Jakob das Brot aus der Hand, schiebt die Kresse weg.)* Des Grünzeug steckst wieder ein, des mag i nit. Koan Wein?

JAKOB: Na, nur Wasser.

Jakob greift zu einer Feldflasche, Schneck nimmt sie griesgrämig ab, geht zu einem Stein beim Feuer, setzt sich, ißt mit Heißhunger, trinkt vom Wasser. Niklas steht auf, geht zu Jakob.

NIKLAS: Kimm, Jakob, setz di nieder.

Er führt Jakob zu einem Stein, setzt ihn, setzt sich selber auch.

JAKOB: Hoffentlich siech i bald wieder. So geht des ja nit weiter, Herr.

NIKLAS: *(beobachtet Schneck)* Des is mir a große Ehr, daß i di heut da triff!

SCHNECK: Des will i hoffen!

NIKLAS: Du warst mir zwar kein Begriff, obwohl i weit umeinander kimm ... Aber i habs ja gsehn, daß du zaubern kannst. I hatt a Anliegen, derf i's wagen ...?

SCHNECK: Kannst alles sagen, i friß di nit! *(Lacht.)* Solangst mi fuatterst ...!

NIKLAS: Seit vierazwanzg Tag streich i schon da herum, in derer Gegend. Im Schädel bin i scho ganz dumm, vor lauter Kummer und Sorg! Da im Norden, nit weit weg, da is a Eisenburg. Dort haust a böser Drachen, a Zauberfürst. Gegen den is nix zu machen. Hab wohl tapfer kämpft, aber es war ohne Nutzen ...

SCHNECK: *(will von was anderem reden)* Du sollst amal dei Rüstung putzen!

NIKLAS: Ja, i woaß wohl, de is a weng rostig. Bin a scho lang auf der Reis! War koa Paradeis, des kannst ma glaben! Hab alleweil mit Fleiß und Muat Drachen derschlagen!

SCHNECK: Bravo! Scheiß-Drachen! Ah, i hör alleweil no mein Magen krachen! Gibts no a Brot?

NIKLAS: Jakob!

Jakob greift murrend in die Tasche, sucht herum, holt ein Stück Brot heraus.

JAKOB: Des allerletzte Stückl!

Schneck geht zu ihm, nimmt das Brot.

SCHNECK: Speck gibts koan?

JAKOB: Na!

SCHNECK: Gwiß nit?

JAKOB: Na! I schwör Stock und Boan!

Schneck setzt sich und ißt.

JAKOB: *(murmelt)* Frißt der uns des letzte Brot weg!

NIKLAS: Tuat ma leid, Schneck, aber i bin recht arm, i kann mir nix mehr leisten.

SCHNECK: Geh, jetzt machst aber an Witz, an dreisten! A Ritter und koa Geld! Des gibts decht nia im Leben!

NIKLAS: Des schlechteste Roß hat mir der Vater geben und lei a halbes Schaffel Geld. Tua di bewähren, hat er gsagt, draußen in der Welt – nach drei Jahr kommst hoam. Des Geld is lang schon weg und des Roß lang schon hin, aber es geht ma recht guat, weil i der größte Drachentöter bin.

SCHNECK: Aber sag, i kenn da oan, der hat lei zwoa von die Viecher derschlagen und kriagt jetzt von an Fürsten a Mordspension!

NIKLAS: I nimm koa Geld, i kämpf für die Ehr!

SCHNECK: Oh mei, da verlangat i schon a bißl mehr! Und wia schauts aus mit di Fraun, warn dir gwiß schon etliche hold ...

NIKLAS: I nimm koan Minnesold! Hat mir a no koane gfallen.

SCHNECK: Ja, geh? Mei Bluat kimmt glei ins Wallen, wenn i so a Gitschele siech!

NIKLAS: I bin koa Weiberich! Junggsell bin i und wills a bleiben, bis i die Rechte gfunden hab. Und vielleicht hab i's jetzt gfunden und *(dem Weinen nahe)* vielleicht is sie schon im Grab!

SCHNECK: Ja, geh ...

NIKLAS: Mei Herz is so schwer, des tuat ma so weh! Sie hat sich für mi gopfert. Augen wia a Reh ... Davon hab i zerst gredet, Zauberer Schneck. Mei Anliegen, mei Bitt ...

SCHNECK: *(hat Angst, wieder zu versagen)* Nana, da tua i nit mit, da kann i nix machen! *(Steht auf.)* I bin müad, i leg mi nieder!

JAKOB: Feiger Zuckersieder!

SCHNECK: Was?

NIKLAS: *(steht auf)* Schneck, i bitt di, hör mi an!

SCHNECK: *(zu Jakob)* Du kannst glei a Fotzn ham!

NIKLAS: Der Zauberfürst, der haltet a Jungfrau gfangen! Was er mit ihr tuat, des woaß i nit genau, aber er will ihr Bluat, des hat sie zu mir gsagt! Ihr jungs Bluat will er haben! Drum möcht i di fragen, kannst du ihr nit helfen?

SCHNECK: Bin i der König der Elfen? So leicht is des nit!

NIKLAS: *(kniet vor Schreck hin)* I bitt di! I knia mi vor dir nieder!

SCHNECK: Ah geh, steh auf, sowas is ma zwider! I wers scho probiern!

NIKLAS: *(steht auf)* Dank dir!

JAKOB: *(murmelt)* Der werd si blamiern!

SCHNECK: Was?

NIKLAS: Hör nit auf mein Knecht, der hat nur an Grant!

SCHNECK: *(zu Jakob)* Du bist hiermit vermahnt! Die nächste Frechheit laß i nimmer auf mir sitzen! So – und jetzt laß i's blitzen, dann werd er nimmer so blöd reden! *(Schneck schaut sich um, hebt einen Zweig vom Boden auf, zieht damit um sich einen Kreis.)* Wo liegt die Burg?

NIKLAS: *(zeigt)* Da!

Schneck kehrt sich in die Richtung, schlägt die Hände vors Gesicht, murmelt vor sich hin, flucht dazwischen leise, hebt dann die Arme in die bezeichnete Richtung.

SCHNECK: *(schreit)* Obenaus und nirgends an, himmelauf und immer voran! Her zu mir, her zu mir, es bremst di koa Tor und es bremst di koa Tür!

Dunkelheit, Blitz und Donnerschlag, enorme Rauchentwicklung, wieder Licht. Als der Rauch sich verzieht, steht vor Schneck in einem rostigen Ständer eine rostige Wasserschüssel. Niklas schaut erstaunt, Schneck kratzt sich am Kopf.

SCHNECK: Woaßt, Ritter, i bin zur Zeit nit guat beinand und da geht mir's Zaubern schlecht von der Hand.

JAKOB: Was is'n gschehn, was hat er denn gmacht?

NIKLAS: Naja, es hat nit ganz ...

SCHNECK: Beim nächsten Mal gehts, des wär ja glacht!

JAKOB: *(murmelt)* Wer's glabt!

Schneck konzentriert sich wieder, murmelt, hält wieder die Arme in die bezeichnete Richtung.

SCHNECK: *(schreit)* Obenaus und nirgends an, himmelauf und immer voran! Her zu mir, her zu mir, es bremst di koa Tor und es bremst di koa Tür!

Dunkelheit, Blitz und Donnerschlag, enorme Rauchentwicklung, wieder Licht. Vor Schneck steht nun ein festlich gedeckter Tisch mit köstlichen Speisen, auch ein Stuhl wurde mitgeliefert.

SCHNECK: Ha, endlich! Den ganzen Abend probier i des schon!

JAKOB: Herr, was hat er jetzt tan?

Schneck setzt sich sofort an den Tisch, steckt sich eine Serviette hinter den Kragen und beginnt zu essen.

NIKLAS: *(verwundert)* Jetzt steht da ein Tisch mit köstlichen Speisen!

JAKOB: *(steht auf)* Oh! Endlich was Gscheites zum Beißen! *(Er stolpert mit ausgestreckten Armen suchend herum.)* Wo is denn der Tisch, i möcht a was haben!

Er kommt suchend knapp am Tisch vorbei, Schneck hält ihn am Arm auf, drückt ihm ein gebratenes Huhn in die Hand.

SCHNECK: Da, füll dein Magen! Herr Ritter, kimm a her, es langt für uns alle!

Niklas geht zum Tisch, Jakob beißt in das Huhn, plötzlich Dunkelheit, Blitz und Donnerschlag, Rauchentwicklung, wieder Licht. Schneck sitzt verblüfft am Boden, Tisch und Stuhl sind verschwunden, auch das Huhn in Jakobs Hand ist weg.

JAKOB: Was is denn jetzt passiert? Wo is denn mei Hendl? *(Jakob sucht am Boden.)* Mei Hendl is weg! Mei Hendl is weg! He, Schneck, was hast denn gmacht? Willst du uns pflanzen, du verfluachter Hund?

SCHNECK: *(steht auf)* Geh, halt dein Mund, du blöder Depp! Gar nix hab i tan! Ganz von selber is des Mahl verschwunden!

JAKOB: Du hast halt die Zauberei a nit derfunden! Geh, Herr, ziach ma weiter!

NIKLAS: Sei amal ruhig, Knecht, vermaledeiter! Er kann zaubern, i habs ja gsehn! Schneck, i bitt di, probiers noamal! Schau, i hab doch koa andere Wahl!

Schneck schaut Niklas an, seufzt auf, tritt wieder in den Kreis, konzentriert sich, schlägt die Hände vors Gesicht, murmelt, flucht, hält dann inne, läßt die Arme sinken.

SCHNECK: Es geht nit, Ritter, tuat ma leid! I kann nimmer! Aus und vorbei!

JAKOB: I habs ja gsagt, der is a Windei!

NIKLAS: Tausend Taler! I gib dir tausend Taler! Mei Vater is reich! Und bald derf i hoam!

Schneck tritt aus dem Kreis, setzt sich resigniert auf einen Stein.

SCHNECK: Laßts mi alloan!

JAKOB: Kimm, Herr, laß uns gehn!

Niklas schüttelt den Kopf, schaut Schneck bittend an, Schneck sieht seinen Blick.

SCHNECK: Herr! Du hast es doch gsehn! Es ist vorbei mit mir! I hab koa Kraft mehr, koa Gewalt!

JAKOB: Aber zerst hat er prahlt!

SCHNECK: *(steht auf)* Ja, i gibs zua! Anglogen hab i enk, aufgschnitten hab i! A Jahrmarktsgaukler bin i, schauts mi an! Alles, was i kann, is den Leuten den Geldbeutel ziagen! Und dann schnell abfliagen, daß sie mir nit die Hand abschlagn! Aber oans muaß i enk schon sagen: Früher, vor sechs, sieben Jahr, da war i no guat beinand, da war i der beste Zauberer im ganzen Land! Aber dann bin i Hofzauberer worden, hab kriagt viel Orden und a viel Geld, bin weit umakemmen in der Welt, mit mein großen Herrn. Aber wenns oan so guat geht, kann ma leicht hoffärtig wern! Und so hab i mei Kraft mißbraucht, hab zur Hetz für mei Durchlaucht Unterhaltungszauber gmacht. Und zuletzt mei Magie verwendet für ganz üble Sachen – mei Herr hat mi dazua bracht, seine Feinde hinzumachen! Und aufoamal hab i gspürt, mei Kraft laßt mi im Stich. Und bitterlich hat sich grächt mei Übermuat. Die höhern Kräfte ham kriagt a Wuat, weil i die weiße Magie verraten und der schwarzen mi ergeben hab. Es war dann scho gschaufelt mei Grab – mei Fürst wollt mi verbrennen, weil er glabt hat, i bin von seine Gegner bestochen. Z'nachts bin i dann durch an Geheimgang ins Freie krochen. Seitdem ziach i durch die Welt, kaum was zum Fressen und koa Geld – und koa Dach überm Kopf. Ein armer Tropf, der verschenkt hat a große Gnad!

NIKLAS: *(traurig)* Schad! Du warst mei letzte Hoffnung. Des Madel is in größter Gefahr, i spürs! *(Verzweifelt:)* Und i kann ihr nit helfen!

Schneck schaut den verzweifelten Niklas an, geht plötzlich schnell in den Kreis, schlägt die Hände vors Gesicht, murmelt ganz kurz, streckt die Arme wieder in die bezeichnete Richtung.

SCHNECK: *(brüllt wütend)* Obenaus und nirgends an, himmelauf und immer voran! Her zu mir, her zu mir, es bremst di koa Tor und es bremst di koa Tür!

Blitz und Donnerschlag, ein gelbes Nachthemd kommt geflogen und landet.

SCHNECK: *(schaut hin)* So, des war mei letzte Tat!

JAKOB: Wieder der gleiche Salat?

Schneck setzt sich auf den Stein, Niklas stürzt zum Nachthemd, hebt es auf.

NIKLAS: *(außer sich)* Des is ihr Nachtgwand, i kenns, i habs an ihr gsehn!

JAKOB: Was is gschehn? Ihr Nachtgwand is kemmen? Ja, dann ...

NIKLAS: *(unterbricht Jakob)* Bravo, Schneck! Du bist nah dran! Jetzt muaßt aber schnell wieder in den Kreis!

Schneck antwortet nicht, schaut betrübt.

NIKLAS: Schneck! Des is der Beweis, daß dei Kraft wieder kimmt! Du derfst jetzt nit weichen!

SCHNECK: *(schüttelt den Kopf)* Des is koa guats Zeichen, wie ihr vielleicht moants! Wenn des Gwand kimmt, dann müaßt a des kemmen, was drinnensteckt. Wenns lebt.

Niklas schaut Schneck entsetzt an, blickt auf das Nachthemd.

NIKLAS: Mir scheint, der Boden bebt unter meine Füaß – oder is es die Angst, di mi schüttelt? Du moanst ...

SCHNECK: Wenn du jetzt a woanst oder mi niederhaust – i muaß es dir sagen: I spürs – sie lebt nit mehr!

STIMME NORG: Oi, oi, oi, is de schwer! Na, so a Gwicht!

Der Norg taucht auf, er schleppt über seinen Schultern die tote, bleiche, blutleere Martha. Sie trägt ihre Kleidung.

NIKLAS: *(tonlos)* Mei Herz bricht!

JAKOB: *(lauscht)* Wer kimmt denn da? Is des der Kobold, der Diener vom Drachen?

NIKLAS: *(schreit)* Martha! *(Niklas stürzt auf den Norg zu, reißt Martha von seinen Schultern, legt sie hin, schaut sie an, schüttelt sie.)* Martha! Martha! Gib a Zeichen! Zoag mir, daß du lebst!

NORG: Und wenn du no so an ihr klebst – de wacht nimmer auf! Wia soll sie denn leben ohne an Tropfen Bluat? Und siehgst nit in ihrer Brust des Loch?

NIKLAS: Doch. I siehgs. *(Greift hin.)* Ihr Herz hat er ihr aus'm Leib grissen.

NORG: Ja, freilich! Du muaßt wissen, mei Herr, der Drachen, der sammelt solche Sachen!

Niklas bricht schluchzend über Martha zusammen.

JAKOB: *(steht hilflos)* Herr! Herr! Des tuat ma so leid! *(Zu sich:)* Mei, wia kannt i ihn denn trösten? Na, is des a Jammer!

NORG: *(zu Niklas)* Geh, hör auf rearn, bist ja a Bursch, a strammer – findest decht leicht a anders Weib!

Niklas stürzt sich unvermittelt auf den Norg, würgt ihn, aber der Norg schnellt weg, Niklas zieht sein Schwert, schlägt auf den Norg ein, dieser weicht aber behende aus. Jakob lauscht mit erhobenem Kopf.

NORG: *(reckt die Finger gegen Niklas)* Fleisch, steh still! Fleisch, steh still! Fixi eini, da kann i tuan, was i will, des nutzt ja nix bei dem!

JAKOB: Herr, nimm ihm sei Leben, schlag zua, stich ihn ab!

Der Norg versteckt sich hinter Jakob vor Niklas.

NORG: Halt die Pappen, Knapp!

Der Norg packt Jakob und schiebt ihn hin und her, sodaß Niklas nicht zuschlagen kann. Jakob beginnt um sich zu schlagen, der Norg fällt um, schnellt wieder hoch, Niklas verwundet ihn mit dem Schwert, der Norg greift sich an die Wunde, blickt entsetzt auf das Blut, rennt hin und her, immer Niklas ausweichend, ist ganz hysterisch.

NORG: Ah, ah, er hat mi derwischt! Wia der drischt mit sein Schwert, des is ja a Graus!

JAKOB: Herr, zerdruck sie, die Laus!

NORG: Bluat! Lauter Bluat! I rinn aus! I bin hin! Oi, oi, oi! *(Kniet sich hin.)* I bitt di auf Knien, sei gnädig mit mir! *(Springt wieder davon.)* Hör auf! Hör auf, sag i dir! Hör auf, damischer Ritter! Sei decht nit so gallenbitter, i kann ja nix dafür! Des Drachentier hat sie umbracht, nit i! I hab decht koa Macht, i bin nur a Lakai! Auwei, der horcht nit auf mi, was tua i denn?

JAKOB: Hör auf mit dein Gflenn, des nutzt dir nix!

Der Norg läuft Richtung Höhle, Niklas hinter ihm her.

NORG: *(zu Niklas)* Wart! Jetzt kriagst glei Wix! *(Ruft zur Höhle:)* Jocherer! He, Jocherer! Tua auf deine Augendeckel, dei Mahlzeit is da! He! Wach auf, du fauler Säckel! Hörst mi nit? *(Muß immer Niklas ausweichen.)* Es gibt was zum Fressen! Jungs, zarts Fleisch! Weiberfleisch!

Der Felsbrocken vor der Höhle wird knirschend beiseitegeschoben, Niklas hält inne.

JAKOB: *(lauscht)* Was is denn jetzt?

Der riesige Menschenfresser Jocherer kommt aus der Höhle, schaut verschlafen, gähnt. In der Hand trägt er eine große Holzkeule.

JOCHERER: *(zum Norg)* Du hast mi aus'm besten Schlaf außaghetzt!

JAKOB: Ja, wer is jetzt des?

NORG: *(zum Jocherer)* Sei ma nit bös, daß i di aufgweckt hab! Da schau, dort liegt a guate Gab – hells, zarts Fleisch! Des kannst haben! *(Versteckt sich hinter dem Jocherer.)* Aber zerst muaßt des Blechmandl derschlagen, der wills dir nit gönnen!

JOCHERER: Wo is des Blechmandl? I kanns nit erkennen!

NORG: Ja, da, blinde Henn! Vor deiner Nasen!

Der Jocherer sieht Niklas, schaut ihn geringschätzig an.

JOCHERER: Dem wer i schon den Marsch blasen! Den derdruck i glei mit meiner Faust!

NIKLAS: Kimm her, kimm her, wenn di traust! I stich di ab wia an Ochsen!

JOCHERER: Da muaßt no a bißl wachsen!

Der Jocherer geht langsam auf Niklas zu, hebt die Keule, läßt sie niedersausen, Niklas weicht aus. Jakob nimmt das schwere Schild herunter, das er trägt.

JAKOB: Herr, nimm dei Schild, schütz dein Leib!

Niklas sticht den Jocherer mit dem Schwert.

JOCHERER: Na, nit kitzeln, des is feig!

Der Norg lacht.

JAKOB: Herr, dei Schild! Und vielleicht nimmst a Lanzen!

Niklas hört nicht auf Jakob. Der Jocherer schlägt zu wie eine Maschine, Niklas hüpft ausweichend hin und her. Der Norg umkreist die Kämpfenden.

NORG: Gell, Ritterle, da muaßt tanzen!

Der Jocherer erwischt Niklas mit der Keule, Niklas fällt hin, der Norg lacht auf.

SCHNECK: Auweh, des geht nit guat aus! Muaß i's decht noamal probieren!

JAKOB: Herr, laß di nit unterkriegen!

Niklas ist wieder aufgesprungen und kämpft weiter, Schneck tritt in den Kreis und konzentriert sich. Der Jocherer schlägt Niklas auf den rechten Arm, Niklas verliert sein Schwert, ein weiterer Hieb schleudert Niklas zu Boden. Schneck murmelt hektisch. Der Norg springt schnell dem Niklas auf die Brust, kichert, drückt begeistert. Der Jocherer tritt langsam hinzu, hebt die Keule hoch.

JOCHERER: Geh weg, Norg, i hau ihm sein Schädel zu Muas!

Plötzlich Dunkelheit, Blitz und Donnerschlag, Rauchentwicklung, wieder Licht. Vor dem Jocherer liegt ein Weinfaß, darauf sitzt der Norg. Verblüfft steht der Jocherer mit erhobener Keule da. Auch Schneck und Jakob sind zu Weinfässern geworden. Der Jocherer senkt die Keule und schaut sich um.

JOCHERER: Ja, wo is jetzt des Blechmandl?

NORG: Oi, oi, oi, verfluachter Handel! *(Hüpft vom Faß.)* Da is Zauberei im Spiel!

JOCHERER: Ärger di nit zuviel! Jedenfalls sein sie weg, und i kann endlich speisen!

NORG: An Haxen kannt i ma ausreißen vor lauter Wuat!

Der Jocherer schaut das Weinfaß an.

JOCHERER: A Schlückl Wein zum Essen war ganz guat! *(Er öffnet das Spundloch, schaut hinein, klopft an das Faß, es klingt hohl.)* Is ja gar nix drin! Schad! No, macht a nix. Friß i den Braten halt trocken.

Der Jocherer geht zu Martha, der Norg stößt mit dem Fuß gegen das Niklas-Weinfaß.

NORG: I wünsch dir die Pocken, du verfluachter Hund!

JOCHERER: *(bei Martha)* De is wieder kasig, war de nit gsund?

NORG: So gsund wia alle! Glabst, i führ dem Drachen a kranke Jungfrau zua?

JOCHERER: *(nimmt Martha auf)* A schöne Figur, des muaß man ihr lassen! *(Er trägt Martha zur Höhle.)* Pfiat di nacha. Und dankschön fürs Essen!

NORG: Is scho recht. I wer di nit vergessen. In vierazwanzg Tag bin i wieder da. Laß dir's schmecken!

Der Jocherer verschwindet in der Höhle, schiebt den Felsblock wieder davor. Der Norg schaut das Niklas-Weinfaß an, blickt zum Jakob-Faß, dann zum Schneck-Faß, hüpft hin.

NORG: Schweinaug! Sollst verrecken! Du warst des! Du hast den Zauber gmacht!

Ein Weinstrahl spritzt aus dem Faß dem Norg ins Gesicht, er schreckt zurück.

SCHNECK: *(mit hohler Weinfaßstimme)* Nimm di in acht, Kobold, sei ja nit frech! I verwandel di in a Patzl Schuasterpech, wennst nit glei verschwindst!

NORG: *(ängstlich zurück)* Ja, spinnst? Laß mi ja in Ruah! Na, Bua, da verziach i mi liaber! Mit dem is nit zu spaßen!

Er hüpft davon.

NIKLAS: *(nach einer Weile mit hohler Stimme)* Schneck! Schneck! Wo bist denn?

SCHNECK: Wo wer i denn sein? In deiner Näh!

NIKLAS: Ja, geh, was hast denn jetzt wieder gmacht? I siech nix, i spür nix, und mei Stimm klingt hohl wia aus an Faß!

SCHNECK: Du bist a Faß!

NIKLAS: *(nach einer Schrecksekunde)* Also, Schneck, jetzt kriag i dann an Haß! Mei, du bist ma so a rechte Hilf! I hätt ihn decht derschlagen, den Menschenfresser!

SCHNECK: Geh, er hat di decht schon ghabt beim Kragen! I hab ma halt denkt, es war vielleicht besser, i tua was, bevor er dir den Schädl schlagt zu Muas! Aber i gibs ja zua, es is wieder amal nit so gangen wia i wollt. Mehr Kraft wollt i dir geben, zum Riesen di machen! Aber i hab schon ghört deine Knochen krachen, und da bin i ins Hudeln kemmen. Derfst ma's nit übel nehmen.

NIKLAS: Ja, scho guat! Jetzt tua was, mach uns wieder recht!

JAKOB: *(weinerlich, mit hohler Stimme)* He, Herr Niklas, da spricht dein Knecht!

NIKLAS: Mei, auf di hätt i bald vergessen! Bist du auch a Faß?

JAKOB: I moan schon. Jedenfalls bin i auf und auf naß!

SCHNECK: Also, i wers jetzt probieren!

Beginnt zu murmeln.

JAKOB: I glab, bei mir is Wein drin, i bin ganz schwindlig im Hirn!

NIKLAS: *(verzweifelt nach einer Weile)* Jetzt frißt der mei Martha, mit Putz und Stingl!

Plötzlich Dunkelheit, Blitz und Donnerschlag, Rauchentwicklung, wieder Licht. Alle drei sind wieder zurückverwandelt und in derselben Stellung wie vorher.

JAKOB: De Donnerei werd ma schön langsam zviel!

Niklas schaut sich verwirrt um, steht auf, nimmt sein Schwert, rennt zum Höhleneingang, versucht den Felsblock wegzuwälzen, es gelingt ihm nicht.

NIKLAS: *(schreit)* Kimm außer, du schiacher Lackel! I schneid dir den Kopf ab und brich dir außer die Zähnd, daß d' nix mehr hast zum Beißen! Kimm außer, sag i, i will di zerreißen!

Es rührt sich nichts, verzweifelt kommt Niklas wieder vor, kniet sich plötzlich hin, dreht das Schwert um, hält den Griff mit einer Hand gegen den Boden, mit der anderen führt er die Spitze zur Kehle, will sich ins Schwert stürzen. Schneck ist auf ihn zugekommen, stößt ihn hintüber, will das Schwert nehmen, sie kämpfen darum. Jakob lauscht verwirrt.

JAKOB: Herr! Herr! Was is denn?

NIKLAS: Gib her, gibs her, i muaß sterben!

JAKOB: Jetzt will er sich scho wieder selber verderben! Schneck, gib nit nach!

SCHNECK: I bin zu schwach! Hilf ma, Jakob!

Jakob sucht die beiden mit ausgestreckten Armen, er findet sie, tastet sie ab, will herausfinden, wer Niklas ist, er wird von den beiden umgerissen, richtet sich wieder auf, tastet nach Niklas, erkennt ihn am Brustpanzer, den seine Hände berühren, er umklammert Niklas von hinten, zieht ihn zurück, Schneck gelingt es, Niklas sein Schwert zu entreißen, er schleudert es weg. Jakob hält noch immer Niklas umschlungen, Schneck berührt Jakob am Arm.

SCHNECK: Is scho guat, Jakob. Sei Schwert is weg!

JAKOB: *(läßt los)* Verzeih, Herr, du woaßt, i bin sonst nit so keck, aber i kann decht nit ...

Niklas bricht schluchzend zusammen.

SCHNECK: Geh, Bua, nimms dir decht nit so zu Herzen!

NIKLAS: Schweig! *(Schaut ihn an.)* Was verstehst du von meine Schmerzen? Was woaßt du von mein Weh?! I hab mei Liab im Stich glassen! Mei Liab, die sich geopfert hat für mi! Soll i mi da nit hassen?

JAKOB: Herr, tua di decht fassen! Du hast ja nit gwußt, daß sie sterben muaß! Sie hat gsagt, sie muaß halt opfern a bißl Bluat!

NIKLAS: Wenn i's nur derwischat, de Drachenbruat! *(Schreit auf:)* Jetzt frißt der da drin ihrn toten Leib!

JAKOB: Des is a schwarzer Tag heut.

Der Felsblock wird etwas beiseitegeschoben, Niklas und Schneck schauen hin, weil es knirscht, Jakob hebt lauschend den Kopf, auf den Knochenhaufen fliegt das Gerippe von Martha. Es ist ganz vollständig, kein Knochen fehlt. Jakob steht angstvoll auf.

JAKOB: Kimmt er wieder?

Der Felsblock wird wieder vor die Öffnung gerollt, Niklas läuft zum Knochenhaufen, hebt das Gerippe auf, bringt es nach vorne, setzt sich auf einen Stein, hält das Gerippe im Arm, schaut es an, drückt es an sich, vergeht vor Schmerz.

JAKOB: Was is denn? Schneck, gib Auskunft!

SCHNECK: *(murmelt)* Des geht über jede Vernunft!

JAKOB: Was? Was is los?

Die Hirschkuh als schöne, weißgekleidete Frau betritt die Lichtung, mit ihr kommt plötzlich der Morgen, die Sonne geht auf. Die Hirschkuh tritt zu Niklas, schaut ihn und das Gerippe an, Niklas blickt langsam hoch und sieht sie, auch Schneck schaut verwundert zu ihr. Die Hirschkuh legt beide Hände auf den Totenkopf, plötzlich Dunkelheit, aber kein Blitz und Donnerknall, sondern ein merkwürdiges Sausen und Klingen, es wird wieder hell. Jakob lauscht verwirrt. Martha liegt lebend in den Armen von Niklas, genau wie vorher das Gerippe. Die Hirschkuh tritt zurück, Martha und Niklas schauen sich an, Niklas kann es nicht fassen, Martha lächelt nur auf merkwürdige Weise.

NIKLAS: Martha! Martha!

Niklas umarmt sie, schaut sie an, steht mit ihr auf, drückt sie, betrachtet sie, ist außer sich vor Freude. Martha lächelt.

JAKOB: Was? Wia? Die Martha is am Leben?

SCHNECK: Ja, schaut so aus. Die Frau da hats ihr wiedergeben!

JAKOB: Frau? Was denn für a Frau?

SCHNECK: Sie is kemmen wia der Morgentau. *(Geht zur Hirschkuh.)* Derf i mi vorstellen: I bin sozusagen ein Kollege, der Zauberer Schneck. Mei Zauberkraft is aber leider fast weg. Und wer bist du?

Niklas schaut zur Hirschkuh, ist wie gebannt von ihr.

HIRSCHKUH: I bin die Hirschkuh, die Mutter der Wälder, die Königin der Feen.

Niklas kniet sich vor der Hirschkuh nieder, küßt den Saum ihres Kleides.

NIKLAS: Du hast ghört mei Flehen, hast mi erlöst aus meiner Schand! No nia hab i sowas gsehn – *(küßt ihr die Hand)* oh segensreiche Hand! Ab heut bin i dein Diener! Kannst verlangen von mir, was d' magst – i tua alles, was du sagst!

HIRSCHKUH: *(lächelnd)* Steh auf, Drachentöter! Diener brauch i koan. Aber du gfallst ma recht guat, so als Mann.

Niklas ist von der Hirschkuh hingerissen und bezaubert, er vergißt fast auf Martha, die still und ein bißchen blöde vor sich hinlächelt.

JAKOB: Mei, wenn i nur was sehn kannt! Stell mi decht a vor, bittschön, Herr!

NIKLAS: *(hat Jakob nicht gehört, steht auf)* Daß i dir gfall, des is für mi a große Ehr! Und auf der Stell gang i mit dir! Aber die Jungfrau da ...

SCHNECK: ... hat di grettet vor dem Drachentier! Du loser Knecht!

NIKLAS: Ja, du hast recht. Aber i muaß wohl a die Martha selber fragen, ob sie wirklich gern mi hat.

Geht zu Martha.

SCHNECK: Jetzt hab i's aber nacha satt! Sie is für di gstorben!

JAKOB: No – jedenfalls hat sie um ihn gworben, nit er um sie!

NIKLAS: *(hält Martha bei der Hand)* Sags mir, Martha, schlagt dei Herz für mi?

MARTHA: *(lächelnd)* Da fragst mi zviel, des woaß i nit!

NIKLAS: Aber, Martha i bitt, sowas muaß ma decht wissen!

SCHNECK: *(tritt zu Martha, schaut sie an)* Merkwürdig! Sie schaut so beflissen. Mit ganz leere Augen. Mir kimmt vor, des Madel ist no nit ganz bei Trost. *(Zu Martha:)* Bist dir sicher, daß du alle Sinn beisamman hast?

MARTHA: *(lächelnd)* I woaß es nit, kannts nit sagen. Mir is nit wohl und nit übel, i kann nit klagen. A bißl kalt is in mir. Als wär i koa Mensch, nit amal a Tier. Kimm mir vor wia a Stoan.

HIRSCHKUH: I moan, i woaß, wo's ihr fehlt.

Sie geht zu Martha, legt ihr sachte die Hand an die linke Brust.

HIRSCHKUH: Koa Herz. Koa Herz im Leib.

Sie zieht ihre Hand zurück, Martha drückt sie aber schnell wieder an ihre Brust.

MARTHA: Oh, bitte bleib! Dei Hand is so fein!

HIRSCHKUH: *(zu Schneck und Niklas)* Ihr Herz muaß no beim Drachen sein. Er muaß es uns geben.

Der Drache als schöner Mann tritt plötzlich auf. Mit seinem Kommen verschwindet die Sonne, es wird düster. Martha fürchtet sich nicht, lächelt weiter.

DRACHE: Des werst nit erleben, Hirschkuah! Des gib i enk nit! Und die Jungfrau hol i ma wieder!

JAKOB: Oi, jetzt haut er uns nieder, jetzt gehts uns schlecht!

HIRSCHKUH: Ja, seh i recht? Der Drachen geht aus am hellichten Tag?

DRACHE: A wenn i die Sonn nit mag – i bin trotzdem kommen. *(Er zeigt das rotglühende Herz Marthas in seiner Hand vor.)* I habs gnagelt über mei Eingangstür, wie alle, die i mir gnommen! Auf oamal seh i, es fangt wieder an zu pochen. Und i hab mir glei denkt, wer bringt Fleisch an die Knochen – des kann nur die Hirschkuah sein. Drum bin i da und forder ein, was mir ghört!

Niklas nimmt sein Schwert vom Boden auf, stürmt damit brüllend auf den Drachen zu, schlägt auf ihn ein, das Schwert zerbricht, nur mit einer Geste schleudert der Drache Niklas zurück, so daß er hinfällt, geht dann langsam auf ihn zu. Plötzlich fliegt das Herz aus des Drachen Hand zur Hirschkuh, sie fängt es auf.

DRACHE: Hirschkuh, nimm di in acht! Kimmst ma no länger in die Quer, kennt mei Wuat koane Grenzen mehr!

Niklas steht auf, die Hirschkuh tritt zu Martha, legt ihr das Herz an die Brust, es verschwindet. Damit kommt wieder das rechte Leben in Martha, sie läuft zu Niklas, umarmt ihn, liebkost ihn.

MARTHA: Niklas! Liabster Niklas! Mei liaber Mann! Jetzt bleib ma zamm unser ganzes Leben!

Niklas ist verwirrt, läßt alles mit sich geschehen.

DRACHE: I wer enk scho geben! *(Brüllt:)* I verzauber enk alle in Ratzen und Würm! I zerreiß enk in tausend Fetzen!

HIRSCHKUH: Na. Du wirst koan mehr verletzen!

DRACHE: I kimm dir scho bei! Wart nur, Hirschkuah, i hab di glei! I kenn dei verwundbare Stell! Drachentöter, schnell, kimm her zu mir! Kimm her, sag i!

Niklas schaut den Drachen mit großen Augen an, gerät in seinen Bann.

HIRSCHKUH: Bleib stehn, Niklas! Rühr di nit und schau ihn nit an!

NIKLAS: *(verzweifelt)* Wenn i's nit kann!

DRACHE: Kimm her, Niklas, i ruaf di, hörst mei Stimm?

Niklas schaut zum Drachen, Martha nimmt das Gesicht von Niklas mit beiden Händen, dreht es zu sich.

MARTHA: Nit, Niklas, du woaßt, er is schlimm! Er will uns verderben!

DRACHE: Du hast recht. Alle müaßts sterben! Niklas! Jetzt kimm schon! Lang wart i nimmer! *(Niklas schaut den Drachen wieder an.)* Kimm! Hör nit auf des Weibergewimmer!

Niklas löst sich von Martha, will zum Drachen gehen, sie hält ihn zurück.

MARTHA: Niklas, i bitt di, bleib!

DRACHE: Ruhig, Weib! *(Freundlich zu Niklas:)* Ja, kimm schon, jetzt kimm! Du hörst nur noch mei Stimm, sonst nix!

Niklas befreit sich ruhig und bestimmt von Martha, geht auf den Drachen zu.

DRACHE: Ja, so is es brav! Kimm her, Hundl! Kimm, Sklav!

Niklas steht vor dem Drachen, dieser legt freundlich lächelnd den Arm um ihn, geht mit Niklas langsam im Kreis herum, ihre Köpfe sind sich ganz nahe, sie schauen sich aber nicht an, der Drache murmelt etwas, was man nicht versteht, Niklas starrt mit großen, gebannten Augen.

MARTHA: *(zur Hirschkuh)* Was tuat denn der mit mein Niklas? Königin!

HIRSCHKUH: Auch wenn i mächtig bin, jetzt kann i nix machen! Er steht im Bann vom Drachen! Aber es kimmt scho die Zeit und die Gelegenheit!

Der Drache und Niklas bleiben neben dem zerbrochenen Schwert stehen, Niklas bückt sich nach dem Schwert, hebt es auf, geht damit langsam auf die Hirschkuh zu, bleibt vor ihr stehen, schaut sie mit glühenden Augen an, umschließt plötzlich die Mitte ihres Leibes mit seinen Armen, hält dabei mit der rechten Hand das Schwert am Griff und mit der linken Hand am zerbrochenen Ende. Die Hirschkuh ist nun eingesperrt vom Brustpanzer und vom Schwert.

NIKLAS: Hirschkuah, jetzt bist mein und gehst mit mir! Nur mehr Mensch werst du sein und nie mehr Tier!

MARTHA: Niklas! Was tuast denn?

JAKOB: *(verzweifelt)* I möcht hoamgehn, i halt des nimmer aus!

HIRSCHKUH: *(hat auf einmal Angst)* Laß ab von mir, du junger Mann! Des bracht koa Glück, des is nur a böser Bann vom Drachen, der mi verderben will!

NIKLAS: I kann nix machen, i muaß di haben! Teilen müaß ma Bett und Brot, bis uns holt der kalte Tod!

HIRSCHKUH: *(verzweifelt)* Niklas, des tuat koan Guat! Die Wahl liegt nit bei dir! Will i mi verbinden mit Menschenbluat, muaß i selber des bestimmen! Und nia kann des sein von Dauer. Zwischen mir und enk gibts a Mauer, die derf nit niedergrissen wern! Und nia derf i dulden über mir an Herrn, sonst kann i enk nimmer helfen!

NIKLAS: Ah, was brauch i Feen und Elfen! Bin a großer, starker Mann, der sich selbst helfen kann! Du kimmst jetzt mit mir, sonst packt mi die Wuat, kann koa Widerred vertragen!

SCHNECK: Den Kerl müaßt man derschlagen! Was redst denn da daher, du dummer Bua?

MARTHA: *(geht zu Niklas)* Niklas! Laß aus die Fee und gibt a Ruah! Bei meiner Liab, i bitt di, tua, was i sag!

NIKLAS: Wenn i di nimmer mag! Geh weg! Verschwind! Will nix mehr von dir wissen! *(Er drückt die Hirschkuh fest an sich.)* Du! Du! Du, mein Weib!

HIRSCHKUH: *(verzweifelt)* Oh! Oh! Die Kraft verläßt mein Leib! I bin verloren! Verloren! Hilft mir denn koaner aus meiner Not?

DRACHE: Gell, jetzt is dei Welt aus dem Lot! Da staunst, was der kann, der eiserne Menschenmann!

SCHNECK: *(zur Hirschkuh)* I tat dir gern helfen, aber i woaß nit wia! Mir schlottern ja selber die Knia!

HIRSCHKUH: Sein Eisen bannt mi, sein Panzer und sein Schwert! I kann nit an gegen Eisen, i bin eingsperrt!

Schneck fällt etwas ein, er springt schnell in den Kreis, konzentriert sich, murmelt.

DRACHE: *(grinst)* Geh, Gaukler, laß bleiben deine Faxen!

Plötzlich Dunkelheit, Blitz und Donnerschlag, wieder Licht, das Schwert in Niklas Händen hat sich in eine Schlange verwandelt, Niklas schleudert sie von sich, springt darauf herum.

JAKOB: Mei, scho wieder de Donnerei!

Die Hirschkuh geht zu Niklas, legt ihm die Hand auf die Stirn.

HIRSCHKUH: Bann, lös di! Gib ihn frei!

Niklas erwacht, schaut verwirrt. Der Drache blickt wütend.

MARTHA: Bravo! Bravo, Schneck!

SCHNECK: *(zum Drachen)* No, war des a Dreck? Warn des Faxen? *(Zu Martha:)* Jetzt is ihm's Lachen vergangen!

DRACHE: Nur Geduld, Gaukler, mir wachsen glei zammen! Des Lachen wird dir a no vergehn!

Schneck bekommt es doch wieder ein wenig mit der Angst zu tun.

NIKLAS: Was is denn gschehn, da war decht was ...? So a Sehnen, a Verlangen, a Fieberwahn ...

MARTHA: *(zu ihm hin)* Des war der Bann vom Drachen! *(Umarmt ihn.)* Bald hätt i di verloren!

NIKLAS: Es summt in meine Ohren ... Die Glieder tuan ma weh ... Es is, als ob i kämpft hätt gegen a ganze Armee a furchtbare Schlacht!

Martha umarmt Niklas fest.

HIRSCHKUH: *(zum Drachen)* Also, Herr der Nacht? Was is jetzt an der Reih?

DRACHE: Zum letzten Mal: Gib die Jungfer frei!

HIRSCHKUH: Die Jungfer steht unter mein Schutz! Du muaßt ohne sie gehn!

DRACHE: Guat, dann soll es gschehn! I wer di scho lehren, dich immer und überall gegen mich zu kehren! Mach di gfaßt, Hirschkuah, es geht zu End mit dir! Und dei Kavalier kimmt ma a nit aus, und a nit der Gaukler da!

JAKOB: Mi laßt er aus, da bin i froh!

DRACHE: *(hebt die Arme zum Himmel)* Kemmts her, ihr Gwalten, kemmts her, Wetter und Wind! I bin euer Herr, ihr seids mei Gscher, und folgen müaßts, wenn i enk ruaf!

Plötzlich Sturm und Ungewitter, Blitz, Donner und Regen, Blätter fliegen durch die Luft. Martha wird umgeworfen, Niklas kauert sich schützend über sie, auch Schneck und Jakob kauern sich auf den Boden und ziehen die Köpfe ein. Die Hirschkuh und der Drache stehen sich gegenüber.

DRACHE: *(brüllt)* Blitz, schlag sie zamm, verbrenn sie zu Aschen! Wind blas sie weg mit dem anderen Dreck!

Das Unwetter steigert sich zum Inferno, die Hirschkuh beginnt zu wanken, sinkt auf die Knie, kämpft gegen den Sturm an, hebt die Arme hoch.

HIRSCHKUH: Sturm, i fürcht di nit, Blitz, du rührst mi nit, Wasser, du kannst mir nit schaden! Es gibt zwischen uns a starkes Band, i bin eure Schwester, des is euch bekannt! *(Sie kämpft sich hoch, steht aufrecht mit erhobenen Armen.)* Drum hörts jetzt auf mit dem wilden Treiben, und du, Sonn, erschein, der Drachen soll leiden!

Der Sturm hört auf, die Sonne erscheint und brennt heiß hernieder. Ganz deutlich sieht man einen Lichtkegel, der genau auf den Drachen scheint. Der Drache blickt wütend und voll Angst. Die anderen erheben sich, schauen zum Drachen. Jakob setzt sich aufatmend hin.

JAKOB: Mei, war des wieder a Schreck!

Der Drache beginnt unter der Hitze zu leiden.

DRACHE: Weg, i muaß weg, des halt i nit aus!

HIRSCHKUH: Du stehst still, so lang i will!

Der Drache will sich fortbewegen, aber er kann den Lichtkegel nicht verlassen. Mit einem Taschentuch wischt er sich den Schweiß von der Stirn.

DRACHE: Des is ja die reinste Mittagshitz! I bitt di, Hirschkuah, mach dem a End! I wer fertig mit an ganzen Regiment, aber nit mit der Sonn!

HIRSCHKUH: Du woaßt, daß i nit nachgeben kann! Es is wieder amal soweit – du muaßt weichen, für a gwisse Zeit!

DRACHE: *(brüllt)* Laß mi aus! Laß mi aus! I muaß in a dunkles, kaltes Haus!

SCHNECK: Also, mir werd a z'hoaß, i geh in Schatten! *(Tut es.)*

JAKOB: I bin a schon halb braten! Na, so a Hitz!

Der Drache reißt sich die Jacke vom Leib, öffnet den Kragen, ringt nach Luft, sinkt in die Knie. Er ist dabei abgewendet, sein Kopf verschwindet zwischen den Knien, das Gesicht ist nicht zu sehen.

DRACHE: *(mit uralter Stimme)* Ihr Gwalten, helfts ma, dunkle Nacht, kimm!

Der Drache hebt wieder seinen Kopf, er hat jetzt ein uraltes Gesicht, auch sein Körper hat die Haltung eines Greises angenommen.

DRACHE: Hirschkuah, i bitt um Gnad! Laß mi gehn!

MARTHA: *(zur Hirschkuh)* Erhör sein Flehn! Mir is aufoamal ums Herz so bang!

HIRSCHKUH: Nur Geduld, es dauert nimmer lang.

Der Drache wiegt sich auf den Knien auf und nieder, heult und weint.

DRACHE: Jungs Bluat! Jungs Bluat! I brauch jungs Bluat!

JAKOB: No, der is guat! I hätt liaber a Bier!

DRACHE: *(schaut zu Martha)* Jungfrau, i bitt di, kimm her zu mir! I verdurst! I verdurst!

JAKOB: Des is decht uns wurscht!

Martha will unwillkürlich zum Drachen hin, die Hirschkuh hält sie sanft zurück.

DRACHE: I brauch Bluat! Bluat! *(Sinkt zusammen, wird immer leiser.)* Bluat! Bluat! Bluat!

Der Norg kommt auf die Szene gerast, sieht die Hirschkuh, erschrickt, will fliehen, sieht den Drachen, schaut befremdet und erschreckt, hüpft zu ihm hin, vermeidet es aber, den Lichtkegel zu betreten, schaut den Drachen an, schaut zur Hirschkuh.

NORG: Du Luaderviech! *(Verzweifelt:)* Mei, tuat ma des schiach! Was mach i denn jetzt, ohne mein Herrn? Was soll i denn tuan, ohne sein Schutz und sein Schirm?

JAKOB: *(hat Richtung Norg gelauscht)* Gell, jetzt steigen dir auf die Grausbirn! Wart nur, dir gehts a glei an den Kragen!

NORG: Dazua müaßts mi erst amal haben, du stockblinder Depp!

DRACHE: *(versiegend)* Bluat! Bluat! Bluat!

Der Drache verstummt, liegt bewegungslos. Eine Weile Schweigen. Der Norg hüpft verzweifelt um den Lichtkegel herum, greift angstvoll hinein, als ob er in heißes Wasser greifen müsse, zuckt zurückt, greift wieder hinein, rüttelt und zieht am Drachen, zieht die Hand wieder zurück.

JAKOB: Is sie hin, die Bruat? Herrschaft, kannt i decht sehn!

Die Hirschkuh geht zum Drachen, der Norg nimmt reißaus, wartet in einigem Abstand lauernd.

HIRSCHKUH: *(sanft zum Drachen)* Jetzt derfst gehn. Du bist frei.

DRACHE: *(leise)* Es is vorbei. I stirb.

Die Hirschkuh hilft ihm hoch, sie verharren wie in Umarmung.

DRACHE: *(leise, bittend)* Verlaß mi nit! Bleib bei mir!

HIRSCHKUH: *(leise)* Geh, Drachentier. Es nimmt alles sein Lauf. Geh nur. Geh.

Sie schiebt den Drachen sanft von sich, führt ihn ein paar Schritte, läßt ihn behutsam los, schwankend geht er weg, bricht wieder nieder. Der Norg hüpft zu ihm, zerrt ihn schnaufend weiter, der Drache kriecht auf allen Vieren, bricht wieder zusammen, der Norg kann der Versuchung nicht wiederstehen, hüpft auf ihn und drückt ein paarmal stöhnend, schaut hektisch zu den anderen zurück, hüpft vom Drachen, zerrt ihn wieder weiter, sie verschwinden. Der Lichtkegel hat sich aufgelöst, als der Drache ihn verlassen hat, die Sonne verfinstert sich nun, fernes Donnergrollen ist zu hören, plötzlich hört man den Todesschrei des Drachen und kurz darauf das Geschrei eines neugeborenen Kindes. Die Sonne dringt wieder durch, es wird hell.

HIRSCHKUH: Der Drachen is wiedergeboren. Und ewig wird er leben. Aber i muaß ihn glei den Wölfen geben, daß sie sich um ihn kümmern. Lebts wohl, Menschenkinder. I triff enk gern, i hilf enk gern, aber gern geh i a wieder in den Wald.

Sie wendet sich ab.

NIKLAS: Halt! *(Auf sie zu.)* Königin! Fee! Schöne Frau! Du willst uns verlassen?

SCHNECK: Des is decht nit zu fassen! Jetzt geht des scho wieder los!

NIKLAS: Ja, was? Sie hat decht gsagt, i gfall ihr und i ...

Die Hirschkuh legt ihm lächelnd die Hand auf den Mund, geht dann zu Martha, küßt sie sanft auf den Mund, lächelt dann Schneck zu und geht weg. Niklas schaut ihr traurig nach. Martha geht plötzlich zu Niklas und küßt ihn auf den Mund. Niklas trifft es wie ein Schlag, er fährt sich an die Lippen.

NIKLAS: Was is des? Oh! Oh, schmeckt des guat!

MARTHA: *(lächelnd)* Ja, ja, i glabs, du Schlawiner! Du schmeckst ihre Lippen, ihre Gluat!

NIKLAS: *(außer sich)* Deine Lippen, deine Gluat! *(Er umarmt und küßt sie.)* Laß mi trinken, von deine Lippen! Du! Du!

JAKOB: *(fröhlich)* Da werds bald amal zum Hochzeitbitten!

Die Hirschkuh kommt wieder zurück, nur Schneck sieht das, Martha und Niklas stehen selbstvergessen in ihrer Umarmung und merken nichts. Die Hirschkuh geht zu Jakob, nimmt ihm die Binde ab, er zuckt zusammen, hält dann still, die Hirschkuh benetzt zwei Finger ihrer rechten Hand mit Speichel, fährt mit dem Finger über die Augen von Jakob, dieser kann wieder sehen, schaut sie mit großen Augen an, blickt sich um, schaut die Hirschkuh wieder an.

SCHNECK: Siehgst?

JAKOB: Ja, i siech!

Die Hirschkuh geht weg, Jakob steht auf.

JAKOB: *(ruft ihr nach)* Frau, i dank dir! Des vergiß i dir nit, i wer di immer verehren!

Martha möchte atemlos die Umarmung etwas lockern, Niklas umschlingt sie jedoch wieder.

NIKLAS: Martha! Geliebte! Tua di decht nit wehren!

MARTHA: *(lachend)* Bua, nit so wild! I kimm mir ja vor wia beim Drachen!

Niklas hält etwas befangen inne.

SCHNECK: Ja, dann muaß i enk wohl a Hochzeitsgschenk machen! Was?

NIKLAS: *(schaut zufällig zu Jakob)* Ja, Jakob! Du siehgst?

JAKOB: Ja, i siech!

Schneck ist in den Kreis getreten, hat die Hände vors Gesicht geschlagen, murmelt seine Zaubersprüche. Dunkelheit, Blitz und Donnerschlag, Rauchentwicklung, wieder Licht. Vor Martha und Niklas steht ein riesiger Bär und hebt drohend die Pranken. Martha schreit auf, Niklas greift zum Schwert, aber er hat keins zur Hand.

SCHNECK: Oh, verflixt! Schastrommel, Kuttelfleck – tuats ma schnell den Bären weg!

Dunkelheit, Blitz, Donnerschlag, Rauch, wieder Licht. Vor Martha und Niklas liegt ein Ei. Die beiden und Jakob lachen, Niklas hebt es auf.

NIKLAS: Bravo, Schneck, des laß ma uns schmecken!

SCHNECK: *(verärgert)* Des is decht zum Verrecken!

MARTHA: Aber geh! So a netts Gschenk!

SCHNECK: Moment! Geduldets enk! Des wollt i ja gar nit! I probiers no amal! Paßts auf!

Schneck konzentriert sich wieder, murmelt, Dunkelheit, Blitz und Donnerschlag, Rauch, wieder Licht. Eine wunderschöne Kinderwiege steht vor Martha und Niklas.

SCHNECK: No? Zufrieden?
Martha und Niklas lachen und klatschen in die Hände.
MARTHA: Bravo!
NIKLAS: Es is schon entschieden! Du bist der größte Zauberer von der Welt!
Martha geht zur Wiege, kniet sich hin, schaut sie an.
SCHNECK: Oh mei, weit gfehlt! Aber i spür, daß i mei Kraft wieder find!
MARTHA: *(verblüfft)* Da drin liegt a Kind! A richtigs Kind!
Alle schauen erstaunt, gehen hin und blicken in die Wiege. Martha nimmt das Wickelkind vorsichtig heraus. Schneck kratzt sich am Kopf.
SCHNECK: Wem des wohl ghört?
MARTHA: Uns nit! Mir ham uns no nit vermehrt!
NIKLAS: *(mit scheinbarem Vorwurf)* Schneck!
SCHNECK: *(betreten)* Ja, i zaubers eh schon weg!
Schneck tritt in den Kreis, konzentriert sich wieder, Martha legt das Kind zurück, schüttelt lächelnd den Kopf, steht auf, lehnt sich an Niklas. Plötzliche Dunkelheit, Blitz und Donnerschlag, Rauch, wieder Licht. Alle sind verschwunden, auch die Wiege ist weg.

ENDE

URAUFFÜHRUNG

Tiroler Volksschauspiele Telfs (Wollemagazin Schindler)
Premiere am 7. August 1986

Regie	Kurt Weinzierl und Anton Prestele
Musik	Anton Prestale
Bühnenbild	Heinz Hauser und Karl-Heinz Steck
Kostüme	Agnes Büchele
Maske	Jürgen Fischer
Licht	Lukas Kaltenbäck
Drache	Charles Elkins
Hirschkuh	Barbara Weinzierl
Martha	Olivia Grigolli
Niklas	Tobias Moretti
Jakob	Gregor Bloéb
Norg	Dietmar Mössmer
Schneck	Lothar Dellago
Jocherer	Anton Prestele
Wassernixe	Silvia Freund
Mutter	Doris Goldner
Vater	Edgar Wintersperger
	17 Kinder aus Telfs (Musikinstrumente und Chor)

DIE WILDE FRAU

1977 schon schrieb ich ein Drehbuch mit dem Titel »Die Wilde Frau«, aber niemand interessierte sich dafür. Lange Zeit vergaß ich darauf, 1985 erst holte ich das Buch wieder hervor, las es, fand es vertretbar, machte ein Theaterstück daraus und bot die Regie Josef Kuderna an, der bereits mein erstes Stück aus der Taufe gehoben hatte. Wir suchten uns die besten Tiroler Volksschauspieler zusammen (unter anderem meinen geliebten Peter Kluibenschädl, der dann kurz vor seinem Tod noch den alten Andreas in der »Piefke-Saga« verkörperte), mieteten das Alt-Innsbrucker Bauerntheater und brachten das Stück im Herbst 1986 heraus. Der ORF plante eine Aufzeichnung, wir schlugen aber vor, mit demselben Budget das Drehbuch zu verfilmen, was auch akzeptiert wurde. So zogen Ensemble und Team im Jänner 1987 in den tiefverschneiten Hochwald über dem Zillertaler Ort Uderns, wo eine schon 1977 für den geplanten Film gefundene Holzfällerhütte immer noch stand. In eisiger Kälte und unter großen Strapazen aller Beteiligten drehte Kuderna den Film innerhalb von zwölf Tagen ab. So war nach zehn Jahren doch noch alles zustandegekommen. Skandal gab es diesmal keinen, denn das Tiroler Publikum kannte mich inzwischen und wußte, daß ich nicht daran interessiert bin, die Zuschauer auf den Kopf zu schlagen und sie zu provozieren, sondern daß es mir darum geht, aufzuzeigen, wie wir Menschen miteinander umgehen. Daß so ein Prozeß manchmal weh tun muß, ist dabei nicht zu vermeiden. Theater, das nicht wehtut, das unseren Schmerz nicht zeigt, ist uninteressant.

Angeregt zu Film und Stück hatten mich Sagen über sogenannte »Wilde Frauen«, auch Salige oder Waldfräulein genannt. Die Geschichten laufen immer auf dieselbe Weise ab. Eine Frau kommt aus den Wäldern, ein Mann – meist ein Bauer – verliebt sich in sie und will sie heiraten. Die Frau stimmt zu, warnt aber den Mann davor, ein bestimmtes Tabu zu brechen. Entweder darf er sie nicht nach ihrem Namen fragen, oder sie nicht auffordern zum Tanzen und Singen, oder sie nicht schlagen, oder in der Nacht nicht ihre Haare, die auf den Boden hängen, ins Bett zurücklegen. Solange der Mann sich daran hält, widerfährt ihm großes Glück in Haus und Hof, wenn er aber das Tabu verletzt, dann verschwindet die Frau auf Nimmerwiedersehen, und Unglück bricht über den Mann herein. Natürlich bricht er das Tabu in jeder dieser Geschichten.

Es ist schwierig, die Tabuvorschriften auszulegen, ich jedenfalls habe sie in meinem Stück dahingehend interpretiert, daß der Mann die Frau nicht besitzen und ihr nicht die Freiheit nehmen darf. Bei mir sind es fünf Holzfäller, zu denen die Frau kommt, und die Frau spricht kein Wort. Unter den fünf Männern – die wie unsere Gesellschaft hierarchisch gegliedert sind – bricht nun im Wettstreit um die Frau vollends der schon vorher schwelende Machtkampf aus. Nur der jüngste von ihnen will sich nicht beteiligen, und als einziger überlebt er auch das Massaker, in dem sich die Männer gegenseitig vernichten.

PERSONEN:

Wilde Frau
Jogg (45)
Lex (35)
Hias (70)
Much (30)
Wendl (17)

ZEIT: Ein Winter vor Jahren

SCHAUPLATZ: Holzfällerhütte in den Wäldern

BÜHNENBILD:

An der rechten Seitenwand führt eine Leiter hoch, in halber Höhe befindet sich eine Bretterluke, die zum Heuboden führt. Links neben der Leiter ein aufgehängter Schrank, in dem sich Hemden, Socken, Nähzeug und andere Utensilien befinden. An der Rückwand rechts eine Menge Haken und Halterungen zum Aufhängen von Holzfällerwerkzeugen und Ketten. Mehrere Ketten und Reservewerkzeuge hängen daran (Äxte, Zapine, Schepser, eine Säge). Links neben den Haltevorrichtungen ein kleines, teilweise vereistes Fenster. Links davon die Eingangstür. Links davon in halber Höhe ein aufgehängter Schrank für die Lebensmittel, darunter ein Hocker. Links davon bis in die Ecke ein offener, gemauerter Herd mit eisernem Dreifuß zum Aufstellen von Kochgeschirr. Über dem Herd ein schwenkbarer Galgen, an dem ein großer Wasserkessel hängt. Über dem ganzen Herd verläuft ein Holzgerüst zum Aufhängen von nasser Kleidung. Auch eine große, fette Speckseite hängt daran. An der linken Seitenwand hinten Haken zum Aufhängen von Kochwerkzeugen sowie eine Stellage für Geschirr. Daneben Haken zum Aufhängen von Kleidung, darüber ein Brett zum Ablegen der Hüte. An den Haken hängen vier Rucksäcke. Vorne an der linken Seitenwand ein schmaler Verschlag mit grobem Vorhang, hinter dem sich ein rohgezimmertes Bett mit Strohsack verbirgt. Davor ein Hocker. Vorne rechts ein großer, langer Tisch mit Bänken, darüber eine Petroleumlampe.

INSTRUMENT:

Much spielt ein Instrument. Möglichkeiten: Ziehharmonika, Mundharmonika, Drehleier, Zither, Hackbrett, Maultrommel, Schwegel.

Dieses hast du denn alles vollbracht; vernimm nun, Odysseus,
Was ich dir sagen will: des wird auch ein Gott dich erinnern.
Erstlich erreichet dein Schiff die Sirenen; diese bezaubern
Alle sterblichen Menschen, wer ihre Wohnung berühret.
Welcher mit törichtem Herzen hinanfährt und der Sirenen
Stimme lauscht, dem wird zu Hause nimmer die Gattin
Und unmündige Kinder mit freudigem Gruße begegnen;
Denn es bezaubert ihn der helle Gesang der Sirenen,
Die auf der Wiese sitzen, von aufgehäuftem Gebeine
Modernder Menschen umringt und ausgetrockneten Häuten.
Aber du steure vorbei und verklebe die Ohren der Freunde
Mit dem geschmolzenen Wachse der Honigscheiben, daß niemand
Von den andern sie höre. Doch willst du selber sie hören,
Siehe, dann binde man dich an Händen und Füßen im Schiffe,
Aufrecht stehend am Maste, mit festumschlungenen Seilen,
Daß du den holden Gesang der zwo Sirenen vernehmest.
Flehst du die Freunde nun an und befiehlst die Seile zu lösen:
Eilend feßle man dich mit mehreren Banden noch stärker!

Homers Odyssee, XII. Gesang, Kirke meldet die Gefahren des Wegs.

1. BILD

Abend. Draußen ist es schon fast dunkel, es weht ein zunehmender Schneesturm. Am Herd steht Wendl und bereitet in einer Pfanne ein Mehlmus zu. Nur das Licht des Feuers erhellt den Raum. Nach einer Weile hört man draußen Männer kommen, Werkzeuge und Ketten klirren. Die Eingangstür öffnet sich, der Sturm weht Schnee herein, Jogg erscheint, er hat seine Schneereifen schon in der Hand, die anderen sind teilweise noch beim Ablegen derselben. Alle treten ein: Jogg, Hias, Much und Lex. Sie sind dick angezogen, tragen unter den Hüten Mützen oder Stirnbänder. Lex hat eine Krähenfeder am Hut. Much trägt als einziger einen Rucksack, in dem die Jause war. In den Händen halten die Männer Äxte, Zapine, Schepser, Ketten, eine große Wiegsäge. Lex schließt als letzter die Tür, sie hängen das Werkzeug und die Schneereifen auf, ziehen die Fäustlinge aus und hängen sie über den Herd, nehmen die Hüte und Mützen ab und legen sie auf das Brett, Much hängt seinen Rucksack auf, alle ziehen ihre Röcke aus und hängen sie auf, Lex geht zu seinem Rucksack, nimmt eine Flasche Schnaps heraus und trinkt einen großen Schluck, die Männer setzen sich, ziehen ihre Gamaschen und Schuhe aus, stellen die Schuhe zum Herd, hängen die Gamaschen über dem Herd auf, schlüpfen in Strohpantoffeln. Jogg zündet die Petroleumlampe über dem Tisch an, Much und Hias wärmen ihre Hände am Feuer, Lex schaut in die Pfanne, in der Wendl rührt.

LEX: Scho wieder Muas!

HIAS: Knödel, Muas, Nocken und Plenten sein des Holzknechts Elementen!

LEX: Beim Alten steht sicher a Schweiners auf'm Tisch!

Alle außer Wendl setzen sich an den Tisch, auf dem schon die Löffel liegen.

MUCH: Wärst halt a Herr worden!

LEX: Wer i schon no!

JOGG: *(verächtlich)* Du – und a Herr!

HIAS: Wenn der Bettler auf's Roß kimmt, nacha reitet er's z'tot!

Lex schaut Hias mißmutig an, weil ihm dessen Sprüche auf die Nerven gehen. Wendl stellt die Pfanne auf einen Pfannenhalter in der Tischmitte, setzt sich.

JOGG: *(bekreuzigt sich)* Im Namen Gott, des Vaters, des Sohnes und des Heiligen Geistes, Amen!

Die anderen bekreuzigen sich und beten ebenfalls mit, sie greifen zu den Löffeln und beginnen zu essen.

JOGG: *(nach einer Weile)* I hab heut in an Baam a Hack gfunden. In an Baam, der stehnbleibt. *(Zu Lex:)* Dei Zeichen war drauf.

LEX: De muaß i vergessen haben.

JOGG: *(nach einer Weile)* Mach ma des ja nit noamal! Des ghört si nit. *(Nach einer Weile:)* Außerdem möcht i, daß du a bißl sauberer arbeitest. Du laßt ja die halben Äst dran. Und dann bleiben die Baam beim Ablassen stecken. Hast mi verstanden?

LEX: *(mit unterdrücktem Zorn)* Hab i.

MUCH: Böck schiaßen geht leichter von der Hand, gell Lex?

Lex antwortet nicht.

HIAS: Jaja, wenn die Arbeit sterben tat, gang der Lex als erster zur Leich!

LEX: Halts Maul, alter Krauterer! Sonst drah i dir's Gnack um!

HIAS: Alleweil des gleiche! Der schlechteste Karrn machts lauteste Schnarrn!

Lex hält beim Essen inne, schaut Hias zornig an, es sieht aus, als würde er ihn gleich schlagen, aber er verzieht dann nur verächtlich den Mund und ißt weiter.

LEX: *(nach einer Weile)* Im Fruahjahr könnts mi sowieso gern haben. Da bin i weg.

MUCH: Ah so? Wo möchtest denn hin?

LEX: I geh ins Ausland. In a Bergwerk. Da verdien i des Zehnfache!

HIAS: Besser dahoam a Wassersuppen als in der Fremd a Milchmuas!

LEX: Dahoam! Scheiß i drauf! I hab nur Unglück ghabt, dahoam!

HIAS: Koa Unglück is so groß, daß es nit hätt a Glück im Schoß!

MUCH: Nojo, bei an Kloanhäusler wia du kann i's eh verstehn, wenn er weggeht.

LEX: Und was bist nacha du?

MUCH: Mir ham an Hof! I bin a Bauer!

LEX: Geh, gib decht nit so an! Drei Küah und an Grund, so groß wia a Schneuztüachl!

MUCH: No und? Du hast nit amal des!

LEX: Aber es bleibt dir doch nix! Ins Holz gehn muaßt, damitst was verdienst!

MUCH: I geh decht gern wieder hoam. *(Zornig.)* Tua mi ja nit vergleichen mit dir!

Lex grinst verächtlich.

HIAS: Die Welt is a Heustock. Wer mehrer owa derfrißt, der hat mehr.

LEX: So is es! Und i wer fressen, soviel i kann! Und wenn i mir's mit Gwalt nimm!

JOGG: *(nach einer Weile)* Kannst ruhig gehn. Is koa Schad um di. I wers dem Alten scho berichten, wia du ihm sei Wohltat dankst.

LEX: *(lacht auf)* Wohltat!

JOGG: Ja, hat er dir a Arbeit geben oder nit? Wer hätt di denn gnommen, sonst? An Zuchthäusler! Und bist sicher in sein Revier a unterwegs gwesen!

LEX: Drauf kannst di verlassen!

JOGG: *(nach einer Weile)* I tat sagen, du gehst glei.

Lex antwortet nicht.

JOGG: Hast du Pech in die Waschel? I hab gsagt, du sollst verschwinden!

LEX: I brauch des Geld. Sonst kimm i nit weg.

JOGG: Dann halt di zrugg!

Lex ist wütend und beschämt.

HIAS: Wer gegen den Wind brunzt, macht sich die Hosen naß.

LEX: No oan von deine depperten Sprüch, und du kriagst oane aufs Maul!

HIAS: Gott, die Obrigkeit und die Alten sollst du fürchten und in Ehren halten!

Lex greift nach Hias und reißt ihn am Hemdkragen zu sich.

LEX: Du, i sag dir's ...!

Jogg schaut Lex drohend an, Lex stößt Hias wieder zurück, steht auf, geht zu seinem Rucksack, nimmt die Schnapsflasche heraus, trinkt einen großen Schluck davon, geht mit der Flasche zum Fenster, schaut hinaus, trinkt dann noch ein paarmal.

JOGG: *(bekreuzigt sich)* Im Namen Gott, des Vaters, des Sohnes und des Heiligen Geistes, Amen!

Die anderen – außer Lex – beten auch und bekreuzigen sich. Wendl steht auf und räumt ab, reinigt dann die Pfanne. Jogg stopft seine Pfeife und zündet sie an, Hias holt eine Blechdose hervor, entnimmt ihr ein Stück Baumpech und steckt es in den Mund, geht dann zum Herd, nimmt eine Schüssel, schöpft aus dem großen Kessel heißes Wasser hinein, setzt sich auf den Hocker neben dem Herd, zieht die Strümpfe aus, stülpt die Hosenbeine zurück, schiebt die langen Unterhosen hinauf, stellt die Füße ins Wasser. Much nimmt sein Instrument und beginnt improvisierend zu spielen.

JOGG: *(währenddessen)* Wendl, bei mein Rock *(deutet hin)* reißt bald a Knopf ab! Nah ihn mir an!

WENDL: Guat.

Hias spielt genüßlich mit den Zehen im warmen Wasser.

HIAS: Ahh! Füaß warm und Kopf kalt, macht die Leut alt!

Lex geht vom Fenster weg und will seine Flasche zum Rucksack bringen, da erklingt plötzlich von draußen, immer wieder verweht durch den Sturm, der merkwürdige Gesang einer Frauenstimme. Lex hört es als erster, hält inne und lauscht.

LEX: Hör auf, Much!

MUCH: Was?

LEX: Aufhörn spielen sollst!

Much hört zu spielen auf, jetzt hören es alle und sie lauschen. Lex geht wieder zum Fenster, auf dem Weg dorthin verstummt der Gesang, Lex schaut zum Fenster hinaus, sieht draußen vor der Hütte etwas, haucht auf das stellenweise vereiste Glas, reibt mit der Hand darüber, blickt seitlich hinaus.

LEX: Ja, was is denn des? *(Zu den anderen:)* Da steht oaner draußen!

Lex öffnet die Tür, Schnee weht herein. Vor der Tür steht eine vermummte Frau. Sie trägt Stiefel, langes Kleid oder langen Rock, Umhang, ein Tuch um den Kopf, das auch das halbe Gesicht bedeckt.

MUCH: Ja, hoi! A Frau!

LEX: *(zur Frau)* Kimm eina!

Die Frau kommt herein, Lex macht die Tür zu. Die Frau schaut alle Männer an, nimmt dann ihr nasses Kopftuch ab. Sie hat schwarze Haare, ist ein dunkler, südlicher Typ. Die Männer schauen erstaunt, die Frau geht zum Herd und wärmt ihre Finger am Feuer. Wendl weicht respektvoll vor ihr zurück und starrt sie mit großen Augen an.

LEX: *(hält die Flasche hoch)* A Schnapsl zum Aufwärmen?

Die Frau schaut ihn an und schüttelt den Kopf.

JOGG: Wo kimmst denn du her?

Die Frau schaut ihn an.

JOGG: Wo du herkimmst!

Die Frau zeigt hinaus.

JOGG: Bist über die Grenz umma?

Die Frau antwortet nicht.

MUCH: Des is sicher a Walsche!

JOGG: Ja, was is? Hat dir die Kälten die Red verschlagen?

Die Frau antwortet nicht.

LEX: Vielleicht is sie stumm. *(Zur Frau:)* Kannst du nit reden?

Die Frau antwortet nicht.

JOGG: Wo willst denn hin?

Die Frau schüttelt den Kopf.
MUCH: Nirgends will sie hin. Da sollst di auskennen!
HIAS: Wer viel fragt, geht viel irr!
JOGG: Ja, guat, dann kann ma nix machen! Wenn sie nit reden kann oder nit reden will ...
WENDL: Vielleicht hat sie an Hunger?
LEX: *(deutet zum Mund)* Willst was essen?
Die Frau nickt.
LEX: *(zu Wendl)* Bring ihr an Speck und a Brot! *(Zur Frau:)* Hock di nieder!
Die Frau nimmt ihren Umhang ab, Wendl greift schüchtern danach und hängt ihn auf die Stange über dem Herd. Die Frau hängt ihr Kopftuch dazu, geht zum Tisch und setzt sich. Much starrt sie neugierig an, Jogg schaut mißmutig. Lex kommt mit seiner Schnapsflasche an den Tisch und setzt sich ebenfalls. Hias trocknet seine Füße ab, zieht Strümpfe und Strohpantoffeln an, geht mit der Schüssel zur Tür, öffnet sie, schüttet das Wasser hinaus, schließt die Tür wieder, bringt die Schüssel zum Herd, setzt sich ebenfalls an den Tisch. Währenddessen bringt Wendl auf einem Brett ein Stück Speck, hartes Brot und ein scharfes Messer. Die Frau nimmt das Messer, schaut es an, will vom Speck abschneiden, es gelingt ihr nicht gleich, Lex bemerkt es.
LEX: Kimm!
Lex rückt zu ihr, nimmt ihr das Messer ab, schneidet den Speck auf. Die Frau beginnt zu essen, alle schauen ihr zu.
JOGG: *(zur Frau)* Kreuz machen is bei dir dahoam wohl nit der Brauch, ha?
Die Frau antwortet nicht, schaut ihn auch nicht an. Much spielt ein paar Takte auf seinem Instrument, Wendl setzt sich auf den Hocker neben dem Herd und schaut der Frau zu.
JOGG: *(zur Frau)* Wennst fertig bist, gehst wieder!
LEX: Ja, geh, de kimmt decht nit weiter, bei dem Sauwetter! In stockdunkler Nacht!
JOGG: I hab sie nit gruafen!
MUCH: Jetzt hörst aber auf, Jogg! De derfriert decht draußen!
JOGG: Mir ham koan Platz für a Weib! I kann sie decht nit zu euch ins Heu auffistecken!
LEX: Warum denn nit?
HIAS: Geh nia mit oaner Frau ins Heu, sonst wird es bald zu Streu!
LEX: Depp alter!
HIAS: Was hoaßt da Depp, alter? So sagt ma! Weil des is nämlich so, daß von die Fraun giftige Dämpf ausgehn, verstehst? Dadurch werds Heu hin!

LEX: De giftigen Dämpf, de gehn schon von dir aus, du alte Dreckfack!
Much lacht auf.
JOGG: A Frau in an Holzknechtlager, des tuat koan Guat! Aus!
MUCH: Ja geh! Für oa Nacht!
JOGG: *(nach einer längeren Weile)* Also, guat! Für oa Nacht! *(Zur Frau:)* Kannst da enten mei Bett haben! Und i schlaf bei enk im Heu.
LEX: *(nach einer Weile)* Du, Frau! Kannst du wirklich nit reden?
Die Frau schaut Lex nur an.
MUCH: Aber verstehn tuast uns schon?
Die Frau nickt.
HIAS: Des is gscheit! A Weib, des was nix redt, hatt i a gnommen! Da woaß i a Volksweisheit!
LEX: Geh, verschon uns mit deine Weisheiten!
HIAS: Wo die Henn kräht vorm Hahn, wo das Weib redt vorm Mann, wo die Katz lafft vor der Maus, in dem Haus is's a Graus!
MUCH: *(lacht)* Ah, des is guat!
LEX: Da hast ausnahmsweis amal recht!
Wendl ist eingefallen, daß er einen Knopf anzunähen hat, steht auf, nimmt den Rock von Jogg, holt Zwirn und Nadel, setzt sich wegen des besseren Lichts an den Tisch, fädelt den Zwirn ein.
JOGG: Laß des, Bua! Wenn schon a Frau da is, soll die des machen!
Die Frau hört auf zu essen, schaut Jogg an, schaut Wendl an, nimmt ihm die Sachen ab, beginnt den Knopf anzunähen. Wendl schaut zu, räumt dann Brett, Speck, Brot und Messer weg, setzt sich auf den Hocker neben dem Herd, schaut zu den anderen. Much spielt wieder ein paar Takte auf seinem Instrument, es fällt ihm was ein.
MUCH: Wißts was, i glab, des is a Zigeunerin!
LEX: *(schaut sie an)* Kannt scho sein, ja!
HIAS: Oh mei! Hängts die Wäsch weg!
MUCH: Vielleicht a Verwandte von dir, Wendl!
Wendl senkt den Blick.
LEX: Wieso a Verwandte von eahm?
MUCH: Sei Vater war a so a Karrenziacher! A Messerschleifer!
LEX: Oha! *(Zu Wendl:)* Da hat wohl dei Muatter ihm des Messer gschliffen, ha?
MUCH: Sowieso! A Hiesiger war ihr ja nit guat gnuag, der ausgschamten Dirn!

LEX: Und nacha?

MUCH: Außighaut hat er sie, der Bauer, wia sie stampfdick gwesen is! Und der schwarze Teufel natürlich über alle Berg! Bei uns im Stall hamma sie dann beim Werfen derwischt! Zwoa Wochen spater is sie ins Wasser, samt'n Gschrappen! Aber den Wendl ham s' wieder außagfischt.

Wendl beginnt zu weinen, unterdrückt das Schluchzen, Lex schaut zu ihm hin, bekommt Mitleid.

HIAS: Weibersterben is koa Verderben, aber's Roßverrecken is a Manderschrecken!

LEX: *(zu Hias)* Geh, halt amal dei dreckigs Maul!

JOGG: Recht is ihr gschehn! Mit an Karrenziacher laßt ma si nit ein!

HIAS: Sowieso! An der Fuhr bin i selber schuld, hat der Ochs gsagt, wie er sein Mist aufs Feld gführt hat!

Wendl schluchzt auf, hält sich den Mund zu, geht zur Tür, öffnet sie, geht hinaus, schließt die Tür hinter sich.

JOGG: He, wohin denn!

Die Frau hat Wendl auch nachgeschaut, hat den Knopf fertig angenäht, hängt den Rock an seinen Platz, verstaut das Nähzeug im Wandkasten, geht zur Tür und öffnet sie. Draußen steht Wendl mit dem Rücken zur Tür, hat die Hände vors Gesicht geschlagen. Die Frau schließt die Tür hinter sich.

MUCH: Was tuat sie denn?

Lex steht auf, geht zur Tür, öffnet sie. Die Frau und Wendl stehen sich gegenüber, sie hat die Hand an seine Wange gelegt, er verbirgt sein Gesicht darin und schluchzt. Die Frau schaut Lex an, dieser schließt etwas verlegen wieder die Tür, die anderen schauen ihn fragend an. Lex setzt sich, Much beginnt etwas auf seinem Instrument zu spielen. Nach einer Weile öffnet sich die Tür, Wendl und die Frau kommen herein, Wendl geht zum Herd, stochert aus Verlegenheit mit einem Schürhaken in der Herdglut, die Frau setzt sich auf den Hocker vor dem Verschlag. Eine Weile Schweigen.

HIAS: Wo Rauch is, is a Feuer, hat der Bauer gsagt, und hat mit an frischen Roßgogl sei Pfeifen anzunten!

JOGG: *(steht auf)* So! Zeit is's, zum Schlafen!

Jogg bläst die Petroleumlampe über dem Tisch aus, geht zur Leiter, schlüpft aus den Strohpantoffeln, steigt die Leiter hinauf, öffnet die Tür, steigt in den Heuboden. Der Raum ist jetzt nur mehr vom roten Licht der Herdglut erleuchtet. Die anderen Männer stehen auch auf, gehen zur Leiter, ziehen ihre Strohpantoffeln aus. Lex verstaut vorher noch seine Schnapsflasche im Rucksack.

MUCH: Guate Nacht, Frau!

Much steigt die Leiter hinauf, Wendl steigt hinauf, schaut zur Frau zurück, verschwindet, Hias steigt hinauf.

LEX: Schlaf guat, Frau! Tram süaß!

HIAS: *(auf der Leiter)* Guat gschlafen is halb gstorben!

Lex steigt als letzter die Leiter hinauf, schaut nocheinmal zur Frau, schließt die Heubodentür hinter sich. Die Frau sitzt allein da, sie ist nur mehr ein Schatten.

STIMME LEX: Des is mei Platz, Jogg!

STIMME JOGG: Leg i mi halt da her!

STIMME HIAS: Schlaf mit die Füaß zur Ausgangstür, sonst tragen s' di bald als Toten herfür!

STIMME JOGG: Wenns wahr is ...

Die Frau schaut zur Heubodentür, schaut zur Eingangstür, überlegt, schaut zum Verschlag, steht auf, zieht den Vorhang zurück. Black out.

2. BILD

Nacht. Lichtschein der Herdglut. Draußen hat es zu stürmen aufgehört, es ist ganz still. Der Vorhang am Verschlag ist zugezogen, die Frau liegt im Bett, ihre Kleider liegen auf dem Hocker vor dem Bett. Nach einer Weile öffnet sich leise die Heubodentür, Lex steigt in Hemd, Hose und Strümpfen auf die Leiter, macht vorsichtig die Tür zu, steigt herunter, schaut zum Verschlag, geht zu seinem Rucksack, nimmt die Schnapsflasche heraus, trinkt einen Schluck, gibt die Flasche zurück, geht zum Verschlag, schaut auf den Vorhang, sieht das Kleid auf dem Hocker, nimmt es in die Hand, legt es wieder hin, schaut zum Vorhang, zieht ihn ein wenig beiseite, schlüpft in den Verschlag. Die Frau wehrt sich lautlos gegen ihn. Man sieht nichts davon, da der Vorhang wieder ganz zu ist.

STIMME LEX: Jetzt kimm schon! Laß mi! Laß mi, sag i! – Du, spiel di nit, sonst hau i di zamm!

Man hört Keuchen und Kämpfen und dann einen Schlag. Es ist still. Die Heubodentür öffnet sich ein Stück, Hias lugt verstohlen heraus, lauscht.

STIMME LEX: I habs dir gsagt! I hab di gwarnt! So was tua i sonst nit! Kannst mir's glauben! Jetzt kimm, i machs wieder guat! Kimm! Ja, wia liegst denn da? Jetzt tua schon! Was is denn? Rühr di! Halt her! – Scheißdreck! Was is denn des? Des gibts doch nit! – Du Luader! So a Luader! Was machst denn du mit mir? Des gibts doch nit!

Lex steigt aus dem Verschlag, Hias macht blitzschnell die Heubodentür zu, Lex zieht sich die Hose hinauf, macht sie zu. Er geht zum Rucksack, trinkt einen großen Schluck aus der Schnapsflasche, schaut zu seiner Hosentür hinunter, macht mit der Hand eine zornige Geste davor.

LEX: Dudelsack, damischer! Laßt mi oanfach hängen! Bin i a Kapaun, oder was? *(Trinkt wieder.)* Des Luader! De Hex, de! Is doch sonst immer gangen! Sauweib! *(Richtung Verschlag:)* Di pack i schon no! Des is nur, weil i so lang koane ghabt hab! Zwoa Jahr Zuchthaus und dann glei in Wald! Scheißdreck! *(Trinkt.)* Di pack i schon no! Des gibts ja nit!

Lex verstaut seine Schnapsflasche, steigt die Leiter hinauf, macht die Tür auf, steigt hinein, macht die Tür zu. Eine Weile Schweigen.

STIMME JOGG: Du, Lex!

STIMME LEX: *(erschreckt)* Ja, was is?

STIMME JOGG: Wo kimmst'n her?

STIMME LEX: Wo wer i scho herkemmen? Auf'n Häusl war i!

STIMME JOGG: Ah so? Warst aber lang aus!

STIMME LEX: Na und? Werd mir jetzt die Scheißzeit a scho vorgschrieben?

STIMME HIAS: Wer lang scheißt, lebt lang!

STIMME JOGG: Bei der Frau warst! Stimmts? *(Pause.)* I hab di was gfragt!

STIMME LEX: Ja, bei der Frau war i! Und?

Eine Weile Schweigen.

STIMME HIAS: Siecht der Mensch ein Loch, muaß er's glei ausfüllen! Oft fallt er dabei eini!

Eine Weile Schweigen.

STIMME MUCH: Und sie hat sich nit gwehrt?

STIMME LEX: Gegen mi wehrt sich doch koane!

STIMME JOGG: A so a Hur! Und in mein Bett a no!

STIMME MUCH: Sie hat sich wirklich nit gwehrt?

STIMME LEX: Nix! Auf die Hobelbank ghupft, die Schlitzgabel auseinander, und schon war der Keil eingschlagen!

STIMME MUCH: Und? Wia, i moan, wia wars denn?

STIMME LEX: A windige Stuten is sie! A geile Sau! Da werst verruckt!

STIMME HIAS: *(singt)* A Mönch ohne Kutten, a Weib ohne Tutten, a Reiter ohne Schwert, die drei Ding sein nix wert!

STIMME LEX: Was soll des hoaßen?

STIMME HIAS: Nix! Des is a Volksweisheit!

STIMME JOGG: I will jetzt schlafen, verfluacht!

Black out.

3. BILD

Morgen. Draußen schneit es. Es ist schon hell. Die Männer und die Frau sitzen fertig angezogen um den Tisch und essen aus der Pfanne Plenten. Längere Zeit Schweigen.

LEX: *(schaut zum Fenster)* Scho wieder so a Sauwetter!

HIAS: Wenns nit richtig wintern tuat, werd der Summer a nit guat!

Schweigen.

JOGG: *(zur Frau)* Und jetzt? Was hast'n vor, Frau? Ja, was is? Schau nit so! Was d' vorhast, möcht i wissen!

Pause.

LEX: Willst dableiben, a paar Tag? Kimmst eh nit weit, bei dem Schnee!

Die Frau hat Lex zwar angeschaut, ißt aber nun wieder weiter und reagiert nicht.

JOGG: Sonst no was! De Flitschen soll verschwinden!

LEX: Du, jetzt reichts aber, ja?!

JOGG: Was is sie denn sonst?

MUCH: Na und? I moan, war ja nit schlecht! Oder?

Jogg schaut Much an, schaut die Frau an, ißt weiter.

JOGG: I hab a Frau dahoam und vier Kinder.

LEX: *(grinsend)* Brav!

HIAS: *(singt)* A Büchsl zum Schiaßn und an Stoßring zum Schlagen und a Dirndl zum Gernhaben muaß a frischer Bua haben!

Längeres Schweigen.

JOGG: Guat. *(Zur Frau:)* Bleibst halt a paar Tag. Bis 's Wetter umschlagt. Dafür muaßt aber was tuan! Kochen, aufräumen, flicken! Verstanden?

Die Frau schaut Jogg an, nickt.

JOGG: *(bekreuzigt sich)* Im Namen Gott, des Vaters, des Sohnes und des Heiligen Geistes! Amen!

Alle außer der Frau bekreuzigen sich und murmeln mit. Alle stehen auf, setzen ihre Mützen und Hüte auf, ziehen die Handschuhe an, nehmen ihr Werkzeug und die Schneereifen. Wendl hängt sich außerdem den bereitgestellten Jausenrucksack über. Die Frau nimmt Löffel und Pfanne und geht damit zum Herd.

JOGG: *(zur Frau)* Für heut Mittag machst Bohnen mit Speck. Der hängt dort. Und die Bohnen sein da enten!

Die Frau nickt.

JOGG: Also, guat. Gemma, Mander!

Die Männer gehen hinaus, Lex als letzter. Er blickt zurück und will etwas sagen, läßt es aber bleiben, schließt die Tür hinter sich. Die Frau tritt ans Fenster und schaut ihnen nach, dreht sich um, denkt nach, geht zum Herd, nimmt ihre Stiefel, setzt sich auf den Hocker neben dem Herd, zieht die Strohpantoffeln aus, die sie jetzt anhat, schlüpft in einen Stiefel, hält inne, schaut nachdenkend vor sich hin. Black out.

4. BILD

Nacht. Draußen schneit es heftig. Licht von der Herdglut. Die Frau im Verschlag, die Männer im Heu.

STIMME HIAS: Ah, fein! Der Müade rastet gern, der Faule no viel liaber!

Eine Weile Schweigen.

STIMME JOGG: Heut geh i! Wenns dir nit paßt, Lex, brauchst es nur sagen! Nacha mach ma's uns aus!

STIMME LEX: *(nach einer Weile)* Geh nur! Wenn s' di will ...

Die Heubodentür öffnet sich, Jogg steigt in Hemd, Hose und Strümpfen heraus, schließt die Heubodentür, steigt die Leiter herunter, schaut zum Verschlag, geht langsam hin, überlegt, will nach dem Vorhang greifen, läßt es bleiben, setzt sich auf den Hocker, wo die Kleider der Frau liegen.

JOGG: *(nach einer Weile)* I bins, Frau, der Jogg! I kamat gern zu dir. – Zwingen tua i di nit, des is dei Sach! I kamat halt gern zu dir. Is wohl a Sünd, i woaß es eh. Bin no nia auf d'Seit gangen. Aber süaß wars halt. Amal a anderer Leib. A junger. Woaßt, mei Frau ... A seelenguater Mensch ... Schaut brav auf die Kinder ... Schön is sie nimmer. A abgwetzter Stoan. A kalter Ofen. I pack sie nur mehr, wenn i an Rausch hab. Aber du hast a Feuer glegt bei mir. Wenn i di anschau, geht ma's Messer auf. *(Schaut zum Vorhang:)* Wennst den Lex nimmst, kannst wohl mi a nehmen. Tat i halt moanen. Oder hats blitzt zwischen enk? – I wollt eh nit, daß d' bleibst. Hab ma ja denkt, was da kimmt. Ma is halt a Mann und koa Fisch ohne Gräten. – Willst ihn ja nit heiraten, den Lex, oder? Zum Heiraten bist wohl koane, denk i ma. Landfremd wia d' bist und mit dem hoaßen Bluat ... Ja, Frau, wär dir halt dankbar, wennst mi a drüberlassatst!

Er schaut zum Vorhang, steht auf, zieht ihn ein wenig beiseite, schlüpft hinein. Die Heubodentür geht auf, Lex schaut heraus, hinter ihm erscheint Much.

MUCH: Laßt sie ihn?

LEX: Schaut so aus. Sau, de!

Lex macht die Heubodentür zu. Black out.

5. BILD

Abend. Petroleumlampe und Herdglut. Draußen schneit es nicht mehr. Die Frau spült ab, Wendl sitzt auf dem Hocker beim Herd und schaut ihr zu, schnitzt nebenbei an einem Stück Holz. Jogg, Much und Hias sitzen am Tisch, Jogg raucht seine Pfeife, Hias ist eingenickt, Much spielt auf seinem Instrument. Nach einer Weile geht die Tür auf, Lex poltert mit einem ausgenommenen Reh herein, knallt es auf den Tisch, Hias schreckt auf, Much hört auf zu spielen.

HIAS: Oh, a Bratl!

JOGG: Sag amal, bist du nit recht bei Trost?

LEX: Wieso denn? Seids froh, wenns amal a Fleisch gibt!

JOGG: Oamal eingsperrt is dir wohl nit gnuag, was?

LEX: Zoagst mi halt an, wennst scho moanst!

JOGG: Du packst jetzt dein Rucksack und gehst!

LEX: Guat! Mach i! Hast eh nix dagegen, wenn i auf an Sprung bei deiner Frau vorbeischau? Oder na, i verkünds auf'm Dorfplatz: He, Leuteln, der brave Holzknecht-Jogg rührt in an fremden Fleischtopf! No, was glabst! Da wern die Dorffratschen ihre Waschel spitzen!

JOGG: *(zornig)* Tua des Viech da weg vom Tisch!

Lex nimmt das Reh, geht damit zur Rückwand, legt es auf den Boden, holt eine Axt und Nägel.

LEX: Geh her, Much!

Much steht auf, geht zu Lex.

LEX: Hebs hin!

Much hält das Reh an die Wand, Lex nagelt es an den Hinterläufen fest. Much sieht die um den Hals verlaufende Wunde des Rehs.

MUCH: Ah, mit oana Drahtschlingen hasts gfangt!

JOGG: *(zu Lex)* Hast sie wieder ausglegt?

LEX: Sowieso!

JOGG: Werst scho sehn, was d' davon hast! Des nächste Mal gebn s' dir die Kugel! So sicher wia's Amen im Gebet!

LEX: Abwarten!

Much setzt sich wieder, Lex hängt den Hut auf, zieht den Rock aus.

LEX: *(zur Frau)* No, Frau, was sagst? Des is dei Einstandsessen!

Die Frau schaut Lex an, Jogg ärgert sich, Hias schaut zu Lex und dann zur Frau, wieder zu Lex.

HIAS: *(singt)* A Wilderer siecht guat, aber d'Liab macht'n blind, so fangt'n größten Laggl 's kloanste Dirndl ganz gschwind!
Lex ist zum Rucksack gegangen, nimmt seine Schnapsflasche heraus, trinkt einen Schluck.
LEX: Mi fangt koane, brauchst koa Angst haben! Der Fänger bin i!
Black out.

6. BILD

Nacht. Licht von der Herdglut und Licht des Mondes durch das Fenster. Das Reh hängt an der Wand. Die Frau im Bett, die Männer im Heu. Die Heubodentür öffnet sich, Lex erscheint, hinter ihm Much, will ihn zurückhalten.
MUCH: Nix! Heut bin i dran!
LEX: *(stößt ihn zurück)* Schleich di, du Mistgabelhengst!
Lex steigt auf die Leiter, drückt die Tür zu, Much drückt dagegen.
MUCH: Jogg! Des is doch nit gerecht!
STIMME JOGG: Machts euch des selber aus!
Lex drückt mit Gewalt die Tür zu, steigt herunter, Much öffnet die Tür wieder, steigt auf die Leiter, Lex nimmt die Leiter, stellt sie auf, Much steht unsicher oben, Jogg und Hias schauen aus dem Heuboden, Lex rüttelt an der Leiter, Much hält sich krampfhaft fest, Lex dreht grinsend die Leiter leicht seitlich, läßt sie los, Much kann im letzten Moment abspringen, die Leiter knallt nach vorne auf den Boden. Ohne Much zu beachten, geht Lex Richtung Verschlag, Much rennt ihm nach und will ihn zurückreißen, Lex packt ihn, dreht ihn um, stößt ihn Richtung Luke, gibt ihm noch einen Fußtritt, wendet sich ab, geht wieder Richtung Verschlag. Much sieht das Werkzeug, nimmt einen Zapin herunter, Lex sieht es, bleibt stehen.
LEX: *(grinsend)* Geh, tua des weg, Much!
HIAS: Jaja, so is des halt: Hennen, Kinder und Weiberleut bringen alle Nachbarn in Streit!
Lex geht langsam auf Much zu, dieser hebt den Zapin hoch, weicht aber gleichzeitig immer weiter zurück, bis er an die Wand stößt.
LEX: Kimm, Michele, gib her, sonst tuast dir no weh!
Lex will nach dem Zapin greifen, Much stößt ihm die stumpfe Seite an die Brust, Lex taumelt zurück, geht wieder auf Much los, dieser holt aus und schlägt zu, Lex kann nur knapp ausweichen.
LEX: Ja, spinnst du, sag amal? *(Schaut zu Jogg.)* Der will mi tatsächlich derschlagen!

Jogg: Von Rechts wegen is er heut dran!
Lex schaut Much an, schaut zum Verschlag.
Hias: Der Gscheitere gibt nach, sagt der Bauer zum Ochsen. Gib du nach!
Lex: Also guat! Aber noamal hebst du koa Waffen gegen mi! Weil sonst bist hin, des garantier i dir!
Lex geht zur Leiter, hebt sie auf, stellt sie an die Luke, steigt hinauf, Jogg und Hias ziehen sich zurück, Much schaut Lex nach, ist erschrocken über sich selber.
Much: I hab des nit so gmoant, Lex! Wirklich nit! Da is der Gache mit mir durchgangen!
Lex steigt in den Heuboden und macht die Tür zu. Much schaut auf den Zapin in seinen Händen, hängt ihn wieder auf, schaut zum Verschlag, geht langsam hin, kommt am Herd vorbei, sieht den Wasserkessel, taucht beide Hände hinein, bringt mit den nassen Händen seine Haare in Ordnung, geht zum Verschlag.
Much: I bins, der Much! Derf i eini?
Er wartet einen Moment, schlüpft dann durch den Vorhang in den Verschlag. Black out.

7. BILD

Tag. Draußen schneit es nicht. Das Reh hängt an der Wand. Die Frau steht am Herd und kocht. Die Eingangstür geht auf, Lex kommt herein. Die Frau schaut ihn kurz an, rührt weiter im Topf. Lex geht zu seinem Rucksack, nimmt die Schnapsflasche heraus, trinkt einen Schluck, schaut zur Frau, geht mit der Flasche zum Tisch, setzt sich, beobachtet die Frau.
Lex: *(nach einer Weile)* I versteh di nit! Warum laßt du alle drüber? Des macht doch nur a Hur! – No, vielleicht bist wirklich so a Stoßschlitten! Ham s' di ausgjagt irgendwo, ha? Oder bist deim Bärentreiber davonglaffen? Oder hat er di gschickt? Vielleicht kimmt er nach, dei Hobelhengst? Und kassierts Schwanzgeld von uns?
Die Frau steht mit dem Rücken zu ihm und reagiert nicht. Lex steht auf, geht zu ihr, tritt hinter sie.
Lex: Du gfallst ma! No nia hat ma oane so gfalln! No gar nia! *(Umfaßt sie von hinten, greift an ihre Brust.)* I muaß di haben! *(Sie bewegt sich nicht, er reißt sie herum.)* Du! Hörst du, was i sag?
Die Frau schaut ihn ruhig an.
Lex: Spiel di nit mit mir! Sonst gehts dir schlecht! Wenn du die oan laßt, muaßt mi a lassen!

Die Frau wendet sich wieder zum Herd, er dreht sie zurück.

LEX: I schlag di ja nit! I schlag di eh nimmer! Des hab i ja nur tan, weil i so wild war! Verstehst? Jetzt kimm, i hab nit viel Zeit! I bin von der Arbeit weg! Hoamlich!

Die Frau schaut ihn an, geht dann zum Verschlag, steigt hinein, Lex zieht den Rock aus, legt ihn auf den Hocker, legt den Hut dazu. Black out.

8. BILD

Nacht. Licht von der Herdglut und Licht des Mondes durch das Fenster. Das Reh hängt an der Wand. Die Frau im Bett, die Männer im Heu.

STIMME LEX: I bin wieder dran, oder?

STIMME HIAS: Na, na! Heut halt i die Betstund ab!

STIMME LEX: Geh! Was willst denn du no ausrichten? Alter Schneebrunzer! Mit deim rostigen Grabstichel!

STIMME HIAS: Tua di nit täuschen! Die alten Böck sein nit die schlechtesten!

Die Heubodentür öffnet sich, Hias erscheint, Lex hinter ihm, reißt ihn zurück.

STIMME JOGG: Laß ihn! Der Hias hat des gleiche Recht wia du!

Hias erscheint wieder in der Tür, steigt auf die Leiter, macht die Tür zu, steigt herunter.

HIAS: *(währenddessen)* Starker Feind, a Frau no jung, halten a an alten Mann in Schwung!

Hias schaut zum Verschlag, geht hin, bleibt stehn, kratzt sich am Kopf.

HIAS: Der Jüngste bin i ja wirklich nit, und gwaschen hab i mi a seit Ostern nimmer! Teufl eini!

Er geht ganz zum Verschlag, bleibt stehen, geht wieder weg, sieht den Rucksack von Lex, geht hin, nimmt die Schnapsflasche heraus, trinkt einen Schluck.

HIAS: *(singt leise)* 's Dirndl is sauber, jetzt möchts gern an Tauber, und i wissert ihr oan, recht an saubern, an kloan!

Trinkt wieder einen Schluck.

HIAS: Fragt sich, ob sie so a alts Gstell überhaupt haben will?

Er trinkt noch einen Schluck, verstaut die Flasche wieder, tritt ans Fenster, schaut hinaus.

HIAS: *(singt leise)* Wenns schneibt, so schneibts weiß, wenns gfriert, so machts Eis, und a feins Dirndl lieben, braucht an schön Fleiß!

Hias dreht sich um, schaut zum Verschlag.

HIAS: Mei, wann werd denn des gwesen sein, 's letzte Mal? Laß mi nachdenken. Damals beim Kirchtag. Die Dirn vom ... Woaß i nimmer ... – Mei, is de woach und warm und naß gwesen! Fünfadreißg Jahr is des jetzt wohl her. Fünfadreißg Jahr! Ja, früher! Da is ma koane auskemmen! Alle hohen Feiertag hab i so a Liebstöckl gossen! *(Singt:)* Daß i nia gfallen bin, des dank i Gott, aber gstolpert bin i oft schon über's sechste Gebot! – Mit der Zeit schlaft er dir halt ein, gell! Genau wia bei die Kuttenbrunzer. Wenn s' nit grad a hoaße Häuserin haben ... Teufl eini! *(Schaut zum Verschlag.)* Aber in die letzten Tag, da steigt der Saft wieder ins Holz, da hat si wieder was grührt! Hätts nit denkt! *(Singt:)* Warum soll denn i grad koa Dirndl liaben, tuans decht die Vögel, daß si d'Asteln biagen! *(Er schaut zum Verschlag, geht zu seinem Rock, nimmt die Blechdose heraus, öffnet sie, nimmt ein Stück Baumpech heraus.)* A Stückl Koiapech, daß i nit so aus'm Maul stink! *(Er steckt das Pech in den Mund, beginnt es zu kauen, steckt die Dose wieder ein und gibt sich einen Ruck.)* No, jetzt probier i's halt!

Er geht zum Verschlag, schlüpft hinein. Black out.

9. BILD

Tag. Draußen schneit es nicht. Das Reh hängt nicht mehr an der Wand. In der linken, hinteren Ecke ist vom Herd zum Verschlag ein Strick gespannt, Bekleidungsstücke hängen daran, so daß sich ein provisorischer Vorhang ergibt. Man sieht ein wenig unter den Kleidungsstücken durch und sieht ein großes Holzschaff. Der Wasserkessel hängt über dem Feuer, heißes Wasser dampft darin. Am Tisch sitzen die Männer und essen. Jogg ißt lustlos ein Mehlmus aus der Pfanne, die anderen haben auf Holztellern das Wildbret von Lex und essen es mit großem Genuß.

LEX: *(zu Jogg)* No, schmeckt der Mehlpapp?

Jogg antwortet nicht, Hias lutscht genüßlich an einem Knochen.

HIAS: Guat is guat – aber besser is besser!

Die Frau kommt mit einem Kübel voll Wasser bei der Eingangstür herein, geht zum Holzschaff, schüttet das Wasser hinein.

LEX: *(ungehalten zur Frau)* Wieso ißt denn du nix? Des is dei Wild! Des hab i dir gschenkt!

Die Frau reagiert nicht.

MUCH: Vielleicht mag sie koa Wild ...

LEX: Du ißt jetzt! Geh her da!

Die Frau schüttelt den Kopf, geht mit dem Kübel wieder hinaus, Lex schaut ihr zornig nach, schiebt den Teller von sich.

MUCH: I kann a nimmer! Mei, bin i vollgfressen!

JOGG: *(bekreuzigt sich)* Im Namen Gott, des Vaters, des Sohnes und des Heiligen Geistes, Amen!

Lex, Much und Wendl bekreuzigen sich auch und murmeln mit, Hias nicht, er ißt noch immer. Lex geht zu seinem Rucksack, nimmt die Schnapsflasche heraus, will trinken, hält inne, schaut die Flasche an.

LEX: Hat da wer von meiner Schnapsflaschen trunken?

MUCH: I nit! Gwiß nit!

Lex schaut zu Jogg, der eben seine Pfeife stopft.

JOGG: Was schaust'n mi an? Auf dein schwarzbrennten Fusel kann i verzichten!

Die Frau kommt mit dem gefüllten Kübel wieder herein, schüttet das Wasser ins Schaff.

LEX: Hias, dann warst es du!

HIAS: *(ißt noch immer)* Laß mi aus! I mag koan Schnaps! Hab i nia mögen!

MUCH: *(zu Lex)* Werst'n scho selber gsoffen haben!

Lex schaut mißmutig, trinkt einen Schluck.

JOGG: *(zur Frau)* Frau, räum den Tisch ab!

Die Frau kommt zum Tisch, nimmt die Pfanne von Jogg und die Teller von Much, Lex und Wendl. Hias deutet auf die Fleischschüssel.

HIAS: Aber des laßt da! I bin no nit fertig!

JOGG: Wenn i fertig bin, sein alle fertig!

Jogg drückt der Frau die Fleischschüssel in die Hand, Hias nimmt noch schnell einen Knochen, lutscht daran. Die Frau trägt das Geschirr zum Herd, Much nimmt sein Instrument und beginnt improvisierend zu spielen, Lex setzt sich mit der Schnapsflasche an den Tisch, Wendl trägt das restliche Geschirr zum Herd, die Frau wischt den Tisch ab, Much spielt die Frau grinsend an, sie schaut nur kurz auf ihn, macht weiter. Wendl holt sich ein Schnitzholz, das schon einer Marienfigur ähnelt, nimmt ein kleines Schnitzmesser aus der Hosentasche, setzt sich auf den Hocker beim Herd und beginnt zu schnitzen. Hias sieht es.

HIAS: Bua, laß des! Wenn ma am Sonntag schnitzelt, schneidet man insern Herrgott in Finger!

Wendl schnitzt trotzdem weiter.

LEX: *(zu Jogg)* Wieso gehst denn du heut nit hoam?

Jogg antwortet nicht.

LEX: Gehst doch sonst jeden Sonntag hoam. Dei Alte werd auf di warten!

JOGG: Es is zviel Schnee.

LEX: *(grinsend)* Aha! So is des!

MUCH: *(hört auf zu spielen)* Wenn sie dir grad nit draufkimmt, dei Alte! Weil sonst hast die Höll!

Jogg antwortet nicht.

HIAS: *(singt)* Seitdem i gheirat hab, is die Liab aus, jetzt hab i die Predigt und die Vesper im Haus!

Lex und Much lachen, Jogg schaut mißmutig, Much beginnt wieder zu spielen. Die Frau nimmt neuerlich den Kübel, taucht ihn in den Wasserkessel, schüttet das heiße Wasser in das Schaff, alle schauen zu ihr. Lex steht auf, geht zu ihr.

LEX: No, kimm, i hilf dir!

Lex will nach dem Kübel greifen, die Frau schüttelt unverwandt den Kopf, taucht den Kübel wieder in den Kessel, Lex geht mißmutig wieder an den Tisch zurück, die Frau schüttet noch einmal heißes Wasser ins Schaff, geht dann hinter den Vorhang und zieht sich aus. Man sieht ihre nackten Füße. Sie steigt in das Wasserschaff. Die Männer beobachten sie. Much spielt dabei noch immer auf seinem Instrument. Er hört plötzlich auf, man hört das Wasser plätschern.

HIAS: *(verschmitzt)* Schwarz geboren – is Waschen und Wäsch verloren!

Eine Weile Schweigen, die Männer starren vor sich hin, Much improvisiert wieder auf seinem Instrument.

LEX: *(plötzlich Richtung Frau)* Was versteckst di denn? Brauchst di doch vor deine Lötter nit verstecken!

Lex steht auf, geht zum provisorischen Vorhang, reißt ein paar Kleidungsstücke herunter. Die Frau sitzt im Schaff, ihre Brüste sind zu sehen, sie bedeckt sie nicht, schaut nur ungerührt Lex an. Alle schauen hin, auch Wendl, er blickt aber gleich verlegen zu Boden. Jogg steht auf, geht hin, hängt die Kleidungsstücke wieder auf, schaut Lex finster an, geht an den Tisch zurück, setzt sich. Much beginnt wieder zu spielen, Lex geht auch zum Tisch zurück, trinkt von seiner Schnapsflasche. Eine Weile Schweigen. Man hört das Wasser plätschern. Jogg schaut Richtung Frau.

JOGG: *(gedämpft)* So oane hab i no nia ghabt.

MUCH: *(gedämpft)* Ja ... Tutten hat de ... Und a Hintergstell ... Des haltst nit aus ...

JOGG: *(gedämpft)* Der Moospolster ... Wahnsinn ... *(Pause.)* Im Maul schmeckt sie nach Himbeeren ...

Lex ist eifersüchtig, versucht es aber zu verbergen. Eine Weile Schweigen.

MUCH: *(gedämpft)* Was is, wenn ma ihr an Gschrappen machen?

LEX: *(mit normaler Lautstärke)* Kann decht uns wurscht sein!

JOGG: Ja, paßts ihr nit auf?

LEX: *(laut)* Sonst no was! Glabst, i spring ab, mitten in der schönsten Fahrt?

JOGG: Ihr habts leicht reden! Wenn ma verheirat is, wia i, dann lernt ma's Aufpassen!

HIAS: *(grinst)* Bei mir is des gleich! Aus a Magermilch werd eh koa Butter!

Schweigen. Lex trinkt vom Schnaps, sein Blick fällt auf den schnitzenden Wendl.

LEX: Jessas, Bua, auf di hätt ma ja beinah vergessen! Des geht doch nit! Wenn scho, dann müassen alle drübersteigen! Also, Wendl, heut nacht bist du dran!

WENDL: Mit was?

LEX: Mit was, fragt er, der Lapp! Mit der Frau! Heut derfst du sie nageln!

WENDL: *(schüttelt den Kopf)* I mag nit.

LEX: *(lacht auf)* I mag nit, sagt er! Und zündet jedsmal, wenn oaner zur Frau geht, sei Nachtkerzen an!

WENDL: Was für a Nachtkerzen?

MUCH: *(macht grinsend Geste des Onanierens)* Die Handorgel spielst! Glabst, mir haben des nit gmerkt?

Wendl schämt sich.

HIAS: *(tröstend)* Mei, hin und wieder muaß halt a junger Mensch sei Pfeifen ausklopfen! Hab i a gmacht!

LEX: Glab ma's, Bua, dei Hand is nix gegen des Feuerloch da enten!

MUCH: Er traut si halt nit! Laß ihn!

LEX: Geh! Fürchtscheißer! Brauchst decht koa Angst haben! Des geht ganz leicht, ganz von selber! Und was bessers wia des da *(deutet zur Frau)* kannst nit finden, zum Kosten, zum Ausprobieren!

WENDL: I mag nit!

HIAS: Recht hast, Bua! Schaden macht witzig, Liab macht Lappen!

Black out.

10. BILD

Abend. Petroleumlicht. Herdglut. Draußen schneit es nicht. Schaff und provisorischer Vorhang sind weg. Wendl sitzt auf dem Hocker beim Herd und schnitzt an seiner Marienfigur. Die anderen Männer sitzen am Tisch und spielen Karten. Jogg mit Hias, Lex mit Much. Die Frau sitzt daneben und zwar auf dem Hocker, der sonst beim Verschlag steht. Sie stopft einen Socken und sitzt nur wegen des besseren Lichts bei den Männern. Sie interessiert sich nicht für ihr Spiel. Bei Lex stehen zwei Schnapsflaschen, eine davon ist schon leer, die zweite noch fast voll. Lex ist schon betrunken.

HIAS: *(schaut verschmitzt seine Karten an)* Grüß Gott beinand, hat der Fuchs gsagt, wie er im Hennenstall innen gwesen is! *(Legt eine Karte auf den Tisch.)* Aus is's! Seids scho hin!

Hias sammelt alle Karten ein, die in der Mitte des Tisches liegen, macht mit einem Stück Holzkohle vom Herd einen Strich auf dem Tisch neben sich.

LEX: Scheißdreck! *(Zu Much:)* Was gibst'n den Bock zua? Depp!

MUCH: Mein Gott na, da hab i mi halt amal vertan! Des hätt uns sowieso nix mehr gnutzt! Bei de Scheißkarten!

JOGG: Also, mach ma no a Spiel?

LEX: I mag nimmer!

Lex trinkt von seiner neuen Flasche.

JOGG: Und? Nacha?

LEX: Was?

JOGG: Der Schnaps ghört jetzt uns! Des war der Einsatz! Oder hast des schon vergessen?

Lex schiebt Jogg die Schnapsflasche hin, dieser trinkt einen großen Schluck, gibt die Flasche an Hias weiter, der trinkt ebenfalls einen großen Schluck.

HIAS: Ahh! Des wärmt auf, inwendig!

MUCH: *(zu Hias)* Gib ma a oan!

HIAS: Nix! Du ghörst zu die Verlierer!

Hias trinkt noch einen Schluck, gibt die Flasche Jogg zurück, der trinkt auch noch einmal.

LEX: *(zu Hias)* Hat da nit oaner gsagt, er mag koan Schnaps?

HIAS: Ja, mei, mögen ... Woaßt, i sag ma immer: Besser im Schnaps dersoffen als im Bach!

LEX: Jaja ... Paß nur auf, du!

Lex steht auf, geht zu seinem Rucksack, holt noch eine Flasche Schnaps hervor.

MUCH: Jetzt hat der no a Flaschen! Hast du im Zuchthaus a Schnapsbrennerei betrieben, oder was?

LEX: *(entkorkt die Flasche, riecht daran)* Na! Des is mei Erbteil! Vom Vater! *(Trinkt.)* Dreißig Flaschen Schnaps! Der Teufel soll ihn holen!

JOGG: Eh a Wunder, daß soviel blieben is! Der hat ja gsoffen wia a Bürstenbinder!

Lex kommt wieder zum Tisch her, setzt sich.

LEX: Des geht di aber nix an, Jogg! Über mein Vater red i ma selber schlecht!

MUCH: Geh, Lex, reiß halt her an Schluck! Wennst eh soviel hast!

LEX: Ja, freilich! Dafür, daß d' so deppert gspielt hast! *(Hält die Flasche Richtung Wendl.)* Da, Bua, sauf! Damit a Mann werst!

Wendl zögert, kommt dann her, nimmt die Flasche, trinkt einen kleinen Schluck.

LEX: Ja, was is denn? Mehr!

Wendl trinkt noch einen Schluck, gibt die Flasche Lex zurück, dieser schaut ihn geringschätzig an. Wendl setzt sich wieder auf seinen Hocker, Lex schaut die Frau an, reicht ihr die Flasche hin.

LEX: Da, Frau, trink!

Die Frau schüttelt den Kopf.

LEX: Willst mi beleidigen? Mei Fleisch ißt nit, und mei Schnaps is dir a zu minder! Nacha muaß i's dir halt eingeben!

Lex steht auf, geht zu ihr, nimmt sie bei den Haaren am Hinterkopf, zieht ihren Kopf zurück, will ihr den Schnaps einflößen. Sie preßt die Lippen zusammen, der Schnaps rinnt ihr über Kinn und Hals.

JOGG: Geh, laß sie doch, wenn sie nit will!

Lex preßt mit einer Hand ihre Wangen zusammen, so daß sich ihr Mund öffnet, er schiebt die Flasche hinein.

JOGG: *(steht auf)* Hörst jetzt auf oder nit?

Lex reagiert nicht, Jogg stößt Lex von der Frau weg, schaut ihn drohend an, die Frau wischt sich den Mund ab.

LEX: Kuah, blöde! Sauf i'n halt selber!

Lex trinkt, setzt sich Much gegenüber, Jogg setzt sich wieder, Lex starrt Much an, hält ihm plötzlich den Mittelfinger entgegen.

MUCH: Was denn?

LEX: Traust di?

MUCH: I mag nit.

LEX: Feige Sau!

Much wirft einen Blick zur Frau, schaut Lex an, stemmt sich ab, auch Lex geht in Stellung, sie haken ihre Mittelfinger ineinander und beginnen zu ziehen. Die Frau stopft wieder, schaut gelegentlich gleichgültig auf die Kampfhähne. Lex reißt Much plötzlich über den Tisch, läßt ihn los, setzt sich aufatmend zurück, trinkt von seiner Flasche.

LEX: Muaßt no a paar Knödel essen, Michele!

Much setzt sich wieder hin, reibt seinen schmerzenden Finger, schämt sich.

JOGG: Traust di mit mir a, Lex?

LEX: Sowieso! Glabst, i pack di nit?

Jogg setzt sich Lex gegenüber, Much rückt zur Seite, Jogg und Lex haken ihre Mittelfinger ineinander, beginnen zu ziehen. Jogg zieht Lex langsam aber sicher über den Tisch, läßt ihn los, Lex setzt sich zurück. Much grinst befriedigt.

HIAS: *(grinsend)* Was grob is, is stark, und was stark is, des hebt!

JOGG: Schmalz brauchst, Lex! Nit nur a große Goschen!

LEX: *(wütend, beschämt)* Wenn i nit bsoffen wär, hätt i di schon packt!

HIAS: Jaja! Wenn des Wenn nit wär, nacha wär der Kuahdreck Butter!

Lex stößt Hias von der Bank, dieser stürzt zu Boden. Die Frau hört auf zu stopfen, schaut zu. Lex geht zu Hias, reißt ihn hoch.

LEX: Jetzt hab i aber gnuag von deine Sprüch!

Er gibt Hias eine Ohrfeige, daß er umfällt, stößt ihm mit dem Fuß in die Seite.

LEX: Steh auf! I bin no nit fertig! Steh auf, sag i!

Jogg steht auf, stellt sich zwischen Lex und Hias.

JOGG: Doch nit mit dem alten Mandl, Lex! Probiers liaber no amal mit mir!

Lex tritt zurück, geht in Stellung, Jogg macht es ebenso. Sie umkreisen sich, beginnen zu kämpfen. Hias steht vom Boden auf, reibt sich den schmerzenden Rücken und setzt sich. Wendl rührt sich nicht von seinem Hocker. Die Frau beobachtet den Kampf mit unbewegtem Gesicht. Jogg hält sich an die Regeln des Ringens, Lex kämpft unfair, tritt ihn, reißt ihn an den Haaren und so weiter. Jogg gelingt es, Lex in einen Griff zu kriegen. Much springt auf.

MUCH: Ja! Ja! Pack ihn! Schmeiß ihn!

Lex fährt Jogg in die Augen, Jogg muß loslassen.

MUCH: Hör auf, Lex! Des is feig!

Jogg gelingt es schließlich, Lex auf den Boden zu werfen und seine Schultern niederzudrücken. Much springt hinzu, kniet sich hin und schaut wie ein Schiedsrichter, wann die Schultern von Lex den Boden berühren.

MUCH: Ja! Ja! *(Zeigt.)* Soviel no! Nieder! Nieder! Ja!! Aus! Bravo, Jogg!

Die Schultern von Lex berühren den Boden, Much springt begeistert hoch, Jogg läßt Lex los und steht auf, Lex bleibt eine Weile beschämt liegen, Jogg setzt sich, trinkt vom Schnaps.

HIAS: *(singt spöttisch)* Is koaner im Land, der mi schmeißt, der mi fangt, der mi schmeißt, der mi schwingt, der mir's Federl dernimmt!

Lex steht schwankend auf und wankt zur Tür, alle schauen ihm nach, Lex geht hinaus und schließt die Tür hinter sich. Much geht zum Fenster und beobachtet Lex.

MUCH: Im Schnee walzt er sich, wia a Roß!

Much kommt an den Tisch zurück und setzt sich, Jogg trinkt vom Schnaps, Much schaut ihn an, Jogg gibt ihm die Flasche, Much trinkt einen großen Schluck, gibt die Flasche zurück.

MUCH: Da hast aber jetzt an Todfeind!

JOGG: I jag ihn sowieso aus!

HIAS: *(schüttelt den Kopf)* Vertreib deine alten Feind nit, wia die neuen wern, woaßt no nit!

Much beginnt wieder auf seinem Instrument zu spielen, Jogg stopft seine Pfeife und zündet sie an, Hias greift nach der gewonnenen Schnapsflasche und trinkt einen Schluck. Die Frau macht am Socken die letzten Stiche, steht dann auf, verstaut Socken und Nähzeug und setzt sich auf den Hocker beim Verschlag.

JOGG: *(zur Frau)* Ja, was denn? Warum setzt du di wieder weg?

Die Frau antwortet nicht, Lex kommt wieder herein. Er hat sein Gesicht mit Schnee gewaschen, die Haare sind naß. Er wirkt jetzt wieder nüchtern, aber voller Haß. Er geht zur Frau. Much hört auf zu spielen.

LEX: Ab heut ghörst du mir! Mir alloan! Verstanden?

Die Frau schaut ihn ruhig an.

LEX: Ob du mi verstanden hast?

Die Frau nickt.

JOGG: I glab, da ham mir a no was mitzureden!

MUCH: *(zu Lex)* Du spinnst wohl! Uns allen ghört sie! Glabst, du bist was Bessers?

Lex wendet sich langsam zu den Männern.

LEX: Die Frau ghört mir! *(Greift in die Hosentasche.)* Wer sie anrührt, *(holt ein Springmesser hervor, läßt es aufspringen)* den stich i ab!

Die Frau steht auf, geht zu ihren Stiefeln, zieht die Strohpantoffeln aus, zieht die Stiefel an, nimmt dann vom Kleiderhaken ihren Umhang und hängt ihn um. Sie läßt sich Zeit damit. Die Männer bemerken das alles nicht, mit Ausnahme von Wendl, der aber nur erstaunt schaut und nichts unternimmt. Währenddessen geht das Gespräch der Männer weiter.

HIAS: *(singt)* Und die Henn und der Hahn schaun si gar so gern an, und kimmt der Kapaun dazua, laßt ihnen koa Ruah!

Lex geht langsam zum Tisch, schaut Hias an.

LEX: *(ruhig, kalt)* Was willst damit sagen?

HIAS: *(ängstlich und frech zugleich)* Daß d' es nit kannst!

LEX: *(ruhig)* Was kann i nit?

HIAS: *(bekommt Angst)* Ah, nix!

Lex wirft das Messer mit der Spitze in die Tischplatte.

LEX: I wills wissen, Hias!

HIAS: No guat! Ma lafft nit leichter, wenn ma die Hosen voll hat. *(Schaut Lex an.)* Mit der Frau kannst es nit!

LEX: So?

HIAS: No, freilich! I hab di ja beobachtet! Glei am ersten Abend!

Lex reißt das Messer aus dem Tisch, geht auf Hias zu, dieser steht langsam auf, um zurückzuweichen, auch Jogg und Much stehen auf, sie wollen Hias beschützen. In diesem Moment geht die Frau zur Tür, Lex sieht es.

LEX: He! Wo aus?

Die Frau öffnet die Tür und geht hinaus, Lex folgt ihr, reißt sie zurück.

LEX: Wo du hingehst, will i wissen!

Die Frau will wieder hinausgehen, Lex reißt sie zurück, knallt die Tür zu.

LEX: Nix! Du bleibst da! Bei mir! Verstehst du? Bei mir bleibst!

Die Frau schüttelt langsam den Kopf, will wieder zur Tür, Lex schleudert sie in den Raum zurück, so daß sie hinfällt. Jogg geht zu ihr, hilft ihr hoch. Lex läßt das Messer zuschnappen, steckt es ein.

JOGG: Du ghörst nit ihm! Du ghörst uns alle!

Die Frau schaut Jogg an, löst sich von ihm, geht wieder langsam rückwärts Richtung Tür. Sie kommt in die Nähe von Lex, der gibt ihr einen Stoß, so daß sie wieder in die Nähe von Jogg taumelt, der sie auffängt.

JOGG: *(zornig)* Jetzt gibts koa Davonlaffen mehr, Frau! Du bist freiwillig kemmen! Und freiwillig blieben! Und freiwillig hast di einlassen mit uns! Jetzt bleibst da, solang ma im Wald arbeiten! Dann kannst gehn, wohin du willst!

Die Frau steht bewegungslos, Lex geht zu ihr, reißt ihr den Umhang herunter, wirft ihn auf den Boden, ergreift die Frau am Arm, führt sie gewaltsam

Motiv von Chryseldis Hofer für Plakat und Programmheft der Uraufführung 1986

Uraufführung "Die Wilde Frau" 1986 im Innsbrucker Bierstindl: Josef Pittl (Lex), Pepi Grießer (Jogg), Karl Obleitner (Much), Guntram Brattia (Wendl), Peter Kluibenschädl (Hias) und Ursula Obleitner als "Wilde Frau" in der Inszenierung von Josef Kuderna

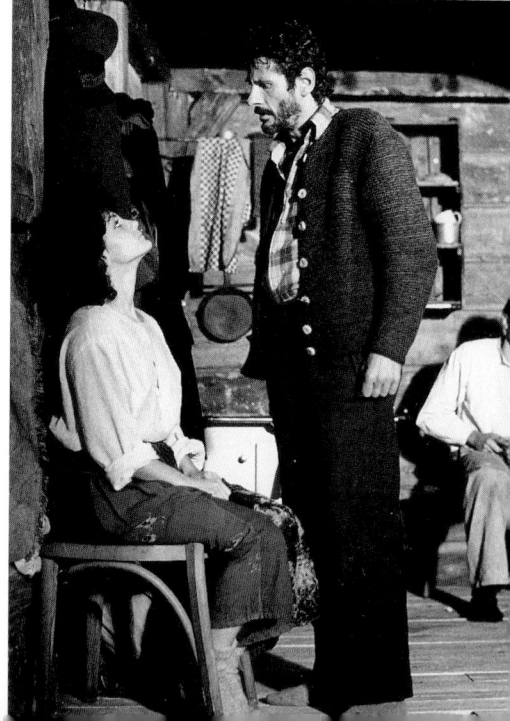

Horst Siede inszeniert 1988 am Bayrischen Staatsschauspiel mit Raidar Müller-Elmau (Jogg), Fred Stillkrauth (Hias), Gerd Anthoff (Much), Herbert Rohm (Lex) und Guntram Brattia (Wendl) sowie Regina Söltl (Wilde Frau)

Im Wiener Ensemble Theater verkörpert 1991 Erika Deutinger die "Wilde Frau". Ihre Partner sind Heinz Wustinger (Much), Siegmar Bergelt (Hias), Hubert Wolf (Wendl), Aap Lindenberg (Lex) und Wolfgang Müllner (Jogg). Regie Michaela Scheday

Charly Rabanser, Helfried Hassfurther, Johann Stadler und Ulli Fißlthaler 1991 in Salzburg (Regie Maurus Mosetig)

Lothar Dellago, Markus Soppelsa, Christine Mayr und Peter Mitterrutzner 1991 in einer Inszenierung von Erich Innerebner (Südtiroler Ensemble Theater)

Volksbühne Passau: Gerhard Bruckner, Franz Gerhards und Gerti Heindl (1991)

Theater Trier (1991): Gabi Mohr, Peter Raffelt, Hubert Pfisterer, Dieter Koppler und Manfred-Paul Hänig (Regie Manfred Moliterisz)

zum Tisch, zwingt sie nieder auf die Bank. Die Frau will wieder aufstehen, Lex drückt sie wieder nieder. Alle schauen sie an.

MUCH: De bleibt nit! De lafft uns doch davon, sobald ma im Holz sein!

Lex schaut Much an, schaut die Frau an, schaut zur Wand mit den Werkzeugen, geht hin, sucht eine lange Eisenkette aus, schaut sie an, schaut zur Tür, wo daneben das Vorhängeschloß zum Verschließen der Tür hängt, geht hin, nimmt das Schloß, geht mit Kette und Schloß zur Frau.

MUCH: Also, i woaß nit, Lex ... Des kann ma doch nit machen!

LEX: Was denn? Bleibt uns ja nix anderes übrig!

Lex kniet sich hin, zieht der Frau die Stiefel aus, legt das Kettenende um das linke Fußgelenk der Frau. Jogg schaut unentschlossen zu, Hias ist nicht einverstanden, Wendl ist entsetzt, die Frau hat aufgegeben und wehrt sich nicht mehr.

HIAS: *(hat irgendwie Angst)* Jogg! Des is nit gscheit! Sie soll gehn, wenn sie will! Der Gast und der Fisch stinken am dritten Tag!

Jogg ist unentschlossen und reagiert nicht, Lex steckt das Schloß in die Kette, Wendl stürzt plötzlich hin, zerrt Lex zurück, so daß dieser rücklings hinfällt, Wendl will das Schloß wieder herausnehmen und die Kette lösen, Lex steht auf, packt Wendl am Kragen, schleudert ihn in den Raum, kniet sich wieder hin, steckt das Schloß wieder ein, Wendl rappelt sich auf, will wieder zu Lex, kommt an Jogg vorbei, dieser schnappt ihn und hält ihn fest. Lex verschließt das Schloß und steckt den Schlüssel in den Hosensack.

WENDL: *(verzweifelt)* Na, nit anhängen! Bittschön, nit anhängen! Nit anhängen! Na, nit!

Wendl schluchzt verzweifelt, gibt auf, weil ihn Jogg eisern festhält. Lex geht mit dem anderen Kettenende an die Wand links neben der Eingangstür, schaut, ob die Länge der Kette ausreicht, daß die Frau überall im Raum herumgehen kann, legt das Kettenende hin, holt eine Eisenklammer und eine Axt, schlägt die Klammer ein Stück über dem Boden in die Wand, zieht das Kettenende durch, schlägt dann die Klammer mit voller Wucht ganz hinein, so daß das Kettenende festsitzt.

LEX: So, fertig!

Jogg läßt Wendl los, dieser schaut verzweifelt zur Frau, setzt sich weinend hin, schlägt die Hände vors Gesicht. Die Frau sitzt bewegungslos da. Sie ist nicht verzweifelt, sondern ganz kalt.

JOGG: *(etwas verlegen)* Du hast es ja nit anders wollen, Frau!

HIAS: *(zwiespältig)* Gwöhn dir's an, Muizele, gwöhn dir's an, hat der Bäck gsagt, und hat mit der Katz den Ofen auskehrt.

Black out.

11. BILD

Nacht. Licht von der Herdglut und Licht des Mondes durch das Fenster. Die Kette der Frau führt zum Verschlag, verschwindet darin. Die Männer liegen im Heu.

STIMME LEX: So, i bin wieder dran!

STIMME JOGG: Mir möchten zerst wissen, wia du über die Sach denkst!

STIMME LEX: Über was für a Sach?

STIMME JOGG: Des woaßt du ganz genau! Du hast gsagt, sie ghört dir! Bevor du des nit zruggnimmst, laß ma di nit zu ihr!

Eine Weile Schweigen.

STIMME LEX: *(verbissen)* I nimms zrugg!

STIMME JOGG: Guat. Dann geh. Werd eh nit leicht sein, heut.

STIMME LEX: Koa Angst! De wer i ma scho zuarichten!

Die Heubodentür öffnet sich, Lex kommt zum Vorschein.

STIMME JOGG: Lex!

LEX: *(dreht sich um)* Ja?

STIMME JOGG: Laß den Schlüssel da! Den vom Schloß! Sonst nimmt sie ihn dir weg!

LEX: I paß schon auf! Bin ja koa Trottel!

Lex steigt auf die Leiter, schließt die Heubodentür, steigt herunter, geht zum Verschlag, schaut die Kette an, bleibt zögernd stehen.

LEX: I bins, der Lex! I kimm jetzt!

Lex steigt in den Verschlag.

STIMME HIAS: *(verhalten)* Mit'n Lex müaßts aufpassen! Laßt ma den Teufel in die Kirchen, will er glei auf'm obersten Altar sitzen!

STIMME JOGG: I paß schon auf, kannst sicher sein!

Eine Weile Schweigen.

STIMME LEX: *(aus dem Verschlag)* Ja, i woaß schon. Du hast an Zorn auf mi. Aber was hätt i tuan sollen? I kann di nit weglassen! I muaß di haben! Des is wia a Sucht! – I hätt di gern alloan ghabt! Mi graust, wenn i dran denk, daß die andern a... Mir sein doch nit in an Drohnenkorb! – Aber was soll i tuan? Sie sein zu viele gegen mi! – In zehn Tag samma fertig, Frau! Wennst willst, nimm i di mit! I geh weg aus dem Scheißland da! Wennst mit mir gehn willst, wennst ja sagst, nacha laß i di sofort aus! Auf der Stell! Jetzt glei! I woaß da weiter oben a Hütten! Da kannst di verstecken, bis i kimm. I bring dir a was zum Essen. – Was sagst dazua? Glabst nit, daß ma's fein haben kannten? – I versprich

dir's, Frau, wennst mit mir gehst, hat die Gwalt a End! Glab mir's! –
Also, mach ma des so? Willst mit mir gehn? – Ja, warum denn nit? Ha?
Was willst denn du überhaupt? Sauweib, verfluachts! – No guat, kann
ma nix machen! Dann vögel ma di halt alle, solangs geht! – Geh her
jetzt! Tua ausanand die Füaß! Ja, tua schon! Oder soll i's wieder machen
wia beim ersten Mal? – Nachgeben sollst, verfluacht!

Man hört einen Schlag. Black out.

12. BILD

Tag. Draußen scheint die Sonne, deren Licht zeichnet das Fensterkreuz auf den Boden. Die angekettete Frau sitzt am Tisch und starrt vor sich hin. Kein Feuer auf dem Herd. Nach einer Weile wird die Tür aufgerissen, Wendl kommt atemlos herein, trägt an den Füßen Schneereifen, nimmt sich keine Zeit, sie auszuziehen, geht zu den Werkzeugen und nimmt einen Zapin herunter.

WENDL: I hab gsagt, die Hack is ma vom Stiel gsprungen! Ham s' mi um a neue gschickt!

Wendl geht mit dem Zapin zur Eisenklammer, die die Kette an der Wand festhält, versucht die Klammer herauszubringen, schlüpft aber immer wieder ab.

WENDL: *(verzweifelt)* Es geht nit! *(Probiert es wieder, gibt auf.)* Es geht oanfach nit! Er hat sie zu fest einigschlagen!

Die Frau steht auf, geht zu Wendl, nimmt sein Gesicht in ihre Hände, lächelt ihn an, als ob nichts geschehen wäre, als ob sie wüßte, daß ihr in Wahrheit nichts, gar nichts passieren kann. Wendl schaut sie verwirrt an.

WENDL: I probiers mit oana Hack!

Er holt eine Axt, versucht mit dieser hinter die Eisenklammer zu kommen, es gelingt ihm nicht, er schlägt nun mit der Schneide ins Holz, um so die Klammer etwas freizulegen. Die Tür öffnet sich, Lex kommt atemlos herein, trägt ebenfalls Schneereifen an den Füßen, sieht, was Wendl macht.

LEX: Des hab i ma denkt!

Lex nimmt Wendl die Axt weg, packt ihn am Kragen, befördert ihn zur Tür hinaus, gibt ihm einen Fußtritt.

LEX: Verschwind, du Rotzbua!

Wendl bleibt verzweifelt draußen stehen, weiß nicht, was tun.

LEX: *(zur Frau)* I laß di sofort frei, wennst mit mir gehst!

Die Frau schüttelt den Kopf, draußen stapft Wendl mit seinen Schneereifen wie ein geschlagener Hund davon.

LEX: No guat, dann nit!

Lex schlägt mit der stumpfen Seite der Axt ein paarmal auf die Klammer, bringt die Axt zu den Werkzeugen zurück, geht zur Tür, sieht, daß der Herd ohne Feuer ist.

LEX: Ah, kochen willst uns a nimmer? *(Ruft Richtung Wald:)* Wendl! He, Wendl! *(Pfeift auf zwei Fingern.)*

Wendl taucht wieder auf, kommt her.

LEX: Ab jetzt bist du wieder die Köchin! Aber wehe, du laßt sie frei! Dann schlag i di ab! I schwörs dir! Bei mein seligen Vater schwör i's dir!

Lex geht an Wendl vorbei hinaus, schließt die Tür und geht davon. Wendl schaut die Frau an, tritt zum Fenster, schaut Lex nach, wartet, bis er ihn nicht mehr sieht, schnallt die Schneereifen ab, geht zu den Werkzeugen, hängt die Reifen auf, nimmt neuerlich die Axt, geht zur Klammer, schlägt mit der Axt ins Holz um die Klammer. Die Frau schaut ihm zu, geht dann zu ihm, legt ihm die Hand an die Schulter, Wendl hört auf zu hacken, die Frau nimmt ihm sanft die Axt weg, trägt sie zurück, hängt sie auf, Wendl schaut erstaunt.

WENDL: Ja, wieso denn? Brauchst decht koa Sorg haben um mi! I spring ihnen oanfach davon! Geh woanders hin! Hab eh niemanden da. Haltet mi nix.

Die Frau geht zu Wendl, legt ihm die Hand an die Wange, schaut ihn an, setzt sich dann auf den Hocker neben dem Herd. Wendl steht verwirrt da, weiß nicht, was tun, nimmt schließlich Anzündholz, legt es auf den Herd, zündet es an, bläst hinein, die Flamme flackert hoch. Die Frau sitzt ganz ruhig da und schaut vor sich hin. Sie ist da und gleichzeitig weit weg. Wendl legt Holz nach, starrt ins Feuer.

WENDL: *(ohne die Frau anzusehen)* Da weiter unten, da wo sich zwoa Weg kreuzen, da is a Bildstöckl. Da drin steht a Muattergottes. »Unsere Frau im Walde« hoaßt ma sie.

Die Frau schaut zu Wendl. Dieser dreht sich um, steht nun mit dem Rücken zum Herd, schaut geradeaus.

WENDL: Sie is ganz schwarz. Weil da hat amal der Blitz eingschlagen, und sie hat angfangt zu brennen. Wenn i nimmer ein und aus woaß, geh i hin und red mit ihr. Zerst red i mit ihr, dann red i nix mehr und schau sie nur an. Und aufoamal spür i an süaßen Weh. Ganz an süaßen Weh. Und i vergiß alles. Alles. I kannt jedsmal sterbm. So schön is des. So schön.

Eine Weile Schweigen, die Frau schaut Wendl an, er schaut geradeaus.

WENDL: *(leise)* Sie schaut aus wia du.

Wendl beginnt leise zu weinen, fängt an zu schluchzen, es überrollt ihn, er wird immer lauter, er versucht es zu unterdrücken, kann es nicht, es schüttelt ihn, er schlägt die Hände vors Gesicht, die Frau steht auf, geht zu ihm, zieht seinen Kopf an ihre Schulter, umarmt ihn, sein Weinen wird zur Befreiung. Black out.

13. BILD

Nacht. Mondlicht durch das Fenster und Glut des Herdes. Die Kette führt zum Verschlag. Jogg steht schon auf der Leiter, es fällt ihm was ein.

JOGG: *(Richtung Heuboden)* Was i di no fragen wollt, Lex: Macht sie Schwierigkeiten?

STIMME LEX: Ja, macht sie.

STIMME HIAS: Wen wunderts? Aus an bittern Maul kann ma nit süaß speiben!

STIMME LEX: Muaßt ihr halt oane leimen! Dann gibt sie schon nach!

Jogg nickt, schließt die Heubodentür, steigt herunter, geht zum Verschlag, bleibt unentschlossen stehen.

STIMME HIAS: I glab, es wär gscheiter gwesen, mit hätten unser Lunten in der Hosen lassen! De is a Pulverfaß!

STIMME LEX: No, dir kann des doch gleich sein! Dei Lunten is eh scho längst ausbrennt!

Jogg gibt sich einen Ruck und steigt in den Verschlag.

STIMME JOGG: Mir wär liaber, du gibst glei nach. I schlag nit gern a Frau. I schlag nit amal die Rösser. Hab i nia gmacht! – Mein Gott na, jetzt lieg halt nit da wia a Brett! Da kann i glei zu meiner Alten gehn! – Jetzt kimm! Mach koane Gschichten!

Black out.

14. BILD

Nacht. Mondlicht durch das Fenster und Glut des Herdes. Die Kette führt zum Verschlag.

STIMME MUCH: *(aus dem Verschlag)* I tat di gern heiraten, Frau! Die Leut wern sich zwar des Maul zerreißen, wenn i a Fremde nimm, aber des is ma gleich! Kochen kannst eh guat und gsunde Kinder austragen a, da bin i ma sicher. Die Katz im Sack kaff i bei dir nit, und des is schon amal wichtig. Nur, solltest scho jetzt a Brot im Ofen haben, dann tat mir des nit passen. Weil i ja nit woaß, wer von uns der Vater is. Aber da kenn i eh oane. So a Ausmisterin ... Wennst ja sagst, Frau, wennst mi heiraten willst, nacha laß i di aus! I woaß da weiter oben a Hütten, da kanntest di derweil verstecken! – Also, was is? Willst mi haben? – Ja, warum denn nit? Was Bessers kriagst nit, des kannst ma glauben! Was bist denn du? A Holzknechthur bist! Sonst nix! – Geh her, du Hur!

Black out.

15. BILD

Nacht. Der Mond scheint nicht, nur die Glut des Herdes erhellt den Raum. Die Kette führt zum Verschlag.

STIMME HIAS: *(aus dem Verschlag)* Wennst nit willst, Frau, nacha laß ma's bleiben. Es muaß ja nit sein. Ganz gwiß nit. Is ja schon fein, wenn i bei dir liegen derf. Du bist so warm, Frau! So schön warm! Wenn i bei dir lieg, tuan meine alten Knochen nimmer weh, und i kimm ma vor wia a Kindl, des bei seiner Muatter liegt. Hätt ma nit denkt, daß i so was noamal erleben derf. Dafür dank i dir, Frau. – I hab leider nit die Kraft, daß i di befreien kannt. Aber i wer schaun, ob i den Schlüssel kriag. Nacha laß i di aus.

Black out.

16. BILD

Morgen. Draußen wird es langsam hell, und es schneit wieder. Der Vorhang des Verschlages ist offen, die Frau sitzt angezogen am Bettrand, im Bett liegt unter der Decke Hias, es geht ihm sehr schlecht. Die Frau hält seine Hand.

HIAS: Woaßt, Frau, i hab ma immer gsagt: Wer si selber kitzelt, lacht, wann er will! Und auf de Weis bin i eigentlich ganz guat durchs Leben kemmen!

Nach einer Weile öffnet sich die Heubodentür, Wendl kommt heraus, schließt die Tür wieder, steigt die Leiter herunter, sieht die beiden.

WENDL: Morgen!

Wendl geht zum Herd, nimmt kleines Brennholz, legt es auf die Feuerstelle. Hias bekommt einen Hustenanfall, Wendl schaut hin, geht zu den beiden.

WENDL: Is was, Hias?

HIAS: Ja, mei, was soll sein? Zu End gehts!

WENDL: Geh, hat dir decht nia was gfehlt! Bist zacher wie mir alle!

HIAS: Täusch di nit! Des geht schnell, wenns sein muaß! Der Tod hat wollene Socken an. Wenn er kimmt, hört ma'n oft nit.

Die Heubodentür öffnet sich, Jogg, Much und Lex steigen herunter, schauen zum Verschlag.

JOGG: Was is denn?

Jogg geht zum Verschlag, Much und Lex folgen, sie schauen Hias an.

LEX: Jetzt hats ihn!

MUCH: Was fehlt dir denn, Hias?

HIAS: 's ewige Leben! Nojo, wenigstens hab i ma's Sterben bis auf zletzt aufghoben!

LEX: I habs dir ja gsagt, daß du des nit packst! A Wunder, daß di nit schon beim ersten Mal der Schlag troffen hat!

HIAS: Mei, der Bär findet leicht a Ursach, wenn er's Schaf fressen will! – Kalt is ma! Soviel kalt! *(Lächelt:)* A Säufer und a Hurenbock, der friert im wärmsten Überrock! – *(Ernst:)* Laßts die Frau aus! Sonst gibts a Unglück!

Sein Kopf sinkt beiseite, er ist tot. Jogg greift nach dem Puls an seinem Hals, schließt ihm die Augen, bekreuzigt sich. Die anderen – außer der Frau – bekreuzigen sich ebenfalls.

JOGG: Herr, gib ihm die ewige Ruah!

ALLE: *(außer der Frau)* Und das ewige Licht leuchte ihm!

MUCH: Was tua ma jetzt mit ihm?

JOGG: Oaner muaß ihn ins Dorf bringen. Des machst du, Lex!

LEX: Geh, mir sein eh nur mehr a Wochen da! Mir graben ihn derweil draußen im Schnee ein!

JOGG: *(mißmutig)* Na guat.

Black out.

17. BILD

Abend. Draußen geht wieder ein Schneesturm. Petroleumlicht und Glut des Herdes. Jogg, Lex und Much sitzen am Tisch, Jogg und Lex haben ihre Schnapsflaschen neben sich. Wendl sitzt auf dem Hocker beim Herd, die Frau auf dem Hocker beim Verschlag. Alle sind untätig, es herrscht eine bedrückte Stimmung. Längere Zeit Schweigen. Der Sturm tost um die Hütte.

JOGG: *(zu Much)* Spiel was!

Much nimmt sein Instrument, beginnt eine schwermütige Melodie zu spielen. Jogg trinkt einen Schluck Schnaps, schaut zum Fenster, steht mit der Flasche auf, geht hin, schaut ins Schneetreiben hinaus.

JOGG: Jetzt hast a woachs Totenbett, Hias! *(Hebt die Schnapsflasche hoch.)* Prost! Sollst leben! *(Trinkt.)*

LEX: Herrschaft, was is denn des? Was soll denn der Trüabsinn? Hör auf mit der Totenmusig, Much! Spiel was Lustigs!

Much beginnt Tanzmusik zu spielen, Lex trinkt einen Schluck Schnaps, schaut zur Frau.

LEX: Tanz uns was, Frau! Hast ghört? Tanzen sollst!

Die Frau schaut Lex an, reagiert aber nicht, Lex steht auf, geht zu ihr, holt den Schlüssel aus seiner Hosentasche, kniet sich hin, schließt das Schloß an ihrem Fußgelenk auf, befreit sie von der Kette, steht wieder auf.

LEX: *(fast zärtlich)* Kimm! Tanz! Bitte!

Die Frau steht langsam auf, schaut Lex an, geht in den Raum, beginnt Tanzschritte zu machen, wird immer schneller, Much spielt auch immer schneller, der Tanz der Frau wird wild und ungestüm, Lex beginnt mit den Händen zu klatschen, stampft mit dem Fuß den Takt mit.

LEX: Ja! Ja! Ja!

Lex stößt einen Juchzer aus, die Frau tanzt, daß Haare und Rock fliegen, die Männer schauen begeistert zu. Black out.

18. BILD

Nacht. Licht der Herdglut. Draußen tost der Schneesturm. Die Frau sitzt bewegungslos am Tisch, an ihrem Fuß ist wieder die Kette.

STIMME LEX: *(nach einer Weile vom Heuboden)* I bin wieder dran!

Die Heubodentür öffnet sich, Lex kommt heraus, steigt auf die Leiter, macht die Tür zu, steigt herunter, schaut zur Frau, ist erstaunt, daß sie nicht im Bett liegt, schaut die Leiter hoch, stellt sie ein Stück beiseite, holt leise seine Schuhe, zieht sie an, zieht Gamaschen darüber an, zieht Wolljanker und Rock an, holt seinen Rucksack, nimmt aus dem Schrank links der Leiter ein zusammengelegtes Hemd, eine lange Unterhose und zwei Paar Strümpfe, stopft alles in den Rucksack, holt aus dem Lebensmittelkasten ein Brot, packt es auch ein, verschnürt den Rucksack, holt von der Werkzeugwand zwei Paar Schneereifen und hängt sie an den Rucksack, nimmt den Rucksack auf den Rücken, holt Stirnband und Hut, setzt beides auf, steckt seine Fäustlinge in die Rocktaschen. Die Frau schaut ihm die ganze Zeit ruhig zu. Lex geht nun zur Frau, nimmt den Schlüssel aus seiner Hosentasche, schließt das Schloß am Fußgelenk der Frau auf, befreit sie von der Kette, diese klirrt, Lex hält inne und schaut zur Heubodentür, es rührt sich aber nichts. Lex steht auf, holt die Stiefel der Frau und ihren Umhang, stellt ihr die Stiefel hin, legt ihr den Umhang um.

LEX: *(leise)* Kimm, Frau, mir gehn!

Die Frau schüttelt den Kopf, Lex kniet sich hin, zieht ihr die Strohpantoffeln aus, steckt ihre Füße in die Stiefel, steht wieder auf, knöpft seinen Rock zu, zieht die Frau am Arm hoch, sie wehrt sich, die Bank fällt um. Lex schaut zur Heubodentür, zerrt die Frau Richtung Eingangstür, öffnet sie. Die Heubodentür öffnet sich, Jogg und Much schauen heraus.

JOGG: Stehnbleibst, du falsche Sau!

Lex schaut zurück, zerrt die Frau hinaus, Schnee weht bei der Tür herein, Jogg und Much springen herunter, hinter ihnen erscheint Wendl, schaut zu, bleibt aber oben. Jogg reißt einen Zapin von der Wand, Much nimmt einen Schepser, die beiden rennen hinaus, werden von der Dunkelheit verschluckt.

STIMME LEX: *(schreit)* Jetzt kimm schon, geh weiter, Frau!

STIMME JOGG: Verfluachtes Schwein, wo bist du?

STIMME MUCH: Da sein sie, Jogg!

STIMME JOGG: Stehnbleiben, Lex, sonst bist hin!

Nach einer Weile kommen alle vier wieder zurück. Jogg hält die Frau mit der Linken am Arm, mit der Rechten hält er drohend den Zapin über dem Kopf von Lex erhoben, Much hält seinen scharfen Schepser Lex an die Kehle. Sie kommen herein, Jogg läßt die Frau los, schließt die Tür, schaut Lex an, nimmt ihm langsam Hut und Stirnband ab, läßt beides zu Boden fallen, zieht ihm mit einer Hand den Rucksack herunter und schleudert ihn in eine Ecke.

JOGG: *(ruhig)* Des hättest nit tuan sollen, Lex!

Lex antwortet nicht, Much hält noch immer den Schepser an seine Kehle, Jogg stößt Lex die stumpfe Seite des Zapins in die Magengrube, Lex krümmt sich zusammen und geht mit einem Wehlaut auf die Knie, Much schlägt ihm den Stiel des Schepsers über den Kopf, Lex bricht ohnmächtig zusammen. Die Frau will zur Tür gehen, Jogg reißt sie zurück.

JOGG: *(deutet zum Tisch)* Hinhocken! Und koan Rührer! Sonst gehts dir gleich!

Die Frau setzt sich an den Tisch, Jogg schaut den am Boden liegenden Lex an, geht zur Petroleumlampe, zündet sie an, geht wieder zu Lex, stößt ihm den Fuß in die Seite.

JOGG: Wach auf, du! He! Aufwachen sollst!

MUCH: Der is weg!

Jogg schaut Lex an, schaut Much an, sieht den Schepser in dessen Hand, es kommt ihm eine Idee, er legt den Zapin hin, wälzt den zusammengerollten

Lex flach auf den Bauch, breitet dessen Arme aus, nimmt Much den Schepser weg, schiebt Lex den Schepserstiel bei einem Rockärmel hinein und über die Schultern beim anderen Rockärmel wieder hinaus, so daß die Arme von Lex wie gekreuzigt in ausgebreiteter Haltung fixiert sind.

MUCH: *(grinst)* Guat!

Jogg geht zur Tür, öffnet sie, geht hinaus, kommt mit einer Handvoll Schnee zurück, schließt die Tür wieder, geht zu Lex, reibt ihm den Schnee ins Gesicht. Lex erwacht hustend, merkt, daß seine Arme starr sind, schaut verblüfft und verzweifelt, versucht aufzustehen, es gelingt ihm erst nach langer Mühe. Schwankend, mit ausgebreiteten Armen steht er da, schaut haßerfüllt Jogg und Much an. Jogg nimmt wieder den Zapin in die Hand, Much grinst Lex an.

LEX: Machts mi los! Aber schnell!

Jogg reagiert nicht, Much zieht langsam sein Stichmesser, hält es locker, grinst. Lex starrt zu Boden, beobachtet aus den Augenwinkeln Jogg, macht plötzlich mit dem Oberkörper eine schnelle Drehung, da er Jogg mit demjenigen Arm treffen will, wo die scharfe Schepserschneide aus dem Ärmel ragt. Jogg läßt den Zapin hochschnellen, der Arm von Lex prallt dagegen, mit einer Gegendrehung will Lex Jogg mit dem anderen Arm treffen, aber Jogg duckt sich, der Schwung bringt Lex aus dem Gleichgewicht, es dreht ihn halb um, Jogg schlägt ihm den stumpfen Teil des Zapins in den Rücken, Lex fällt wieder auf den Bauch.

WENDL: *(von der Heubodentür)* Aufhörn! Bittschön, aufhörn!

Wendl wird nicht beachtet, Lex rappelt sich mühsam wieder hoch, Much schaut ihm grinsend zu, Jogg geht zur Frau, zerrt sie hoch, führt sie zu Lex.

JOGG: Heut bist du wieder dran, Lex! Da, pack sie! No, was is? Pack sie decht!

Lex schaut Jogg haßerfüllt an. Er ist wie ein gefangenes Raubtier.

JOGG: Magst nit, ha? Oder kannst wieder nit, du Schlappschwanz?

Jogg reißt der Frau mit einem Ruck vorne das Kleid auf, so daß ihre Brüste teilweise entblößt sind. Die Frau steht bewegungslos, ist wieder ganz kalt, versucht nicht, sich zu bedecken.

JOGG: Schau sie dir an, Lex! Vielleicht hilft dir des?

MUCH: No, was is, Lexl? Bist decht so a wilder Hengst! Zoag uns, was du kannst! Kimm, i mach dir den Hosenstall auf!

Much hält in der rechten Hand das Messer, greift mit der linken vorsichtig und grinsend Lex an die Hosentür, dieser gibt ihm einen Tritt in den Unterleib, Much krümmt sich zusammen, geht auf die Knie.

MUCH: *(stöhnend)* Du Schwein! Verfluachte Sau!

Jogg tritt hinter Lex, faßt ihn an beiden Handgelenken, schiebt ihn zur Frau hin.

JOGG: Pack sie! Los, pack sie! Des wolltest du doch!

Lex wird von Jogg auf die Frau gedrückt, sie weicht nicht zurück, steht Aug in Aug mit Lex. Much steht wieder auf.

MUCH: Des machst du nit noamal, du windiger Kloanhäusler!

Much geht langsam mit dem Messer auf Lex zu, Lex dreht sich plötzlich wieder mit aller Gewalt, Jogg wird dadurch zurückgestoßen, taumelt, verliert den Zapin. Much springt mit dem Messer auf Lex zu, Lex kann ausweichen, stößt Much einen Fuß in die Seite, Much taumelt zur Wand, Lex kommt ihm nach, stellt sich seitlich, umfaßt mit der einen Hand den Stiel des Schepsers, so daß er nicht durchrutschen kann, und stößt Much die Schneide des Schepsers in die Kehle. Much gurgelt auf, läßt das Messer fallen, fährt mit beiden Händen an seine Kehle, Blut strömt heraus, Much sinkt zusammen. Jogg hat den Zapin wieder aufgenommen, geht zu Lex und schlägt ihm den Zapin mit der spitzen Seite in den Rücken. Lex stürzt auf die Knie, der Zapin wird dadurch wieder herausgerissen, Jogg holt von neuem aus, schlägt mit voller Kraft wieder zu, Lex macht eine Wendung zur Seite und stützt sich mit dem Stiel des Schepsers am Boden auf, der Schlag von Jogg geht fehl, der Schwung reißt ihn nach vorn, er schlägt mit dem Zapin in den Boden und fällt in die Schepserschneide von Lex, die ihm entgegengereckt ist. Beide stürzen zu Boden, Jogg ist sofort tot. Lex versucht wieder aufzustehen, es gelingt ihm nicht mehr, er liegt schweratmend auf dem Bauch, an seinem Rücken breitet sich ein Blutfleck aus. Der Sturm hat aufgehört, das Schneetreiben dauert an, es ist ganz still. Lex sucht mit seinem Blick die Frau, schaut zu ihr hoch.

LEX: *(verzweifelt)* Jetzt hast es gschafft! Jetzt hast uns alle umbracht! Verfluachte Hur! Verfluachte Hur!

Lex hört auf zu atmen, ist tot. Wendl hat alles mit Entsetzen beobachtet.

WENDL: *(weinend)* Oh, Muattergottes, hilf! Oh, Muattergottes, hilf! Muattergottes, hilf!

Die Frau schaut zu Much, zu Jogg, zu Lex, kniet sich zu Lex hin, streicht ihm über die Haare, steht wieder auf, macht ihr Kleid zu, legt den Umhang über Kopf und Schultern, schaut zu Wendl hinauf, lächelt ihm ganz leicht zu, geht zur Tür, öffnet sie, geht davon, verschwindet in der Dunkelheit und im Schneetreiben. Wendl schaut ihr nach.

WENDL: *(schreit)* Frau! *(Er springt herunter, rennt zur Tür, schaut der Frau verzweifelt nach.)* Bleib, Frau! Bleib, Frau! Frau!

Wendl sinkt weinend an der Tür zusammen. Der merkwürdige Gesang der Frauenstimme kommt wieder auf, entfernt sich, verstummt. Black out.

ENDE

URAUFFÜHRUNG

Innsbrucker Kellertheater (als Coproduktion mit dem Alt-Innsbrucker Bauerntheater im Gasthof Bierstindl)
Premiere am 16. September 1986

Regie	Josef Kuderna
Bühnenbild	Hermann Graber
Kostüme	Heidi Hackl
Licht	Heinz Fechner
Wilde Frau	Ursula Obleitner
Jogg	Pepi Grießer
Lex	Josef Pittl
Hias	Peter Kluibenschädl
Much	Karl Obleitner
Wendl	Guntram Brattia

Buchausgabe: Friedl-Brehm-Verlag, München, 1993 Neuauflage im Haymon-Verlag

KEIN SCHÖNER LAND

Als ich 1980 für die Fernsehserie »Die 5. Jahreszeit« recherchierte, stieß ich im Gemeindeblatt von St. Anton auf einen Artikel von Ing. Hans Thöni, der das Schicksal des Rudolf Gomperz behandelte. Gomperz war jüdischer Abstammung, geboren 1878 in Wien, und er liebte die Berge über alles. 1904 arbeitete er als Ingenieur beim Bau der Bagdadbahn, holte sich dabei die Malaria und kam 1905 nach St. Anton, um dort in der frischen Gebirgsluft sein Leiden auszukurieren. Der Ort gefiel im derart gut, daß er sich hier ansiedelte und in den Folgejahren maßgeblich am Aufbau des Fremdenverkehrs mitwirkte. Er heiratete eine – arische – Frau aus Bayern, die Söhne Hans und Rudolf wuchsen in den 30er Jahren auf und entwickelten sich zu begeisterten Nazis. 1938, nach dem Anschluß, wurde Rudolf Gomperz aller Ämter enthoben und so behandelt, wie man eben Juden damals behandelte. Fast alle Bewohner von St. Anton, die ihm doch alles zu verdanken hatten, wandten sich nun von Gomperz ab. Um die Söhne zu retten, gab Frau Gomperz an, sie seien einem ehebrecherischen Verhältnis mit einem Arier entsprungen. Das wurde nach einigen Querelen akzeptiert, die Söhne durften begeisterte Nazis bleiben, Hans fiel als Soldat der deutschen Wehrmacht, Rudolf trat in die SS ein und erschoß sich nach dem Krieg. Rudolf Gomperz mußte am 20. Jänner 1942 St. Anton verlassen und nach Wien reisen. Es war der Tag der Wannseekonferenz in Berlin, wo die »Endlösung der Judenfrage« beschlossen wurde. Gomperz verschwand in irgendeinem Konzentrationslager im Osten und tauchte nie mehr auf.
Das traurige Schicksal dieses Mannes berührte mich so sehr, daß ich beschloß, eines Tages darüber zu schreiben. 1986 fragten mich Peter Mitterrutzner und Erich Innerebner, ob ich nicht ein Stück für eine geplante Coproduktion des Südtiroler Ensembletheaters mit dem Tiroler Landestheater schreiben wolle. Da es in Tirol nie eine Auseinandersetzung mit der NS-Zeit gegeben hatte, schlug ich dieses Thema vor und machte mich an die Arbeit.
»Kein schöner Land« ist nun aber kein Dokumentarstück geworden, denn das Theater eignet sich schlecht fürs Dokumentarische. Vor allem ist dies dann der Fall, wenn ein Ereignis erst relativ kurze Zeit zurückliegt und es noch lebende Beteiligte gibt, auf die man aus persönlichen und juristischen Gründen Rücksicht nehmen muß. So ist der Fall Gomperz zwar Anlaß und Vorbild für das Stück, aber Personen, Namen, Berufe und zum Teil auch Ereignisse sind anders dargestellt. Ich habe auch mit Zeitzeugen gesprochen und Gerichtsprotokolle aus der Kriegs- und Nachkriegszeit studiert und in der Folge noch zwei Hauptpersonen eingeführt, die auch von den Nazis ermordet wurden: einen Geistlichen, einen geistig Behinderten. So ist dies eine Geschichte über Opportunismus, Feigheit, Mitläufertum, Eigennutz und politische Verblendung geworden. Die Opfer sind »die Anderen«. Und diese »Anderen« – die Außenseiter, die Ausgestoßenen – sind ein durchgehendes Thema meiner literarischen Arbeit. Ein großer Teil der Menschen hat ständig Angst vor »den Anderen«, hegt ständig Aggressionen gegen sie, ganz gleich, auf welche Art sie anders sind (und es beginnt ganz harmlos): andere Frisur, andere Kleidung, anderes Gehabe, andere Neigungen, andere

Ansichten, andere Sprache, andere Hautfarbe, andere Religion, andere Sitten und Gebräuche. Und so geschieht selbst das Absurdeste, daß nämlich im Umkehrschluß ein bisher beliebter, geachteter und verdienter Mitbürger plötzlich zum Schurken und Volksschädling gestempelt und zuletzt ermordet wird, weil sich herausstellt, daß er Jude ist.

Der St. Antoner Tourismuspionier Ing. Rudolf Gomperz, dessen Schicksal Felix Mitterer zum Stück »Kein schöner Land« anregte

PERSONEN:

Stefan Adler (55), Viehhändler
Maria (45), seine Frau
Hans (25), beider Sohn
Anna (20), Tochter
Rudolf Holzknecht (50), Wirt und Bürgermeister
Olga (45), seine Frau
Erich (20), beider Sohn
Sepp Hopfgartner (50), Oberlehrer und Ortsgruppenleiter
Toni (18), sein Sohn
Franz Gruber (60), Pfarrer
Rosa (70), seine Schwester und Häuserin
Gendarmeriepostenkommandant
Landrat (40), Deutscher
1. Kripobeamter (später Gestapo)
2. Kripobeamter (später Gestapo)
1. Heimwehrmann
2. Heimwehrmann
1. Hitlerjunge
2. Hitlerjunge
SS-Arzt, SS-Hauptsturmführer (beide stumm)

ZEIT: 1933–1945

ORT: Ein Dorf in den Tiroler Bergen

BÜHNE:

Das Dorf. Links das Haus des Viehhändlers Stefan Adler (sichtbar nur Wohnstube), rechts das Gasthaus des Bürgermeisters (sichtbar nur die Gaststube), dazwischen Dorfplatz und ansteigende Gasse. Ein hohes Wegkreuz. Dahinter die Berge. Es ist immer Nacht bzw. Abend- oder Morgendämmerung.

1. BILD

Herbst 1933. Abend. Am Dorfplatz stehen Stefan, seine Frau Maria, Tochter Anna, der Bürgermeister (hat Armbinde mit Kruckenkreuz), seine Frau Olga, der Oberlehrer Hopfgartner, dessen geistesschwacher Sohn Toni, der Pfarrer. Weiter oben in der Dorfgasse stehen noch ein paar andere Dorfbewohner. Alle schauen zu einem Berghang im Hintergrund, wo eben aus Fackeln ein Hakenkreuz gesteckt wird. Man weiß noch nicht, was es werden soll, zuerst entsteht nur das Kreuz, zum Schluß erst entstehen die dazugehörigen Haken. Es wird zu zweit daran gearbeitet, jeder steckt einen Balken des Kreuzes. Schweigend beobachten die Leute den Vorgang. Zwei Heimwehrmänner und der Gendarmeriepostenkommandant kommen auf einem Rundgang von links daher. Die Heimwehrmänner schieben Fahrräder und haben Gewehre umgehängt. Die drei sehen das Feuerzeichen und wissen sofort, daß daraus ein Hakenkreuz entstehen wird. Die beiden Heimwehrmänner drängen sich durch die Zuschauer, blicken zum Feuerzeichen, steigen auf die Räder, fahren los. Toni hält den ersten Heimwehrmann am Gepäcksträger zurück, der Mann dreht sich drohend um, Hopfgartner blickt kalt zurück, der Heimwehrmann steigt wieder auf, fährt los, folgt seinem Kameraden, der schon die Dorfgasse hinauffährt. Oben biegen sie rechts ums Eck und verschwinden. Der Gendarm ist zurückgeblieben, lächelt den Männern zu und tippt an seine Mütze. Alle schauen zum Feuerzeichen, es entstehen nun zwei der Haken. Der Gendarm holt seine Pistole heraus, schießt zweimal zur Warnung für die Feuermacher in die Luft. Toni erschrickt furchtbar, es lüpft ihn direkt hoch. Der Bürgermeister und Hopfgartner quittieren die Warnung mit Anerkennung. Auch Adler lächelt dem Gendarmen zu. Einen Augenblick lang werden am Berghang keine Fackeln gesteckt, weil man die Schüsse gehört hat, dann geht es sehr schnell weiter, man beeilt sich. Die beiden anderen Haken werden gesteckt, das Hakenkreuz ist fertig. Außer Adler, Gendarm und Pfarrer klatschen nun alle in die Hände und rufen »Bravo!« Auch die Leute weiter oben klatschen. Toni juchzt begeistert auf und hüpft in die Höhe, Hopfgartner hebt die rechte Hand zum deutschen Gruß.

HOPFGARTNER: *(brüllt)* Sieg Heil!

TONI: *(macht es ihm übertrieben nach, streckt beide Arme aus)* Heil! Heil!

Die anderen müssen über Toni lachen, Hopfgartner schlägt ihm deshalb so fest auf den linken ausgestreckten Arm, daß Toni aufheult und den Arm unter der rechten Achselhöhle verbirgt. Olga geht ins Gasthaus zurück, die Männer folgen, Adler winkt Frau und Tochter freundlich zu, diese gehen links ins Adlerhaus, Adler folgt den anderen Männern ins Gasthaus. Die Männer sind durch die Eingangstür in den Flur gegangen und kommen nun durch eine Tür an der Rückwand in die Gaststube. Olga kommt nicht herein, sondern geht auf dem Flur weiter Richtung Stiege zum ersten Stock.

OLGA: I geh schlafen! Guat Nacht beinand!

ADLER: Guat Nacht, Wirtin!

Die Männer gehen zum Stammtisch, wo noch ihre halbvollen Bierkrüge stehen.

BÜRGERMEISTER: *(zum Gendarm)* A Bier, Robert?

GENDARM: Ja, sei so guat!

Der Bürgermeister geht zur Schank, schenkt ein Bier ein. Die Männer setzen sich inzwischen an ihre Plätze, Toni setzt sich etwas abseits vom Tisch neben seinen Vater auf die Bank, dieser reicht ihm seinen Bierkrug, Toni trinkt.

GENDARM: *(zu Adler)* Des sein der Hans und der Erich, oder?

ADLER: *(lächelnd)* I nimms an. Was, Rudi?

BÜRGERMEISTER: *(scheinbar stolz)* Sowieso!

GENDARM: Tolle Burschen! Bravo!

TONI: Bravo!

Hopfgartner stößt Toni in die Seite, so daß er etwas vom Bier ausschüttet. Toni redet dauernd alles nach, und sein Vater möchte ihm das abgewöhnen. Er ist verzweifelt, weil sein Sohn geistesschwach ist und nicht so mutige Aktionen durchführen kann wie die anderen Burschen im Dorf. Der Bürgermeister stellt dem Gendarm das Bier hin, setzt sich.

GENDARM: Also, Prost! *(Schaut Adler und den Bürgermeister an:)* Auf eure Buam!

Alle (außer Hopfgartner) heben das Bierglas und trinken.

HOPFGARTNER: Im Grunde sein des Kindereien! Wenns nach mir ging, gäbs schon andere Feuerlen! Aber mit Dynamit! Die ganze Pfaffen- und Judenbruat in die Luft!

TONI: *(lacht auf)* Luft! *(Macht Geste und Laut des Explodierens.)*

PFARRER: Ah, so is des!

HOPFGARTNER: Sowieso! Der Jud und der Pfaff sind unser größtes Unglück!

TONI: *(murmelt)* Unglück.

BÜRGERMEISTER: Jetzt hör auf, Sepp! Unser Pfarrer is schon in Ordnung!

HOPFGARTNER: Ah was! Jede schwarze Kutten is gleich!

Der Pfarrer legt eine Münze auf den Tisch, steht auf, geht zur Tür.

BÜRGERMEISTER: Jetzt komm, Pfarrer, bleib da!

TONI: *(gemütlich)* Bleib da!

PFARRER: *(dreht sich um, wütend)* I laß mi nit mit die Juden in oan Topf werfen! Verstanden, Herr Oberlehrer? I hab scho lang vor dir predigt, daß die Juden unser Unglück sein. Daß sie unsern Herrn Jesus ans Kreuz gschlagen haben! Daß sie sich ausbreitet haben wie die Pest, über die ganze Welt! Und alles bestimmen! Mit ihrer Unmoral, mit ihrer Raffgier! Wallstreet-Kapitalismus und russischer Bolschewismus – des is die jüdische Teufelssaat! Brauchst nur in die Kirchen gehn, Herr Oberlehrer, nacha hörst, was i zu dem Thema zu sagen hab!

GENDARM: Ja, mir glaubens dir ja! Jetzt setz di wieder her!

PFARRER: Na! I laß mi nit beleidigen!

BÜRGERMEISTER: *(zu Hopfgartner)* Sepp!

HOPFGARTNER: *(zum Pfarrer)* Es tuat ma leid, Pfarrer! Entschuldige!

TONI: Entschuldige!

HOPFGARTNER: *(zum Pfarrer)* I woaß eh, daß du nit zu der Bande ghörst.

Der Pfarrer kommt wieder her, setzt sich.

HOPFGARTNER: Woaßt, i bin so fertig! I halts einfach nimmer aus! Draußen im Reich, da hat unsere Bewegung triumphiert – und da, da sperrn s' uns ein, knüppeln uns nieder! *(Hebt den Krug.)* Komm! Stoß an mit mir!

Der Pfarrer stößt widerwillig an, sie trinken.

GENDARM: Es gibt koan Grund zum Verzweifeln, Sepp! Unsere Zeit werd scho no kommen! Die wichtigsten Leut im Dorf halten eh schon alle zu dir! *(Deutet auf die Benannten:)* Der Bürgermoaster, der Pfarrer, der Viechhandler, i als Postenkommandant – ja, was willst denn mehr?

Am Berghang erlöschen nacheinander die Fackeln; sie werden von den Heimwehrleuten gelöscht.

HOPFGARTNER: Was i will? A Bekenntnis will i! A heimliches, wenigstens! Warum kommts ihr nit zur Partei?

BÜRGERMEISTER: Des geht doch nit, Sepp! Sitzen doch überall Spitzel und Verräter! I kann euch viel mehr helfen, wenn i absolut und ohne Zweifel kohlschwarz bin. Und der Robert *(deutet auf den Gendarm)* genauso.

ADLER: *(holt einen Geldschein hervor, gibt ihn Hopfgartner)* Da! Die Vorauszahlung für'n Mitgliedsbeitrag.

HOPFGARTNER: *(erfreut)* Du trittst ein?

ADLER: Ja, i tret ein!

HOPFGARTNER: *(steht auf, reicht Adler die Hand, der steht auch auf)* Des is a großer Tag für mi, Stefan! Der angesehnste Bürger vom ganzen Dorf schließt sich unserer Bewegung an! I dank dir! Parteigenosse Adler!

TONI: *(lacht)* Parteigenosse Adler!

Plötzlich kracht es hinter der Kirche ohrenbetäubend, ein Lichtschein blitzt auf, Glasscherben splittern. Alle horchen auf, schauen einander an, stehen auf und gehen wieder auf die Straße. Ein paar Fenster im Dorf werden hell. Vom Widum her kommt Rosa die Dorfgasse heruntergelaufen. Sie hat über ihr Nachthemd einen Mantel gezogen, Pantoffeln an den Füßen, ihr Haar ist wirr.

ROSA: *(atemlos)* Hilfe! Hilfe! Franzi! Franzi!

TONI: *(stößt den Pfarrer an, ernst)* Hilfe!

Rosa kommt an.

PFARRER: Ja, was is denn, Rosa?

ROSA: De Rotzbuam! De Saubande, de gottlose! So eine Gemeinheit!

PFARRER: *(faßt sie)* Ja, was denn?

Weiter oben treten zwei Leute auf die Straße, schauen Richtung Widum, schauen her. Anna kommt – ebenfalls mit übergeworfenem Mantel – aus dem Adlerhaus.

ROSA: In d'Luft gsprengt! Sie ham mi in d'Luft gsprengt! De Antichristen! Aber de zoag i an! *(Zum Gendarm:)* Herr Postenkommandant, tua dei Pflicht! Aber sofort!

GENDARM: Leicht gsagt!

BÜRGERMEISTER: *(grinsend)* Schaust aber no recht guat aus, dafür, daß di in d'Luft gsprengt ham!

Anna lächelt über den Scherz.

ROSA: *(weinend)* Jetzt spottet mi der no aus! Muaß i ma denn alles gfallen lassen, Franzi?

PFARRER: Jetzt beruhig di! Wars a Böller?

ROSA: Ja, freilich, was denn sonst? Drei Fenster hin! Und meine ganzen Bluamen in Fetzen!

GENDARM: Und wer wars? Hast sie gsehn?

ROSA: Ah wo! I hab ja gschlafen! Was glaubst, wia i erschrocken bin! Ausm Bett hats mi glupft!

TONI: *(ernst)* Hats mi a glupft!

PFARRER: *(nimmt Rosa am Arm)* Komm, Rosa! *(Geht ein paar Schritte, dreht sich um.)* No oamal passiert sowas, dann lernts mi kennen! Und eure Rotzbuam a!

BÜRGERMEISTER: Müassen ja nit unsrige gwesen sein! De kommen a von auswärts!

PFARRER: No oamal!

ADLER: Kriagst ja den Schaden ersetzt, Pfarrer! Ganz gleich, wer's war!

BÜRGERMEISTER: Und sollts wirklich oaner von unsere Buam gwesen sein, dann kriagt der a ordentliche Abreibung!

PFARRER: Des möcht i hoffen! *(Er geht mit Rosa die Dorfgasse hinauf.)*

ROSA: *(im Weggehen)* Mei, bin i fertig, Franz, i kanns dir gar nit sagen. 's Jüngste Gericht könnt nit ärger sein! De Rotzbuam! Koan Respekt mehr! Sprengen den Pfarrwidum in d'Luft! Wo gibts denn sowas! Des hätts früher nit geben, na, ganz gwiß nit.

Bürgermeister, Gendarm und Anna müssen über Rosa lächeln, Pfarrer und Rosa verschwinden oben um die Ecke.

GENDARM: *(zu den Leuten weiter oben)* Gehts schlafen! Gibt nix mehr zum sehn!

TONI: Gehts schlafen!

Die Leute gehen ab. Oben tauchen auf ihren Fahrrädern die beiden Heimwehrmänner auf, fahren die Dorfgasse herunter, halten an.

1. HEIMWEHRMANN: Da hats doch irgendwo tuscht!

GENDARM: Ja, hats! Habts gschlafen oder was?

2. HEIMWEHRMANN: Gschlafen! Die Fackeln hamma ausglöscht, da oben!

GENDARM: Bravo! Und inzwischen ham wahrscheinlich die gleichen im Widum an Böller glegt.

1. HEIMWEHRMANN: Saubande! Aber de derwisch i scho no!

BÜRGERMEISTER: *(süffisant)* Wär ja zu wünschen!

GENDARM: Heut bringt des nix mehr. I hab scho nachgschaut. Ihr könnts jetzt schlafen gehn!

1. HEIMWEHRMANN: Guat! Bis morgen dann!

Die beiden Heimwehrmänner tippen an ihre Hüte, steigen auf ihre Räder, fahren links vorne ab.

2. HEIMWEHRMANN: *(leise zum ersten)* De halten uns für Trottel!

1. HEIMWEHRMANN: *(leise)* Solln s' nur!

GENDARM: *(zu Bürgermeister und Adler)* Sagts eure Buam, sie sollen gefälligst den Pfarrer in Ruah lassen!

Er tippt an die Mütze, geht rechts vorne ab. Anna geht ins Haus.

HOPFGARTNER: Mir gehn a! Komm, Toni! *(Zu den anderen:)* Heil!

TONI: Heil!

BÜRGERMEISTER: Guat Nacht, Sepp!

ADLER: Guat Nacht!

Hopfgartner und Toni gehen die Dorfgasse hinauf, Toni stolpert, Hopfgartner reißt ihn ungeduldig hoch, stellt ihn hin, geht weiter, Toni trottet hinter ihm her. Rechts vorne erscheinen Hans und Erich, sie tragen Rucksäcke, drücken sich an die Wand, lauschen.

BÜRGERMEISTER: *(zu Adler)* Die Jugend, was? Immer vorwärtsstürmend!

ADLER: Solang sie nit ihre Väter niederstürmen ...!

BÜRGERMEISTER: Du sagst es! Du sagst es!

ADLER: Ja, i muaß ins Bett, Rudi. I hab morgen in aller Früah an Transport.

BÜRGERMEISTER: Wia gehts Gschäft?

ADLER: Schlecht. I bring des Fleisch nimmer los. Wer kann si heutzutag schon a Fleisch leisten. Gottseidank hab i a paar Kantinen.

BÜRGERMEISTER: I bin a beim Aufhausen. Scheißdreck! Hoffentlich kommt er bald, der Hitler!

ADLER: Ja, hoffentlich! Also, pfiat di!

BÜRGERMEISTER: Guat Nacht, Stefan!

Sie wenden sich voneinander ab, gehen in ihre Häuser. Adler geht in seine Wohnstube, der Bürgermeister in die Gaststube. Beide warten auf ihre Söhne. Hans und Erich treten vor, sind sehr fröhlich.

HANS: *(leise)* Also: Sieg Heil!

ERICH: Moment!

Er nimmt seinen Rucksack herunter, darauf ist ein Strauß Almrosen festgebunden, er nimmt ihn. Anna kommt aus dem Adlerhaus, den Mantel übergeworfen, umarmt Erich, küßt ihn auf die Wange.

ERICH: Du bist no auf?

Der 1. Heimwehrmann taucht ohne Rad an der Seite auf, belauscht sie.

ANNA: Freilich! I hab doch auf enk warten müassen! Des warts doch ihr, mit dem Feuer, nit?

ERICH: Sowieso! Außerdem hamma die Pfarrersköchin aus'm Bett gsprengt!

ANNA: *(fröhlich)* Sie war eh da! *(Ahmt Rosa nach:)* Jesus, Maria! Des jüngste Gericht!

Alle drei lachen, Anna sieht den Strauß.

ANNA: Is der für mi?

ERICH: Na, für die Pfarrersköchin!

ANNA: *(nimmt den Strauß, riecht daran)* Danke, Erich!

Anna küßt Erich auf den Mund, läuft ins Haus zurück, Hans hebt grüßend die Hand, geht ihr nach, Erich geht ins Gasthaus. Der 1. Heimwehrmann verschwindet. Der Bürgermeister hört die Haustür, geht zur Gaststubentür, öffnet sie, schaut in den Flur, Erich ist schon vorbeigegangen, der Bürgermeister geht ihm nach, taucht mit Erich wieder auf, zerrt ihn am Arm in die Gaststube, macht die Tür zu, schaut Erich an, gibt ihm eine Ohrfeige.

ERICH: *(verblüfft)* Was is denn?

BÜRGERMEISTER: Willst du, daß i mein Posten verlier? Willst du des?

ERICH: I versteht di nit! Was willst'n von mir?

BÜRGERMEISTER: No oamal machst du des! Dann schmeiß i di außi, i schwörs dir!

ERICH: Ja, sag amal, wia redst denn du mit mir? Willst di als Polizeibüttel aufspielen, oder was? I bin Nationalsozialist! Ein Kämpfer! I bin die Zukunft!

BÜRGERMEISTER: A Rotzlöffel bist! Uns alle in Gfahr bringst! Sei von mir aus a Nazi! I bin a a Nazi! Alle samma Nazi! Aber no gibts a andere Regierung!

ERICH: Nimmer lang!

BÜRGERMEISTER: Aber jetzt no! Depp!

Erich schaut seinen Vater böse an, nimmt seinen Rucksack ab, stellt ihn hin, geht zur Schank, schenkt sich ein Bier ein. Der Bürgermeister schaut auf den Rucksack, öffnet ihn, greift hinein, nimmt eine eingewickelte Pistole heraus, erstarrt, wickelt die Pistole aus, schaut sie an, legt sie hin, gräbt im Rucksack tiefer, holt ein Paket eingewickelte Dynamitstäbe heraus, wikkelt sie aus, schaut sie an. Erich trinkt von seinem Bier, dreht sich eine Zigarette, raucht dann.

BÜRGERMEISTER: Deswegen warst drei Tag weg! Besuch bei den deutschen Brüdern, was?

ERICH: *(verstockt)* Richtig!

BÜRGERMEISTER: Na, da werd si der Herr Oberlehrer und illegale Ortsgruppenleiter freuen! *(Schaut auf die Dynamitstäbe.)* Genau des hat ihm gfehlt!

Erich antwortet nicht, der Bürgermeister packt die Dynamitstäbe und die Pistole wieder ein, schließt den Rucksack, setzt sich deprimiert daneben hin.

BÜRGERMEISTER: Erich! Glaub ma's! Die Politik is a dreckigs Gschäft!

ERICH: I bin koa Politiker! Du bist Politiker!

BÜRGERMEISTER: I bin nur a kloaner Bürgermeister. Des hat mit Politik überhaupt nix zu tuan! – I sag dir nur oans, Bua: Schlau muaß ma sein, wenn ma in schwere Zeiten überleben will!

ERICH: *(schaut seinen Vater verächtlich an, macht die Zigarette aus, geht zum Rucksack)* I bin müad. I geh schlafen.

Er greift nach dem Rucksack, der Bürgermeister hält ihn zurück.

BÜRGERMEISTER: Laß! I versteck ihn!

ERICH: Wieso denn? Der Postenkommandant is ja oaner von uns! Da gibts nur Hausdurchsuchungen mit Voranmeldung!

BÜRGERMEISTER: Trotzdem! Sicher is sicher!

Erich schaut seinen Vater unwillig an, geht hinaus, der Bürgermeister schaut ihm nach, starrt vor sich hin, schaut auf den Rucksack, öffnet ihn, gräbt tiefer, holt einen Packen Flugblätter heraus, liest eines, gibt die Flugblätter wieder zurück, räumt die Krüge vom Stammtisch ab.
Wenn Erich den Raum verläßt, geht das Licht in Adlers Wohnstube an. Am Tisch sitzen Adler und Hans. Auf dem Tisch eine Schnapsflasche und der Rucksack von Hans. Adler und sein Sohn halten gefüllte Schnapsgläser in den Händen, Hans stößt bei seinem Vater an.

HANS: Prost, Vater, sollst leben!

ADLER: Prost, Hans, du a!

Sie trinken.

HANS: Wahnsinn! Jetzt bist a dabei! Du woaßt gar nit, wie mi des freut! So lang scho hab i ma des gwünscht!

Adler lächelt, steht auf, geht zu einem Bücherschrank, nimmt zwei alte Bücher heraus, kommt mit ihnen her, setzt sich, legt die Bücher auf den Tisch, beide schauen darauf, Hans dreht das erste Buch zu sich.

HANS: *(liest)* Die Bibel. *(Nimmt das zweite Buch, liest:)* Goethe. Faust. *(Schaut den Vater fragend an.)*

ADLER: Wie du woaßt, is dei Großvater aus Wien daher kommen. Mit seiner jungen Frau und mit mir. I war zehn Monat alt. Sie ham nit viel ghabt, nur leichtes Gepäck. A paar Kleider, a bißl Wäsch und de zwoa Büacher. Die Bibel und Goethes Faust. Und des is der Grund, warum i in die Partei eintreten bin. Verstehst?

HANS: *(lächelnd)* Na, nit ganz.

ADLER: Ein einiges deutsches Volk! Schon mei Vater muaß davon träumt haben. Sonst hätt er de zwoa Büacher nit so gschätzt.

Hans versteht immer noch nicht ganz.

ADLER: Und deshalb möcht i di a bitten, Hans, daß du Schluß machst mit deine Lausbuabenstreich! Dazua is die Sach zu ernst und zu groß! Die Pfarrersköchin erschrecken, des is koa Heldentat!

HANS: De Lausbuabenstreiche hören si jetzt sowieso auf!

Hans greift zum Rucksack, um seinem Vater die Waffen zu zeigen. Von ganz hinten hört man ein Auto kommen, die Scheinwerfer streichen über die Häuser. Hans hält inne, beide horchen auf. Der Motor stirbt ab, die Lichter gehen aus, zwei Autotüren schlagen. Hans und Adler schauen einander an, Adler steht auf.

ADLER: Bleib da! I schau nach!

Adler geht zur Tür, schaltet das Licht aus, geht hinaus in den Flur. Oben biegen zwei Kriminalpolizisten in Zivil um die Ecke, schauen sich um, von der anderen Seite taucht der 1. Heimwehrmann auf, geht zu ihnen, deutet nach vorne, geht ein Stück mit ihnen vor, deutet auf das Adlerhaus und auf das Gasthaus, macht sich wieder davon. Adler öffnet die Haustür einen Spalt, schaut heraus. Die beiden Kripos kommen vor, Adler zieht leise die Tür zu, die Kripos stehen nun zwischen den beiden Häusern, schauen zum Adlerhaus, dann zum Gasthaus, der 1. Kripo überlegt kurz, deutet dann auf das Gasthaus, sie gehen zur Tür. Adler schaut wieder heraus, schaut ihnen nach, verschwindet, die beiden Kripos gehen ins Gasthaus. Adler kommt wieder in die Stube, macht kein Licht an.

ADLER: Polizei!

HANS: Wo?

ADLER: Drüben! Beim Bürgermeister!

Hans steht auf, Adler hängt ihm den Rucksack um, beide gehen hinaus in den Flur, die Haustür öffnet sich, Adler schaut heraus, schaut sich um, winkt nach hinten, Hans kommt heraus, schaut sich um, gibt seinem Vater die Hand, geht schnell davon. Adler will wieder zurückgehen, überlegt es sich, geht zum Gasthaus hinüber, stellt sich hin, lauscht. Die Gaststubentür öffnet sich, die Kripos kommen herein. Der Bürgermeister ist gerade mit dem Aufräumen fertig.

1. KRIPO: *(freundlich)* Grüß Gott!

BÜRGERMEISTER: Mir ham scho zua, meine Herrn! Tuat ma leid!

Der 1. Kripo setzt sich an den Stammtisch, zündet sich eine Zigarette an, der 2. Kripo setzt sich woandershin, sie schauen den Bürgermeister an.

BÜRGERMEISTER: Hören S' nit guat? Es gibt nix mehr! Sperrstund!

Die beiden Kripos schauen den Bürgermeister ruhig an. Dieser ist konsterniert, der 2. Kripo zieht seine Marke hervor, hält sie hoch.

2. KRIPO: Kriminalpolizei!

BÜRGERMEISTER: *(erschrickt, versucht es zu verbergen, es gelingt ihm nicht ganz)* Und? Was wollen S'?

1. KRIPO: Sind Sie der Bürgermeister?

BÜRGERMEISTER: Ja, der bin i.

2. KRIPO: Ihr Ort soll ja a Nazinest sein, Herr Bürgermeister!

BÜRGERMEISTER: Illegale Nazi gibts überall! Bei uns sicher nit mehr als anderswo!

Die Kripos schweigen eine Weile, der Bürgermeister wird nervös.

1. KRIPO: Sein S' gern Bürgermeister?

BÜRGERMEISTER: Was soll denn die Frag?

Schweigen.

2. Kripo: Heut in der Nacht hat a illegale Grenzüberschreitung stattgfunden. *(Pause.)* Es gibt Zeugen.
Eine Weile Schweigen. Der Bürgermeister ist in Angst und Schrecken.
Bürgermeister: Und was soll des mit mir ztuan haben?
1. Kripo: Es is schon sehr spät, Herr Bürgermeister. Mir möchten gern ins Bett. Sie doch a, oder?
2. Kripo: I würd sagen, nehm ma'n fest! *(Zieht Handschellen hervor.)*
Bürgermeister: Was?
1. Kripo: *(zum zweiten)* Langsam! Nur die Ruhe! *(Zum Bürgermeister:)* Wissen S', mein Kollege hat den Jahresrekord in Festnahmen!
2. Kripo: *(spielt mit den Handschellen)* Also: Illegale Genzüberschreitung.
1. Kripo: *(deutet)* Mit so an Rucksack! Mindestens fünfzig Kilo!
2. Kripo: Hakenkreuzfeuer! Böller im Pfarrwidum!
1. Kripo: *(freundlich)* Wollen S' nit Platz nehmen, Herr Bürgermeister?
Der Bürgermeister setzt sich erledigt hin, der 2. Kripo steht auf, spaziert herum.
2. Kripo: Schaun S', es gibt da a paar Namen. Alles sehr vage. Mir ham koa Lust, die ganze Nacht mit Hausdurchsuchungen zu verbringen.
1. Kripo: Mein Kollege is der beste Hausdurchsucher!
Der 2. Kripo öffnet wie zufällig die Küchentür, wirft einen Blick hinein, wendet sich wieder zurück.
2. Kripo: Wie gsagt, alles sehr vage. Anonym natürlich. Der Großteil wahrscheinlich Verleumdung. Sie kennen des ja.
1. Kripo: Mir wissen nit amal, obs einer war oder zwei, die über die Grenz kommen sein.
2. Kripo: Wahrscheinlich nur einer.
1. Kripo: Ja, wahrscheinlich! In der verläßlichsten Information is nur die Red von einem!
2. Kripo: Wenn ma den hätten, dann wär ma scho zfrieden! Ma muaß ja schließlich a Ergebnis vorweisen! – Darf i mi a bißl umschaun? *(Er öffnet wieder die Küchentür, geht hinein.)*
Bürgermeister: *(in Panik, steht auf)* Moment, warten S'! *(Der 2. Kripo kommt zurück.)* I bin ma da nit sicher, aber ma hört so allerhand ... Da drüben *(deutet)*, der Bua vom Viechhandler! Hans Adler! Vielleicht wars der!
1. Kripo: *(steht auf)* Na, also! Des is ja scho was! Herzlichen Dank, Herr Bürgermeister!
2. Kripo: Wirklich sehr kooperativ! Hätt ma des nur öfter!

Sie gehen zur Tür, der 1. Kripo bleibt stehen.
1. KRIPO: *(zum zweiten)* Ja, aber, was is, wenns doch zwoa waren?
2. KRIPO: Des werd uns der erste scho sagen!
BÜRGERMEISTER: I glaub nit, daß Sie aus dem was außakriagen!
1. KRIPO: *(zum Bürgermeister)* Mei Kollege is a Rekordhalter in erfolgreich abgeschlossenen Vernehmungen! Ein Verhörspezialist!
Sie schauen den Bürgermeister wieder ruhig an, dieser zögert noch, aber er ist soweit. Die beiden Kripos wissen es.
2. KRIPO: Alles, was Sie sagen, bleibt unter uns, Herr Bürgermeister! Ehrenwort!
1. KRIPO: Nur die Beweismittel brauch ma!
Der Bürgermeister kämpft mit sich.
2. KRIPO: Bürgermeister! Mir wissen doch Bescheid!
Der Bürgermeister schaut sie an, starrt zu Boden, geht plötzlich in die Küche, kommt mit dem Rucksack zurück, gibt ihn dem 2. Kripo, der hebt ihn prüfend hoch, grinst.
1. KRIPO: Von wem?
BÜRGERMEISTER: *(verzweifelt)* Des wissen S' doch eh!
1. KRIPO: Sagen Sie's uns, bittschön!
BÜRGERMEISTER: Vom Erich! Von meim Sohn.
Adler an dem Haus hat genug gehört, geht schnell zurück in sein Haus.
2. KRIPO: Brav! Sehr brav, Herr Bürgermeister!
Der Bürgermeister setzt sich erledigt hin, der 2. Kripo stellt den Rucksack ab, öffnet ihn, holt eine Pistole hervor, zeigt sie grinsend dem 1. Kripo.
1. KRIPO: Glaubn S' uns, Herr Bürgermeister, im Gfängnis is Ihr Sohn am besten aufghoben. Ihm kann niemand was tuan, er kann niemandem was tuan! Und Sie bleiben Bürgermeister!
2. KRIPO: *(hat die Pistole wieder in den Rucksack gegeben und ihn verschlossen)* Also, wo is er denn, der Herr Sohn?
BÜRGERMEISTER: *(tonlos)* Im ersten Stock, erste Tür rechts.
Die beiden Kripos verlassen die Gaststube, beim Hinausgehen zieht der 1. Kripo seine Pistole, der 2. einen Gummiknüppel. Sie verschwinden im Flur nach rechts. Der Bürgermeister sitzt verzweifelt da. Nach einer Weile hört man die Männer daherpoltern.
STIMME OLGA: He! Was machen S' denn? Erich, Erich, was is denn?
Die Kripos kommen bei der Tür herein, sie tragen den ohnmächtigen Erich, der mit Unterleibchen und kurzer Hose bekleidet ist, an den Händen Handschellen. Hinter ihnen Olga im Nachthemd.

OLGA: Rudi! Was tuan denn de?

Der Bürgermeister steht auf, geht zu ihnen, schaut den ohnmächtigen Erich an.

1. KRIPO: Der wacht glei wieder auf! *(Er schaut sich um, zieht Erich zu einem Gegenstand oder einem Möbelteil, wo er ihn anfesseln kann, löst die zweite Schelle vom Handgelenk Erichs und befestigt sie an dem Gegenstand. Zum 2. Kripo:)* Komm, hol ma uns den andern!

Die beiden Kripos verlassen die Gaststube, Olga kniet zu Erich, schüttelt ihn. Die beiden Kripos gehen über die Gasse zum Adlerhaus, probieren, ob offen ist, die Tür geht auf, sie treten ins Haus.

OLGA: *(zum Bürgermeister)* Was is denn passiert? Sag scho!

BÜRGERMEISTER: Ja, was soll denn passiert sein? Da, schau in sein Rucksack! Lauter Waffen! I hab ihm eh ständig gsagt, er soll des lassen!

ERICH: *(greift sich an den schmerzenden Kopf, will sich aufrichten, merkt, daß er gefesselt ist, schaut entsetzt)* Ja, spinn i? Was is denn?

OLGA: Verhaftet bist! Wegen deim blöden Nazizeug! *(Beginnt zu weinen.)*

ERICH: Ja, was? Von wem denn verhaftet?

BÜRGERMEISTER: Kripo! Von wem sonst?

ERICH: Scheißdreck! Des gibts do nit! Da muaß mi oaner verpfiffen ham, so a Schwein! Aber den, wenn i derwisch! Den knall i ab! *(Reißt wütend an seiner Fessel.)*

OLGA: I hol dir was zum Anziehn!

Sie geht hinaus. Erich sieht den Rucksack.

ERICH: Mensch, Vater, laß den Rucksack verschwinden!

BÜRGERMEISTER: Sie ham ihn ja scho gsehn!

ERICH: Ja, wieso denn? Hast'n nit versteckt?

BÜRGERMEISTER: Bin ja nimmer dazuakommen!

ERICH: Scheißdreck! Wo sein s' denn jetzt?

BÜRGERMEISTER: Beim Hans drüben!

ERICH: Da hat uns oaner verpfiffen!

Der Bürgermeister setzt sich resigniert an den Stammtisch. Olga kommt mit Kleidung für Erich herein, zieht ihm Hose, Strümpfe, Schuhe an, mit Hemd und Rock muß sie warten, bis Erich von der Handschelle befreit ist. Aus Adlers Haus war inzwischen Gepolter zu hören. Jetzt treten Adler, Maria und Anna heraus. Sie sind notdürftig angezogen. Hinter ihnen die zwei Kripos. Der 2. Kripo hat den Gummiknüppel in der Hand, stößt Adler damit vorwärts, dieser dreht sich zornig um, schaut den 2. Kripo an, der hebt den Gummiknüppel, Adler geht weiter. Sie kommen in die Gaststube.

Uraufführung von "Kein schöner Land" 1987 am Tiroler Landestheater in der Regie von Erich Innerebner: oben Szene mit Christine Mayr (Anna), Markus Soppelsa (Erich) und Ivo Egger (Kripo), unten Rita Frasnelli (Maria), Elmar Albertini (Toni) und Lothar Dellago (Hopfgartner)

Theo Rufinatscha (Adler), Markus Soppelsa, Christine Mayr, Isolde Ferlesch (Olga), Rita Frasnelli, Rudolf Hiessl (Bürgermeister) und Lothar Dellago

Theo Rufinatscha und Peter Mitterrutzner (Pfarrer)

Ludwig Dornauer (Hans), Markus Soppelsa und Christine Mayr

Plakat von Heinz Hauser zur Aufführung am Wiener Volkstheater (1988)

Das Bühnenbild
von Heinz Hauser.
Regie führt Claus
Homschak

Peter Uray
(Pfarrer) und
Hermann Schmid
(Adler)

Stadttheater Ingolstadt (1989): Szenen mit Heimo Essl und Helena Lustinger (oben) sowie Werner Schnitzer, Martin Prior und Brigitte Walzel (Regie Ernst Seiltgen)

Manfred Jaksch (Adler) und Kurt Sternik (Bürgermeister) 1988 in Bregenz (Regie Bruno Felix)

Melchior Gratt als Adler 1991 in einer Aufführung des Brixentaler Volkstheaters in Kirchberg (Regie Alexander Varesco)

Hermann Schmadl (Pfarrer), Karl Neuhauser (Gendarm), Walter Pichler (Adler), Silvia Knapp (Olga), Gottfried Zöhr (Bürgermeister), Franz Sieberer (Hopfgartner) und Gerhard Marko (Toni) 1989 in einer Aufführung der Heimatbühne Volders (Regie Franz Sieberer)

ANNA: Erich! *(Will zu ihm.)*

1. KRIPO: *(reißt Anna zurück)* Hinsetzen!

Adler, Maria und Anna setzen sich zum Bürgermeister an den Stammtisch.

1. KRIPO: *(zum Bürgermeister)* Der Vogel war leider schon ausgflogen!

BÜRGERMEISTER: *(hat panische Angst, daß aufkommt, daß er seinen Sohn und Hans verraten hat)* Welcher Vogel?

1. KRIPO: Was? *(Begreift, süffisant:)* Ach, ja! Sie wissen ja von nix! No, es is so, daß nach unseren Informationen Ihr Sohn mit dem Hans Adler unterwegs war. Seine Eltern bestreiten des.

ADLER: *(selbstbewußt)* Mir bestreiten gar nix! Unser Sohn is scho seit drei Tag weg! Wo er is, des wiß ma nit! Wie oft soll i Ihnen des no sagen?

2. KRIPO: *(geht zu Erich)* So, jetzt sagst uns bittschön, ob du mit dem Hans Adler unterwegs warst oder nit!

ERICH: I bin oft mit dem Hans Adler unterwegs. Des is mei bester Freund!

2. KRIPO: I hab mi vielleicht undeutlich ausdrückt. I will wissen, erstens, ob du mit dem Hans Adler Waffen gschmuggelt hast, zweitens, ob du heut nacht mit ihm zruckkommen bist.

ERICH: I hab koane Waffen gschmuggelt!

2. KRIPO: *(zeigt auf den Rucksack)* Und da drin sein Zuckerstangen, oder was?

ERICH: Keine Ahnung!

Der 2. Kripo schlägt Erich plötzlich den Gummiknüppel über den Kopf. Olga stürzt hin.

OLGA: Aufhören! *(Stößt den 2. Kripo zurück.)*

1. KRIPO: Laß des, Willi! Des mach ma bei uns! *(Zum Bürgermeister:)* Furchtbar is des mit dem!

Der 1. Kripo macht die eine Handschelle Erichs los, Olga zieht Erich Hemd und Rock an, der 1. Kripo hängt ihm den Rucksack um, gibt ihm die Hände auf den Rücken, verschließt die zweite Schelle um das Handgelenk von Erich.

1. KRIPO: Also, mein Freund!

Erich schaut zu seinem Vater, Olga umarmt Erich, macht ihm ein Kreuz auf Stirn, Mund und Brust, Erich läßt es widerwillig über sich ergehen, wendet sich ab.

1. KRIPO: *(zu den Adlers)* Mir sehn uns bald wieder! Einstweilen schöne Grüße an den Herrn Sohn!

Anna steht auf, läuft zu Erich, umarmt ihn, küßt ihn. Der 2. Kripo nimmt Erich am Arm, führt ihn hinaus, der 1. Kripo schaut grinsend zum Bürgermeister zurück, zieht den Hut, schließt die Tür. Anna setzt sich wieder, umarmt weinend ihre Mutter, Adler schaut den Bürgermeister an, der vor sich hinstarrt. Die zwei Kripos verlassen mit Erich das Haus, gehen die Dorfgasse hinauf. Olga geht zur Schank, beginnt ein Glas abzuspülen, weint lautlos.

BÜRGERMEISTER: *(zu Olga)* Vielleicht is es besser so, Olga. Kann er nix mehr anstellen!

Die Kripos und Erich verschwinden ums Eck, man hört Autotüren schlagen, der Motor wird gestartet, die Scheinwerfer leuchten auf, streifen beim Wenden des Autos die Häuser, das Autogeräusch entfernt sich.

2. BILD

Mai 1938. Abend. Hakenkreuzfahnen an den Häusern. Zwei Hitlerjungen stehen beim Wegkreuz, reißen den Korpus herunter, der 1. Hitlerjunge zerschlägt ihn am Boden, Arme und Kopf brechen ab, der 2. Hitlerjunge stößt den Kopf mit dem Fuß weg, der 1. wirft den Körper hin, die beiden beginnen mit dem Kopf Fußball zu spielen. Die Gasthaustür öffnet sich, die beiden ehemaligen Heimwehrmänner werden herausgestoßen, sie tragen Hakenkreuzbinden am Arm. Der 1. Heimwehrmann fällt zu Boden. Die beiden Hitlerjugen halten inne, schauen zu. Hinter den Heimwehrmännern kommen Hans und Erich heraus. Erich trägt SA-Uniform, Hans SS-Uniform (ist damals ins Reich hinaus geflohen, zur »Österreichischen Legion«; hat Führerlehrgänge mitgemacht und ist SS-Offizier geworden). Der 1. Heimwehrmann rappelt sich wieder auf.

HANS: *(zu den HJ-Jungen)* Ab!

Die beiden HJ-Jungen gehen ins Gasthaus. Hans und Erich schauen die ehemaligen Heimwehrmänner an.

1. HEIMWEHRMANN: Was is'n los?

HANS: *(ruhig)* Tuats die Binden weg!

1. HEIMWEHRMANN: Was?

ERICH: *(geht hin, reißt beiden die Hakenkreuzbinde ab, wirft sie zu Boden; zu Hans)* Moment!

Erich geht ins Gasthaus. Hans schaut die beiden Männer ruhig an. Erich kommt mit seinem Vater zurück. Dieser trägt einen Trachtenanzug mit Hakenkreuzbinde am Arm. Er ist auch unter dem neuen Regime Bürgermeister geblieben.

ERICH: *(zum Bürgermeister)* Wieso sein de nit eingsperrt, Vater? Was is denn des?

BÜRGERMEISTER: Geh, Erich, des halbe Dorf war gegen uns, früher. Mir können doch nit des halbe Dorf einsperren!

ERICH: I war a drei Jahr eingsperrt! Und der Hans hat ins Reich flüchten müassen! *(Schaut die beiden an.)* Vielleicht warts eh ihr die Verräter!

2. HEIMWEHRMANN: Aber na! Ganz gwiß nit!

1. HEIMWEHRMANN: Mir waren doch eh die Trottel! Wenn der Postenkommandant enk alle deckt hat!

HANS: *(muß grinsen)* Des stimmt! Trottel warts! Koa oanzigs Mal habts uns erwischt! Loamsiader! Ihr werds es nie zu was bringen!

BÜRGERMEISTER: Kommts, gehn ma wieder eini!

ERICH: *(zu den ehemaligen Heimwehrleuten)* Wehe, ihr fallts noamal unangenehm auf!

Der Bürgermeister, Hans und Erich gehen wieder ins Gasthaus, die beiden ehemaligen Heimwehrmänner gehen die Dorfgasse hinauf.

2. HEIMWEHRMANN: De kommen si vielleicht guat vor! Angeber!

1. HEIMWEHRMANN: Die Zeiten ändern si scho wieder!

Die Heimwehrmänner verschwinden. Die Gasthaustür geht wieder auf, der Oberlehrer Hopfgartner und nunmehrige offizielle Ortsgruppenleiter stößt seinen Sohn Toni heraus. Hopfgartner trägt die Uniform eines Parteileiters mit Hakenkreuzbinde am Arm, Toni trägt HJ-Uniform mit weiter, kurzer Hose.

HOPFGARTNER: A Schand is des! A Schand! Steh grad! *(Schlägt ihm auf den Rücken.)* Grad stehn sollst! *(Schlägt ihm in den Magen.)* Bauch eini, Brust außa! Schamen muaß ma si mit dir! – I bin Ortsgruppenleiter, verstehst!

TONI: Jawohl!

HOPFGARTNER: *(tritt zurück)* Stillgestanden! Stillgestanden, sag i!

Toni versucht, die Haken zusammenzuschlagen, es gelingt ihm aber nicht korrekt, sein Vater tritt ihm gegen ein Schienbein.

HOPFGARTNER: Haken zsamm! Händ an die Hosennaht! Hosennaht! Wo is die Hosennaht?

Toni steht verkrampft da, Hopfgartner tritt zurück, streckt die Hand zum deutschen Gruß.

HOPFGARTNER: Heil Hitler!

TONI: *(streckt die Hand hoch)* Heitler!

HOPFGARTNER: Nit Heitler! *(Betont:)* Heil Hitler!

TONI: Heitler!

HOPFGARTNER: Scheißdreck! Stillgestanden!

Toni nimmt Haltung an.

HOPFGARTNER: Im Gleichschritt, marsch! Links zwo! Links zwo!

Toni geht los, aber im falschen Tritt.

HOPFGARTNER: Halt!

Toni bleibt stehen, Hopfgartner geht hin, nimmt Tonis linkes Bein beim Knie, stellt es vor.

HOPFGARTNER: Des is links, du Trottel! Marsch!

Toni marschiert.

HOPFGARTNER: Links zwo! Links zwo! Abteilung halt!

Toni hält verspätet an.

HOPFGARTNER: Jeden Tag a Stund exerzieren! Jeden Tag! Wenn du nit binnen oaner Wochen a zackiges Auftreten hast, reiß i dir die Uniform vom Leib! Hast mi verstanden?

TONI: *(nimmt Haltung an)* Verstanden! *(Streckt die Hand zum Gruß.)* Heitler!

HOPFGARTNER: *(seufzt, faßt Toni versöhnlich am Arm)* Jetzt komm! Trink ma no a Bier!

Hopfgartner und Toni gehen ins Gasthaus. In der Tür begegnen ihnen Erich und Anna, die ein Festtagsdirndl trägt. Erich wartet, bis Hopfgartner und Toni verschwunden sind, küßt Anna stürmisch und zieht sie an der Hand hinüber zum Adlerhaus; sie gehen hinein. Aus dem Gasthaus kommen der Pfarrer, seine Schwester Rosa und der Bürgermeister.

BÜRGERMEISTER: *(beim Herausgehen)* Du warst uns immer a große Hilf. Wirklich! I woaß des zu schätzen! I hoff, du bist mir nit bös, wenn i dir jetzt was sagen muaß! Es is mir sehr unangenehm, glaub ma's!

PFARRER: Was denn?

BÜRGERMEISTER: I hab da a Weisung kriagt. Wegen der Fronleichnamsprozession ...

PFARRER: Ja?

BÜRGERMEISTER: Des is so: Ihr dürfts dabei, beim Umgang, keine öffentlichen Straßen benutzen.

PFARRER: Was? Koane öffentlichen Straßen?

BÜRGERMEISTER: Ja. Wegen der Verkehrsbehinderung nämlich.

PFARRER: *(verblüfft)* Wegen der Verkehrsbehinderung?

BÜRGERMEISTER: So is es. I kann dir die Weisung zoagen.

PFARRER: Ja, seids ihr nit recht bei Trost, oder was?

BÜRGERMEISTER: Mei, des kommt ja nit von mir!

ROSA: Ja, soll ma die Prozession in der Luft abhalten?

BÜRGERMEISTER: Na! Auf Feldwegen halt!

PFARRER: Durchs Dorf dürf ma nit? Wie bisher?

BÜRGERMEISTER: Na, durchs Dorf nit! Um die Kirchen halt und dann auf'n Feldweg.

PFARRER: Aber der endet ja auf der Bundesstraßen!

BÜRGERMEISTER: Dann müaßts halt wieder umdrehn und den gleichen Weg zruck! I hab eh an Plan gmacht. Den zoag i dir, auf'm Gemeindamt.

Der Pfarrer schaut zornig.

BÜRGERMEISTER: Mein Gott, Pfarrer, i kann nix dafür! I hab eh angsuacht, daß ma die sechzig Meter Bundesstraße bis zum nächsten Feldweg benutzen dürfen. Abgelehnt! Was soll i machen?

PFARRER: Sonst no was?

BÜRGERMEISTER: Ja. Kirchen- und Landesflaggen sein untersagt. Die Musikkapelle und die Schützen marschieren nit mit. Also, nit in Uniform halt. Privat dürfen s' schon. – I geh natürlich a mit! Demonstrativ geh i mit! Obwohl des nit gern gsehn werd!

Rosa sieht den zertrümmerten Christus, stößt einen Schrei aus, stürzt hin, hebt den Christus ohne Kopf und ohne Arme auf, schaut ihn fassungslos an. Pfarrer und Bürgermeister blicken darauf.

PFARRER: *(zum Bürgermeister)* I möcht den Ortsgruppenleiter sprechen! Aber schnell!

Der Bürgermeister geht ins Gasthaus, Rosa hält verzweifelt den Christuskörper im Arm.

ROSA: I habs ja gwußt! Der Antichrist geht um! Franzi, i habs dir gsagt!

Der Pfarrer geht zu ihr, betrachtet den Christuskörper, schaut sich um, sieht den Kopf am Boden liegen, holt ihn. Der Bürgermeister und Hopfgartner kommen heraus.

HOPFGARTNER: Was gibts?

Der Pfarrer hält ihm den Kopf entgegen. Adler und Maria kommen aus dem Gasthaus, schauen, hören zu.

PFARRER: *(zu Hopfgartner)* Da! *(Zeigt auf den Christuskörper.)* Schau dir des an!

ADLER: *(zu Hopfgartner)* Also, des geht wirklich zu weit, Sepp!

PFARRER: *(zornig)* Was is denn des jetzt? Was sein denn da für Zeiten anbrochen? Aus der Kirchen treten s' aus, die Wegkreuz schlagen s' zsamm, vor'n Altar scheißen s' ma hin!

HOPFGARTNER: Des habts euch selber zuazuschreiben! Jahrhundertelang habts ihr Pfaffen des Volk unterdrückt! Und jetzt, wo Kirche und Staat endlich getrennt sein, jetzt wo ihr koa Macht mehr habts, jetzt werd euch alles hoamzahlt! Und recht gschieht euch!

ROSA: *(wendet sich ab, geht mit dem Christuskörper davon, dreht sich um)* Der Herrgott werd enk strafen, ihr Nazigsindel! Wartets nur!

HOPFGARTNER: Du, sei ja vorsichtig, du alte Hex! Sonst laß i di verschicken!

ROSA: Ja, glaubst du, i fürcht mi vor dir, du windiger Oberlehrer?

PFARRER: Sei still, Rosa! Geh hoam!

ROSA: Facken seids! Facken! Die Kinder schickts in die Lager, weg von die Eltern, damits Fackereien machen können! Mit ihre fackischen Turnhosen! Schamts enk!

PFARRER: Du sollst gehn, Rosa!

ROSA: *(geht mit dem Christuskörper davon, zu Christus)* Gell, du! I hab scho recht! De mit ihre unkeuschen Turnhosen! – Kraft durch Freude! *(Dreht sich um.)* Bei uns hat des immer no ghoaßen: Kraft durch Leiden! *(Zeigt auf Christus.)* Da, der hats vorgmacht!

PFARRER: Ja, gehst jetzt endlich?

ROSA: *(geht die Dorfgase hinauf davon, murmelt)* Mei! Herrgöttle! Was du alles mitmachen muaßt ...!

PFARRER: I sag die Prozession ab! Ohne Musik, ohne Schützen, ohne Fahnen, irgendwo versteckt auf an Seitenweg – da brauch i koa Prozession!

HOPFGARTNER: Weil ma grad beim Thema sein, Herr Pfarrer: Im Namen der Partei erklär i des Jugendheim im Pfarrwidum für beschlagnahmt! Da zieht jetzt die HJ ein!

PFARRER: So? Die HJ im Pfarrwidum?

HOPFGARTNER: Außerdem gib i Ihnen Schulverbot! Den konfessionellen Unterricht übernimm i in Zukunft selber. Ihr Tätigkeitsbereich beschränkt sich ab sofort auf die Kirche! Auf dieses Gebäude da hinten! Ausschließlich! Verstanden?

PFARRER: No, ihr werds enk anschaun! Des könnts vielleicht mit die Protestanten draußen machen, aber nit mit unsere Leut da! Des ham schon andere probiert! Unsere Leut hängen nämlich an der katholischen Religion, an den katholischen Bräuchen! A wenn jetzt a paar Opportunisten austreten, a wenn ma a paar Rotzbuam vor'n Altar hinscheißen!

BÜRGERMEISTER: Jetzt hörts auf, bittschön! Mir müassen doch zsammhalten!

HOPFGARTNER: I wer Ihnen was sagen, Herr Gruber! Geistlicher Herr! Der Nationalsozialismus braucht die katholische Religion nicht! Der Nationalsozialismus braucht überhaupt keine Religion! Der Nationalsozialismus, Herr Pfarrer, is nämlich selber eine Religion! Des ham Sie no nit begriffen, was? I sags Ihnen noch amal: der Nationalsozialismus ist ein großer, hehrer, deutscher Kult!

PFARRER: Und der Führer euer Gott, was? No, Mahlzeit!

HOPFGARTNER: Und no was, Herr Pfarrer! Jesus Christus is a Jud! Wohlgemerkt! A Jud! Glauben Sie wirklich, des deutsche Volk kann an Juden als Gott verehren?

PFARRER: *(schaut auf den Christuskopf in seinen Händen, schaut Hofgartner an, nickt)* Danke für die Belehrung, Herr Ortsgruppenleiter. I woaß jetzt, wia i dran bin.

Geht weg, sieht einen Christusarm am Boden, hebt ihn auf, geht die Dorfgasse hinauf. Sie schauen ihm nach.

BÜRGERMEISTER: Also, i woaß nit, Sepp ... Ob des jetzt gscheit war ... Er hat an großen Einfluß auf die Leut!

HOPFGARTNER: Der wird nimmer lang da sein!

ADLER: Und du werst a nimmer lang da sein!

HOPFGARTNER: Was?

ADLER: I mach an Bericht an die Gauleitung! Solche borniertn Fanatiker wie du schaden der Sach nur!

HOPFGARTNER: Ach, so is des? No guat, mach dein Bericht! Wer ma ja sehn, wer da Schwierigkeiten kriagt! *(Geht wieder ins Gasthaus.)*

BÜRGERMEISTER: Bravo, Stefan! So a Depp! Spielt si da auf! Der tuat grad so, als ob er der Bürgermeister wär!

ADLER: I hab ihn nie mögen, den Kerl! Also nacha, guat Nacht, Rudi!

BÜRGERMEISTER: Heil Hitler, schlafts guat!

MARIA: *(lächelnd)* Heil Hitler!

Adler und Maria gehen zu ihrem Haus, der Bürgermeister zur Gasthaustür. Er dreht sich noch einmal um.

BÜRGERMEISTER: Stefan!

Adler dreht sich um.

BÜRGERMEISTER: Geh, sei so guat, denk an dein Ahnenpaß! Du bist der letzte!

ADLER: Ja, entschuldige! I fahr morgen nach Wien. Meine Ahnen sein da a bißl schlampig gwesen.

BÜRGERMEISTER: Jaja, so eilig is a wieder nit!

Adler und Maria gehen in ihr Haus, der Bürgermeister in seines.

3. BILD

Juni 1938. Abend. Der reparierte Christuskörper hängt wieder am Kreuz. Licht in Adlers Wohnstube. Am Eßtisch sitzen Stefan Adler, sein Sohn Hans in SS-Uniform, Erich in SA-Uniform (für den heutigen Anlaß besonders sauber und gepflegt), Maria und Anna. Man hat zusammen gegessen, trinkt Rotwein. Erich holt ein Blechetui mit Zigaretten hervor, öffnet es, hält es Adler hin, der schüttelt den Kopf, Erich hält das Etui Hans hin, dieser nimmt sich eine Zigarette, Erich nimmt selber eine, zündet die Zigarette von Hans und seine an. Maria lächelt Erich auffordernd zu.

ERICH: Ja, Herr Adler ... *(Steht auf.)*

MARIA: Ja, was is denn des? Seit wann seids denn ihr per Sie?

ERICH: *(grinst)* Ja mei ... des is der feierliche Augenblick ...

HANS: *(grinst)* Jetzt tua schon! Bist doch sonst a nit so langsam!

ERICH: Ja, also! Herr Adler, die Anna und i, mir mögen uns schon lang, und so möcht i di fragen, die Muatter natürlich a, ob i, ob ma heiraten dürfen?

Maria lächelt, Anna freut sich, weil sie keinen Zweifel an der Zustimmung ihres Vaters hegt. Adler ist furchtbar bedrückt. Er zögert. Alle schauen ihn erwartungsvoll an.

ERICH: I woaß schon, mir ham nit viel, unser Gasthaus is verschuldet, aber jetzt gehts ja aufwärts.

MARIA: Geh, hör auf! Als ob des wichtig wär!

Sie warten alle auf die Antwort Adlers.

ERICH: Und dann is no was, des muaß i a glei dazuasagen – die Anna, die Anna kriagt a Kind von mir.

ADLER: So?

MARIA: Sie woaß es erst seit a paar Tag, Stefan. Hamma uns denkt, des besprech ma glei alles auf oanmal! Des macht aber nix, oder? So bigottisch sein mir nit, was Stefan?

ADLER: Na, samma nit.

MARIA: Außerdem kommts eh erst nach der Hochzeit auf d'Welt!

Eine Weile Schweigen, alle schauen auf Adler.

ADLER: *(zu Erich)* Setz di nieder, Erich!

Erich setzt sich verwundert, Adler steht auf, schaut alle an, geht in den Raum, dreht sich nach einer Weile zu den anderen um.

ADLER: I bin Jude.

Alle erstarren. Totenstille.

MARIA: *(leise)* Was bist du?

ADLER: Jude.

Wieder Schweigen.

ANNA: *(erstickt)* Des gibts doch nit!

ADLER: Doch. I habs selber nit gwußt. Meine Großeltern sein aus'm Osten kommen. Nach Wien. Sein zum katholischen Glauben übergetreten. Ham versucht, alle Spuren zu verwischen.

Eine Weile Schweigen, plötzlich steht Hans auf, geht zum Vater, schlägt ihn zu Boden, läuft hinaus auf den Dorfplatz. Maria und Anna gehen zu Adler, helfen ihm hoch, Erich steht auf, geht Hans nach, Anna sieht es.

ANNA: Erich!

Erich ist schon weg, kommt aus dem Haus, schaut sich suchend um, sieht Hans, schaut hilflos zu ihm. Anna geht den beiden nach, kommt aus dem Haus. Maria führt Adler zum Diwan, legt ihn hin, setzt sich neben ihn, schaut ihn an, in ihrem Kopf beginnt es zu arbeiten. Draußen steht Anna hinter Erich, schaut ihn an. Er steht mit dem Rücken zu ihr.

ANNA: *(weinend)* Erich! Es tuat ma so leid! I hab des nit gwußt! Wirklich nit! Entschuldige, bitte! Brauchst mi eh nit heiraten! I versteh des schon!

Erich dreht sich zu ihr um, ist ganz fertig, weiß nicht, was sagen, geht dann zu ihr, umarmt sie. Hans zieht plötzlich seine Pistole aus dem Halfter, Anna sieht es.

ANNA: Hans!

Erich schaut, sieht es auch, Hans lädt die Pistole durch, will sie an den Kopf setzen, Erich stürzt zu ihm hin, kämpft mit ihm um die Pistole, kann sie ihm entringen, umarmt ihn.

ERICH: Hansi, du bist wie a Bruader für mi! Wirklich, glaubs ma! Immer schon!

HANS: *(reißt sich los)* A Judensau bin i! A Judensau!

Adler hört das drinnen, dreht sich auf dem Diwan zur Seite. Hans schaut seine SS-Uniform an, nimmt den Gürtel ab, reißt sich den Rock vom Leib, schleudert ihn weg. Maria steht vom Diwan auf und geht zu den anderen hinaus.

MARIA: Kommts, bitte! I hab euch was zu sagen!

HANS: I geh da nimmer eini!

MARIA: *(nimmt den Rock und den Gürtel vom Boden auf, faßt Hans am Arm)* Bitte, Hansi! I woaß an Ausweg!

HANS: Da gibts koan Ausweg!

MARIA: *(bestimmt)* Du kommst jetzt! Hast ghört!?

Maria geht voraus, Anna und Erich folgen ihr, Hans schaut ihnen nach, folgt dann ebenfalls. Sie kommen alle wieder in die Stube.

MARIA: Setzts euch nieder!

Sie hängt Rock und Gürtel auf, Erich gibt ihr die Pistole, sie steckt sie ins Halfter zurück, sie setzen sich an den Tisch, Adler bleibt auf dem Diwan liegen. Maria schaut eine Weile vor sich hin, blickt dann Hans und Anna an.

MARIA: Euer Vater is nit euer Vater!

Hans, Anna und Erich schauen, Adler richtet sich auf.

4. BILD

Juni 1938. Übernächster Abend. Am Stammtisch sitzen Adler, Anna, Maria, Hans (in Zivil), Erich (in SA-Uniform), der Bürgermeister, Hopfgartner (in Uniform). Toni (in HJ-Uniform) sitzt etwas abseits auf der Bank und hält sich ganz steif, um seinen Vater nicht wieder zu verärgern. Hinter der Schank steht Olga, hört zu. Hopfgartner hält den amtlichen Schein in der Hand, in dem die Herkunft Adlers beschrieben wird. Er liest darin, nimmt den Sachverhalt mit Triumph zur Kenntnis, gibt den Schein dem Bürgermeister, der liest auch.

HOPFGARTNER: *(zu Adler)* Bericht an die Gauleitung, ha? Du Judenschwein, du!

TONI: Judenschwein!

BÜRGERMEISTER: *(hat fertig gelesen, schaut den Schein an, schüttelt den Kopf, schaut Adler an)* I begreif des nit! I begreifs nit! Des is ma grad no abgangen! A Jud in unserm Dorf! Im ganzen Gau gibts vielleicht no achtzig Juden, und ausgrechnet bei uns muaß oaner sein. Also, des macht mi fertig! Wirklich!

HOPFGARTNER: *(zu Hans)* Guat, daß du die Uniform schon auszogen hast! Sonst hätt i di glei einsperren lassen! *(Zur ganzen Familie:)* Ihr seids natürlich ab sofort aus der Partei ausgschlossen!

MARIA: Nit so schnell, Sepp!

HOPFGARTNER: Herr Ortsgruppenleiter, bitte!

TONI: Bitte!

MARIA: *(zu Hopfgartner)* Geh, spiel di nit auf! Kannst di erinnern, mir ham miteinander Doktor gspielt, da oben in die Himbeerstauden?

OLGA: De Schicksen traut si was!

MARIA: Und später, da wolltest mi heiraten!

HOPFGARTNER: Halt gfälligst dei Maul! Du Judenhur!

TONI: *(steht auf)* Judenhur!

HOPFGARTNER: *(zu Toni)* Hinsetzen! Sonst fangst oane!

Toni setzt sich wieder.

MARIA: *(schaut zu Toni, dann wieder zu Hopfgartner)* Bin i froh, daß i di nit gnommen hab!

HOPFGARTNER: *(hat Marias Blick zu Toni gesehen)* Des is nit mei Schuld! I hab a gsunde Erbmasse! Des is amtsärztlich festgestellt! Was glaubst, warum sich mei Frau umbracht hat? Weil s' a schlechtes Gwissen ghabt hat!

MARIA: Des schlechte Gwissen, des kannst scho du haben! Du hast sie ja behandelt wie den letzten Dreck!

HANS: Jetzt gib endlich a Ruah, Muatter! Bitte!

HOPFGARTNER: Ach, so is des?

MARIA: Sowieso! Sie hat sich ja ständig bei mir ausgreart!

ANNA: *(verzagt)* Mama! Bitte!

HOPFGARTNER: Na! Des muaß i ma nit von dir sagen lassen! Nit von an Judenweib! *(Geht zum Telefon.)* I ruaf jetzt die Gestapo an! Beleidigung eines Parteileiters! *(Hebt ab.)* Ihr werds euch anschaun!

HANS: Herrschaft, Muatter, was tuast denn?

Maria steht auf, geht zu Hopfgartner, er will sie wegstoßen, sie flüstert ihm etwas ins Ohr, er erstarrt, legt den Hörer auf, starrt sie an.

HOPFGARTNER: Was?

MARIA: Komm, setz di wieder nieder!

Maria geht zum Stammtisch zurück, kommt an Toni vorbei, der spuckt aus.

TONI: Judenweib!

Maria beachtet ihn nicht, setzt sich, Hopfgartner kommt langsam zum Tisch, schaut Maria an, setzt sich auch.

BÜRGERMEISTER: Was is denn jetzt scho wieder?

MARIA: Der Hans is vom Sepp!

BÜRGERMEISTER: Was?

MARIA: Der Vater vom Hans is der Herr Ortsgruppenleiter!

Alle schauen erstaunt.

HOPFGARTNER: Des glaub i nit! Des is a jüdischer Dreh!

MARIA: Geh, red doch nit so dumm daher! Rechn's halt nach! Der Hansi is jetzt fünfundzwanzig!

Hopfgartner schaut Hans an, rechnet im Kopf nach.

ADLER: Du hast wirklich mit dem ...?

MARIA: Ja, Stefan. Tuat ma leid. Er wollt mi ja unbedingt haben. Hat a nach der Hochzeit koa Ruah geben. Und dann hat er mi halt amal drankriagt, wie du unterwegs warst.

HOPFGARTNER: Ja, des könnt vielleicht stimmen, des war um die Zeit.

Er schaut Hans an, fühlt plötzlich einen gewissen Stolz in sich aufsteigen, weil Hans – im Gegensatz zu Toni – gesund und stark ist. Toni schaut mißtrauisch zwischen Hans und seinem Vater hin und her.

MARIA: Und die Anna, die is a nit von mein Mann!

OLGA: Jetzt hörst aber auf!

MARIA: Die Anna, die is von an Bahnwärter! Der wollt mi a! *(Holt ein Kuvert hervor, öffnet es, legt vor Bürgermeister und Hopfgartner ein Schreiben hin.)* Die eidesstattliche Erklärung von ihm! Bestätigt vom Kreisrichter.

Der Bürgermeister liest das Blatt, Hopfgartner schaut auch hinein.

OLGA: So ein ausgschamtes Luader!

BÜRGERMEISTER: *(zu Maria)* Na, du bist guat! *(Zu Adler:)* Und des laßt du dir gfallen?

Adler antwortet nicht, er ist verwirrt. Anna ist ebenfalls durcheinander, kann es nicht recht glauben. Hans will es glauben.

BÜRGERMEISTER: Also i tät mei Frau derschlagen! Wirklich wahr!

OLGA: Des tät i a verstehn!

MARIA: Ja, woaßt, Bürgermeister, des is halt nit so oanfach mit an Mann, der selber nit fähig is –

OLGA: Geh, verschon uns jetzt, bittschön! Mir ham gnuag von deiner Dreckwäsch! Des is ja unglaublich!

HOPFGARTNER: *(schaut Adler an)* Typisch Jud! Entweder fetzgeil oder impotent! Dann sein s' hinterm Geld her, zum Ausgleich!

Adler beginnt zu zittern, beißt die Zähne zusammen, kann sich kaum mehr beherrschen vor Verzweiflung und Wut. Anna schaut ihren Vater gequält an, er tut ihr leid.

ANNA: *(leise)* Papa!

HOPFGARTNER: *(schaut Hans an, steht auf)* Ja, nacha! *(Reicht Hans die Hand.)* Griaß di, Bua!

Hans steht verlegen auf, erwidert den Händedruck.

TONI: *(eifersüchtig)* Saujud!

HOPFGARTNER: Halts Maul!

ADLER: *(steht plötzlich auf, schnappt sich Hopfgartner, zieht ihn an sich)* I bin da auf d'Welt kommen! I bin da aufgwachsen! I hab da garbeitet! Meine Steuern abgliefert!

Toni hat sich auf Adler gestürzt, Adler stößt ihn weg.

MARIA: Hör auf! Du verdirbst alles!

Hans reißt seinen Vater zurück, hält ihn fest.

ADLER: *(währenddessen weiter)* I bin in Kriag zogen für des Land! I bin a Tiroler! Verstehst du des, du Scheißnazi?

Adler reißt sich von Hans los, geht hinaus, in sein Haus hinüber. Hopfgartner richtet seine Uniform, schaut die anderen an, geht wieder zum Telefon. Maria geht ihm nach, nimmt ihn an der Hand, er reißt sich los, sie nimmt ihn wieder.

MARIA: Komm! I muaß dir was sagen! *(Zieht ihn zur Tür.)* Komm! *(Sie zieht Hopfgartner bei der Tür hinaus.)*

OLGA: Die hats faustdick, des sag i enk!

Licht in der Gaststube aus. Maria und Hopfgartner kommen aus dem Gasthaus.

MARIA: I hab so lang mit dem Mann zusammenglebt! Laß ihn in Ruah, bittschön! Er werds no schwer gnuag haben!

HOPFGARTNER: Na, den liefer i der Gestapo aus! Der kommt in a Lager! Heut no!

MARIA: Horch zua, Sepp! Du wolltest mi immer haben! I woaß, jetzt bin i nimmer jung, aber wenn du willst ... I laß mi sofort scheiden! Dann ziag i mit dem Hansi, mit deim Buam, zu dir, und dann samma a Familie! I kümmer mi a um den Toni! I versprichs dir!

HOPFGARTNER: Du Luader! Du woaßt genau, daß i no an dir häng! *(Er überlegt. Er wünscht sich sehr eine Frau, eine Familie, er fühlt sich einsam, ist unglücklich mit Toni, ist froh, daß er plötzlich einen gesunden Sohn namens Hans hat.)* Du hättest mi glei nehmen sollen! Und nit zuerst den Juden! – Du hast mi gekränkt, damals! *(Schreit:)* Woaßt du, wie du mi gekränkt hast? – Also, guat. I bin einverstanden. Aber – auf die Dauer kann i dein Mann nit schützen. Da gibts Gesetze. Er soll auswandern. Wia die andern Juden a. Er kann sich's ja leisten.

MARIA: Guat. I werds ihm raten.

Maria geht ins Adlerhaus, Hofgartner schaut ihr nach und geht dann ins Gasthaus zurück. Anna kommt eben heraus, geht der Mutter nach. Licht in Adlers Wohnstube. Adler sitzt am Tisch, starrt vor sich hin, die Tür öffnet sich, Maria kommt herein, hinter ihr Anna, sie setzen sich zu Adler an den Tisch. Eine Weile Schweigen. Adler schaut seine Frau nicht an. Anna ist vollkommen verwirrt. Drüben kommt der Bürgermeister aus dem Gasthaus, geht rechts vorne ab.

ADLER: *(schaut auf)* Jetzt wern s' mi wohl glei holen?

MARIA: Na. Des hab i abbogen. – Um an teuren Preis! Weil du di nit beherrschen kannst!

ANNA: *(zu Maria)* Aber du hast'n doch a dauernd greizt!

MARIA: I kann mir des leisten!

ADLER: Was für a Preis?

MARIA: I geh zu ihm!

Adler lacht wütend auf.

MARIA: Ja, was hätt i denn tuan sollen, ha?

ADLER: Bist du wirklich mit dem Schwein ins Bett gstiegen?

MARIA: Ja, bin i. Aber – damit des klar is: Er is nit der Vater vom Hansi! Des geht si nit aus! Er woaß es nur nimmer genau, wann des gwesen is, Gott sei Dank!

ADLER: Und der von der Bahn?

MARIA: Ach, mit dem war doch nix! Des is nur a Schulfreund. A Sozi! Der tuat gern die Nazi was z'Fleiß. *(Zu Anna:)* Aber des bleibt unter uns, Anna! Vor allem, sag dem Hansi nix! Der soll nur glauben, daß der Sepp sei Vater is! Und so seids wenigstens beide gschützt. Reinrassige Arier!

ADLER: So a Demütigung! So a Demütigung!

ANNA: *(verzweifelt)* I möcht ihn halt so gern heiraten, den Erich!

Schweigen. Hans hat das Gasthaus verlassen, kommt herüber und in die Wohnstube, schaut seine Familie an. Setzt sich auf den Diwan.

HANS: *(nach einer Weile zu Maria)* Stimmt des? Is des wirklich wahr?

MARIA: Ja, es is wahr!

ADLER: Geh mir aus die Augen, Bua! I will di nimmer sehn! Nie mehr! Geh zu dein Ortsgruppenleiter! Ihr zwoa paßts guat zsamm!

Hans geht hinaus, verläßt aber nicht das Haus – geht in sein Zimmer.

MARIA: *(nach einer Weile)* Du solltest auswandern, Stefan.

ADLER: Ja, sonst no was!

MARIA: Stefan, glaub ma's, es kommen schlimme Zeiten für di!

ADLER: Sei still, i will nix mehr hören!

MARIA: Stefan, i bitt di!

ADLER: *(zornig)* Du sollst still sein, hab i gsagt!

Der Bürgermeister kommt mit einem Aktenordner vom Gemeindeamt, geht ins Adlerhaus, klopft an die Stubentür.

MARIA: Herein!

Der Bürgermeister kommt herein, setzt sich an den Tisch, legt den Aktenordner vor sich hin, schaut in die Runde, schaut Stefan an.

BÜRGERMEISTER: Du darfst jetzt nit glei wieder bös werden, Stefan! Weil sonst muaß i ma den Gendarm holen! Es gibt jetzt a paar Sachen zu erledigen, und es hilft dir nix, wenn di dagegen wehrst, des macht alles nur schlimmer!

ADLER: *(schaut den Bürgermeister an, schaut auf den Ordner, zeigt hin)* Hast du mi da drin?

BÜRGERMEISTER: Ja, sozusagen. Es sein da Weisungen kommen. I hab des natürlich nit beachtet, weil i glaubt hab, unser Dorf is judenrein! *(Er schlägt den Ordner auf, blättert, verharrt bei einem Blatt.)* Des kommt von der Arisierungsstelle. Folgende Weisungen *(liest Ausschnitte)*: »Vermögen über fünftausend Reichsmark ist bei der staatlichen Vermögensverkehrsstelle anzumelden ... Handels- und Gewerbekonzessionen werden eingezogen ... Liegenschaftsbesitz wird beschlagnahmt und eingezogen ...«

Blickt auf, schaut Adler an. Eine Weile Schweigen. Adler steht langsam auf.

BÜRGERMEISTER: *(ängstlich)* Tua di ja beherrschen, ja! I muaß des tuan, des is Vorschrift!

ADLER: *(leise)* Ihr wollts mir mei Geld wegnehmen? Mei Haus? Mei Gschäft?

BÜRGERMEISTER: Ja, was soll i machen?

Adler geht zum Gewehrschrank, nimmt ein Jagdgewehr heraus, lädt es mit zwei Schrotkugeln. Der Bürgermeister steht angstvoll auf.

MARIA: *(steht auf)* Geh, Stefan! Du kannst doch nit gegen a ganze Welt ankämpfen!

ADLER: So, kann i des nit? Ihr werds euch wundern! Und wenn i ins Gras beißen muaß! A paar von euch knall i no ab! *(Schreit:)* I laß mir doch nit mei Existenz ruinieren! Nur weil meine Vorfahren beschnitten waren! Bin i jetzt a anderer als vorher? I bin doch der Gleiche, oder nit?! Stefan Adler, eingsessener Viechhandler! – Na, i bin koa Schaf, des ihr so oanfach zur Schlachtbank führen könnts! *(Schaut den Bürgermeister an, es fällt ihm etwas ein, er wird pötzlich ganz ruhig.)* Was reg i mi denn auf? Es geht ja anders a! *(Stellt das Gewehr zurück, herrscht den Bürgermeister an:)* Setz di hin!

Der Bürgermeister setzt sich, Maria ebenfalls, Adler schaut den Bürgermeister an, der wird unruhig. In diesem Moment verläßt Hans in SS-Uniform das Haus. Er trägt einen großen Koffer und geht ins Gasthaus hinüber.

ADLER: Des is jetzt a paar Jahr her. Da warts ihr no nit an der Macht. Des hoaßt, du warst schon an der Macht! Weil du, du bist immer an der Macht! Du drehst immer dei Fahndl nach'm Wind!

BÜRGERMEISTER: Sei vorsichtig, ja! Tua mi ja nit beleidigen! Weil sonst gehts dir schlecht! I kann no ganz andere Sachen, als dein Besitz beschlagnahmen!

ADLER: Des glaub i dir! Nur – du wirst des alles nit machen! Du wirst mi brav in Ruah lassen!

BÜRGERMEISTER: *(schreit)* Des kann i nit!

ADLER: Abwarten! Also, i fang noamal an, mit meiner Gschicht. Vor a paar Jahr, wie du noch schwarz warst, a kohlschwarzer Bürgermeister, da is eines nachts die Polizei kommen. Und hat dein Buam verhaftet. Mein wollten s' a verhaften. – Oh, Entschuldigung, des is ja nimmer meiner! – Also, jedenfalls, mei Quasi-Sohn, der war leider schon ausgflogen!

Dem Bürgermeister wird mulmig zumute.

ADLER: Irgendwer hat die zwoa natürlich verraten! Aber wer, hat sich des ganze Dorf gfragt! Wer war des Schwein? Ha, was glaubst?

BÜRGERMEISTER: Woaß i do nit!

ADLER: So, des woaßt du nit?

BÜRGERMEISTER: *(steht auf)* Du, i hab koa Zeit für dei blöde Herumrederei! Du kommst morgen ins Gemeindeamt! Dort erfahrst des Weitere! *(Geht zur Tür.)*

ADLER: Du warst es!

Der Bürgermeister bleibt abrupt stehen, dreht sich aber nicht um.

ADLER: Du warst der Verräter!

BÜRGERMEISTER: *(dreht sich um, ist zu Tode erschreckt)* Ja, spinnst du, sag amal?

ADLER: I habs ghört! Verstehst? Ghört hab i's! Da drüben bin i gstanden, in der Nacht! Zerst hast unsern Hans verraten und nacha dein eigenen Buam! Du feiger Hund, du!

Der Bürgermeister beginnt zu schwanken, geht zum Tisch, stützt sich auf, setzt sich nieder.

ANNA: Was? Du hast den Erich verraten? Dein eigenen Sohn? Des gibts doch nit! Wo gibts denn sowas?

BÜRGERMEISTER: *(verzweifelt)* Sie ham doch schon alles gwußt!

ADLER: Ja, kann schon sein! Vielleicht ham s' wirklich was gwußt! Aber du hast es ihnen gsagt! Du hast die Namen ausgsprochen! Du hast ihnen den Rucksack mit die Waffen geben!

MARIA: So a Gemeinheit! – Aber des muaß doch bekannt wern! Des geht doch nit! Es kann doch nit oaner, der Nazis verraten hat, Nazibürgermeister sein!

ADLER: Ja, du hast recht! Des sollte eigentlich bekannt werden! Dann is der Herr Bürgermeister vor mir weg! *(Zum Bürgermeister:)* Und was wird der Erich dazua sagen, ha, was glaubst? Wird er sagen: »Dankschön Vater, daß d' mi ins Gfängnis bracht hast«? Was?

BÜRGERMEISTER: Bitte! I bitt enk!

ADLER: *(kalt)* Brauchst koa Angst haben! Mir machen an Handel!

Adler setzt sich. Aus dem Gasthaus treten Hopfgartner, Hans – mit Koffer – und Toni, gehen die Dorfgasse hinauf. Toni trottet mit einigem Abstand hinterher, ist unzufrieden. Hopfgartner legt den Arm um Hans.

ADLER: Es is ganz einfach. Du laßt mi in Ruah, dafür halt i mein Mund!

BÜRGERMEISTER: *(verzweifelt)* Ja, wie soll denn des gehn? I bin doch nit alloan! Da is doch der Ortsgruppenleiter!

MARIA: Den überlaß nur mir!

BÜRGERMEISTER: I hab doch vorhin beim Landrat angruafen! Bei ihm dahoam! Hab persönlich mit ihm gredt!

Adler schnauft auf, schüttelt den Kopf.

BÜRGERMEISTER: I tua alles, Stefan! Alles! Wirklich! Aber halt nur im Rahmen der Möglichkeiten, die's jetzt no gibt.

Adler steht auf, geht herum, denkt nach.

BÜRGERMEISTER: Die Beschlagnahme laßt si nit aufhalten, Stefan! Des lauft schon!

Eine Weile Schweigen.

MARIA: Du muaßt alles dem Hansi überschreiben, Stefan!

ADLER: Ja, freilich! Sonst no was! Der SS-ler kriagt von mir nix! Koan Groschen! Damit er sein neuen Vater mästet, auf meine Kosten, was? Wenn i's dir überschreib, is des gleiche! Wenn i's der Anna gib, dann hat er's! *(Deutet auf den Bürgermeister.)*

ANNA: Wieso denn?

ADLER: Weil du sein Buam heiratest!

BÜRGERMEISTER: Geh! Glaubst du, i könnt mir dein Besitz nit oanfacher untern Nagel reißen?

Adler schaut den Bürgermeister an.

BÜRGERMEISTER: Die beschlagnahmten Besitztümer werden bevorzugt an Parteigenossen verkauft! Äußerst günstig sogar!

Eine Weile Schweigen.

ADLER: *(zum Bürgermeister)* Verschwind jetzt! I muaß ma des überlegen! Du hörst nacha von mir!

Der Bürgermeister schaut erledigt, nimmt seinen Aktenordner, geht hinaus und ins Gasthaus hinüber. Adler setzt sich zu Maria und Anna, starrt vor sich hin.

MARIA: I sags noamal, Stefan: auswandern!

ADLER: Des tät euch so passen!

ANNA: *(zornig)* Sag, hast du des nit mitkriagt, oder was? Die Mama opfert sich für di! Sie geht zu dem furchtbaren Menschen! Wenn du weggehst, kann sie sich des sparen!

ADLER: Wer woaß ...? Vielleicht is des gar nit so a großes Opfer ...!

Maria senkt den Kopf.

ADLER: *(ruhig, kalt)* Verschwindets! Ihr ghörts nimmer zu mir!

Maria steht auf, geht hinaus, Anna schaut ihren Vater traurig an.

ADLER: Was is denn? Geh umi zu deim Nazi-Bräutigam!

ANNA: *(steht auf, geht zur Tür, dreht ich um, ruhig)* Du warst a ein Nazi! Vergiß des nit!

Anna geht hinaus, Adler sitzt allein da, steht nach einer Weile auf, geht zum Gewehrschrank, nimmt das Gewehr wieder heraus, schaut es an, setzt die Mündung unters Kinn, schließt die Augen, drückt beinahe ab, tut es dann doch nicht, stellt das Gewehr zurück, sein Blick fällt auf das Bücherregal, er holt die Bibel und Goethes Faust hervor, schaut die beiden Bücher in seinen Händen an, beginnt plötzlich zu lachen, schmeißt die Bücher auf den Boden, das Lachen bricht ab.

5. BILD

12. November 1938. Späte Nacht. Am Stammtisch sitzen Hans, Erich (beide in Zivil), der Gendarmeriepostenkommandant, die beiden ehemaligen Heimwehrmänner. Toni sitzt in HJ-Uniform in steifer Haltung auf der Bank daneben. Der 1. Heimwehrmann hat einen Ochsenziemer, spielt damit. Hopfgartner (in Uniform) und der Bürgermeister stehen am Telefon, Hopfgartner hat den Hörer in der Hand. Alle schauen zu ihnen.

HOPFGARTNER: *(ins Telefon)* Die kochende Volksseele, jawohl! – Jawohl! – Jawohl! Hab i scho gsagt! Alle in Zivil! Jaja, is a da! Der Postenkommandant is da! – Sag i Bescheid! – Jawohl! – Ganz lautlos! Jawohl! – I erstatt dann Meldung! – Jawohl! – Heil Hitler, Herr Sturmführer!

Er legt auf, er und der Bürgermeister kommen zum Stammtisch.

HOPFGARTNER: Also, ihr werds es eh scho wissen, in Paris hat a Jud den deutschen Gesandtschaftsrat umbracht. Daraufhin hat überall im deutschen Reich die Volksseele zu kochen angfangen. In Innsbruck hat sie gestern a kocht! Die Synagoge und etliche Wohnungen sein zertrümmert worden, und a paar von die Juden sein ex gangen. Da könn ma natürlich nit hintanstehn. Müaßts ihn ja nit umlegen, aber an Denkzettel soll er schon kriagen!

ERICH: Ja, was? Sollen mir die kochende Volksseele spielen?

HOPFGARTNER: Ja, i kann doch nit so auf die schnelle des ganze Dorf zum Kochen bringen! In Innsbruck wars a die SS!

ERICH: Da mach i nit mit!

HANS: I a nit! Des kannst nit von mir verlangen, Sepp!

HOPFGARTNER: Woll, des kann i verlangen!

HANS: Na, verfluacht! I hab a Gwissen, verstehst?

HOPFGARTNER: Geh, laß mi in Ruah! Das Gewissen is eine jüdische Erfindung! Es gibt nur oans – die Pflicht!

HANS: *(steht auf)* Es is nit mei Pflicht, daß i den niederhau, der mi aufzogen hat!

Erich schaut Hans an, Hans fällt ein, daß er seinen Vater sehr wohl niedergeschlagen hat. Er setzt sich deprimiert nieder.

HOPFGARTNER: *(zu den ehemaligen Heimwehrmännern)* Dann machts ihr zwoa des alloan! Seids uns sowieso a Bewährungsprobe schuldig!

1. HEIMWEHRMANN: Gern! Mir wern ihm scho einhoazen!

Die beiden ehemaligen Heimwehrmänner stehen auf.

HOPFGARTNER: *(zum Gendarm)* Und du bleibst da sitzen! Du hörst und siehst nix!

Der Gendarm nickt, ist aber verärgert, daß ihm der Ortsgruppenleiter befiehlt. Der 2. Heimwehrmann schaut auf den Ochsenziemer des 1. Heimwehrmannes.

2. HEIMWEHRMANN: I bräucht a sowas!

HOPFGARTNER: *(zum Gendarm)* Gib ihm dein Knüppel!

Der Gendarm zögert kurz, wagt dann aber doch keinen Widerspruch, zieht seinen Gummiknüppel, gibt ihn dem 2. Heimwehrmann.

BÜRGERMEISTER: Aber nit alles kaputt machen!

HOPFGARTNER: Was?

BÜRGERMEISTER: Naja ... i moan nur ...

Hofgartner wirft ihm einen verächtlichen Blick zu.

1. HEIMWEHRMANN: Also, auf gehts!

Die beiden Männer gehen zur Tür hinaus, Toni schaut ihnen nach, steht auf, folgt ihnen.

HOPFGARTNER: Bleib da, Bua!

TONI: *(dreht sich um)* Nur schaun!

HOPFGARTNER: No guat, geh! Kannst a bißl Härte lernen!

Toni geht hinaus. Die beiden Heimwehrleute kommen aus der Gasthaustür, gehen zum Adlerhaus hinüber, Toni folgt ihnen, der 2. Heimwehrmann sieht ihn, stößt ihn zurück.

2. HEIMWEHRMANN: Geh, verschwind!

Toni weicht ein paar Schritte zurück, der 1. Heimwehrmann probiert an der Türklinke, die Tür ist abgeschlossen, der 2. Heimwehrmann kommt hinzu, sie werfen sich gegen die Tür, brechen sie auf, gehen hinein. Toni wartet draußen, schaut neugierig. Der 2. Heimwehrmann taucht in der Wohnstube auf, schlägt Mobiliar zusammen, folgt dann dem anderen nach »oben«. Man hört Gepolter, Fensterscheiben splittern, Möbel werden zertrümmert. Adler flüchtet taumelnd aus dem Haus, die zwei Heimwehrmänner kommen nach, schlagen auf Adler ein, Toni schaut aufgeregt zu, Anna – im sechsten Monat schwanger – kommt aus dem Gasthaus gelaufen, hat einen Mantel über dem Nachthemd an, stürzt sich auf die Männer.

ANNA: Weg! Laßts ihn! Weg!

Der 2. Heimwehrmann stößt Anna weg, sie fällt hin, greift sich mit einem Wehlaut an den Bauch, stürzt sich wieder auf die Männer, der 2. Heimwehrmann packt sie, führt sie gewaltsam ins Gasthaus, stößt sie in die Gaststube.

2. HEIMWEHRMANN: *(zu Erich)* Halt sie fest, verflucht!

Der 2. Heimwehrmann geht wieder hinaus, Anna will ihm nachlaufen, Erich steht auf, zerrt sie zurück, sie wehrt sich heftig, er zwingt sie auf einen Stuhl nieder, sie bleibt sitzen, schlägt weinend die Hände vors Gesicht. Währenddessen hat sich Adler an das Wegkreuz geklammert, der 1. Heimwehrmann prügelt auf ihn ein, Adler bricht ohnmächtig zusammen, der 1. Heimwehrmann prügelt weiter, Toni springt ihn an, reißt ihn zurück und auf den Boden, setzt sich auf ihn und beginnt ihn am Hals zu würgen. Der 2. Heimwehrmann kommt aus dem Gasthaus, sieht das, geht zu Toni, reißt ihn an den Haaren weg. Toni läuft ein Stück davon, der 1. Heimwehrmann rappelt sich hoch, greift sich schwer atmend an die Kehle, schaut zu Toni.

1. HEIMWEHRMANN: Wart nur, di erwisch i schon no! Dann reiß i dir den Arsch auf! *(Hebt seinen Ochsenziemer auf.)* So ein Trottel!

Die beiden Heimwehrleute schauen zum ohnmächtigen Adler.

1. HEIMWEHRMANN: Der hat gnuag!

Sie gehen ins Gasthaus zurück. Toni nähert sich langsam Adler, stößt ihn vorsichtig mit einem Fuß an, weicht wieder zurück. Die zwei Heimwehrleute kommen in der Gaststube an.

1. HEIMWEHRMANN: So! Jetzt hamma uns a Freibier verdient!

2. HEIMWEHRMANN: *(gibt dem Gendarm den Knüppel zurück, grinsend)* Mit bestem Dank zurück!

Die zwei Männer setzen sich, der Bürgermeister geht zur Schank, schenkt zwei Bier ein, Hopfgartner hält nach Toni Ausschau, geht zur Tür und schaut hinaus. Toni steht in der Nähe von Adler und starrt ihn an.

TONI: *(leise)* Hilfe! Hilfe!

HOPFGARTNER: Toni! Geh her da!

Toni schaut seinen Vater an, läuft dann plötzlich die Dorfgasse hinauf davon.

HOPFGARTNER: Toni!

Toni läuft weiter, Hopfgartner schaut zu Adler, geht wieder in die Gaststube zurück, setzt sich. Anna will aufstehen und hinaus, Erich nimmt sie am Handgelenk, drückt sie nieder.

ANNA: Laß mi!

ERICH: Da bleibst! Du muaßt endlich wissen, wo du hinghörst!

Er zwingt Anna nieder, sie reißt ihre Hand los, bleibt aber sitzen, legt ihre Hände auf den Bauch, wo sie ihr Kind spürt. Der Bürgermeister bringt den zwei Heimwehrmännern ihr Bier.

BÜRGERMEISTER: Prost! Laßts es euch schmecken!

Die zwei Heimwehrmänner heben die Krüge, trinken.

1. HEIMWEHRMANN: *(zu Hopfgartner)* Dei Toni is leider a Judenfreund!

HOPFGARTNER: Was? Wieso?

1. HEIMWEHRMANN: No, der hätt mi bald abgwürgt!

HOPFGARTNER: Was?

1. HEIMWEHRMANN: Bist ma eh nit bös, wenn i ihm a paar in die Goschen hau, oder?

HOPFGARTNER: Des mach i scho selber! Dazua brauch i di nit!

Draußen erwacht Adler aus seiner Ohnmacht, kniet sich mühsam auf.

ANNA: *(schaut Erich an)* I hätt di nit heiraten sollen.

ERICH: I hab ja eh nit mitgmacht, Anna!

ANNA: Zualassen is des Gleiche!

ERICH: Mein Gott, er is ja sowieso nit dei Vater!

ANNA: *(steht auf)* A Mensch is er! A Mensch!

Sie geht hinaus, verläßt das Gasthaus, schaut sich um, sieht ihren Vater am Boden, läuft hin, kniet sich zu ihm, holt aus ihrer Manteltasche ein Taschentuch, wischt ihm das Blut aus dem Gesicht.

ANNA: *(weinend)* Geh weg! I bitt di, geh weg!

6. BILD

Ende November 1938. Nacht. Aus dem Gasthaus treten Hopfgartner, Maria, Hans und Toni. Hinter ihnen der Bürgermeister und Olga. Hopfgartner trägt seine Parteileiteruniform mit blankgewichsten Stiefeln, Maria ein Hochzeitsdirndl und Brautstrauß, Hans seine SS-Ausgehuniform, Toni hat jetzt eine neue SA-Uniform (mit dem niedersten Rang), der Bürgermeister einen Trachtenanzug, Olga ein Dirndl. Toni hält sich bewußt gerade, ist sehr stolz auf seine neue Uniform.

OLGA: Also, wirklich! Wenn ma enk so anschaut, ganz a fesches Brautpaar! Sehr fesch!

BÜRGERMEISTER: Und die Kinder erst! *(Lacht schallend.)*

Maria schaut zum Adlerhaus, Hopfgartner sieht den Blick.

HOPFGARTNER: *(zum Bürgermeister)* Was is jetzt mit ihm? *(Deutet zum Adlerhaus.)*

BÜRGERMEISTER: Du, des geht alles weisungsgemäß!

HOPFGARTNER: Ja, was?

BÜRGERMEISTER: Naja, am Neunzehnten is a Weisung vom Gestapochef kommen, daß alle Juden nach Wien abzuschieben sein. Gestern is des widerrufen worden. Aber ma soll sie weiterhin zur Auswanderung anhalten!

HOPFGARTNER: Na und? Tuast des?

BÜRGERMEISTER: Jaja, i mach des schon! Da brauchst di nit kümmern! Der wird bald weg sein!

HOPFGARTNER: Und des Haus?

BÜRGERMEISTER: Des Haus? Des gibt er der Anna.

HOPFGARTNER: Na, dann hast es ja erreicht!

BÜRGERMEISTER: Du, des hat mit mir gar nix zu tuan! Außerdem – er hätts genausoguat dem Hansi vermachen können!

HANS: Von dem will i sowieso nix!

HOPFGARTNER: Aber i will was! Und zwar sei Auto! Wie schaut denn des aus, wenn der Ortsgruppenleiter mit'n Motorradl umananderfahrt? Und er brauchts eh nimmer!

BÜRGERMEISTER: *(grinst)* Und außerdem wirds kalt, gell? Na, guat. Des Auto kriagst.

MARIA: Mi frierts! Gemma! *(Wendet sich ab.)*

OLGA: Also, Glück und Rosen dem jungen Brautpaar!

Maria, Hopfgartner, Hans und Toni gehen die Dorfgasse hinauf, Bürgermeister und Olga schauen ihnen nach.

OLGA: *(verächtlich)* Des is a Gsellschaft!

Olga geht ins Gasthaus, der Bürgermeister schaut zum Adlerhaus, geht hinüber, probiert an der Türklinke, es ist verschlossen, er betätigt den Türklopfer. Nichts rührt sich.

BÜRGERMEISTER: *(ruft leise)* Stefan! Stefan! Mach auf, bittschön! I muaß dringend mit dir reden! Jetzt tua schon! – Herrschaft, wia soll i dir helfen, wenn i mi nit mit dir beraten kann?

Adler kommt und öffnet die Tür, geht in die Wohnstube, der Bürgermeister folgt ihm. In der Wohnstube sind Möbel zertrümmert, ein Radiogerät, Aktenordner und Schubladen liegen am Boden, der Inhalt der Schubladen ist zum Teil verstreut, Scherben von Geschirr und Gläsern liegen herum, der Eßtisch liegt auf der Seite, ein Bein ist abgebrochen, auch zum Teil kaputte Stühle liegen herum. Ein heiler Stuhl steht beim Diwan, auf dem Diwan ein Bettpolster und eine zerknüllte Decke. Auf dem Stuhl ein überfüllter Aschenbecher, eine Pfeife, ein Tabaksbeutel, ein Pfeifenreiniger, Zünder, eine halbleere Schnapsflasche. Adler lebt jetzt in der Wohnstube. Er trägt Mantel, Hose, Hemd, Strickjacke, Schal, Wintersocken, schaut schlecht aus. Er geht zum Diwan, legt sich hin, deckt sich mit der Decke zu.

BÜRGERMEISTER: *(sieht das Chaos)* Ja, Wahnsinn! Des darf doch nit wahr sein! Und i hab ihnen extra no gsagt, sie sollen nix hinmachen! *(Sucht sich einen intakten Stuhl, nimmt ihn, setzt sich zu Adler.)* Mit der Aktion hab i nix zu tuan ghabt, Stefan! I schwörs dir! *(Schlägt die Arme um sich.)* A Kälten hats da ...! *(Schaut Adler genauer an.)* Bist krank oder was?

Adler antwortet nicht.

BÜRGERMEISTER: I wär ja gern früher kommen, woaßt! Aber der Ortsgruppenleiter, der hat a Aug auf mi. Der traut ma nit. Weil er woaß, daß i viel zu guatmütig bin. – Übrigens, heut hat er dei Frau gheiratet!

Adler reagiert nicht, starrt vor sich hin.

BÜRGERMEISTER: Ja, Stefan, du muaßt di endlich entscheiden, was mit dein Besitz gschieht! I bin zum kommissarischen Verwalter bestellt worden und soll Dampf machen hinter die Sach.

ADLER: I gibs der Anna!

BÜRGERMEISTER: *(freut sich)* No fein, wunderbar! – Du, sag, mir is vorkommen, da war oaner bei dir ... war des nit der Notar?

ADLER: Doch! Du hast wieder amal richtig gsehn! *(Holt unter dem Polster ein Kuvert hervor, gibt es dem Bürgermeister.)* Des is die Schenkung. An meine Ex-Tochter.

BÜRGERMEISTER: No, wunderbar! Des hast gscheit gmacht, Stefan! Die beste Lösung! *(Steckt das Kuvert ein.)* Ja, Stefan ... jetzt bräucht ma no die Unterlagen! Büacher, Geschäftspapiere und so weiter!

Adler deutet auf eine der Schubladen, die am Boden liegen. Papiere sind herausgefallen. Der Bürgermeister geht hin, schaut die Papiere flüchtig durch, rafft sie zusammen.

ADLER: *(währendessen)* Am Bahnhof steht seit drei Tag a Waggon Facken. Kümmerts euch drum!

BÜRGERMEISTER: Guat!

ADLER: Mindestens zwanzig Bauern warten auf mi! Metzger und Gasthäuser im halben Bezirk warten auf mi! Es gibt Lieferverpflichtungen! Wenn ihr denen nit nachkommts, is des Gschäft binnen oan Monat ruiniert!

BÜRGERMEISTER: *(hektisch zusammensuchend)* Ja mei, i kenn mi doch nit aus!

ADLER: Die Anna kennt sich aus. Die hat den ganzen Schriftverkehr und die Buchhaltung gmacht.

BÜRGERMEISTER: Ah so! Ja, guat, fein! – Der Erich muaß sich halt jetzt a da einiknien!

ADLER: *(deutet)* Die Ordner da drüben ghörn a dazua!

BÜRGERMEISTER: *(sammelt mehrere Ordner zusammen, schiebt alles auf einen Stoß, setzt sich schnaufend wieder auf den Stuhl)* Ja ... Es is jetzt so, Stefan, daß bis zum 15. März 1939 die Provinz judenrein sein muaß. Des hoaßt, du muaßt entweder bis dahin auswandern oder nach Wien übersiedeln!

ADLER: Du wirst des verhindern!

BÜRGERMEISTER: No, du bist guat!

ADLER: Doch, du wirst des verhindern!

BÜRGERMEISTER: *(starrt vor sich hin, es wühlt in ihm, nach einer Weile)* I hab da übrigens a Weisung kriagt. I muaß leider dei Auto einziehn. Für den Herrn Ortsgruppenleiter!

ADLER: *(grimmig)* Ihr seids vielleicht Banditen!

BÜRGERMEISTER: Du, des is ganz legal! Arisierung zum Parteigebrauch! Des is gesetzlich gedeckt!

ADLER: Ja, des glaub i! Ihr machts euch schon die richtigen Gesetze!

Eine Weile Schweigen.

BÜRGERMEISTER: *(murmelt finster)* A Loch in Kopf, dann wär a Ruah!

ADLER: *(versteht sehr wohl)* Ja, geh! Du willst wohl nit Selbstmord machen? Wär richtig schad um di!

BÜRGERMEISTER: *(springt auf)* Di moan i! Dir ghört a Loch in Kopf! Du unverschamte Judensau, du!

ADLER: Des mit dem Loch im Kopf, des tät i mir noch überlegen, Bürgermeister! I hab nämlich meine Aussage schon gmacht, woaßt!

BÜRGERMEISTER: Was?

ADLER: I hab dein Verrat schriftlich niederglegt! Bei an Rechtsanwalt! Im Falle meines Todes der Gestapo zu übermitteln! Im Falle meiner Ausweisung passiert natürlich des Gleiche!

BÜRGERMEISTER: Des is doch a Wahnsinn! A Wahnsinn is des! I kann di doch nit jahrelang da halten! Versteh des doch!

ADLER: Dein Problem!

BÜRGERMEISTER: Die glauben dir ja gar nit! Wer glaubt denn schon an Juden was?

ADLER: Dein Sohn wird ma glauben! Du wirst erledigt sein im Dorf! Und die Gestapo, die geht allem nach! Allem! Du solltest des wissen!

Der Bürgermeister schaut verzweifelt, geht zur Tür, kommt wieder zurück, rafft die ganzen Papiere und Ordner zusammen, geht hinaus.

7. BILD

September 1939. Morgendämmerung. Zwischen den beiden Häusern stehen der Bürgermeister, Olga, Maria, Hopfgartner (in Zivil) und Toni. Anna trägt in eine Decke gehüllt ihr zehn Monate altes Kind. Toni trägt einen Sonntagsanzug mit Hemd und Krawatte, ist sauber gewaschen und gekämmt, hat Angst. Die Dorfgasse hinauf gehen eben Hans, Erich und der 2. Heimwehrmann. Erich und der 2. Heimwehrmann tragen Gebirgsjägeruniform, Hans SS-Uniform. Erich dreht sich um, lüpft die Mütze und stößt einen Juchzer aus, auch Hans und der 2. Heimwehrmann drehen sich nocheinmal um, lachen und heben grüßend die Hände. Die Angehörigen schauen ihnen nach, die jungen Männer verschwinden um die Ecke. Anna wendet sich traurig ab, geht mit dem Kind ins Haus.

BÜRGERMEISTER: *(fröhlich zu Toni)* Und was is mit dir, ha? Nix kämpfen?

TONI: Zipfel abschneiden!

BÜRGERMEISTER: Was?

HOPFGARTNER: *(gibt Toni eine Ohrfeige)* Sei ruhig! *(Zu Maria:)* Woher hat er denn des?

MARIA: Keine Ahnung!

Olga schaut neugierig, der Bürgermeister verwundert. Toni weicht Richtung Dorfgasse zurück.

TONI: I a Kriag! Nix Zipfel abschneiden!

OLGA: Was hat er denn?

HOPFGARTNER: *(zu Toni)* Gehst her da? Hergehn sollst!

Toni weicht weiter zurück, dreht sich um, will den Soldaten nachlaufen, Hopfgartner läuft ihm nach, packt ihn am Kragen, schleppt ihn zurück.

HOPFGARTNER: Was redst denn? Wia kommst'n auf sowas? Passiert dir ja nix!

TONI: Woll, Zipfel abschneiden! *(Bricht in Tränen aus.)* Mag i nit!

HOPFGARTNER: *(zu Maria)* Hast du ihm was gsagt?

MARIA: Gar nix hab i gsagt! Des werd er scho mitkriegt haben! Bei der Untersuchung. Oder beim Gericht. Der is nit so blöd, wie du glaubst!

BÜRGERMEISTER: Ja, sagts amal, um was gehts denn?

MARIA: Sterilisieren tuan s' ihn, den Toni!

HOPFGARTNER: *(zu Maria)* Ja, muaßt du des sagen? Des müassen doch nit alle wissen!

OLGA: *(süffisant)* Ja, mei, Sepp, is doch koa Schand!

Toni versucht sich wieder loszureißen, Hopfgartner kämpft mit ihm, nimmt ihn in den Schwitzkasten.

HOPFGARTNER: *(keuchend zu Bürgermeister und Olga)* Jetzt gehts halt eini, bittschön! Oder schauts ihr gern da zua?

Der Bürgermeister und Olga gehen ins Gasthaus, Olga wirft dabei ihrem Mann einen vielsagenden Blick zu.

HOPFGARTNER: *(zu Toni)* Gibst jetzt nach, ha?

TONI: *(weinend)* Na, nit Zipfel abschneiden! Bittschön, nit abschneiden!

MARIA: Geh, Toni! Die schneiden dir gar nix ab! Glaub ma's! Des is nur ganz a kloaner Eingriff!

HOPFGARTNER: *(drückt zu)* Gibst nach?

TONI: Ja, gib nach!

Hopfgartner läßt Toni los, dieser richtet sich auf, steht verzweifelt da, Hopfgartner fährt ihm mit den Fingern durch die Haare, richtet sie.

HOPFGARTNER: *(plötzlich sanft)* Jetzt komm, bring ma's hinter uns!

Hopfgartner nimmt Toni am Arm, geht mit ihm davon, Toni schaut verzweifelt zu Maria zurück, sie verschwinden oben in der Dorfgasse ums Eck. Man hört das Wegfahren des Autos. Maria schaut zum Adlerhaus. Der Bürgermeister kommt wieder aus dem Gasthaus, stellt sich neben Maria, schaut auch zum Adlerhaus.

BÜRGERMEISTER: Er hat sich verbarrikadiert!

MARIA: Alle Fenster sein hin! Wer tuat denn sowas?

BÜRGERMEISTER: Ja, was woaß i? Jeder, der in der Nacht vorbeigangen is, hat halt an Stoan einigschmissen.

MARIA: So a Gemeinheit! Die besten Preise hat er ihnen zahlt fürs Viech! Und immer bar, immer pünktlich! Des Fuatter hat er ihnen vorgstreckt! Geld hat er ihnen gliehen, in die schweren Zeiten! Und jetzt schmeißen s' ihm die Fenster ein! Zum Dank!

BÜRGERMEISTER: *(angstvoll)* Hoffentlich lebt er no!

MARIA: Was?

BÜRGERMEISTER: Die Anna stellt ihm immer was zum Essen vor sei Tür. Seit zehn Tag holt er's nimmer ab!

MARIA: Ja, wieso habts denn nit nachgschaut?

BÜRGERMEISTER: I hab eh die Tür aufbrochen! Hat er gschrien, mir sollen ihn in Ruah lassen! Hat die Anna beleidigt! *(Schaut auf das Haus.)* Es is a Wahnsinn! Schau dir an, wie des Haus verlottert! Des geht doch nit!

MARIA: Na, so geht des wirklich nit weiter! – Er muaß wieder arbeiten! Unbedingt!

BÜRGERMEISTER: Darf er ja nit!

MARIA: Geh, hör auf!

BÜRGERMEISTER: Na, des geht nit! Es is verboten!

MARIA: Jaja, dir werds scho recht sein, wenn er draufgeht! Dann bist an unliebsamen Zeugen los! Aber des garantier i dir: Wenn er stirbt, dann deck i dein Verrat auf!

BÜRGERMEISTER: *(verzweifelt)* Wenn er stirbt, dann kommts sowieso auf! Er hats ja schriftlich hinterlegt!

MARIA: Ah, deswegen machst dir solche Sorgen! Hab mi eh scho gwundert!

BÜRGERMEISTER: *(schaut Maria an, geht zur Tür des Adlerhauses, probiert an der Klinke, es ist abgeschlossen, er betätigt den Türklopfer)* Stefan! Stefan, mach auf! Aufmachen sollst!

Nichts rührt sich, der Bürgermeister schaut zu Maria, diese geht auch hin.

MARIA: Stefan! I bins, die Maria! Mach auf, bittschön! – Stefan i mach ma Sorgen um di!

Es rührt sich nichts.

BÜRGERMEISTER: Stefan! Herrschaft, jetzt laß uns schon eini! Mei, bist du a undankbarer Mensch! I hab ja alles tan für di! I war extra bei der Gauleitung! Hab deine Verdienste hervorghoben! Hab an Aufschub für di erwirkt! Was willst denn no? *(Keine Reaktion.)* Horch zua, Stefan! I will, daß d' wieder arbeitest! Daß d' wieder deim Handel nachgehst! Hast mi ghört?

MARIA: Stefan!

Sie warten auf eine Reaktion. Adler kommt an die Tür, öffnet sie, geht in die Wohnstube zurück, Bürgermeister und Maria folgen. Es herrscht immer noch die gleiche Unordnung, es liegen nur zusätzlich noch einige Kleidungsstücke am Boden herum. Außerdem steht am Boden eine verstaubte schwarze Kiste. Der gewölbte Deckel ist geschlossen. Auf dem Stuhl beim Diwan liegt ein schwarzes Buch. Adler ist nun ganz heruntergekommen, trägt seit Monaten dieselbe Kleidung, hat nun einen Vollbart. Es ist noch immer dämmrig, in der Stube brennt kein Licht. Adler setzt sich auf den Diwan, Maria setzt sich auf den zweiten Stuhl und schaut Adler an, der Bürgermeister bleibt stehen.

MARIA: *(zu Adler)* Du schaust ja furchtbar aus!

Adler antwortet nicht.

MARIA: Es is Kriag. Der Hans und der Erich sein eingruckt.

Adler reagiert nicht.

MARIA: *(ungehalten)* Du kannst doch nit Jahr und Tag da auf dem Diwan liegen! Wasch di, iß was, geh außi in die frische Luft!

ADLER: *(zum Bürgermeister)* Also, was hast mir zu sagen?

BÜRGERMEISTER: Ja, hast eh ghört! Du sollst für mi handeln gehn!

ADLER: Für di?

BÜRGERMEISTER: Ja, mei, für die Anna halt! Ihr ghört des Gschäft! Und der Erich is im Kriag! I seh mi nit drüber aus, alloan! Jetzt hilf ma halt!

MARIA: Du solltest des Angebot zu schätzen wissen, Stefan!

BÜRGERMEISTER: Möcht i wohl a moanen! Weil, erlaubt is des nit! Da kann i arge Schwierigkeiten kriagen! I muaß halt sagen, daß du Zwangsarbeit für mi leistest! Sonst bin i dran!

Adler schaut die beiden an. (Natürlich möchte er gern wieder arbeiten. Er geht zugrunde hier, so allein und ohne Betätigung.)

ADLER: *(nach einer Weile)* Guat. Einverstanden.

BÜRGERMEISTER: Na, endlich! Wirst sehn, mir zwoa sein guate Partner! Du kaufst ein, alles andere machen die Anna und i!

MARIA: Jetzt bin i aber froh, Stefan! Des tuat dir sicher guat, wenn du wieder unter die Leut kommst!

ADLER: Ja. I war mei Lebtag gern unter die Leut! An schöneren Beruf könnt i mir gar nit vorstellen. *(Lächelt.)* I kann mi no guat erinnern, wie i angfangen hab. Dreizehn Jahr alt war i. Da hat ma der Vater a Geld geben und hat gsagt: »Geh auf'n Markt und kauf a Schafl!« Auf d'Nacht bin i hoamkommen, mit'm Schafl und hab dem Vater des Geld wieder geben. Hab i sofort oane gfangen. »Was, du hast des Schaf gstohlen?« »Na«, hab i gsagt, »i habs nit gstohlen! Zerst hab i um dei Geld oans kauft, habs glei wieder weiterverkauft, hab a neues kauft, des wieder verkauft – und am Abend hab i eben beides ghabt: des Schafl und des Geld.« *(Schaut den Bürgermeister an.)* Er hats ma nit glaubt, der Vater. Is nachfragen gangen. Aber es hat gstimmt. Da hat er mir des Schafl gschenkt und des Geld dazua. Und so hab i mein Handel angfangen. Im Jahr siebenundneunzig.

8. BILD

Dezember 1941. Abenddämmerung. Von der Dorfgasse herunter kommt Anna, sie ist in Trauerkleidung, trägt dunklen Mantel. Die Dorfgasse hinauf gehen die zwei Hitlerjungen, der jüngere trägt eine Sammelbüchse.

1. HITLERJUNGE: Winterhilfe! Winterhilfe!

Sie begegnen Anna, der Hitlerjunge hält ihr die Sammelbüchse hin, Anna holt aus ihrer Handtasche ein Geldstück, wirft es in die Büchse, sie bekommt ein Abzeichen dafür, steckt es achtlos ein, die Hitlerjungen gehen weiter.

1. HITLERJUNGE: Winterhilfe! Winterhilfe!

Von links kommt Hans mit einer Reisetasche. Er trägt SS-Uniform, darüber einen Uniformmantel, ist befördert worden. Die beiden sehen einander, Anna geht auf ihn zu, umarmt ihn.

ANNA: *(leise)* Der Erich is gfallen!

Hans drückt Anna an sich. Er ist ganz versteinert. (Er tut schreckliche Dinge im Osten.)

ANNA: *(schaut ihn an)* Wenigstens du lebst no! *(Umarmt ihn wieder, nimmt ihn an der Hand.)* Komm eina!

HANS: *(schüttelt den Kopf)* I geh hoam.

ANNA: Is dir was?

Hans schaut die Schwester nur traurig an, geht die Dorfgasse hinauf davon.

ANNA: *(ruft ihm nach)* In der Kirchen steht sei Kreuz! Vom Erich! Vielleicht schaust hin!

Anna geht ins Gasthaus, aber nicht in die Gaststube. Nun Licht in der Gaststube. Am Stammtisch sitzen bei Bier der Bürgermeister, Hopfgartner, der Gendarmeriepostenkommandant, der Pfarrer und der Landrat. Der Landrat ist ein Norddeutscher, trägt einen eleganten Trachtenanzug. Olga steht in Trauerkleidung hinter der Schank. Der Bürgermeister trägt eine schwarze Trauerbinde am Arm.)

LANDRAT: *(zu Hopfgartner)* Sie haben vollkommen recht, Herr Ortsgruppenleiter! *(Zum Bürgermeister:)* Es geht nicht mehr. Ich kann das nicht mehr verantworten!

Der Bürgermeister macht eine hilflose Geste. Der Landrat wird unfreundlich zum Bürgermeister.

LANDRAT: Wissen Sie, daß schon Leute wegen »Judenfreundlichkeit« ins KZ gekommen sind?

Der Bürgermeister schaut bedrückt.

LANDRAT: *(zum Pfarrer)* Und jetzt zu Ihnen, Herr Gruber! *(Zum Gendarm:)* Das Protokoll!

Der Gendarm zieht ein Papier aus seiner Rocktasche, gibt es dem Landrat.

LANDRAT: *(liest vor)* Anzeige – erstattet vom Ortsgruppenleiter Hopfgartner. Predigt vom 8. Dezember über Matthäus, Kapitel 11, 2 bis 10. Im Zusammenhang damit, daß man keine Menschenfurcht haben solle, sprach Herr Gruber auch über die Verfolgung Andersdenkender und sagte wörtlich: »Seid mutig, fürchtet euch nicht, Gott will keine Feigheit, Gott will im Gegenteil, daß wir unsere Mitbrüder und Mitschwestern beschützen vor der leibhaftig gewordenen Herrschaft des Teufels!« Herr Gruber sprach auch über die Kindererziehung und sagte dabei unter anderem wörtlich: »Die heutige Jugend wird zu Satanskindern erzogen, zu Verrätern und Denunzianten an ihren eigenen Eltern und Geschwistern!« *(Der Landrat blickt auf.)* Das ist ein schweres Vergehen nach Paragraph 130a Reichsstrafgesetzbuch. Kanzelmißbrauch! Und natürlich auch ein Vergehen nach dem Heimtückegesetz! – Wie verantworten Sie sich?

PFARRER: I muaß mi vor mein Herrgott verantworten, nit vor Ihnen!

LANDRAT: Sie sind sehr unklug, Herr Gruber! Wissen Sie, ich müßte gar nicht mit Ihnen reden. Das ist nicht meine Aufgabe! Im Gegenteil, es wäre Aufgabe der Gendarmerie, diese Anzeige sofort an die Gestapo weiterzuleiten!

Draußen kommt von rechts Adler. Er ist wieder gesund und gepflegt, hat aber den Vollbart beibehalten, trägt Kniebundlederhose, einen Trachtenjanker, Trachtenhut, Lodenmantel, in der Hand eine abgewetzte Aktentasche. Er geht ins Gasthaus.

LANDRAT: *(währenddessen weiter)* Aber ein paar Leute haben ein gutes Wort für Sie eingelegt. Und so will ich Ihnen noch eine Chance geben. Ich bin kein Fanatiker wie Sie, Herr Pfarrer! – Wenn Sie sich bereiterklären, diese Predigt öffentlich, in der Kirche, zurückzunehmen, sich dafür zu entschuldigen, dann lassen wir die Sache auf sich beruhen.

PFARRER: *(schüttelt den Kopf)* Des kann i nit machen!

Adler kommt in die Gaststube, alle schauen zu ihm, der Bürgermeister erschrickt, winkt ihm heimlich zu, er soll wieder gehen. Der Landrat sieht den Wink, der Bürgermeister hält verlegen inne.

LANDRAT: *(zu Adler)* Wer sind Sie?

ADLER: *(hängt seinen Hut auf, zieht seinen Mantel aus, hängt ihn auf, währenddessen)* Wer sind Sie?

LANDRAT: Ich bin der Landrat!

ADLER: Stefan Adler. Viehhändler. *(Setzt sich an einen anderen Tisch.)*

LANDRAT: Was? Sie sind das?

ADLER: Richtig! – Olga, an Tee!

Olga tut es nicht.

LANDRAT: *(steht auf)* Ja, sind Sie wahnsinnig?

ADLER: Wieso?

LANDRAT: Sie stolzieren da so einfach durch die Lande, oder wie?

ADLER: Warum nit?

LANDRAT: *(geht zu ihm)* Wie sind Sie überhaupt angezogen?

ADLER: *(schaut an sich hinunter)* Normal, oder?

LANDRAT: Ja, wissen Sie denn nicht, daß Juden das Tragen von Landestrachten und von Trachtenbestandteilen verboten ist?

ADLER: Na, des is ma neu.

BÜRGERMEISTER: Des muaß i übersehn haben! Hats da a Weisung geben?

LANDRAT: *(schaut Adler an)* Zeigen Sie mir Ihre Lebensmittelkarte! Na, los!

Adler greift in die Innentasche seines Rockes, holt die Lebensmittelkarte heraus, gibt sie dem Landrat, der schaut sie an.

LANDRAT: Hab ich's mir doch gedacht! *(Zum Bürgermeister:)* Sie scheren sich offenbar um gar nichts, Herr Bürgermeister! *(Reißt einen Abschnitt von der Karte:)* Kein Fleisch, *(reißt den zweiten Abschnitt herunter)* keine Milch, *(reißt den dritten Abschnitt herunter)* keinen Käse! *(Schaut Adler an.)* Vorschrift! Für Juden! *(Gibt Adler die Karte zurück.)* Und jetzt raus!

Adler steckt die Karte ein, steht auf, geht zur Garderobe. Der Landrat setzt sich wieder hin, trinkt von seinem Bier. Alle schauen zu Adler, der seinen Mantel anzieht, den Hut aufsetzt, mit der Aktentasche zur Tür geht. Dem Landrat fällt etwas auf.

LANDRAT: Ja, Moment!

Adler dreht sich um.

LANDRAT: Kommen Sie her! Na, los!

Adler kommt langsam und ruhig heran, der Landrat steht auf, tippt auf Adlers linke Brustseite.

LANDRAT: Da fehlt doch was, nicht?

ADLER: Was denn?

LANDRAT: *(zum Bürgermeister)* Warum trägt der Mann keinen Judenstern?

BÜRGERMEISTER: Ja, aber von dem woaß i nix! Da is nix kommen! Ganz bestimmt nit, Herr Landrat!

LANDRAT: *(zu Adler)* Sie tragen ab sofort einen Judenstern! Verstanden?

ADLER: Und wie soll der ausschaun?

LANDRAT: Jetzt weiß er nicht mal, was ein Judenstern ist! Ein Sechsstern aus gelbem Stoff, in der Mitte die schwarze Aufschrift »JUDE«! *(Tippt an Adlers linke Brustseite.)* Hier anzunähen! Haben Sie verstanden?

Adler nickt.

LANDRAT: Also, ziehen Sie Leine!

Adler schaut den Landrat ruhig an, der Bürgermeister faltet bittend die Hände, deutet hinaus, Adler dreht sich um, geht hinaus, geht in sein Haus hinüber.

LANDRAT: Unglaublich, wie unverschämt dieses Judenpack ist! *(Setzt sich wieder, schaut den Bürgermeister an.)* Der Mann verschwindet! Dafür sorge ich höchstpersönlich! – Und was Sie betrifft, Herr Pfarrer, die Anzeige wird weitergeleitet! *(Zum Gendarm:)* Verstanden?

Der Gendarm nickt, der Pfarrer steht auf, nimmt seinen Mantel, geht hinaus.

LANDRAT: *(zu Hopfgartner)* Gut, daß Sie mich geholt haben! Ein Saustall ist das hier ...! *(Steht auf.)*

Olga ist ganz erledigt, weil ihr Mann so schlecht wegkommt, gleichzeitig ist sie wütend auf Hopfgartner.

BÜRGERMEISTER: *(zum Landrat)* Aber jetzt wern S' wohl nimmer heimfahren, oder? Sie können gern bei uns übernachten, Herr Landrat!

In der Gaststube Licht aus. Der Pfarrer kommt aus dem Gasthaus, zieht seinen Mantel an, schaut zum Adlerhaus, geht hin, probiert an der Tür, sie ist offen, er geht hinein. Licht an in der Wohnstube. Die Stube ist jetzt wieder aufgeräumt, die Möbel sind intakt. Die schwarze Kiste steht am Boden, der Deckel ist geöffnet, ein jüdischer Gebetsmantel schaut heraus. Das schwarze Buch liegt geöffnet auf dem Tisch. Adler steht an der Kredenz, hat sich einen Schnaps eingeschenkt und trinkt. Es klopft an der Tür.

ADLER: Ja?

Die Tür öffnet sich, der Pfarrer kommt herein.

ADLER: Oh, die hohe Geistlichkeit!

PFARRER: *(bedrückt)* So hoh nimmer!

ADLER: *(gleichgültig)* Was willst denn?

PFARRER: Darf i mi setzen?

ADLER: Bittschön! In dem Haus darf jeder alles. Ghört nix mehr mir.

Der Pfarrer setzt sich an den Tisch, Adler schenkt sich Schnaps nach.

PFARRER: I muaß dir Abbitte leisten!

ADLER: Wieso? Hast ma ja nix tan!

PFARRER: Ja, aber i hab mitgholfen, den Boden zu bereiten. Und i bin nit zu dir gstanden.

ADLER: Macht doch nix! Koaner steht zu mir!

PFARRER: Der Bürgermeister steht zu dir! Hab selber ghört, wie er di verteidigt hat.

Adler lacht auf, der Pfarrer schaut verwundert, Adler nimmt ein zweites Glas, schenkt ein, bringt es dem Pfarrer.

ADLER: Da, trink!

Adler holt sein Glas und die Flasche, setzt sich zum Pfarrer an den Tisch, der Pfarrer hebt das Glas, trinkt.

ADLER: Woaßt ma nit an Schneider? Für'n Judenstern. I bin da so ungschickt. Und Frau hab i ja koane mehr!

PFARRER: Es is ma ernst, Stefan! I hab a immer gegen die Juden ghetzt.

ADLER: *(beginnt zu lachen, kann sich kaum mehr halten, lachend)* I doch a! I doch a, Pfarrer! I war ja auch Antisemit! Kannst du dir des vorstellen? *(Sein Lachen bricht plötzlich ab; ganz ernst:)* Verfluacht soll i sein!

PFARRER: Des wirst du nit sein. Und i möcht di trotzdem um Verzeihung bitten. – I kenn ja nur di. Du bist koa schlechter Mensch!

ADLER: Na und? Deswegen brauchst doch deine Vorurteile nit aufgeben! Bin i halt a braver Jud! Werd scho andere a geben! Bluatsauger, Betrüger, Frauenschänder!

PFARRER: Die gibts unter die Christen a!

ADLER: Wallstreet-Kapitalisten, Bolschewisten, Ritualmörder!

Der Pfarrer senkt den Kopf.

ADLER: Laß guat sein, Pfarrer. – I versteh nur nit, daß du mit die Leut no am gleichen Tisch sitzen kannst!

PFARRER: Des war doch nit freiwillig! I bin zitiert worden!

ADLER: Wieso?

PFARRER: Ach, wegen oaner Predigt! Aber des is ma gleich! Die können mi hakenkreuzweis! – So geht des sowieso nit weiter! Jeds Wort muaß ma sich dreimal überlegen! Überall lauern die Spitzel! In der Schul haben die Kinder jedes Kruzifix von der Wand grissen! Und ham dabei gschrien, unter Anleitung vom Oberlehrer: »Ohne Jude, ohne Rom, bauen wir Germaniens Dom!« – Mein Gott, was bin i für a Narr gwesen!

Adler schenkt dem Pfarrer nach, der trinkt.

PFARRER: »Das freie, herrliche Raubtier« wollten sie in der Jugend heranzüchten. Jetzt sein s' an der Front, die Raubtiere, und wern zsammgschossen! *(Schaut vor sich hin, eine Weile Schweigen.)* I kriag koa Hostienmehl mehr! Grad z'Fleiß geben s' ma koans! – Und nächste Wochen giaßn s' meine Kirchenglocken zu Kanonen! *(Er ist todtraurig.)*

ADLER: *(schaut ihn an, hat Mitleid mit ihm, schaut auf das aufgeschlagene Buch vor sich, nimmt es, schaut hinein, liest)* Alles ist nur gegen Bürgschaft gegeben, und ein Fangnetz ist über alles ausgebreitet, was da lebt. Der Laden ist offen, der Besitzer gewährt Kredit, das Heft ist offen und die Hand schreibt. Jeder, der leihen will, kann kommen und leihen. Die Einnehmer gehen regelmäßig und täglich umher und fordern Schulden ein vom Menschen, ob er es merkt oder ob er es nicht merkt. Und sie haben etwas, worauf sie sich stützen können, und ihr Gericht ist ein Gericht der Wahrheit. Und alles ist bereitet zum Festmahl. *(Adler schaut auf.)*

PFARRER: Ja ... Des hoff i. – Was is des? Die Bibel? I kenn des nit.

ADLER: Des is der jüdische Talmud. In Deutsch. Meine Vorfahren wollten ja deutsch sein. Zerst deutschsprachige Juden, dann Deutsch-Österreicher, dann nur mehr Deutsche. Und i bin ihnen nachgfolgt. Blind.

PFARRER: Wo hast denn des her?

ADLER: Aus der Kisten. *(Steht auf, geht hin.)* I hab sie im Keller gfunden. Mei Großvater hat sie wohl aufbewahrt, und mei Vater hat sie daher mitgnommen.

Der Pfarrer steht auf, kommt her, schaut in die Kiste.

ADLER: Die ganzen Jahre is sie da unten gstanden. Und hat drauf gwartet, daß i sie aufmach.

Adler schaut in die Kiste, der Pfarrer schaut ihn an.

PFARRER: Du muaßt verschwinden, Stefan! Über die Berg!

ADLER: *(wie selbstverständlich)* Na, i geh da nit weg.

PFARRER: Sie werden di mit Gwalt wegholen!

Adler antwortet nicht.

PFARRER: Es hoaßt, alle Juden kommen in a geschlossenes Siedlungsgebiet im besetzten Osten. Willst du dorthin?

ADLER: *(nach einer Weile)* Was soll i in der Schweiz? Was soll i in Amerika? Was soll i in Palästina? I bin da dahoam! *(Leise:)* Des is a schönes Land. I kenn koa schöners!

PFARRER: *(verzweifelt)* Aber sie lassen di da nit leben!

Adler reagiert nicht darauf, eine Weile Schweigen, der Pfarrer umarmt Adler.

PFARRER: Pfiat di! Gott steh uns bei!

Der Pfarrer geht hinaus, Adler setzt sich wieder, nimmt das Buch, liest darin. Von der Dorfgasse herunter kommt Hans – in Uniform –, der Pfarrer verläßt das Haus, geht die Dorfgasse hinauf, begegnet Hans.

PFARRER: Griaß Gott, Hansi!

Hans antwortet nicht, geht am Pfarrer vorbei, ohne ihn anzuschauen. Der Pfarrer schaut ihm nach, geht dann weiter, Hans bleibt vor seinem Vaterhaus stehen, überlegt eine Weile, geht dann hinein, klopft an die Tür.

ADLER: Ja?

Hans kommt herein, Adler schaut, steht langsam auf, Hans kommt her, schaut Adler an.

ADLER: Magst a Schnapsl?

Hans nickt, Adler holt ein Glas, schenkt ein, reicht Hans das Glas.

ADLER: Setz di!

Hans setzt sich, trinkt den Schnaps in einem Zug aus, Adler setzt sich ebenfalls, schaut Hans an. Hans starrt vor sich hin, schaut seinen Vater an, möchte reden, kann nicht, steht auf, geht in den Raum. Adler schaut zu ihm.

ADLER: Willst nit den Mantel ausziehn?

Hans antwortet nicht, nach einer Weile beginnen plötzlich seine Schultern zu zucken, er muß weinen, unterdrückt krampfhaft das Schluchzen, Adler steht auf, geht zu ihm, schaut ihn an, legt ihm die Hand auf die Schulter, Hans kann sich nicht mehr beherrschen, schluchzt furchtbar, Adler schaut hilflos, dreht dann Hans zu sich, umarmt ihn, Hans will sich schon hingeben, da reißt er sich plötzlich los, stürzt hinaus, geht schnell die Dorfgasse hinauf. Adler steht verloren im Raum. Licht aus. Aus dem Gasthaus treten Hopfgartner und der Gendarm. Der Gendarm tippt an seine Mütze, geht rechts ab, Hopfgartner geht die Dorfgasse hinauf. In der Gaststube Licht an. Am Stammtisch sitzen noch immer der Landrat und der Bürgermeister. Der Landart trinkt ein frisches Bier, raucht eine Zigarette. Olga steht hinter der Schank und spült Gläser ab. Der Bürgermeister sitzt wie ein gescholtener Schuljunge da. Peinliches Schweigen. Olga wischt sich die Hände an der Schürze ab, kommt her, schaut den Landrat an, setzt sich zu ihrem Mann.

OLGA: Jetzt muaß i Ihnen amal was sagen, Herr Landrat! Mei Mann hat immer seine Pflicht erfüllt! Immer! Und in der Verbotszeit hat er ständig seine schützende Hand über die Parteigenossen ghalten! Unser Sohn Erich war im Gfängnis! Weil er Waffen gschmuggelt hat, für die Bewegung! Und jetzt is er gfallen, der Erich! An der Front! Der Ortsgruppenleiter braucht si gar nit so aufspielen!

BÜRGERMEISTER: Misch di da nit ein, Olga!

OLGA: Na, es muaß amal gsagt sein! Der Ortsgruppenleiter macht doch die Partei lächerlich! Macht die SA lächerlich!

LANDRAT: Drücken Sie sich deutlicher aus!

OLGA: Gern! Der hat an Buam, der is da *(tippt an die Stirn)* nit ganz richtig! Der is schwachsinnig! A totaler Idiot!

LANDRAT: Achja? Wußte ich gar nicht!

BÜRGERMEISTER: *(steigt ein)* Der Depp is bei der SA! Des müassen S' Ihnen vorstellen! Den hat sei Vater in a SA-Uniform gsteckt! Und kommt so daher! *(Steht auf, verzieht das Gesicht, macht Toni nach.)*

LANDRAT: *(schüttelt den Kopf)* Sachen gibts!

Der Bürgermeister setzt sich.

LANDRAT: Hat er sexuelle Ambitionen?

BÜRGERMEISTER: *(versteht nicht)* Was?

LANDRAT: Steigt er Mädchen nach?

OLGA: Ja, sicher! Der hat den gleichen Drang wie andere Männer a! Aber inzwischen is er ja kastriert!

BÜRGERMEISTER: Sterilisiert, hoaßt des!

OLGA: Ah so! Sterilisiert! No, wenigstens kann er koane depperten Kinder mehr machen!

LANDRAT: Ein Geisteskranker in SA-Uniform ... ne! Das macht kein gutes Bild! Muß ich schon sagen!

9. BILD

Jänner 1942. Morgengrauen. Wohnstube Adler. Die Kiste ist geöffnet. Auf dem Tisch liegen der Gebetsmantel, der Talmud, ein rotseidenes Säckchen, daneben Gebetsriemen, ein Stück Brot und eine Zwiebel. Adler sitzt am Tisch, trägt jetzt alte, schwarze Hosen und abgewetzte Stiefel, ein weißes Hemd, auf dem Kopf einen steifen, schwarzen Hut, wie ihn orthodoxe Juden tragen. Er hat einen schwarzen Kaftan vor sich auf dem Schoß, näht einen selbstgebastelten Judenstern an die linke Brustseite des Kaftans.

ADLER: *(spricht auswendig)* Herr, du kennst meine Torheit, und meine Vergehen sind nicht verborgen vor dir. Nach deiner großen Güte erhöre mich, hilf mir in deiner Treue. Siehe, sie trachten mir nach dem Leben, es verschwören sich Mächtige wider mich. Abend für Abend kehren sie wieder und heulen wie Hunde und durchstreifen die Stadt. Sie schweifen umher und suchen zu fressen; und wurden sie nicht satt, so erheben sie ihr Geheul. Ich aber will singen von deiner Macht, am Morgen schon jubeln über deine Barmherzigkeit. Denn du bist mir Zuflucht geworden, eine feste Burg am Tage meiner Bedrängnis.

Während Adler noch betet, hört man von oben ein Auto kommen, die Lichtkegel der Scheinwerfer streifen die Häuser, der Motor stirbt ab, die Scheinwerfer erlöschen, Autotüren schlagen, zwei Männer biegen um die Ecke, kommen die Dorfgasse herunter. Es sind die beiden Kriminalpolizisten von 1933, nunmehr Angehörige der Gestapo. Links von der Kirche her tritt Rosa auf die Gasse, schaut den Männern nach, verschwindet wieder. Als die Gestapoleute zwischen den beiden Häusern angelangt sind, ist Adler mit dem Psalm und dem Annähen des Judensterns fertig. Die Gestapomänner wenden sich zum Gasthaus, betätigen den Türklopfer, Adler horcht auf. Licht aus in der Wohnstube Adler. Der 1. Gestapomann klopft noch ein paarmal, nach einer Weile öffnet sich die Haustür, der Bürgermeister schaut heraus, hat über sein Nachthemd einen Wintermantel angezogen, an den Füßen trägt er Pantoffel.

BÜRGERMEISTER: Was is denn?

1. GESTAPOMANN: Geheime Staatspolizei!

Die beiden Männer gehen einfach am Bürgermeister vorbei in die Gaststube, der Bürgermeister kommt erschrocken nach, macht das Licht an, erkennt nun die Männer.

BÜRGERMEISTER: Aber, Sie sind doch ...! Sie ham doch damals ...!

1. GESTAPOMANN: Richtig! Wie gehts ihm denn?

BÜRGERMEISTER: Wem?

1. GESTAPOMANN: Na, Ihrem Sohn!

BÜRGERMEISTER: Gfallen is er! Vor Moskau!

2. GESTAPOMANN: Können S' stolz sein!

BÜRGERMEISTER: Ja, aber ... Wie geht denn des? Wieso seids Ihr denn jetzt bei der Gestapo?

1. GESTAPOMANN: *(grinsend)* Gegenfrage: Wieso sein Sie immer noch Bürgermeister?

BÜRGERMEISTER: Wollen S' mi verhaften?

1. GESTAPOMANN: *(verblüfft)* Sie? Ja warum denn?

BÜRGERMEISTER: Ja, weil i damals ...

1. GESTAPOMANN: Lieber Herr Bügermeister! I bitt Sie! Sie ham doch nur Ihre Pflicht erfüllt, damals! Genau wie wir!

BÜRGERMEISTER: *(ist über alle Maßen erleichtert)* Moment, bitte! *(Rennt zur Tür, dreht sich um:)* I hab Kaffee! Echten! Wolln S' oan?

2. GESTAPOMANN: Ja, gern, Herr Bürgermeister! Deswegen kommen ma ja zu Ihnen, mir haben no nit gfrühstückt!

BÜRGERMEISTER: *(öffnet die Tür, dreht sich noch einmal um)* Ihr holts den Juden, oder?

2. Gestapomann: Sowieso!

Bürgermeister: *(rennt in den Flur, brüllt)* Olga! Olga! Aufstehn, Kaffee machen!

Er verläßt das Haus, Licht aus in der Gaststube, der Bürgermeister rennt zum Adlerhaus hinüber, Licht an in der Wohnstube, der Bürgermeister stürzt herein. Adler hat inzwischen den Kaftan mit dem Judenstern angezogen, macht eben die Knöpfe zu. Dem Bürgermeister fällt die ungewöhnliche Kleidung gar nicht auf.

Bürgermeister: *(triumphierend)* So, du Aff, du blöder! Jetzt kannst dir mit deiner Zeugenaussage den Arsch auswischen!

Adler: Warum?

Bürgermeister: Weil die Gestapo bei mir is! Und woaßt was? Des sein die gleichen Beamten wie damals! Und es is ihnen scheißegal, was i damals tan hab!

Adler: No, wunderbar! Gratuliere! Es gibt übrigens gar koa Zeugenaussage von mir!

Bürgermeister: Was?

Adler: Es gibt nix bei an Anwalt!

Bürgermeister: Es gibt nix?

Adler schüttelt den Kopf.

Bürgermeister: So a Sauhund! – Du Schwein, du! Na wart, jetzt gehts dir sowieso an den Kragen!

Der Bürgermeister stürzt wieder hinaus und ins Gasthaus hinüber. Adler schaut dem Bürgermeister lächelnd nach, nimmt vom Tisch das Brot und die Zwiebel, steckt beides ein, steckt den Talmud ein, gibt die Gebetsriemen in das Säckchen, steckt es ebenfalls ein, schaut sich nocheinmal im Zimmer um, geht zur Tür, schaltet das Licht aus, geht hinaus auf den Platz, um die Polizei dort zu erwarten. Von der Kirche her taucht plötzlich der Pfarrer auf, er kommt die Dorfgasse heruntergelaufen. Er ist in vollem Ornat, weil er gerade die Frühmesse abhalten wollte. Er sieht Adler, geht zu ihm hin.

Pfarrer: Die Rosa hat gsagt, es is jemand kommen! Wahrscheinlich Polizei!

Adler: I woaß, ja.

Der Pfarrer schaut Adler an, sieht, daß es keinen Zweck hat, mit ihm über Flucht zu reden. Von oben kommen Rosa und Maria.

Maria: Stefan!

Pfarrer: Es hat koan Zweck, Maria! Der sture Mensch is nit wegzubringen.

Maria: *(zu Adler)* I geh mit dir!

Adler: *(schüttelt den Kopf)* Na, Maria, den Weg muaß i schon alloan gehn. *(Lächelt.)* Der steht nur mir zua.

Maria: *(umarmt ihn weinend)* Laß mi mitgehn! Bitte!
Adler: Machs ma doch nit so schwer, Maria!
Maria: I halt des nit aus bei dem!
Rosa: Vergift ihn! Du muaßt ihn vergiften!
Pfarrer: Rosa!
Rosa: Nix! So oan muaß ma vergiften! Der Herrgott versteht des!

Die Gasthaustür öffnet sich, die Gestapomänner kommen heraus, halten Kaffeetassen in den Händen, der 1. Gestapomann ißt ein Butterbrot, sie hören zu. Hinter ihnen erscheinen der Bürgermeister und Olga. Der 2. Gestapomann schaut zu den beiden zurück, legt den Finger an den Mund. Olga schaut neugierig. Adler löst sich währenddessen von Maria.

Adler: Es tuat ma leid, daß i di so in Schwierigkeiten bracht hab. Und verzeih, daß i dei Opfer angnommen hab und noch dazua eifersüchtig war.
Maria: *(schluchzt auf)* Hör auf! Des war nit so uneigennützig! Die Kinder wollt i retten, ja! Aber mi wollt i a retten! Angst hab i kriagt! Furchtbare Angst vor dem, was kommen wird! Und mit dem Oberlehrer, da hast wohl recht ghabt, des war nit so a großes Opfer!
Adler: Laß guat sein, Maria!
Maria: Na, i muaß es sagen! Irgendwie, Stefan, hats mi immer hinzogen zu ihm! Und gleichzeitig hab i ihn ghaßt! *(Schaut Adler an.)* I kann nimmer, Stefan! Bitte, laß mi mitgehn!

Adler schüttelt den Kopf.

Pfarrer: Stefan, i bitt di, nimm dei Frau und geh mit ihr in die Berg! I versorg euch!

Adler schüttelt den Kopf.

1. Gestapomann: He! Kaftan-Jud!

Pfarrer, Maria, Rosa drehen sich um, Adler nicht. Rosa bekreuzigt sich.

Adler: *(leise)* Jetzt hier, zum kommenden Jahr in Israel; jetzt Knechte, zum kommenden Jahr Freie!
1. Gestapomann: *(zu Adler)* Wunderbar schaust aus!
2. Gestapomann: Brauchst di gar nit umziehn – für'n Osten!

Die beiden Gestapomänner trinken ihren Kaffee aus, drücken ihre Tassen Olga in die Hand, kommen langsam her. Bürgermeister und Olga bleiben an der Tür stehen.

1. Gestapomann: *(zu Adler)* Also, komm, pack ma's!

Maria umarmt Adler wieder, will ihn nicht loslassen, er löst sanft, aber gewaltsam die Umarmung, schaut sie an, küßt sie auf den Mund, schiebt sie zart von sich weg, schaut den Pfarrer an, gibt ihm die Hand.

1. GESTAPOMANN: Ihr brauchts euch nit verabschieden! Der Pfaff kommt a mit!

Der Pfarrer schaut den 1. Gestapomann an, Rosa schaut entsetzt, der 1. Gestapomann zieht einen Verhaftungsbefehl heraus, schaut darauf.

1. GESTAPOMANN: *(liest)* Kanzelmißbrauch, Heimtücke, Rundfunkverbrechen, Wehrkraftzersetzung, Judenfreund und Gegner des Führers! *(Schaut auf, grinst.)* Alle Achtung! Des zahlt si aus!

Rosa stürzt sich auf den 1. Gestapomann, schlägt auf ihn ein, er faßt sie an den Oberarmen, drückt sie grinsend von sich weg, sie tritt ihm gegen das Schienbein, er wird nun doch zornig und stößt sie weg, so daß sie zu Boden fällt. Der Pfarrer hilft ihr hoch, sie schaut ihn verzweifelt an. Der 1. Gestapomann legt Adler eine Handschelle um ein Handgelenk, der Pfarrer nimmt die Stola ab, küßt sie, gibt sie Rosa, nimmt den Ornat ab, gibt ihn ihr, erteilt ihr mit einem kurzen Zeichen der rechten Hand den Segen, streicht ihr über die Wange. Rosa beginnt zu schluchzen.

PFARRER: *(leise)* Tua nit rearn, Schwester! Mir sehn uns bald wieder!

Der 1. Gestapomann zieht Adler an der Handschelle zum Pfarrer, legt diesem die zweite Schelle an, so daß der Pfarrer und Adler aneinander gefesselt sind. Der 2. Gestapomann gibt Adler einen Stoß.

2. GESTAPOMANN: Gemma!

Adler und der Pfarrer gehen los, die beiden Gestapoleute hinterher.

1. GESTAPOMANN: *(zum Bürgermeister)* Wo wohnt der Idiot? *(Haben schon im Gasthaus darüber gesprochen.)*

BÜRGERMEISTER: Da oben, im Schulhaus! Hinter der Kirchen links!

Die vier Männer gehen die Dorfgasse hinauf, Maria, Rosa, Bürgermeister und Olga schauen ihnen nach.

BÜRGERMEISTER: *(murmelt)* Endlich! Jetzt is a Ruah!

Plötzlich kommt Anna mit Mantel über dem Nachthemd aus der Gasthaustür, schaut sich um, sieht die Männer nach oben gehen.

ANNA: *(schreit)* Papa!

10. BILD

In einem Lichtkegel eine Operationsliege, angeschnallt auf ihr liegt nackt Toni. Neben ihm steht ein Arzt im weißen Mantel – darunter SS-Uniform – drückt eben die Luft aus einer Spritze. Toni schaut darauf mit aufgerissenen Augen.

11. BILD

In einem Lichtkegel hängt der Pfarrer mit dem Kopf nach unten. Er trägt eine KZ-Häftlingshose, sein Oberkörper ist nackt, in seine Brust wurde mit einem Messer ein großes Kreuz eingeschnitten. Er bewegt sich nicht. Neben ihm steht ein SS-Hauptsturmführer mit einem Schlagstock in der Hand, schaut den Pfarrer an.

12. BILD

In einem Lichtkegel steht Adler in der Uniform eines KZ-Häftlings, trägt einen schweren Stein, bricht mit ihm langsam nieder. Ein SS-Mann kommt heran, es ist Hans, der Sohn von Adler. Hans sieht den Häftling am Boden knien, bleibt hinter ihm stehen.

HANS: He!

Adler rührt sich nicht, Hans stößt ihm den Fuß in die Hüfte, Adler fällt zur Seite, schaut langsam zu Hans hoch, erkennt ihn, schließt entsetzt die Augen, senkt den Kopf.

HANS: *(schaut eine Weile bewegungslos auf ihn)* Vater?

ADLER: *(blickt langsam auf)* Sohn?

Hans steht bewegungslos da, hilft dann dem Vater hoch, schaut ihn eine Weile an, umarmt ihn dann langsam, zieht ihn an sich. Der Vater hebt nach einer Weile die Arme, umarmt seinen Sohn auch. So verharren sie eine Weile. Dann greift Hans nach seiner Pistolentasche (die andere Hand hält er weiterhin um den Vater geschlungen), holt die Pistole hervor, schiebt sie zwischen seine und des Vaters Brust, richtet sie auf den Vater, drückt ab, der Schuß knallt. Adler läßt die Arme sinken und sackt zusammen. Hans hält ihn aber weiterhin fest, so daß er nicht niederfallen kann, drückt ihn fest an sich, richtet die Pistole gegen die eigene Brust, drückt ab, bricht nieder, mit dem Vater. In Umarmung liegen sie auf dem Boden.

13. BILD

In der Gaststube sitzen am Stammtisch der Gendarmeriepostenkommandant (in neuer österreichischer Uniform), der ehemalige 1. Heimwehrmann (Beinverletzung; neben ihm Krücken), der ehemalige 1. Hiterjunge (es fehlt ihm ein Arm) und der Bürgermeister mit rot-weiß-roter Armbinde. Olga steht hinter der Schank und hört zu. In Adlers Wohnstube sitzen Maria und Anna schwarzgekleidet und schweigend am Tisch.

GENDARM: Mir sein nit verantwortlich für des, was die Herrschaften da oben getrieben ham!

1. HEIMWEHRMANN: Genau! Der is ja wahnsinnig worden, der Hitler! Woher hätt ma des wissen sollen?

1. HITLERJUNGE: So is es! Unsere Pflicht hamma erfüllt, sonst nix! Unsere Köpf hamma hinghalten! Und jetzt macht ma uns no an Vorwurf draus!

GENDARM: Naja, es werd scho einiges passiert sein! Aber bei die andern genauso!

1. HEIMWEHRMANN: Der Kriag is halt koa Honigschlecken!

1. HITLERJUNGE: Sowieso! Aber uns triffts halt jetzt! Weil ma die Verlierer sein!

BÜRGERMEISTER: Des Wichtigste is jetzt, daß ma unsern Stolz nit verlieren und unser Selbstvertrauen! Mir sein koane Verbrecher! Mir sein selber Opfer! I jedenfalls hab vielen gholfen, in der schweren Zeit! Ohne Unterschied von Stand und Anschauung! Und immer bin i um Einigung und Ausgleich bemüht gwesen! Stimmt des, oder nit?

GENDARM: Sowieso stimmt des! Nit ohne Grund ham di die Amis wieder als Bürgermeister eingesetzt!

BÜRGERMEISTER: Am besten is, wenn ma alles vergessen! Streich ma aus die furchtbare Zeit! Zsammhalten, lautet des Gebot der Stunde! Eisern zsammhalten! Jetzt gehts an den Wiederaufbau! Und nur, wenn ma zsammhalten, wenn ma Hader und Zwist und kleinliche Rache vergessen, könn ma des neue, zukünftige Österreich aufbauen!

1. HEIMWEHRMANN: Bravo, Bürgermeister!

GENDARM, 1. HITLERJUNGE: Bravo!

Sie heben die Bierkrüge.

ENDE

URAUFFÜHRUNG

Tiroler Landestheater (als Coproduktion mit dem Südtiroler Ensembletheater), Innsbruck (Kammerspiele)
Premiere am 12. April 1987

Regie	Erich Innerebner
Bühnenbild	Heinz Hauser/Klaus Gasperi
Kostüme	Jürgen Reiser
Musik	Werner Pirchner
Filmsequenzen (Bilder 10 bis 12)	Haavard und Volkmar Seeböck
Stefan Adler	Theo Rufinatscha
Maria	Rita Frasnelli
Hans	Ludwig Dornauer
Anna	Christine Mayr
Bürgermeister Holzknecht	Rudolf Hiessl
Olga	Isolde Ferlesch
Erich	Markus Soppelsa
Oberlehrer Hopfgartner	Lothar Delago
Toni	Elmar Albertini
Pfarrer Gruber	Peter Mitterrutzner
Rosa	Rosa Mich
Gendarmeriepostenkommandant	Christian Laner
Landrat	Günther Lieder
1. Kripobeamter	Peter Abram
2. Kripobeamter	Ivo Friedrich Egger
1. Heimwehrmann	Haavard Seeböck
2. Heimwehrmann	Volkmar Seeböck
1. Hitlerjunge	Robert Ferrari
2. Hitlerjunge	Iwan Wegleiter
Bauernbursch	Hannes Mur

Die Buchfassung des Stücks mit Beiträgen zum historischen Hintergrund ist 1987 im Haymon-Verlag erschienen.

BILDVERZEICHNIS

Aufführungen aus folgenden Theatern (soweit bekannt, Fotograf) sind dokumentiert:

Bildteil 1: »Kein Platz für Idioten«

Tiroler Volksbühne Blaas, 1977 (Foto Erich F. Birbaumer); Die Tribüne, Wien, 1978 (Foto Norbert Kössler); Theater für Vorarlberg, Bregenz, 1991 (Foto Sigrid Witzemann); Kammerspiele München/Werkraumtheater, 1981 (Foto Oda Sternberg); Ohnsorg-Theater Hamburg, 1986 (Foto Maike Kollenrott); Volksbühne Ellmau, 1987 (Foto Hermann Folie); Teater de Urtijei/Theaterverein St. Ulrich, 1980 (Foto Ausserer); Schweizer Fernsehen, 1980 (Foto Marianne Wolleb); Laienspielgruppe Knittelfeld, 1979; Landestheater Linz, 1981 (Foto Peter Wurst); Volksbühne Bozen, 1980; Kulturexpress Neukirchen, 1985; Theater im Keller, Graz, 1978; Theater der Jugend, Wien, 1992 (Foto Martin Vukovits); Tiroler Volksbühne Blaas, 1992

Bildteil 2: »Stigma«

Tiroler Volksschauspiele Telfs, 1982 (Foto Erich E. Niedermayer, Foto Rupert Larl); Landestheater Linz/Kammerspiele, 1985 (Foto Peter Peter); Schauspielhaus Graz, 1987; Wolfgang Borchert-Theater/Zimmertheater Münster, 1989 (Foto Pilch); Jura-Soyfer-Theater Wien, 1986 (Foto Rolf Schäfer); Stadttheater Koblenz, 1989 (Foto H.+ M. Stiebel); Kulturexpress Neukirchen, 1987; Bayrisches Staatsschauspiel, München, 1987 (Foto Wilfried Hösl)

Bildteil 3: »Heim«

Tiroler Volksschauspiele Telfs, 1983; Landestheater Linz/Kammerspiele, 1987 (Foto Peter Peter); Slowenischer Kulturverein Radiše, 1990

Bildteil 4: »Besuchszeit«

Theater die Tribüne, Wien, 1985 (Foto Kurt Radlecker); Stadttheater Klagenfurt, 1988; Theater in der Josefstadt/Rabenhof, Wien, 1990 (Foto Weber); Stadttheater Klagenfurt, 1988; Münchner Volkstheater 1988 (Foto Ibab Kunkel); Schnaps & Poesie Theater, Braunschweig, 1991 (Foto Klaus Wefringhaus); ZDF, 1991; Kleines Theater Salzburg, 1987 (Foto Herbert Huber); Theaterverein Thaur, 1989; Theater Resonanz, Berlin, 1987; Bühne »Der Morgenstern«/Tourneetheater Ostholstein, Oldenburg, 1991 (Foto Karin Schäckermann); Landestheater Linz / Theaterkeller, 1986; Theaterverein Jabing, 1990; Bühne am Platzl, Garsten, 1989; Elysium Theater, New York City, 1992; Kolowrat-Theater, Prag, 1991 (Foto Oldrich Pernica); Niederdeutsche Bühne Kiel, 1990; BBC

Bildteil 5: »Drachendurst«

Tiroler Volkschauspiele Telfs, 1986 (Foto Rupert Larl); Städtische Bühnen Dortmund / Theater Sckellstraße, Dortmund, 1992 (Foto Einar Bangsund); Wolfgang-Borchert-Theater, Münster, 1990; Theater der Jugend, Wien, 1987 (Foto Thomas Zbonek)

Bildteil 6: »Die Wilde Frau«

Innsbrucker Kellertheater / Alt-Innsbrucker Bauerntheater, 1986 (Foto Rupert Larl); Bayrisches Staatsschauspiel, München, 1988 (Foto Wilfried Hösl); Ensemble Theater am Petersplatz, Wien, 1991 (Foto PotzBlitz); Gruppe Mosetig, Salzburg, 1991 (Foto Herbert Huber); Südtiroler Ensemble-Theater, Bozen, 1991; Volksbühne Passau, 1991; Theater Trier, 1991 (Foto von Glasner)

Bildteil 7: »Kein schöner Land«

Tiroler Landestheater, 1987 (Foto Dietmar Wolf); Wiener Volkstheater, 1988; Stadttheater Ingolstadt, 1989 (Foto Helmut Bauer); Theater für Vorarlberg, Bregenz, 1988 (Foto Sigrid Witzemann); Brixenthaler Volkstheater, Kirchberg, 1991 (Foto Nicola May); Heimatbühne Volders, 1989

Der Band

Felix Mitterer
Stücke 2

enthält

Verlorene Heimat
Die Kinder des Teufels
Sibirien
Munde
Ein Jedermann

Außerdem erzählt Felix Mitterer
sein bisheriges Leben.

Von Felix Mitterers Arbeiten
für Film und Fernsehen sind im
Haymon-Verlag lieferbar:

Die Piefke-Saga
Komödie einer
vergeblichen Zuneigung.
Drehbuch.
*14 x 21 cm, broschiert,
232 Seiten Text,
32 Seiten Bildteil mit 96 Fotos
aus der TV-Serie*

Die Wildnis
Ein Filmbuch.
Regie: Werner Masten.
Kamera: Piota Sobolinski
*21,5 x 22,5 cm, gebunden,
120 Seiten mit ca. 170 Bildern,
davon 60 in Farbe.
Erscheint im Frühjahr 1993.*